普通高等教育“十三五”规划教材　华信经管创新系列·管理学

采购管理学

Purchasing Management

◆山红梅　李秀平　等编著

电子工业出版社

Publishing House of Electronics Industry

北京·BEIJING

内 容 简 介

本书内容包括：采购概述、采购管理概述、采购商品管理和采购行为分析、采购计划与采购预算管理、招投标采购、供应商选择与管理、供应链采购谈判策略、供应链采购合同管理、供应链采购价格与成本控制、供应链采购质量管理、供应链采购库存控制、供应链采购风险管理、供应链采购绩效评估、政府采购、全球采购等前沿理论和方法。

本书可作为普通高等院校物流管理、物流工程、电子商务等专业的本科教材，也可以为物流师、采购师等资格考试提供辅导，还可以作为工商管理、市场营销、国际经济与贸易等相关专业本科生、研究生以及物流管理的研究人员、管理人员的参考用书。

图书在版编目（CIP）数据

采购管理学 / 山红梅等编著. —北京：电子工业出版社，2016.9
(华信经管创新系列)
ISBN 978-7-121-29987-2

I. ①采… II. ①山… III. ①采购管理－高等学校－教材 IV. ①F253

中国版本图书馆 CIP 数据核字（2016）第 229093 号

策划编辑：王志宇
责任编辑：王志宇　　　特约编辑：侯学明
印　　刷：北京七彩京通数码快印有限公司
装　　订：北京七彩京通数码快印有限公司
出版发行：电子工业出版社
　　　　　北京市海淀区万寿路 173 信箱　　邮编：100036
开　　本：787×1 092　1/16　印张：21.5　字数：547 千字
版　　次：2016 年 9 月第 1 版
印　　次：2024 年 8 月第 5 次印刷
定　　价：45.00 元

凡所购买电子工业出版社图书有缺损问题，请向购买书店调换。若书店售缺，请与本社发行部联系，联系及邮购电话：(010)88254888，88258888。

质量投诉请发邮件至 zlts@phei.com.cn，盗版侵权举报请发邮件至 dbqq@phei.com.cn。

本书咨询联系方式：(010)88254523，wangzy@phei.com.cn。

前　言

随着经济全球化和信息化技术的迅速发展，社会生产、物资流通、商品交易及管理方法正在发生着深刻的变革。在供应链一体化进程中，采购活动的内涵在不断进化，涉足的范围不断扩大，采购部门的责任和重要性也在日益增大。首先，采购成本在产品成本中所占的比例高达60%以上，这决定着供应链上采购成本的节约存在着倍增效应；其次，采购还极大地影响着企业的产品质量、交货期。美国学者Hatherall的研究表明，制造企业30%的质量问题和80%的产品交货期问题是由供应商引起的。在消费者越来越关注产品质量和交货及时性的情况下，企业必须想方设法通过有效的供应商管理和采购业务流程控制，最大限度地保证稳定及时的交货；与此同时，在当今竞争激烈的市场环境下，单靠提升企业自身的资源利用率已经远远不够，通过采购活动集成整合供应商资源以获得超越对手的竞争优势成为供应链管理的重要环节。可见，随着物流供应链管理理论和实践的发展，采购管理被赋予了更多的内容，采购不仅局限在生产资料的采购业务上，还包括资源运营战略层面的内容。有效的采购与供应系统将在成本、质量、交货期和供应链管理等方面为提升企业竞争力做出巨大贡献。

随着互联网信息技术的飞速发展，一些走在最前沿、全面融入国际市场竞争的成功企业已经接受了全新的采购理念，最大限度地在全球范围内获取和利用优质低廉的采购资源，企业的采购模式也从传统的不透明采购模式逐渐向基于供应链的透明采购模式转变，供应链上建立起了适应物流需求的扁平化采购模式，彻底清除采购过程中的“暗箱操作”现象。这种新型采购管理理念、方法、技术在降低企业采购成本的过程中，其反应迅速、协同方便、安全可靠的特点逐渐受到更多企业的青睐。

但是在我国，由于长期以来受计划经济发展的深刻影响，采购理念陈旧、采购手段落后、采购管理薄弱，计划经济、短缺经济下粗放的采购管理模式依然具有强大的惯性。采购与供应管理一向被赋予过多的“关系”色彩，甚至成为滋生贪污腐败的温床、商业贿赂的重要源地。采购活动中出现的“营私舞弊”“暗箱操作”“以次充好”等陋习、毒瘤，导致国家和企业的资源大量消耗，无情吞噬着国家和企业的利益，影响国家综合国力和企业国际竞争力，甚至对整个社会文化有着破坏性的影响。

因此，革新中国企业的采购理念、借鉴先进的采购模式、增强采购与供应之间的无缝式连接、规避采购与供应风险、提高中国企业核心竞争力，迫切地需要紧密地跟踪采购管理知识的未来发展趋势，创新性地研究和建立新的理论体系和操作方法，改革现行的采购教材知识体系及教学方式，培养一批全面掌握新型采购管理知识和方法、社会适应面广、理论性和实践性强的物流采购人才。

本书对供应链一体化下新型的采购管理的思想、理念、方法、技术及最新采购实践案例进行了系统介绍与分析，揭示了现代采购与供应管理的发展、运作模式和实践技能。全书分为三篇十五章内容。第一篇为基础篇，包括第一～三章，第一章介绍了采购、采购物流的基本概念以及采购流程设计；第二、三章详细介绍了采购管理，对采购商品管理和采购行为进行了分析。第二篇为运作篇，涵盖第四～十三章内容，第四章介绍了采购计划与采购预算管理；第五、六章分别介绍了招投标采购和供应商选择与管理；第七、八章介绍了供应链采购谈判策略以及采购合同管理；第九章主要介绍了供应链采购价格与成本控制；第十章介绍了供应链采购质量管理；第十一、十二章分别介绍了供应链采购库存控制和供应链采购风险管理；第十三章介绍了供应链采购绩效评估。第三篇为专题篇，通过第十四、十五章分别介绍了政府采购和全球采购。本书在阐述中尽量考虑到学生对专业知识的学习能力，并尽可能将采购管理知识与其他相关知识联系起来，以形成一个相对完整的知识体系。

本书编写分工为：西安邮电大学山红梅负责全书统稿以及第一、二章编写；延安大学西安创新学院李秀平负责第三～五章编写；西安邮电大学方静负责第六、七章编写，史新峰负责第八、九章编写，李永飞负责第十、十一章编写，周海明负责第十二、十三章编写；西安培华学院崔启迪负责第十四、十五章编写。此外，在本书的编著过程中，西安邮电大学物流工程硕士研究生胡海涛和周宇在资料收集、归类整理、格式排版方面做了很多工作，在此一并表示感谢。

本书的编写，得到了编委会成员的许多宝贵建议，尤其是西安交通大学的郝渊晓老师以及长安大学的董千里老师自始至终给予了大力的支持，在此表示衷心的感谢。

在本书的编写过程中，参阅了大量的国内外文献资料，由于篇幅所限，不能一一列出，在本书的最后仅列出了其中部分参考文献。在此，向本书参考文献中列出及未能一一列出的所有文献作者表示衷心的感谢。

最后，由于采购与物流正在飞速发展，加上编写时间仓促、作者水平有限，书中难免有不足之处，恳请广大读者提出宝贵意见，以日臻完善。

山红梅

目 录

第一篇 基 础 篇

第二篇　运　作　篇

第三篇 专 题 篇

第一篇

基础篇

第一章

采购概述

【引导案例】

东风汽车公司的采购与供应管理

随着中国加入 WTO 以及进口关税的调整，为了扩大市场份额，汽车企业整车销售价格下调已成定局，急于降低成本的整车市场必然对汽车产品的价格、服务、质量提出更加苛刻的要求，汽车企业面临的压力越来越大。由于整车面临着不断降价的压力，而能源、原材料价格又不断上涨，因此，汽车制造企业的利润空间日益被压缩。作为我国汽车大型骨干企业的东风公司，也将面临着更大的降低成本的压力。整车成本的降低在很大程度上依赖于采购成本的降低，东风汽车用来购买原材料、零部件的费用大约占到销售额的 50%。采购的速度、效率、订单的执行情况会直接影响到东风公司是否能够快速灵活地满足下游客户的需求。采购成本的高低会直接影响公司整车的定价情况和整个供应链的最终获利情况。

东风公司对采购与供应管理有三个基本目标：保证质量、适时适量、费用最省。对此，东风汽车公司采用 JIT(Just In Time)方法来实现上述采购与供应管理的三个目标。JIT 采购的目的就是要消除企业采购环节中的浪费，降低原材料和外购件库存。只有当企业需要什么样的原材料就能供给什么样的原材料，什么时间需要就什么时间供应，需要多少就能供应多少时，企业的原材料和外购件库存才能降到最低水平。为了保证 JIT 采购的有效实施，东风汽车公司采取了以下措施。

(1)成立专门采购小组具体负责，包括寻找货源、询价，以及改进与供应商的关系等。

(2)分析企业的生产制造流程，根据流程以及历史数据推算出采购产品的品种、数量、最小库存量等数据，然后根据 ABC 分类法对不同产品进行分类，制订出相应的采购计划。

(3)选择合适的供应商，并对其进行筛选。

(4)进行 JIT 采购的试点工作，试点成功就全面展开。

东风汽车公司认识到，一定要采购急需的东西才有意义，否则采购来的就是库存，不仅占用资金、降低资金周转速度，还浪费了空间和人力资源。经过不断探索，东风汽车公司建立了一个有效率的采购与供应管理流程：首先由整车制造部提出需求量，然后交给采购部，再由采购部制定采购订单，最后再交给供应商；对供应商而言，这就是销售订单，供应商将备好的货物送到加工厂的仓库，加工厂收到货物以后，就可以进入加工流程；然后，采购部通知财务付款，供应商准备收款。以前的质检程序是供应商送货过来后，检查合格的货物才留下，不合格的退货，这样会影响生产周期和加工、制造的速度；现在东风汽车公司派质检人员到供应商那里检查，合格了才装车，货物到达加工厂基本是免检入库，物流速度提高了很多。传统库存驱动采购模式容易造成库存积压，东风汽车公司现在采用的是订单驱动采购模式，即没有订单就不采购，库存的是信息。

【学习目标】

1. 理解采购概念，掌握采购五大要素；
2. 了解采购分类，掌握采购物流；
3. 理解采购流程体系设计；
4. 掌握典型的采购方式以及现代采购技术。

第一节 采购基本概念

一、采购概念

采购的本来含义就是根据需要的时间和数量购买必要的商品。美国供应链管理专业协会（Council of Supply Chain Management Professionals，CSCMP）推荐的，由供应链展望公司（Supply Chain Visions）创始人之一 Kate Vitasek 编纂的《供应链与物流术语》（SUPPLY CHAIN and LOGJISTICS TERMS and GLOSSARY）中，对采购的定义是，“采购是企业购买有关需要的物品和服务的职能，包括采购计划、采购活动、存货控制、运输、接收、入库检验等业务活动。（Procurement is the functions associated with buying the goods and services required by the firm. That is the business functions of procurement planning，purchasing，inventory control，traffic，receiving，incoming inspection，and salvage operations）”。

近年来，随着信息通信技术的快速发展和经济全球化不可逆转的趋势，全球网络化制造成为企业经营模式的主流发展趋势。全球网络化制造就是在全球范围内寻求最佳的资源配置，它既为企业提供了更加广泛的资源市场，也给企业带来了来自全球的竞争压力。更加广泛的资源市场和日益激烈的市场竞争压力，使得企业将采购管理提升到战略高度，越来越重视从企业外部获取资源，并将战略资源管理作为采购管理的重要内容之一。因此，对采购内涵和外延的理解如下：

采购是企业资源运营的主要职能，跨越了战略、运营和作业三个层面。在战略层面，包括在尽可能大的范围内为企业寻求资源、决定资源获取方式以及选择采购方式；在运营层面，包括供应商选择与管理、采购计划、存货控制、价格控制、综合成本控制以及内向运输管理等；在作业层面，包括接收、入库验收、货款支付等，采购的目的是要以尽可能低的成本满足企业内、外部客户的需要。

在采购概念中涵盖了如下几个关键点。

（1）寻求和获取最佳资源。从企业整体目标和客户价值的视角，基于企业的能力现状，寻求最佳的外部资源，与企业内部资源整合，以获得最大的企业效益和客户价值。还要设计最佳的资源获取方式，以有利于优质、低成本和稳定地获取资源。

（2）按需采购。所有的购买物品和服务的采购活动都必须在企业经营计划的框架下，依据企业内、外部客户的需要进行采购。

（3）满足内、外部客户的需求。采购的最终目标就是要最大限度地满足企业内、外部客户的需求。

(4)成本控制。在满足企业内、外部客户需求的前提下，优化采购策略，使采购成本最小化。

(5)采购质量控制。采购的物品和服务必须满足必要的质量要求，通过供应商选择、供应商开发、供应商绩效管理以及接收检验等手段和质量控制方法来控制。

(6)采购策略。依据企业经营战略、供应市场情况分析的基础上，制定适宜的物资采购及操作执行的管理原则，以提高采购效率、采购操作规范性以及提高采购总成本的控制水平。

(7)采购计划。采购是有计划的业务活动，其计划的依据是企业的经营战略、市场需求和生产计划，计划的目标是用最小的成本满足内、外部客户的数量和质量要求。

(8)存货控制。存货(inventory)是指用于创造企业产品和服务以满足客户需求的原材料、在制品、产成品以及补给品等。存货控制就是将存货控制在一定的水平上，既能满足及时需求，又要将存货成本控制在最低水平。

(9)供应商选择与管理。按照企业经营战略、采购策略和企业需求，选择最适合的供应商，建立和维护与供应商的关系，并管理供应商的物资与服务供应绩效。

二、采购范围

采购的范围可以归为两大类。

(一)有形物品

1. 原料

原料就是未经转化或只有最小限度转化的材料，在生产流程中作为基本的材料存在。我们可以区分矿物原料如铁矿石、铜矿石、煤和天然原料如谷物、大豆和咖啡之间的差别。

2. 辅助材料

辅助材料指的是在生产流程中被使用或消耗，但并不被最终产品实际吸收的材料。这类产品如润滑油、冷却水、抛光材料、焊条和工业用气等。

3. 半成品

这些产品已经过一次或多次处理，并将在后面的阶段进行深加工。它们在最终产品中实际存在，如钢板、钢丝和塑料薄片等。

4. 零部件

部件指不再经历额外的物理变化的产成品，但是它将被包括进一个系统中，通过它与其他部件相连接，它们被嵌入最终产品内部。例如，前灯装置、灯泡、电池、发动机零件、电子零件、变速箱等。我们可以分清专用件和标准件之间的区别，专用件是按照客户的设计或规格生产的，而标准件则是按照供应商的规格生产的。

5. 成品

这包括被用来销售而采购的所有产品，它们在经过可以忽略的价值增值后，与其他的成品和(或)制品一起销售。这种例子的产品有由汽车生产商提供的附件，像汽车收音机、装饰用轮缘等。制造商并不生产这些产品，而是从专门的供应商那里得到它们。百货公司所销售的消费品也属于这个范围。

6. 投资品或固定设备

这些产品不会被立刻消耗，但其采购价值经过一段时间后会贬值。账面价值一般会逐年在资产负债表中报告。投资品可以是生产中使用的机器，但它们也包括计算机和建筑物。这些例子说明了此类货物的各种各样的特征。

7. 维护、修理和运营用品(MRO 物品)

这些产品有时指间接材料和可以用于消费的物品，目的是为保持组织的运转，尤其是辅助活动所需要的材料。这些产品经常由库存供应，如办公用品、清洁材料和复印纸等，也包括维护材料和备件。

(二)无形劳务

1. 技术

技术是指取得能够正确操作或使用机器、设备、原料等的专业知识(know how)。唯有取得技术，才能使机器或设备发挥效能，提高产品的产出率(yield rate)或确保优良的品质，降低材料损耗率(scrap or consumption rate)，减少机器或设备故障率(stoppage)，如此才能达到减少投入(input)增加产出(output)的目的。

2. 服务

(1)售前服务，是指卖方在交易前提供产品的资讯，包括产品说明、操作示范、制作过程或材料规范、参观设施等。此项服务可增加采购人员对产品的专业知识，对将来的采购决策甚有助益。

(2)售后服务，是指卖方提供机器、设备之安装或修护、操作或使用方法的教育训练、运送及退换货品等。此项服务可使买方达到机器、设备等之正常使用状况，并延长使用寿命。

(3)专业服务，是指延聘律师、管理顾问、建筑师、会计师、电气技师、广告设计以及程序设计等专业人员所提供的特殊服务。办理专业服务前，申请部门必须提供工作说明(statement of work)及验收程序，而采购人员必须了解真正的需求，包括设计的美观、技术的优秀、服务的适时以及成本的最低等要素。

(4)勤务服务，是指日常作业性质的服务，包括资讯传达、膳食服务、搬运、清洁、警卫等。此类服务经常受到公司管理方式、劳工法令、作业实际状况、费用变动等因素的影响，自办或外包，往往举棋不定。因此，勤务服务采购的成功之道，在于指明服务的详细工作项目，要求从业者本身具有必需的配备及工作经验，并对服务绩效有一套奖惩办法等。

3. 工程发包

工程发包包括厂房、办公室等建筑之营造与修缮以及配管工程(piping)、机器储槽架设工程、空调或保温工程、动力配线工程及仪表安装工程等。工程发包有时要求承包商连工带料，以争取完工时效；有时自行备料，仅以点工方式计付工资给承包商，如此可节省工程发包的成本。但是规模较大的企业，本身兼具机器制造及维修能力，就有可能购入材料自行施工，无论在完工品质、成本及时间等方面，都有良好的管制与绩效。

三、采购类型

(一)按采购主体分类

如果我们按采购主体分类，则可以分成个人采购、家庭采购、企业采购、政府采购、其他采购(如事业单位采购、军队采购等)，如图 1-1 所示。

1. 个人采购

个人采购，是指个人生活用品的采购。它一般是单一品种、单次、单一决策、随机发生的，带有很大的主观性和随意性，即使采购失误，也只影响个人，造成的损失不至于太大。

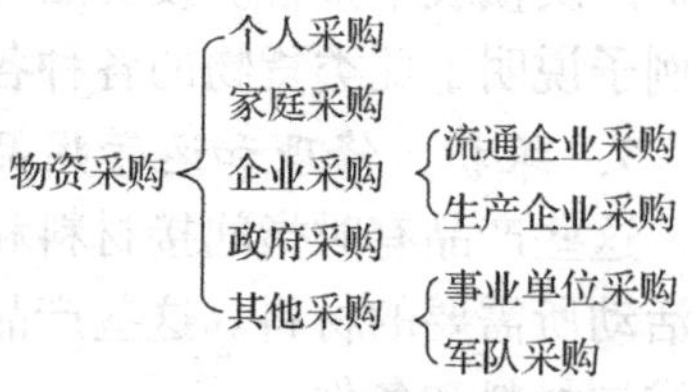

图 1-1　采购主体类型

在个人生活中，采购几乎每天都发生。学生早上起来，要吃饭，就要考虑到哪儿去买早饭，或者去买牛奶、面包，或者去喝咖啡，或者去买面条，这些活动，都要根据自己的需要，考虑购买品种、购买数量、购买地点、购买方式、支付方式、获取物品的方式等，这些都是采购活动。

2. 家庭采购

在家庭生活中，家庭成员为了家庭的生活需要，几乎每天都要发生采购活动。为了准备一餐使家庭成员都感到美味可口的中午饭，就需要到菜市场去选择购买所喜欢的蔬菜、肉食品、饮料、作料等，或者购买半成品，或者到食堂、餐馆去购买成品。一个家庭中，几乎绝大多数的东西都是靠采购得来的，家具、家电、衣服、用具等都需要从市场上进行采购。

3. 企业采购

企业采购一般分为生产企业采购和流通企业采购。生产企业采购是为了再生产而采购，是一种生产性消费，因而，采购对象以生产资料为主；流通企业采购是为了销售而采购，是一种生活消费，采购对象为生活资料。当然，流通企业除了商业流通企业外，还有物流流通企业、粮食流通企业、外贸流通企业等，这些企业又可以分为批发企业、零售企业等。

4. 政府采购

政府采购是政府机构为了履行其职责、维持其正常运转所需要的各种物资的采购。这些物资包括办公物资，如计算机、复印机、打印机等办公设备及纸张、笔墨等办公材料，也包括基建物资、生活物资等各种原材料、设备、能源、工具等。政府采购也和企业采购一样，属于组织采购，但是它在持续性、均衡性、规律性、严格性、科学性上都没有企业采购那么强。政府采购最基本的特点，是一种公共来源资金的采购活动，是由政府拨款进行购买的。

5. 其他采购

其他如事业单位(如学校、医院、文体单位)、军队等的采购活动，基本部分与政府采购差不多，也属于一种组织采购，资金来源具有公共性质。

以上几类采购活动中，个人采购最简单，因为品种单一，需求也比较简单、明确。家庭采购比较复杂一点，因为品种虽然单一，但是需求较复杂，要征求家庭多个成员的意见，满足他们每个人的需求意愿，而且要到较大的市场范围当中去选择商品、完成交易。最复杂的是企业采购、政府采购、事业单位等组织的采购活动。他们要满足更多方面、更广泛、更持久的需求，要在更大的市场范围内选购商品、保障质量和数量、及时而安全地运输、安全地支付货款等。因此本书重点研究组织采购活动。

(二) 按采购方法分类

物资采购按采购方法可以分成传统采购和科学采购两大类。科学采购又包括订货点采购、MRP 采购、JIT 采购、供应链采购和电子商务采购等，如图 1-2 所示。

1. 传统采购

传统采购的一般模式是，企业各单位上报下个计划期内所需物资的采购申请单，明确所需要采购的物资品种数量，然后采购部门汇总采购需求，制订出统一的采购计划，并予以实施采购。采购回来的物资存放于企业的仓库中，满足计划期内各个单位的物资供应需求。这种传统采购方式的最大特点是以各个单位的采购申请单为依据，以填充库存为目的，管理比较简单、粗糙，市场响应不灵敏、库存量大、资金积压多、库存风险大。

2. 科学采购

1) 订货点采购

订货点采购是指紧密根据需求的变化和订货提前期的大小，精确确定订货点、订货批量或订货周期、最高库存水准等，建立起连续的订货启动、操作机制和库存控制机制，达到既满足需求又使得库存总成本最小的目的。这种采购模式以需求分析为依据，以填充库存为目的，采用一些科学方法，兼顾满足需求和库存成本控制，原理比较科学，操作比较简单。但是由于市场的随机因素多，使得该方法同样具有库存量大、市场响应不灵敏的缺陷。

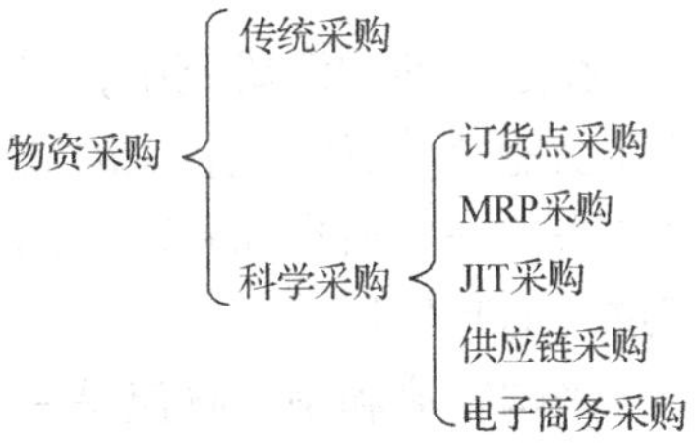

图 1-2 采购方法类型

2) MRP 采购

MRP 采购主要应用于生产企业。它是生产企业根据主生产计划和主产品的结构以及库存情况逐步推导出生产主产品所需要的零部件、原材料等的生产计划和采购计划的过程。这个采购计划规定了采购的品种、数量、订货时间和采购物资到货时间。计划比较精细、严格。它也是以需求分析为依据、以满足库存为目的。它的市场响应灵敏度及库存水平都比上述方法有所进步。

3) JIT 采购

JIT 采购也叫准时化采购，是一种完全以满足需求为依据的采购方法。它对采购的要求，就是要供应商恰好在用户需要的时候，将合适的品种、合适的数量送到用户需求的地点。它以需求为依据，改造采购过程和采购方式，使它们完全适合于需求的品种、时间和数量，做到既灵敏响应需求的变化，又使得库存向零库存趋近。这是一种比较科学、比较理想的采购模式。

4) 供应链采购

准确地说，供应链采购是一种供应链机制下的采购模式。在供应链机制下，采购不再由采购者操作，而是由供应商操作了。采购者只需把自己的需求规律信息即库存信息向供应商连续、及时地传递，供应商根据自己产品的消耗情况及时、连续地小批量补充库存，保证采购者既满足需要又使总库存量最小。供应链采购对信息系统、供应商操作要求都比较高。它也是一种科学的、比较理想的采购模式。

5) 电子商务采购

电子商务采购也就是网上采购，是在电子商务环境下的采购模式。它的基本特点是在网上寻找供应商、寻找品种，网上洽谈贸易、网上订货甚至在网上支付货款，但是在网下送货进货。这种模式的好处，扩大了采购市场的范围，缩短了供需距离，简化了采购手续，减少了采购时间，减少了采购成本，提高了工作效率，是一种很有前途的采购模式。但是，它要依赖于电子商务的发展和物流配送水平的提高。而这两者几乎完全取决于整个国民经济水平和科技进步的水平。我国现在已经有不少企业以及政府采购采用了网上采购的方式，但是要把网上采购真正搞好，还需要一些时日。

第二节 采购物流

一、采购物流

在过去的物流研究中，采购物流是被忽视的一个领域。而实际中离开了采购，物流系统各项功能活动(如运输、储存保管、包装、装卸、搬运、流通加工、配送、物流信息)的运行就失去了一个前提和基础。因为，无论是生产企业还是流通商贸企业，采购物流都是企业物流过程的起始环节。

采购物流和销售物流是一个问题的两个方面。假如从生产企业的角度分析，生产商从供应商手中采购物资，运回企业，验收入库，这一过程发生的物流活动称为“采购物流”；而从供应商角度分析，因为物流方向是从供应商向生产商流动，则称为“销售物流”。

因而，从生产企业的角度分析，企业物流可以分为四种物流形式：

(1)从生产企业到进入市场销售之前发生的物流，称为生产物流(内部物流)；

(2)产品进入市场送到顾客手中发生的物流，称为销售物流(市场物流)；

(3)生产商从供应商那里购买物资发生的物流，称为采购物流；

(4)生产商接受包装容器或退货等发生的物流，称为回收物流。

以上四种企业物流形式之间的关系如图 1-3 所示。

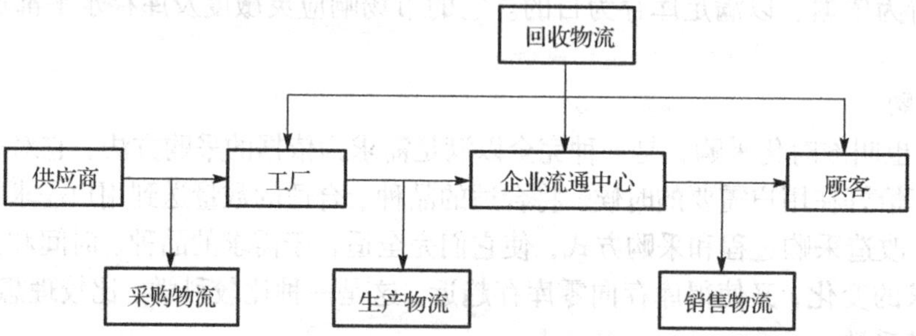

图 1-3 生产企业物流构成

从图 1-3 可以看出，采购物流在整个生产企业物流系统中处于基础性地位，离开了采购物流，生产企业的制造、销售过程就无法正常进行。同样，对于流通商贸企业，采购物流仍然是一个关键的环节。流通商贸企业的物流过程如图 1-4 所示。

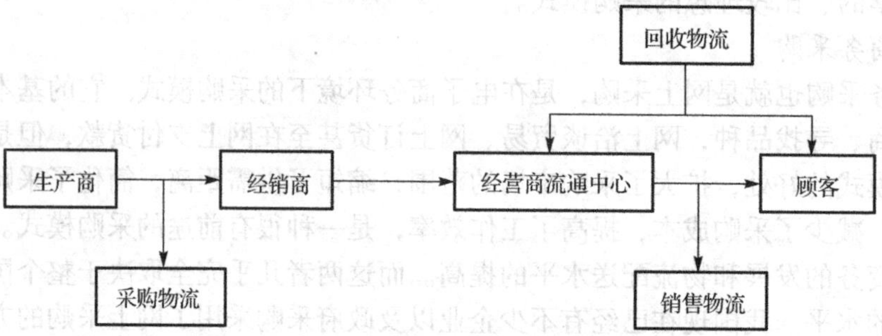

图 1-4 流通企业物流构成

二、采购物流与企业物流系统关系

现代采购是从企业的角度研究采购的，而不是从人们生活的角度研究购买活动，因此，采购物流构成了企业物流系统的重要组成部分。从上面分析可以看出，无论是生产企业的物流系统，还是流通企业的物流系统，对整个企业物流系统而言，采购物流是一个基础物流。离开了采购，生产企业的生产供应就会中断，生产活动就无法进行；流通商贸企业就会出现缺货，造成机会损失。要保证企业物流系统的良性运行，就必须加强和重视采购物流，他们之间互相联系、相互制约、共同发展，其表现为：采购物流是生产物流、销售物流的前提和基础；生产物流和销售物流是采购物流实现的途径。

第三节 采购流程

一、采购流程体系

(一) 采购流程设计注意要点

采购作业流程是采购管理中最重要的部分之一，是采购活动具体执行的标准。采购作业流程，会因采购来源、采购方式、采购对象的不同而存在若干差异。企业规模越大，采购金额越高，对流程设计越要重视。一般采购流程包括采购计划、采购认证、采购订单、采购管理四个主要环节。在设计采购作业流程的时候，应注意以下要点。

1. 流程结构应与采购数量、种类、区域相匹配

一方面，过多的流程环节会增加组织流程运作的作业成本，降低工作效率。另一方面，流程过于简单，监控点设置不够等，将导致采购过程操作失去控制，产生物资质量、供应、价格等问题。

2. 先后顺序及时效控制

应注意其流畅性与一致性，并考虑作业流程所需的时限。例如，避免同一主管对同一采购文件做数次的签核；避免同一采购文件在不同部门有不同的作业方式；避免一个采购文件会签部门太多影响作业时效。

3. 关键点设置

为便于控制，使各项在处理中的采购作业，在各阶段均能追踪管理，应设置关键点的管理要领或办理时限。例如，国外采购，从询价、报价、申请输入许可证、出具信用证、装船、报关、提货等均有管理要领或办理时限。

4. 权利、责任或任务的划分

各项作业手续及查核责任，应有明确权责规定及查核办法，比如，请购、采购、验收、付款等权责应予以区分，并确定主管单位。

5. 避免作业过程中发生摩擦、重复与混乱

注意变化性或弹性范围以及偶然事件的处理规则，如“紧急采购”及“外部授权”。

6. 采购流程应反映集体决策的思想

由计划、设计、工艺、认证、订单、质量等人员一起来决定供应商的选择。处理程序应

合时宜。应注意采购程序的及时改进，早期设计的处理程序或流程经过若干时日后应加以检查，不断改进与完善，以回应组织的变更或作业上的实际需要。

7. 配合作业方式的改善

例如，手工的作业方式改变为计算机管理系统辅助作业后，其流程与表格需作相当程度的调整或重新设计。

(二)采购流程图

我们通过采购输入输出流程图(见图 1-5)、采购流程简图(见图 1-6)、计划流程表(见表 1-1)来描述采购流程体系。

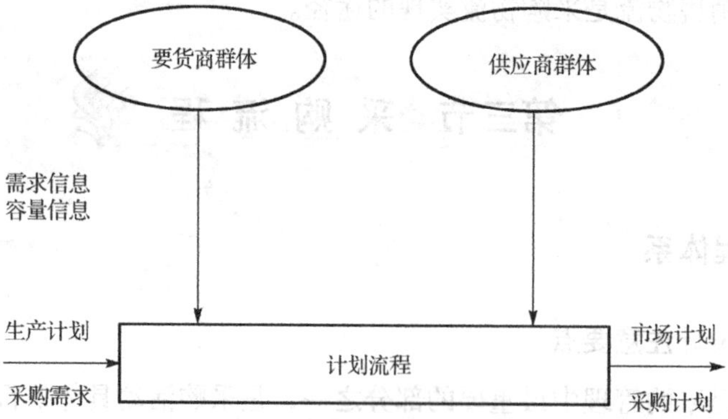

图 1-5 采购输入输出流程图

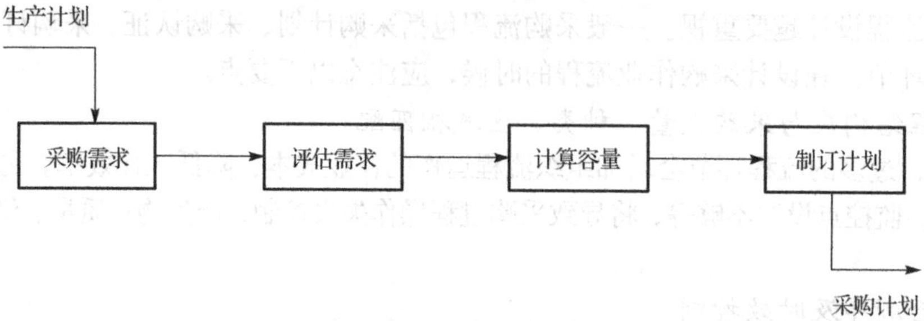

图 1-6 采购流程简图

表 1-1 计划流程表

供 应 商	寻求需求资源 1	寻求需求资源 2	提供供应能力数据	参与决策、接受物料需求预测	备 注
设计开发	提供技术支持	提供技术支持	提供技术支持	参与评审	
重视工艺	提供技术支持	提供技术支持	提供技术支持	参与评审	
采购计划	准备计划说明书	确定采购需求	计算供应商容量	制订采购计划，包括认证计划和订单计划，向供应商提供需求预测	
采购认证	提供技术支持	提供技术支持	工作配合	参与评审	
采购订单	提供技术支持	提供技术支持	工作配合	参与评审	
采购管理	提供技术支持	提供技术支持	工作配合	审批	
检查部	准备	准备	准备	制订检验计划	
生产储存部	提供物料需求计划	提供物料需求计划	了解供应商容量	参与评审	
财务部	准备	准备	准备	制订资金计划	
市场部	提供市场需求计划	提供市场需求计划	了解供应商容量	参与评审	
组织角色	任务活动	任务活动	任务活动	任务活动	

（三）采购计划

计划的目的是根据市场需求、生产能力和采购环境容量，制订采购计划，包括认证计划和订单计划两方面：充分做好综合平衡，以便保证物料及时供应，同时降低库存及成本、减少急单、降低风险采购率。主要环节如图 1-7 采购计划流程所示。

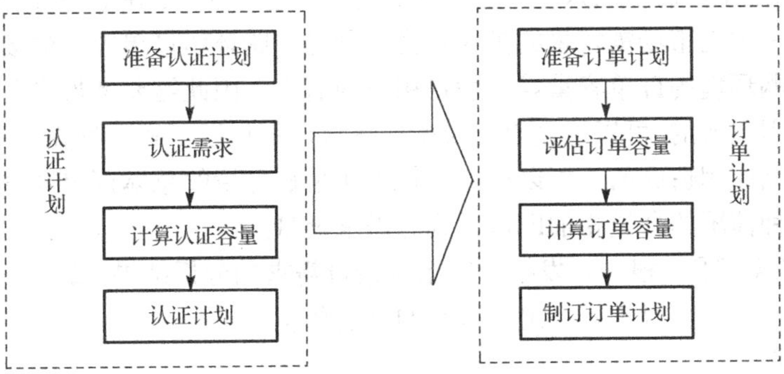

图 1-7 采购计划流程

1. 认证计划

1）准备认证计划

(1) 接收由开发部门提交的开发批量计划。开发批量认证需求是启动整个供应程序流动的牵引项，要想制订较为准确的认证计划，首先必须熟知开发需求计划。开发批量物料需求通常有两种情况：一种是在目前采购环境中可以找到的物料供应；另一种是新物料，这种新物料是采购环境无法提供的，需要寻找新的供应商，或与供应者一起研究新物料提供或试制的可行性。

(2) 接收余量需求计划。随着市场需求的增加，采购环境容量不足以支持物料需求，或者随着采购环境呈下降趋势，该物料的采购环境容量在缩小，满足不了需求。以上两种情况产生余量需求，从而要求对采购环境进行扩容。采购环境容量的信息可以由认证人员和订单人员提供。

(3) 熟悉准备供应商群体认证环境信息资料。采购环境的内容包括：认证环境和订单环境两个部分。有些供应商认证容量较大，订单容量较小，有些供应商则正好相反。这是因为，认证过程是供应商样件及小批量试制过程，需要有强大的技术力量支持，有时需要与供应商一起开发；而订单过程是供应商的规模化生产过程，突出表现是自动化机器流水作业及稳定的生产，技术工艺已经固化在生产流程中，所以它的技术支持难度较前者小。

(4) 拟制认证计划说明书。也就是准备好认证计划所需要的资料，主要包括：认证计划说明书（物料项目名称、需求数量、认证周期等），并附有开发需求计划、余量需求计划、认证环境资料等。

2）认证需求

(1) 分析开发批量计划。不仅要分析量上的需求，而且要掌握物料的技术特征等信息。有各式各样的开发批量需求，可按不同方面分类：

① 按照需求环节分：有各式各样的开发认证需求和生产批量物料认证需求；

② 按照采购分：环境内物料需求和环境外物料需求；

③ 按照供应情况分：可直接供应物料和需要定做物料；

④ 按照国界分：国内供应物料和国外供应物料等。

计划人员应对开发物料需求做详细分析，必要时与开发人员、认证人员一起研究开发物料的技术特征，按照已有的采购环境及认证计划经验进行分类。从这可以看出，认证计划人员需要兼备计划知识、开发知识、认证知识等，具有从战略高度分析问题的能力。

⑵分析并确定生产需求的余量。首先对余量需求进行分类，在上个部分中已说明余量认证的产生来源：一种是市场销售量的扩大；另一种是采购环境订单容量的萎缩。这两种情况都导致了目前采购环境的订单容量难以满足用户的需求，因此需要增加采购环境容量。对于因市场需求的原因造成的，可以通过市场及生产需求计划得以了解各种物料的需求量及时间；对于因供应商萎缩原因造成的，可以通过分析现实采购环境的总体订单容量与原定容量之间的差别得到。两种情况的余量相加即可得到总需求余量。

⑶确定认证需求量。根据开发批量需求及余量需求的分析结果，确定认证需求。认证需求是指通过认证手段，获得具有一定订单量的采购环境。

3)计算认证容量

⑴分析项目认证资料。分析项目认证资料是计划人员的一项重要事务，不同认证项目其过程及周期千差万别。机械、电子、软件、设备、生活日用品等物料项目，它们的加工过程各式各样，非常复杂。作为从事某行业的实体来说，需要认证的物料项目可能是千万物料的某几种，熟练分析几种物料认证资料是可能的，但对规模大的企业，几千种乃至上万种的物料分析难度则大得多。

⑵计算供应商总体认证容量。在采购环境中，供应商订单容量与认证容量是两个概念，有时可以互相借用，但不是等量的。一般在认证供应商时，要求供应商提供一定的资源用于支持认证操作，或者一些供应商只做认证项目，百分之百的认证容量分配比例，总之在供应商认证合同中，应说明认证容量与订单容量比例，防止供应商只做批量订单，不愿意做样件认证。采购环境的总体认证容量方法是把采购环境中所有供应商的认证容量叠加即可，对有些供应商的认证容量需要乘以适当系数。

⑶计算供应商承接认证容量。供应商承认认证量等于当前供应商正在履行的认证的合同量：认证容量计算也是一个复杂的过程，各种物料项目认证周期不同，一般是计算要求的某一时间段的承接认证量。最恰当、最及时的处理方法是借助计算机系统，模拟显示供应商已承接认证量，以供认证计划决策使用。

⑷确定总剩余认证容量。某一物料所有供应商群体的剩余认证容量的总和，称为该物料的“认证容量”。物料认证容量等于物料供应商群体总体认证容量减去承接认证容量。这种计算过程也可以被计算机化，一般 MRP 系统不支持这种算法，可单独开发该系统。认证容量是一个近似值，仅作参考，认证计划人员对此不可过高估计，但它能指导认证过程的操作。采购环境中的认证容量不仅是采购环境的指标，而且也是企业不断创新，维持发展的动力源。源源不断的新产品的问世是基于认证容量价值的体现，由此也能产出各式各样的产品新部件。

4)认证计划

⑴对比认证需求量与认证容量。认证需求与供应商对应认证容量之间一般都会存在差异，如果需求小于容量，则无须进行综合平衡，直接按照认证需求制订认证计划；如果供应商容量小于认证需求量，则进行认证综合平衡，对于剩余认证需求需要制订采购环境之外的认证计划。

(2)综合平衡。从全局出发，综合考虑市场、生产、认证容量、物料生命周期等要素，判断认证需求的可行性，通过调节认证计划尽可能地满足认证需求，并计算认证容量不能满足的剩余认证需求，这部分剩余认证需求需要到企业采购环境的社会供应群体中寻找容量。

(3)确定认证余量认证计划。对于采购环境不能满足的剩余认证需求，应提交采购认证人员分析并提出对策，与之一起确认采购环境之外的供应商认证计划。采购环境之外的社会供应群体如没有与公司签订合同，那么制订认证计划时要特别留心，并由具有丰富经验的认证计划人员和认证人员联合操作。

(4)制订认证计划。以下给出认证物料数量及开始认证时间的计算方法。

认证物料数量=开发样件需求数量+检验测试需求数量+样品数量+机动数量

开始认证时间=要求认证结束时间−认证周期

2. 订单计划

1)准备订单计划

(1)接收由市场部门提交的要货计划。市场需求是启动生产供应程序流动的牵引项，要想制订较为准确的订单计划，首先必须熟知市场需求计划，或者销售计划。市场需求的进一步分解便是生产需求计划。企业的年度销售计划在上一年年末制订，并报送至各个相关部门、下发至销售部门、计划部门、采购部门，以便指导全年的供应链运作；根据年度计划制订季度、月度的市场销售需求计划。

(2)接收由生产部门提交的生产需求计划。生产需求对采购来说可以称之为生产物料需求，生产物料需求的时间是根据生产计划而产生，通常生产物料需求是订单计划的主要来源，为了利于理解生产物料需求，采购计划人员需要熟知生产计划及工艺常识。在信息系统中，物料需求计划是主生产计划的细化，它来源于主生产计划、独立需求的预测、物料清单文件、库存文件。编制物料需求计划的主要步骤为：

① 决定毛需求；

② 决定净需求；

③ 对订单下达日期及订单数量进行计划。

(3)熟悉准备供应商群体供应信息资料。在订单物料的认证计划执行完毕之后，便形成该项物料采购环境(也可称之为订单环境)，订单环境资料包括：

① 订单物料的供应商信息；

② 修正订单比例（对有多家供应商的物料来说，每个供应商分摊下单比例，该比例由认证人员产生并给予维护）信息；

③ 最小包装信息；

④ 订单周期（从下单到交货的时间间隔，以天为单位）；

⑤ 订单环境一般使用信息系统管理起来，订单人员根据生产需求的物料项目，从信息系统中查询了解该物料的采购环境参数及描述；

⑥ 拟制订单计划说明书。也就是准备好订单计划所需要的资料，主要包括：订单计划说明书(物料名称、需求数量、到货日期等)，附有市场需求计划、生产需求计划、订单环境资料等。

2)评估订单需求

(1)分析市场需求。订单计划不仅仅来源于生产计划，因为订单计划除了考虑生产需求之外，还要兼顾市场战略、潜在的需求，这是其一；另一方面，我们要分析市场要货计划的可信度，仔细分析市场合同签订数量、合同剩余量(包括延时交货合同)的各种数据，研究其变化趋势，全面考虑要货计划的规范性和严肃性，参照相关历史要货数据，找出问题。总之要对市场需求有一个全面的了解，远期发展与近期需求相结合。

(2)分析生产需求。首先来熟悉一个例子：由生产计划大纲，检查零部件清单，到得出第一级组成部件的毛需求量。如刻绘机底板在第一周，现有库存量 80 件减去毛需求量 40 件，剩下的现有库存量为 40 件。第三周预计入库 110 件，加上库存量 40 件，减去毛需求量 50 件，得到新的现有库存为 100 件，在第八周时，现有库存值为负数，则需要下达一项任务。由生产制造提前期和订货批量确定在第四周应下达一批刻绘机底板的订货，数量为 90 件。可见，分析生产需求，应首先分析生产需求的产生过程，其次分析需求量和要货时间。

(3)确定订单需求量。根据市场、生产需求的分析结果，确定订单需求。订单需求的内容是：通过订单操作手段，在未来指定的时间里，将指定数量的合格物料采购入库。

3)计算订单容量

(1)分析物料供应资料。物料是整个采购的操作对象。在目前已有的采购环境中，物料的供应商信息是一项重要的信息资料，无论是生产需求，还是紧急的市场需求，没有供应商供应物料则一切都无从谈起。

(2)计算总体订单容量。在采购环境中，供应商的总体订单容量是要关注的。订单容量的含义包括两个方面：一个是可供给的物料数；另一个是可供给的到货时间。

(3)计算已承接订单容量。物料供应商在指定时间内已经签下的订单量，称为已承接订单量。

(4)确定总体剩余订单容量。某物料所有供应商群体的剩余订单容量的总和，称为物料的剩余订单容量。

物料剩余订单容量=物料供应商群体总体订单容量−已承接订单量

4)制订订单计划

(1)对比订单需求量与订单容量。在需求小于容量的情况下，则依据物料需求制订订单计划；在供应商容量小于物料需求量情况下，要求物料平衡环节，对于剩余物料需求需要制订认证计划。

(2)综合平衡。综合考虑市场、生产、订单容量等要素，分析物料订单需求的可行性，必要时调整订单计划，计算容量不能满足的剩余订单需求。

(3)确定订单余量认证计划。对于剩余需求，要提交认证计划制订者处理，并确认能否按照物料需求规定的时间及数量交货，为了保证物料及时供应，此时可走简化认证程序，并由具有丰富经验的认证计划人员操作。

(4)制订订单计划。以下给出下单数量及下单时间的计算方法。

下单数量=生产需求量−计划入库量−现有库存量＋安全库存量

下单时间=要求到货时间−认证周期−下单周期缓冲时间

采购计划的制订是一项复杂的工作，具有丰富采购计划经验、采购经验、开发经验、生产经验等复合知识的人才才能胜任，并且要和认证订单等部门协作进行。

(四)采购认证

认证的目的是实施认证计划，建立和维护企业的采购环境、为企业提供物料项目的供应商群体，满足采购对象的质量、成本、供应、服务等方面的要求。

对于一些需要长期、批量供应的认证物料项目，其认证过程要严格，一般要进行以下六个过程，如图 1 8 采购认证流程所示。

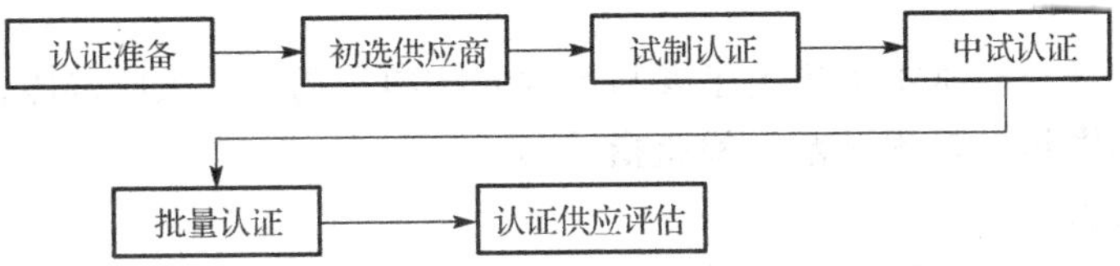

图 1-8 采购认证流程

1. 认证准备

1) 熟悉需要认证的物料项目

认证人员首先应熟悉认证项目，包括所涉专业知识范围、认证难度、目前国内外的供应状况等。认证项目涉及专业知识范围广，有机械方面的、电子方面的、软件方面的、设备方面的，有生活用品、工业用品、民用品、军工用品等。项目认证难度从简单的一颗螺钉，到复杂的大型设备。有些在国内或者就近就可以找到货源，有些需要到国外去采购。

2) 价格预算

作为认证人员，首先应该熟知物料项目的成本价格，这可以通过对物料项目进行价格核算得到，也可以通过市场调查、行业比较得到。

3) 研究项目质量需求标准

物料项目的质量要求可以通过阅读物料项目资料得到，认证人员应熟练掌握认证项目的专业知识，同时具备采购经验，以便对质量标准透彻了解。

4) 了解项目的需求量

这是认证输入参数之一，目的是在选择等同供应容量的供应商时作参考。有些项目的需求量比较容易得到，计划部门提供的认证计划就包含项目的需求量预测。

5) 准备好物料认证所需的资料

也就是准备好物料所需的资料，主要内容有认证说明书(项目名称、价格预算、关键质量条款、需求预测、售后服务要求、项目难度等)，并附有图纸、技术规范、检验标准等。

2. 初选供应商

1) 确定社会供应群体范围

从社会供应群体中划定参与本物料项目的供应商。一般来说，每一个成熟的企业都有自己的供应商群体，如果不能满足项目要求，则到社会行业供应商群体中寻找。但对一个新企业来说，供应群体的确定较为困难，较妥善的解决办法是招聘有丰富行业采购经验的认证人员。

2) 研究供应商提供的资料，并向相关供应群体发调查问卷

任何想成为公司供应商的社会供应者，都应提供介绍资料，以便成为下一步程序选中的意向供应商。

3) 实地考察供应商

如有可能应实地考察供应商，一方面是防止供应链增加不必要的中间环节，另一方面是更好地了解供应商的实力。

4)与供应商进行谈判

与供应商进行正面接触是必不可少的环节，经验丰富的认证人员通过此环节基本上可以弄清供应商群体的实力。

5)发放认证说明书

经过以上四个环节，基本上确定了参与本次采购项目竞标的供应群体，然后向他们发放认证说明书，包括图纸、技术规范、检验指导书。

6)供应商提供改善报告

意向供应商接到认证说明书及相关资料后，根据自己的情况拟制《供应报告》，主要内容为：供应价格、品质报告、可供数量、售后服务情况等。

7)供应商参与竞标

一般重要物料的供应，要求进行竞标，中标者才可入选。

8)选定三个以上初选供应商

通过以上过程，认证人员整理资料，集体做出决定：初选供应商名额。

3．试制认证

1)签订试制合同

与初选供应商签订试制合同，目的是使初选供应商在规定的时间内提供符合要求的样品。合同中应包含保密内容，即供应商应该无条件遵守企业的保密规定。试制认证的目的是验证系统设计方案的可行性，同时达成在企业与供应商之间的技术折中方案。

2)向初选供应商提供项目试制资料

认证项目更为详尽的资料在此期间提供，其中可能包括公司的一些机密材料。

3)供应商准备样品

准备样品需要一个周期，不同认证项目的周期不同，电子件、机械件的准备周期相对较短，组合设备的准备周期相对较长。

4)过程协调监控

对于一些准备周期较长的认证项目，认证人员应对过程进行监控、协调，遇到突发事件应及时提出对策。

5)调整技术方案

可能需要在企业与供应商之间进行技术方案的调整，设计人员提供的设计方案在实际加工过程中需要调整的情况是常见的，认证人员不能因此判定供应商的能力问题，有时经过调整后，设计方案会更加完善。

6)供应商提供样品

供应商把准备好的样品送到认证部门，小体积的样品只需随身携带，大的样品可能要运输车托运。

7)样品评估

由认证人员组织对样品进行综合评估。样品的评估内容包括性能、质量、外观等。认证人员应该协调相关部门制定认证项目的评估标准。参加人员包括设计人员、工艺人员、质管人员、认证人员、订单人员、计划人员等。

8)确定本物料项目样品供应商（三家以上）

通过以上活动，集体决策，确定样品供应商，并报主管批准。

4. 中试认证

1) 签订中试合同

与样品供应商签订中试合同,使样品供应商在规定的时间内提供符合中试要求的小批件。中试认证的目的使得系统设计方案具有批量生产的可能性，同时寻求成本与质量的折中解决方案。

2) 向样品供应商提供项目中试资料

项目中试资料是经过试制期间修改的改制技术资料，如经过修改的机械图纸、电子器件参数、软件方案等。

3) 供应商准备小批件

准备小批样品需要一个周期，一般来说，小批件的准备周期应比样品的周期短，因为供应商经过试制过程之后，在技术、生产工艺、设备、原材料等方面都有一些积累和经验。

4) 过程协调监控

中试过程仍需要跟踪，认证人员应该和供应商一起研究任何提高质量并且降低成本的方法，并具有批量生产的可能性。

5) 调整技术方案

有时需要经过若干次的试验才能确定性价比方案，如元器件的性价比、加工装配的性价比等。

6) 供应商提供小批件

供应商把准备好的小批件送交生产或认证部门，有时小批件需要送到生产组装现场。

7) 中试评估

由认证人员组织，对小批件进行综合评估。小批件的评估内容包括质量、成本、外观、供应情况等。认证人员应该协调相关部门制订认证项目的评估标准。参加人员包括设计人员、工艺人员、质管人员、认证人员、订单人员、计划人员等。

另外，要确定本物料项目中试供应商，一般至少三家以上。

5. 批量认证

1) 签订批量合同

与中试供应商签订批量合同，使中试供应商在规定的时间内提供符合批量认证要求的批量件。批量认证的目的是使得系统设计方案具有大规模生产的可能性，同时寻求产品的稳定性和可靠性解决方案。

2) 向中试供应商提供项目批量生产资料

项目批量生产资料是经过中试期间修改的技术资料,如可以大规模投放生产的机械图样、电子器件参数、软件方案等。

3) 供应商准备批量件

准备批量件需要一定的时间，供应商要想供应批量件就要提高自动化水平，配备相应的批量生产机械，如机械行业的冲床、专业机械，电子行业的自动化设备，软件行业的大型拷贝机等。

4) 过程协调监控

对批量过程也需要跟踪，认证人员和订单人员应该跟踪生产中可能出现的异常情况。

5) 调整技术方案

必要时可以根据供应商的意见，修改批量生产资料中的技术方案。

6) 供应商提供批量件

供应商把准备好的批量件送到生产部门，有时批量件需要送到生产组装现场。

7) 批量评估

认证人员应该协调相关部门制订认证项目的批量评估标准。批量物料的检验环节由检验部门负责。评估内容包括质量、成本、供应、售后服务等。由认证人员组织，对批量件进行综合评估。参加人员包括设计人员、工艺人员、质管人员、认证人员、订单人员、计划人员等。

8) 确定本物料项目批量供应商（两家以上）

本次活动确认物料批量生产供应商，属于批量物料合格供应商。

6. 认证供应评估

1) 制订供应评估计划

首先要制订一个物料供应评估计划，内容包括物料名称、负责团队、负责人、供应商、评估重点、措施、频度、要求等。

2) 采购部门绩效评估

包括计划、认证、订单。

3) 采购角色绩效评估

采购角色绩效评估包括计划人员、认证人员、订单人员。

4) 供应商绩效评估

供应商绩效评估包括质量、成本、供应、服务性等。

5) 调整采购环境

建立采购环境的内容包括根据以上供应商的认证结果，建立新的供应计划，拓展供应商群体，确定供应环境战略伙伴。调整采购环境内容包括调整供应商比例、确定战略伙伴、调整供应商群体、清理供应商群体、清理绩效较差的供应商。

(五) 采购订单

订单的目的是实施订单计划，从采购环境中购买物料项目，为生产过程输送合格的原材料和配件，同时对供应商群体绩效表现进行评价反馈。

在认证环节为企业准备好采购环境之后，订单人员便可进行批量物料的采购。订单操作一般要进行以下七个过程。

1. 订单准备

1) 熟悉需要订单操作的物料项目

订单人员首先应熟悉订单计划，订单的种类很多，有时可能是从来没有采购过的物料项目，其采购环境不一定熟知，需要采购人员花时间去了解物料项目的技术资料等。订单的难易程度也有差异，有时可能要到国外去采购，值得注意的是，直接从国外采购可能获得较好的品质和较低的价格(对认证人员来说)，但大大增加了订单环节的操作难度，手续复杂，货期长，监控操作困难。

2) 价格确认

由于采购环境的变化，订单人员应对采购最终的价格负责，不能认为价格的确定完全是认证人员的责任，订单人员有权利向采购环节(供应商群体)价格最低的供应商下达订单合同，以维护采购的最大利益。

3)确认项目质量需求标准

订单人员日常与供应商的接触有时大大多于认证人员，由于供应商实力的变化，对前一订单的质量标准是否需要调整，订单操作作为认证环节的一个监督部门应发挥应有的作用。

4)确认项目的需求量

订单计划的需求量应与采购环境订单容量相匹配，或者小于采购环境订单容量(经验丰富的订单人员可不查询系统也能知道)，如果大于则提醒认证人员扩展采购环节容量；另外，对计划人员的错误操作，订单人员应及时提出。

5)制订订单说明书

订单说明书是订单准备环节的输出，主要内容包括项目名称、确定的价格、确定的质量标准、确定的需求量、是否需要扩展采购环境容量等，另附有必要的图纸、技术规范、检验标准等。

2. 选择供应商

1)查看采购环境

认证环节结束后会形成公司物料项目的采购环境，用于订单操作。对小规模的采购，采购环境可能记录在认证报告文档上；对于大规模的采购，采购环境则使用信息系统来管理。订单人员在完成订单准备之后，要查询采购环境信息系统，以寻找适应本次物料供应的供应商群体。一般来说，一项物料有三家以上的供应商，在特殊情况下也会出现一家供应商，即独家供应商。

2)分析供应商现实供应情况

如果向一个容量已经饱和的供应商下单，那么你的订单会难以被正常执行，最后导致订单操作的失败。作为经验丰富的订单人员，首先应计算采购环境中供应商的容量哪些是饱和的，哪些是有空余容量的。如果全部饱和，应立即通知相关认证人员，并商议紧急对策。

3)供应商确认

从主观上对供应商的了解需要得到供应商的确认，供应商组织结构的调整、设备的变化、厂房的扩建等都影响供应商的订单容量；有时需要进行实地考察，尤其是对谎报订单容量的供应商。经过以上活动，订单人员权衡利弊(既要考虑原定的订单分配比例，又要考虑现实容量情况)后可以初步确定意向供应商，目的是确定本次订单计划由哪一家供应商供应，这是订单操作实质性进展的一步。

4)发放订单说明书

既然有意向，就应该向供应商发放相关技术资料。一般来说，采购环境中的供应商具备已通过认证的物料生产工艺文件，如果是这样，订单说明书就不包括额外的技术资料。供应商在接到技术资料并分析后，立即向订单人员作出“接单”还是“不接单”的答复。

5)确定物料供应商

通过以上过程，订单人员确定在本次订单计划所投向的供应商，必要时可上报主管审批，供应商可以是一家，也可以是若干家。

3. 签订合同

1)采购合同制作

一般的企业都有固定标准的合同格式，而且这种格式是供应商认可的，订单人员只需在标准合同中填写相关参数(物料名称代码、单位、数量、单价、总价、货期等)及一些特殊说明后即完成制作合同操作。值得说明的是价格及质量标准。对拥有采购信息系统的企业，订单人员直接在信息系统中生成订单，在其他情况下，需要手工打印。

2）合同提交审批

合同审批是订单操作的重要环节，一般由管理办专职人员负责，主要审查事项为合同与采购环境物料描述的符合性、合同与订单计划的符合性。审核的主要目的是限制订单人员必须依照订单计划在采购环境内操作，不可选择采购环境以外的社会供应商，价格是限定的价格，货期在一定范围内，并符合订单计划的物料数量、到货日期要求。

3）与供应商签订合同

经过审批的订单合同，即可传至供应商确定并盖章签字。签订合同的方式有四种：与供应商面对面签订合同，买卖双方现场盖章签字；订单人员使用传真将打印好的合同传至供应商，并且供应商以同样方式传回；使用 E-mail 进行合同的签订，买方向供应商发合同 E-mail，则表示接受合同并完成签字；建立专用的合同信息管理系统，完成合同信息在买卖双方之间的传递。

在完成合同签订之后，即转入合同的执行时期。对加工型供应商要进行备料、加工、组装、调试等过程；对存货型供应商，只需从库房中调集相关产品及适当处理，即可送往买家。

4）合同跟踪

(1)跟踪供应商工艺文件的准备。工艺文件是进行加工生产的第一步，对任何外协件（需要供应商加工的物料）的采购，订单人员都应对供应商的工艺文件进行跟踪，如果发现供应商没有相关工艺文件，或者工艺文件有质量、货期问题，应及时提醒供应商修改，并提醒供应商如果不能保质、保量、准时到货，则要按照合同条款进行赔偿。

(2)确认原材料的准备。备齐原材料是供应商执行工艺流程的第一步，有经验的订单人员经常发现，供应商有时说谎，如有可能则必须实地考察。

(3)跟踪加工过程进展状态。不同物料的加工过程不同，为了保证货期、质量，订单人员需要对加工进行监控。有些物料采购，其加工过程的监工小组要有订单人员参加，典型的例子如一次性、大开支的项目采购、设备采购、建筑采购。

(4)跟踪组装调试检测过程进展状态。组装总测是产品生产的重要环节，这一环节的完成表明订单人员对货期有一个结论性答案。订单人员需要有较好的专业背景和行业工作经验，否则，即使跟踪也难达到效果。

(5)确认包装入库。此环节是整个跟踪环节结束点，订单人员可以向供应商了解物料最终完成的包装入库信息。如果有可能，最好去供应商现场考察。

4. 物料检验

1）确定检验日期

一些物料如机械、设备、大型电子装置，往往需要到供应商处现场检验；有些物料如轻小型物品可以由供应商送过来检验，检验日期及地点按照惯例进行。

2）通知检验人员

检验信息传送至质检部门之后，根据物料的轻重缓急，统一安排。

3）物料检验

对一般物料，走正常检验程序；对重要物料，或者供应商在此物料供应上质量稳定性差的，则要严格检验；对不重要物料，或者供应商在此物料供应上质量稳定性持续表现较佳，则可放宽检验。

4) 处理检验问题

对于致命及严重缺陷的物料，要求供应商换货；对于微缺陷物料，与认证人员、质量人员、设计人员协商，同时考虑生产的紧急情况，确定是否可以使用。对于偶然性的质量问题，可由检验部门或订单部门通知供应商处理；对于多次存在的质量问题，由认证人员正式向供应商发出质量改正通知单，限期改正质量问题；对于重大问题或经常有问题的，则由认证部门组织专题会议，讨论质量问题的对策，确定原因是设计方案的问题还是供应商的问题，前者要修改方案，后者要对供应商进行处理，包括罚款、质量整改、降级使用、取消供应商资格等。

5. 物料接收

1) 与供应商确认物料检验日期

供应商的送货时间需要在订单人员与供应商沟通协调过程中确定，如果在没有得到许可的情况下，供应商把货送过来，则会导致订单操作过程的混乱；如果订单人员在没有和供应商协调的情况下，通知供应商立即送货，则可能导致"物料不能按期到货"。

2) 与仓储部协调送货事务

仓储部每天接收大量的物料项目，其过程有卸货、验收、入库信息操作、搬运、库房空间调配等。要防止库房因没有接收计划而临时拒收，供应商需等待较长时间。

3) 通知供应商送货

经过以上两项就可通知供应商送货。在特殊情况下，已不需要的物料要及时通知停止送货，并给予供应商一定的赔偿。

4) 库房接收及物料入库

库房接收及物料入库过程包括：检查预到货清单信息是否完整(包括物料的合同、型号、数量等)；接收数量；检查送货单据及装箱单据；检查包装与外观；合同对应检查；卸货；清点物料；搬运入库；填写"物料入库单据"；将物料入库信息录入存储信息系统中。当然，只有检验合格的物料才可入库。

5) 检验问题处理

由于供应商或者订单人员方面的原因，物料接收环节可能出现以下问题：物料型号与合同中不一样、未按照合同中指定的物料数量送货、交货日期不对、物料的包装质量不符合要求等。对检验出的问题要做适当处理。

6. 付款操作

1) 查看物料检验入库信息

对于国内的供应商付款操作，一般是在物料检验通过并且完成入库操作之后进行，所以订单人员(或者专职付款人员)要查询物料入库信息，仅对已经入库的物料办理付款手续。对于国外供应商，付款手续比较复杂。

2) 准备付款单

对国内供应商付款，拟制付款申请单，并且附合同、物料检验单据、物料入库单据、发票。作为付款人员要注意：五份单据(付款申请单、合同、物料检验单、物料入库单、发票)中的合同编号、物料名称、数量、单价、总价、供应商必须一致。

3) 主管审批

由管理办或者财务部专职人员审核，内容包括单据的匹配性，即上述五份单据在六个方面（合同编号、物料名称、数量、单价、总价、供应商）的一致性及正确性；单据的规范性，特别是发票（单据的真实性，发票的真假鉴别，检验、入库等单据的真实性），其次是付款申请单，要求格式标准、统一、描述清楚。

4）资金平衡

如果企业拥有足够的资金，那么本环节可以省略。但大多数情况下，企业需要合理利用资金，特别是在资金紧张的情况下，要综合考虑物料的重要性、供应商付款周期等因素，以确定首先向谁付款，对于不能及时付款的物料，要与供应商进行充分沟通，征得供应商的谅解和同意。

5）向供应商付款

企业财务出纳部，接到付款申请单及通知后，即可向供应商付款，并提醒供应商注意收款。

6）供应商收款

企业之间的交易付款活动一般通过银行进行，有时因为付款账号疏漏，可能导致供应商收不到款。对于大资金的付款活动，企业有必要在付款活动之后向供应商做出收款提醒。

7. 供应评估

1）制订供应评估计划

评估时首先要制订一个评估计划。全面评估订单运作情况是必要的，但每次操作要抓住重点。评估的目的是为认证人员管理供应商提供实际操作表现数据，使得订单操作更加畅通。

2）订单部门绩效评估

订单部门绩效评估内容包括供应及时状况、紧急订单的完成情况、组织效率等。

3）订单角色绩效评估

订单人员的绩效来源于部门绩效的分解，订单人员的能力及责任心决定其绩效的大小，对绩效突出的要加薪奖励，对绩效持续末位的要考虑降职降薪。

4）供应商供应绩效评估

供应商评价包括质量、成本、供应、服务性等。

5）建议调整采购分配比例

在订单运作一段时间之后，要进行供应绩效评估，评估的目的是调整采购环境，内容包括根据订单表现调整供应商比例、确认并调整战略伙伴群体、调整供应商群体级别、清理供应绩效较差的供应商等。

一个物料项目的订单过程究竟需要多少个步骤，要看具体物料订单情况来定，订单环境、订单人员经验等方面的因素都对订单操作产生影响。

（六）采购管理

采购管理的目的是分解并执行企业采购政策，具有监督管理与服务支持双重作用。采购业务的管理有四个方面：业务支持、业务审核、优化调整、批准实施。

1. 业务支持

1）根据业务需求建立采购流程

采购部门要根据采购业务需求建立采购流程（前面所介绍的内容）。

2）建立采购组织

在建立流程的基础上，建立采购组织，包括：团队组成、人员配比、职责划分等。

3）对采购业务进行配套建设

有了组织，还需要运作的环境，软件环境包括：信息系统、各种规章制度；硬件环境包括：办公设施、物流设施。

4）日常业务过程中的管理支持

在采购组织的日常业务运作过程中，管理部门应提供采购行业信息服务、技术指导培训、内外关系协调工作等。

5）对采购业务运转状况进行量化测评

定期对采购业务进行绩效评估，让采购人员知道自己的工作绩效，对先进者表扬，对落后者提出改进意见，同时对采购及组织采购业务的匹配程度进行修正。

通过管理支持使得采购业务能够正常运作，产生一定正确率的业务报告文档。业务支持包括新业务的流程组织和正常业务的维护、支持。

2. 业务审核

1）接收业务报告文档

在采购业务运作过程中产生报告文档，审核人员首先收到这些报告文档，对于重要的文档需要做好签收手续，如付款申请书。

2）审核报告文档的正确性

审核人员首先审核报告文档内容的正确性，如订单合同是否与采购环境相吻合，付款申请书的正确性。

3）审核文档格式

采购业务输出文档应采用统一的文档形式，易于管理。如审核通过，则可提交批准人进行批准操作；如未通过，则提出问题所在，形成改进意见，由采购人员进行优化调整。

3. 优化调整

1）业务人员分析商讨改进意见

对审核人员提出的意见加以分析研究，如重审正确性等。

2）确定优化调整措施

根据分析结果，确定调整具体措施。

3）措施实施

按照确定的优化调整措施对业务单元报告进行更改。

4）形成业务报告新文档

形成新的业务文档报告，进行再次审核。

4. 批准实施

1）接收业务报告新文档

接收审核人员提交的业务报告文档。

2）第一道批准手续

业务批准主管对业务报告进行审批。对于流水性作业，只需一次批准，即可实施。

3）必要时进行第二道批准手续

有些重要业务需要其他人如财务主管等批准则需二次批准手续。

4）进行业务操作

实施业务并固化流程。

以上采购管理的四个环节是对采购业务单元进行管理的一个循环操作，在业务简单情况下，审核人员与批准人员可合二为一；有些业务的管理可能需要若干个循环，才能付诸实施。

二、采购细分程序

现代管理要求按照一定的程序，有条不紊地开展生产经营业务，采购作为企业的一项基本活动和重要职能，同样必须按照一定的程序进行。典型的企业采购程序体系通常包括以下基本步骤。

1. 发现需求

任何采购都起源于企业中某个人的确切需求。负责具体业务活动的人应该清楚地知道本部门独特的需求：需要什么、需要多少、何时需要。这样，库存部门就会收到这个部门发出的物料需求单。有时，这类需求也可以由其他部门的富余物料来加以满足。但是，公司或迟或早必然要进行新的物料采购。采购申请可以来自生产或使用部门，可以来自销售或广告部门，也可以来自实验室。供应部门还应协助使用部门预测物料需求以避免太多的紧急订单。由于了解价格趋势和总的市场情况，有时为了避免供应商中断或价格上涨，供应部门必然会发出一些期货订单。

2. 对所需产品或服务加以准确描述

发现需求后，对所需求的细节如品质、包装、售后服务、运输及检验方式等，均应加以准确描述，以便使来源选择以及价格谈判等作业流程能顺利进行。

3. 选择可能的供应来源

供应商的选择是采购职能中重要的一环，它涉及高质量供应来源的确定。企业可以根据需求描述在原有供应商中选择成绩良好的厂商，通知其报价，或以登报公告等方式公开征求。决定和某个供应商进行大量业务往来需要一系列合理的标准。采购方对供应商能否满足自己的质量、数量、交付、价格、服务目标等的观察将决定决策结果。与这些基本采购目标相关的还有一些更重要的供应商品质，包括历史记录、设备与技术力量、财务状况、组织与管理、声誉、系统、程序柔性、通信、劳资关系、位置等。

4. 确定价格

确定所需支付的价格是采购过程中的一项重要决策，是否具备得到“好价格”的能力有时是衡量一个优秀采购者的首要标准。采购者必须很好地掌握各种定价的方法，了解各种方法的适用时机，并能够利用技巧来取得满意的支付价格。

5. 订单安排

价格谈妥后，应办理订货签约手续。订单和合约，均属于具有法律效力的书面文件，对买卖双方的要求、权利和义务，必须予以说明。任何实用的采购订单所必备的要素有：序列编号、发单日期、接受订单的供应商的名称和地址、所需物品的数量和描述、发货日期、运输要求、价格、支付条款，以及对订单有约束的各种条件。订单只有在供应商接受以后才能构成一项合同。

6. 订单的追踪与催货

订单签约后，为使供应商按期、按质、按量交货，应依据合约规定，督促厂商按规定交运，并严格检验入库，在一些企业中，甚至设有全职的跟踪催货人员。跟踪是对订单所做的例行跟踪，以便确保供应商能够履行其货物发运的承诺。如果产生了问题，如质量方面的问题，采购方就要对此尽早了解，以便采取相应的行动。跟踪通常需要经常询问供应商的进度，有时甚至有必要到供应商那里走访一下。不过，这一措施一般仅用于关键的、大额的或提前期较长的采购事项。通常，为了及时获得信息或知道结果，跟踪是通过电话进行的，不过，一些企业也会使用一些简单的表格，以查询有关发运日期和某一些生产计划完成的百分比。

催货是对供应商施加压力，使其履行最初所作出的发运承诺，提前发运货物或是加快已延误订单涉及的发运。如果供应商不能履行合约，采购方会威胁取消订单或是取消以后可能的交易。催货一般仅适用于采购订单的一小部分，因为采购方对供应商的能力已做过全面分析，能够被选中的供应商一般是能遵守合约的。而且，一家企业对其物料需求已做了充分的计划工作，如果不是特殊情况，它就不必要求供应商提前发运。当然，在货物匮乏的时候，催货确实有重要意义。

7. 货物的接收和检验

货物的正确接收具有重要意义，大部分有经验的企业采用将所有货物的接收活动集中于一个部门的方法。由于收货部门和采购部门关系十分密切，所以许多公司中收货部门直接或间接地向采购部门负责。

货物接收的基本目的是为了确保以前发出的订单所采购的货物已经实际到达并检查是否完好无损，数量是否符合。这样才能将货物送往应该到达的下一个目的地以进行储存、检验或使用。接收部门要将与接收手续有关的文件进行登记并送交有关人员。

凡厂家所交货物与合约不符而验收不合格者，应依据合约规定退货，并立即办理重购。

8. 结清发票、支付货款

供应商交货验收合格后，随即开具发票，要求付清货款。采购部门核查发票的内容正确后，财务部门才能付清货款。

9. 结案

凡验收合格付款，或验收不合格退货，均须办理结案手续，查清各项书面资料有无缺失，绩效好坏等，签报高级管理部门或权责部门核阅批示。

10. 记录并维护档案

凡经过以上所有的步骤之后，对于一次完整的采购活动而言，剩下的就是更新采购部门的记录。凡经结案批示后的采购案件，均应列入档案、登记编号分类保管，以备参阅或事后发生问题时查阅。档案应有期限的规定。例如，一张可以作为和外界所签合同的证据的采购订单一般要保存 7 年，应该比作为备忘录的采购申请单的保存期限要长。

要保存的记录有以下几种。

1)采购订单目录

目录中所有的订单都应被编号并说明结案与否。

2)采购订单卷宗

所有的采购订单副本都被顺序编号后保管在里面。

3)商品文件

记录所有的主要商品或主要项目的采购情况(日期、供应商、数量、价格和采购订单编号)。

4)供应商历史文件

列出了与交易金额巨大的主要供应商进行的所有采购事项。

5)劳务合约

指明所有主要供应商与工会所签合约的状况(合约日期)。

6）投标历史文件

指明主要物料项目所邀请的投标商、投标额、不投标的次数、成功的中标者等信息。这些信息可以清楚反映供应商的投标习惯和供应商可能存在的私下串通。

7）工具和寿命记录

指明采购的工具、使用寿命、使用历史、价格、所有权和存放位置。

三、采购流程优化

（一）影响采购流程的因素

前面讨论了采购的流程，下面将逐一说明影响采购流程的各种因素。

1. 产品特征

原料采购的决策不同于备件采购的决策，这种不同源自货物的种类、它的技术复杂度和所包括的供应风险的财务重要性（因此也包括对最终产品价格的影响）。实际上，在购买流程中许多差异可以上溯到特定的产品特征。采购技术复杂产品的决策通常由技术专家（设计师、工程师，技术、维修部门等）做出；采购标准等级、大批量产品（像原材料和日用品）的决策主要由财务经理和高级管理层做出；常规产品的采购决策则留给组织中的较低等级做出。

2. 采购的战略重要性

采购对公司的重要程度越高，采购决策所涉及的管理部门就越多。战略重要性不是仅由采购所涉及的金额或投资的数量决定，例如，廉价的瓶颈物品有时会在有效性和供应方面表现出极大的风险，并通常会对生产的连续性构成直接威胁。因此它们是高级管理层的主要兴趣所在。其他关键采购决策的例子有订立特许合同或开发合同。

3. 采购所涉及的总金额

随着采购所涉及总金额的增加，管理层在采购决策中的作用将随之增加。这就是管理层常常被卷入重要原料和投资品采购的原因。

4. 采购市场的特征

在垄断市场中，同供应商的谈判比以自由竞争为特征的市场复杂和困难得多。公司的管理层因此会对前者更加感兴趣。

5. 采购涉及的风险程度

随着采购决策涉及的风险的增加，更多的专业人员会参与到这一流程中。当组织对特定产品的采购或特定供应商的经验逐渐增加时，与采购决策相关的风险减小，流程的交货时间也变短。

6. 组织中采购部门的作用

采购部门的任务、职责和权力随着组织的不同而不同。大公司中的采购部门通常运作得比小公司中的相同部门更加专业化。而特别小的公司中组织的内部结构通常支配做出采购决策的方法。

7. 采购产品对组织中现有常规的影响程度

当将要采购的产品要求组织内部进行调整，或开展必要的教育和培训时，做出决策就会变得更加复杂，花费更多的时间，要求涉及的领域就会更多。例如，当使用新的计算机和应用新的制造技术时，这种情况就会发生。

采购专家以潜在的采购后续问题为基础将产品分为四个类别：

(1)常规产品；

(2)需要说明的产品；

(3)产品的全部技术功能在组织中是不确定的；

(4)能够在组织内部造成问题的产品。

当需要组织内部做出更多的适应时，更多的领域就会被涉及购买决策中，采购流程就会更加复杂。

(二)采购流程的优化

采购流程优化应从两个方面着手：一是随着企业产品结构、规模的变化而调整，二是满足流程输出的绩效指标最佳。一个企业总是处在变化之中，产品的升级换代、规模扩大与缩小、销售区域的变化，这些对采购流程都产生直接或间接的影响，采购管理部门应根据变化情况，决定对企业采购流程的调整。

流程运作过程中，还要根据流程输出绩效指标的情况，对流程进行整合，任何流程如果其绩效指标不是行业较高水平，则说明流程存在问题。是过于臃肿，还是过于简单，这可通过对流程进行层层反查而捕捉到问题点。

(三)采购流程优化的主要瓶颈和问题

采购流程模型是一个构想，是相对于现实的抽象，在现实世界中组织采购流程与此模型有所偏离。多年来对无数的公司和机构的观察表明，下列情况会妨碍采购流程优化。

1. 供应商和品牌规格

除了一些居于汽车、计算机、消费电子工业前沿的公司外，多数买方在规格制定阶段很少参与其中。产品规格通常由买方单方面决定，这就意味着他们经常是依据特定的(批准的)供应商确定的。使用特定的品牌或供应商的规格会严重限制买方的行动自由度(谈判时)，而供应商则在多数情况下对它的产品十分清楚，而且，这可能会导致选择的供应商不能够满足公司的生产量和物流需要的情况产生。

2. 选择供应商

选择供应商是采购流程中最重要的决策之一，特别是当交付的货物要求提供多年的维修和服务的时候(就像有许多投资品的情况)。核实供应商(银行)信用的失败，会导致预期以外的破产,以及没有能力满足质量要求和不愿意满足保证义务的形式出现的令人不愉快的意外。有些供应商为了达成合同，做出了它所不能满足的交货时间的承诺。

3. 签订合同

如果在交货期间或之后出现问题，合同中难懂的条文就会起反作用。我们可以发现，原以为应该由供应商处理的事情将不得不由用户单独完成。对于问题处理的歧义可以通过签订标准合同的方式加以避免。避免问题总要比处理问题好得多，而合同的修改最好留给采购者完成。

4. 重视价格

特别是在购买固定设备的时候，购买决策需要在所有者总成本(TCO)基础上做出，而不仅仅是价格。很多设备制造商都采用了这样一种销售策略，即为它们的设备定一个相当低的价格。然而，它们的保证和服务合同要求客户从原始设备制造商(OEM)那里获得所有的备件和维护服务。如果客户不这样做，供应商将不保证设备的正常运行。这种类型的销售“策略”的例子有很多：复印机制造商、计算机主机制造商、掘土设备和卡车制造商、系统集成供应商都致力于这种实践。为了使固定设备采购能够有效进行，买方需要将其决策置于TCO模型的基础上，在设备的初始采购和设备的终生费用之间进行平衡。

5. 管理机构

订货也能引起大问题。如果没有关于购置或采购授权的明确的程序，就会造成组织中的每个人都能随意订货。结果造成交货(这件产品是给谁的?)和应付发票(这张发票对应的是哪份订单或哪次交货?)的检查出现大量的额外工作。

第四节 采购方式与现代采购技术

一、典型采购方式

所谓的采购方式，是指企业在采购中运用的方法和形式的总称。从企业采购的实践来看，经常采用的采购方式有：招标采购、竞争性谈判采购、询价采购。

1. 招标采购

所谓招标采购，是指通过公开招标(Open Tender)的方式进行物资和服务采购的一种行为。它是政府及企业采购中的基本方式之一。在招标采购中，其最大的特征在于其“公开性”。凡是符合资质规定的供应商都有权参加投标。招标采购主要可分为政府招标采购和企业招标采购。在我国关于政府招标采购，应贯彻执行《中华人民共和国政府采购法》(已于2003年1月1日起正式实施)的相关规定，依法招标采购。

公开招标采购的优点：

(1)有利于做到采购工作的“公开、公正、公平”；

(2)有利于形成符合市场的真实价格；

(3)有利于提高采购物品的质量；

(4)有利于采购方建立供应商的信息资源库，增大选择范围；

(5)有利于降低采购成本。

这种采购方式的缺点主要有：

(1)采购费用较高；

(2)容易出现供应商合谋或者“抢标”，即过度压低价格而中标，出现偷工减料，以次充好，影响产品质量的现象；

(3)采购程序复杂，应变性差；

(4)如果底价泄密易带来巨大风险。公开招标采购主要适用于需求量大且标准化产品，或者高科技产品，如计算机、通信产品等。

2. 竞争性谈判采购

价格也可以通过谈判过程来确定，通常应用于单一货源的情况，对于非标准物品，如根据买方的规格生产的物品或为满足采购方提出的特殊目的而由供应商设计的物品。

谈判是价格确定过程中最复杂也是成本最高的一种方法。这种方法应用于不宜采用公开招标的大宗采购项目上。谈判需要双方坐下来，通过商讨就一项采购合同的主要条款达成共识，如运输、规格、保修、价格及条件等。

3. 询价采购

所谓询价(request for quotation)采购是指采购方就需采购物品向供应商发出询价，请其正式报价的一种采购方法。供应商提供一份正式的报价清单，清单上的价格经常会有折扣。对于许多物品，如小工具、灯、螺栓，一般都采用价格清单的方式。这些物品普遍是通过零售商或行业分销商销售出去的。

二、现代采购技术

1. 电子采购

电子采购(E-Procurement)是指商品和服务的电子化购买过程，包括从认定采购需求直到支付采购货款的全部过程，也涵盖延迟付款这类活动，如合同管理、供应商管理与开发等。电子采购是由采购方发起的一种采购行为，是一种不见面的网上交易，如网上招标、网上竞标、网上谈判等。人们把企业之间在网络上进行的这种招标、竞价、谈判等活动定义为B2B 电子商务，事实上，这也只是电子采购的一个组成部分。电子采购比一般的电子商务和一般性的采购在本质上有了更多的概念延伸，它不仅仅完成采购行为，而且利用信息和网络技术对采购过程的各个环节进行管理，有效地整合了企业的资源，帮助供求双方降低了成本，提高了企业的核心竞争力。可以说，企业采购电子化是企业运营信息化不可或缺的重要组成部分。电子采购使企业不再采用人工办法购买和销售它们的产品，在这一全新的商业模式下，随着买主和卖主通过电子网络而联结，商业交易开始变得具有无缝性，其自身的优势是十分显著的。

2. JIT 采购

JIT采购是准时化生产系统(JIT)的重要组成部分。JIT 是近四十年来由日本企业首创的一种新的生产管理系统，最早使用这一系统的公司是全球知名的丰田汽车公司。JIT 系统是指企业在生产自动化、电算化的情况下，合理规划并大大简化采购、生产及销售过程，使原材料从进厂到产成品出厂进入市场能够紧密衔接，尽可能减少库存，从而达到降低产品成本、全面提高产品质量、劳动生产率和综合经济效益的一种先进生产系统。JIT 采购是 JIT 生产系统得以顺利运行的重要内容，是 JIT 系统循环的起点，推行 JIT 采购是实施 JIT 生产经营的必然要求和前提条件。

根据 JIT 采购原理，一个企业只有在需要的时候才把需要的物资采购到需要的地点，这种做法使 JIT 采购成为一种节省而有效率的采购模式。

3. ERP 采购

ERP 思想及其技术是在 MRP 以及后来的 MRP II 的基础上，融合了其他的现代管理思想和技术而成的。MRP 的思想在 20 世纪四五十年代即已产生，六七十年代随着以计算机技术为主的信息技术的发展使 MRP 的思想应用于社会实践，从而成为生产物流领域里的一种新方法。其后又经过多次改进，直至形成 MRP II 体系。现阶段又融合了其他的现代管理思想和技术，发展成为 ERP 技术，MRP II 根植于美国的大量生产方式，最有效地配置企业资源，以保证企业经济有效地运行。

4. 供应链采购

供应链采购是指供应链内部企业之间的采购。供应链内部的需求企业向供应商企业采购订货，供应商企业将货物供应给需求企业。

供应链采购与传统的采购相比，物资供需关系没变，采购的概念没变，但是，由于供应链各个企业之间是一种战略伙伴关系，采购是在一种非常友好合作的环境中进行，所以采购的观念和采购的操作都发生了很大变化。

1）从采购性质看

（1）供应链采购是一种基于需求的采购；

（2）供应链采购是一种供应商主动型采购；

（3）供应链采购是一种合作型采购。

2）从采购环境看

供应链采购是一种友好合作的环境，而传统采购是一种利益互斥、对抗性竞争环境。

3）从信息情况看

供应链采购一个重要的特点就是供应链企业之间实现了信息连通、信息共享。

4）从库存情况看

（1）用户零库存，可以大大节省费用、降低成本、专心致志地搞好工作，发挥核心竞争力，可以提高效率；

（2）供应商掌握库存自主权，可以根据需求变动情况，适时地调整生产计划和送货计划，既可避免盲目生产造成的浪费，也可避免库存积压、库存过高所造成的浪费以及风险。

5）从送货情况看

供应链采购是由供应商负责送货，而且是连续小批量多频次地送货。

6）从双方关系看

供应链采购活动中，买方企业和卖方企业是一种友好合作的战略伙伴关系，互相协调、互相配合、互相支持，所以有利于各方面工作的顺利开展，提高工作效率、实现双赢。

7）从货检情况看

传统采购由于是一种对抗关系，所以货物会常常以次充好、低价高买，甚至假冒伪劣、缺斤少两，所以买方进行货检的力度大、工作量大、成本高。而供应链采购，由于供应商自己的责任与利润相连，所以自我约束、保证质量，所以可以免检。这样大大节省了费用，降低了成本，保证了质量。

思考题

一、填空题

1. 采购是企业购买有关需要的物品和服务的职能，包括______、______、存货控制、运输、______、______等业务活动。

2. 如果我们按采购主体分类，则可以分成______、______、______、其他采购。

3. 采购业务的管理有四个方面：______、______、______、______。

二、判断题

1. 过多的流程环节会增加组织流程运作的作业与成本，降低工作效率。（ ）

2. 现代采购不是从企业的角度研究采购的，而是从人们生活的角度研究的购买活动。（ ）

3. 采购对公司的重要程度越高，采购决策所涉及的管理部门就越多。（　　）

三、选择题

1. 按采购输出结果分类，企业为本单位运输车队购买第三者责任保险属于（　　）。
   A. 个人采购　B. 有形采购　C. 无形采购　D. 企业采购
2. 按采购主体分类，采购可以分为（　　）。
   A. 长期合同采购和短期合同采购　B. 有形采购和无形采购
   C. 国内采购和国外采购　D. 政府采购、个人采购和企业采购
3. 下面对采购职能具体目标描述正确的是（　　）。
   A. 提供不间断的物料、供应和服务　B. 物料应该是货真价实的
   C. 数量是符合要求的　D. 在准确的时间发送到准确的地点
4. 采购与供应管理发展趋势有（　　）。
   A. 交易式采购　B. JIT 采购　C. 电子采购
   D. 多货源策略　E. 全球化采购

四、简答题

1. 简要说明采购与供应管理对企业竞争优势的作用。
2. 采购的基本程序是什么？
3. 货物检验的步骤有哪些？
4. 联系实际，说说发生在身边的采购行为。

【实践活动】

实践项目 1：采购方式选择

任务要求：选择自己感兴趣的企业进行走访调研，了解企业常用的几种采购方式及其适用情形，并将所采购的物品与采购方式的特点联系起来，分析其中的关系。在采购时，采购方式选择后可能会出现一些意外状况，各小组可通过讨论对采购方式进行改进，并将改进方案记录下来。最好由教师对整个活动进行总结。

实践项目 2：采购流程优化与设计

任务要求：在教师指导下，学生以 5 个人为一个小组，进行企业调研了解其内部采购作业流程，分析其存在的问题，并且提出一个优化的采购作业流程设计方案，各小组互换交流、优化方案并给予评价。完成以下项目。

(1) 进入采购企业调研，了解企业当前的采购作业流程。
(2) 结合存在的问题和优化目标，设计出一个高效率的采购作业流程。
(3) 将书本理论与企业中实际采购作业流程进行对比，分析两者的差别。
(4) 对各小组优化的流程方案进行评价，选出优化方案。
(5) 记录在采购作业流程建立及优化过程中得到的体验及感想。

按以上要求，在充分讨论的基础上，形成小组课题报告。

第二章

采购管理概述

【引导案例】

H公司采购部的组织架构与职能设置

H公司成立于1997年7月，公司由国有大型投资集团、日本某著名集团公司、美国一家著名的半导体设计与制造公司共同投资成立。H公司致力于集成电路产品的制造和研发，在先进工艺研发、短交货期、高良品率、低制造成本等方面卓有成效。作为一家芯片代工企业，H公司的成本结构中，设备投资、硅片等材料购买、技术引进等占非常高的比例，且投资金额巨大。H公司开始投资第二个FAB工厂，以期加强产能优势，从而增强市场竞争优势。通常一个FAB工厂的设备等投资的回收期会很长，至少需要5年左右的时间，因此，在FAB工厂，采购部的作用非同一般。

(1)H公司采购部的职能设置

在H公司，采购部的职能目标是制定并实施公司的采购和物流策略，为生产运营提供所需要的物资、采购和物流保障。具体而言，采购部的职能包括战略性职能及日常策略性职能两大部分，战略性职能包括创建并不断改善供应链体系，持续降低公司采购成本；日常策略性职能包括制订各种原材料库存计划、采购计划和到货计划并控制库存情况，执行各种消耗品、备品备件的采购，执行公司各种扩产计划所需动力、生产设备、信息系统的采购计划并确保各种设备顺利到货，协调并控制公司运营的各种费用，确保各项成本不超过预算，如图2-1所示。

(2)H公司采购部职能设置需改善之处

根据采购过程模型，采购过程可分为战略采购和策略采购。战略采购阶段指从了解内部客户的采购需求一直到与供应商签订采购合同的过程；策略采购则指供应过程，包括订购、发货评估、检查和评估、回收等阶段。要提高采购的效率和效果，需要集中优势资源从事战略采购的职能，而策略采购部门则可以归属到物流职能部门。

(3)H公司采购部的组织架构分析

首先，材料采购科和备品备件采购科分开的必要性不大，从组织角度讲，分开会造成资源的浪费和人工成本的上升；从员工角度讲，也限制了采购工程师的职业发展。因此，材料采购科和备品备件采购科可以合并统一为采购科。其次，H公司有两个厂，分别处于不同的地点，仓储管理是非常复杂的，由于产地的限制，仓储地点也比较分散。因此，建议物流和仓储分离，分别成立物流科和仓储管理科，这样有利于加强仓储人员配置，从而降低库存。

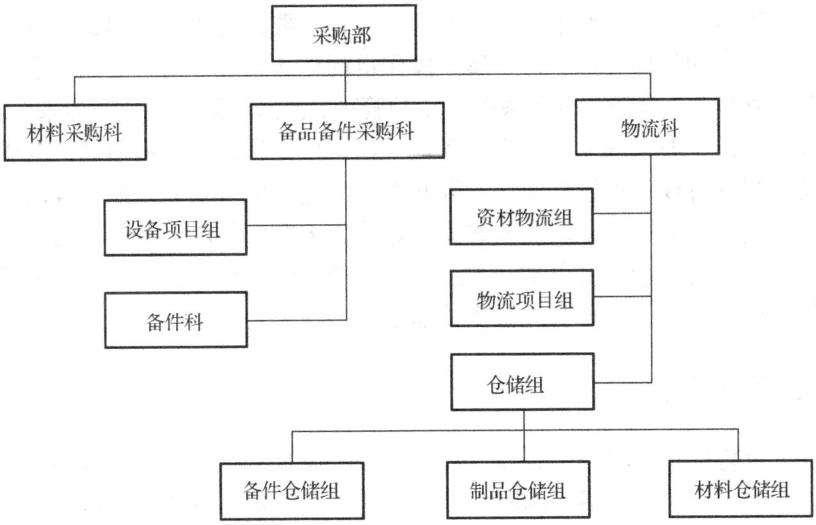

图 2-1　H 公司采购部的职能结构

【学习目标】

1. 理解采购管理的概念、采购管理的目标和采购管理的内容;
2. 熟悉采购管理的制度，包括集中化采购、分散化采购、混合化采购;
3. 熟悉采购管理组织设计原则;
4. 了解供应链采购管理的发展趋势。

第一节　采购管理

一、采购管理概念

在日常生活中常常有人把采购管理与采购不加区别、混为一谈，也就是对什么是采购管理不是很清楚。问题的重要性在于，不懂得什么是采购管理，就不能够明白采购管理工作的内容、职能和意义，就不能认清采购管理在企业中的地位和作用，也就不可能搞好企业采购管理工作。

什么是采购管理？所谓采购管理，就是指为保障企业物资供应而对企业采购进货活动进行的管理活动，是对整个企业采购活动的计划、组织、指挥、协调和控制。具体的采购管理，包括制订采购计划、对采购活动的管理、对采购人员的管理、对采购资金的管理、对运储的管理、采购评价和采购监控，也包括建立采购管理组织、采购管理机制和采购基础建设等。

采购管理和采购不是一回事。采购是一种作业活动，是为完成指定的采购任务而进行的具体操作的活动，一般由采购员承担，其使命就是完成采购科长布置的具体采购任务，其只能调动采购科长分配的有限资源。而采购管理是管理活动，是面向整个企业的，不但面向企业全体采购员，而且也面向企业组织其他人员（进行有关采购的协调配合工作），一般由企业的采购科（部、处）长或供应科（部、处）长、企业副总（以下统称为采购科长）来承担，其使命就是要保证整个企业的物资供应，其权力是可以调动整个企业的资源。可见，采购管理与采购是有区别的。当然，采购员对于自己的采购业务也需要进行管理。但是这种管理，就像一般的工人对自己工作的计划安排一样，属于操作员的作业管理。而一般意义上的采购管理都是指站在企业的立场上，对整个企业采购活动的管理，包括对采购员和具体采购业务的管理。

虽然个人采购及一般家庭采购中也有管理工作，但是那是非常简单的采购管理工作，人们习惯上也没有把它看成一种管理工作，因此在日常生活中也没有采购管理的概念。而一般的集团采购，特别是企业采购、政府采购、事业单位采购、军队采购等，由于采购量大、品种多、牵涉面广、事情复杂，所以都必须进行认真的采购管理，都毫无例外地设有采购管理组织机构，而且企业越大，采购管理工作就越重要。

二、采购管理目标

采购管理的总目标是为了保证企业的物资供应，通过实施采购管理做到：在确保适当质量下，能够以适当的价格，在适当的时间从适当的供应商那里采购到适当数量的物资和服务所采取的一系列管理活动。

(一)适价(Right Price)

价格永远是采购活动中的敏感焦点，企业在采购中最关心的要点之一就是采购能节省多少采购资金，因此采购人员不得不把相当多的时间与精力放在跟供应商的“砍价”上。物品的价格与该物品的种类、是否为长期购买、是否为大量购买及市场供求关系有关，同时与采购人员对该物品的市场状况的熟悉程度也有关，如果采购人员未能把握市场脉搏，供应商在报价时就有可能“蒙骗”采购人员。一个合适的价格往往要经过以下几个环节的努力才能获得。

多渠道获得报价：这不仅要求现有渠道供应商报价，还应该要求一些新供应商报价。企业与某些现有供应商的合作可能已达数年之久，但它们的报价未必优惠。获得多渠道的报价后，企业就会对该物品的市场价有一个大体的了解，并进行比较。

比价：俗话说“货比三家”，因为专业采购所买的东西可能是一台价值百万或千万元的设备或年采购金额达千万元的零部件，这就要求采购人员必须谨慎行事。由于供应商的报价单中所包含的条件往往不同，故采购人员必须将不同供应商报价中的条件转化一致后才能进行比较，只有这样才能得到真实可信的比较结果。

议价：经过比价环节后，筛选出价格最适当的两三个报价。随着进一步的深入沟通，不仅可以将详细的采购要求传达给供应商，而且可进一步“杀价”，供应商的第一次报价往往含有“水分”。但是，如果采购物品为卖方市场，即使是面对面地与供应商议价，最后所取得的实际效果可能比预期的要低。

定价：经过上述三个环节后，买卖双方均可接受的价格便作为日后的正式采购价，一般需保持两三个供应商的报价。这两三个供应商的价格可能相同，也可能不同。

(二)适质(Right Quality)

一个不重视品质的企业在今天激烈的市场竞争环境中根本无法立足，一个优秀的采购人员不仅要做一个精明的商人，同时也要在一定程度上扮演管理人员的角色，在日常的采购工作中要安排部分时间去推动供应商改善、稳定物品品质。

采购物品品质达不到使用要求的严重后果是显而易见的：

来料品质不良，往往导致企业内部相关人员花费大量的时间与精力去处理，会增加大量的管理费用；

来料品质不良，往往在重检、挑选上花费额外的时间与精力，造成检验费用增加；

来料品质不良，导致生产线返工增多，降低产品质量、降低生产效率；

来料品质不良，导致生产计划推迟进行，有可能引起不能按承诺的时间向客户交货，会降低客户对企业的信任度；

来料品质不良，引起客户退货，有可能令企业蒙受多种损失，严重的还会丢失客户。

（三）适时（Right Time）

企业已安排好生产计划，若原材料未能如期达到，往往会引起企业内部混乱，即产生停工待料。当产品不能按计划出货时，会引起客户强烈不满。若原材料提前太多时间买回来放在仓库里等着生产，又会造成库存过多，大量积压采购资金，这是企业很忌讳的事情，故采购人员要扮演协调者与监督者的角色，去促使供应商按预定时间交货。对某些企业来讲，交货时机很重要。

（四）适量（Right Quantity）

批量采购虽有可能获得数量折扣，但会积压采购资金，太少又不能满足生产需要，故合理确定采购数量相当关键。一般按经济订购量采购，采购人员不仅要监督供应商准时交货，还要强调按订单数量交货。

（五）适地（Right Place）

天时不如地利，企业往往容易在与距离较近的供应商的合作中取得主动权，企业在选择试点供应商时最好选择近距离供应商。近距离供货不仅使得买卖双方沟通更为方便，处理事务更快捷，也可降低采购物流成本。

越来越多的企业甚至在建厂之初就考虑到选择供应商的“群聚效应”，即在周边地区能否找到企业所需的大部分供应商，对企业长期的发展有着不可估量的作用。

采购人员都有这样的体会，就是在实际的采购工作中很难同时追求上述“5R”目标时，就要牺牲其他方面。例如，若过分强调品质，供应商就不能以市场最低价供货，因为供应商在品质控制上投入了很多精力，它必然会把这方面的部分成本转嫁到它的客户身上。因此，采购人员必须综观全局，准确地把握企业对所购物品各方面的要求，以便在与供应商谈判时提出合理要求，从而争取更多机会获得供应商合理报价。

三、采购管理内容与过程

一般来说，企业采购管理的基本任务有三个：一是要保证企业所需的各种物资的供应；二是要与资源市场供应商建立起友好且有效的关系，为企业营造一个宽松有效的资源环境；三是要从资源市场获取各种信息，为企业物资采购和生产决策提供信息支持。其中第一项是最重要、最基本的任务。如果这一项搞不好，就不能称之为采购管理。

为了实现采购管理的基本职能，采购管理包括一系列的业务内容和业务模式。采购管理的基本内容和模式如图 2-2 所示。

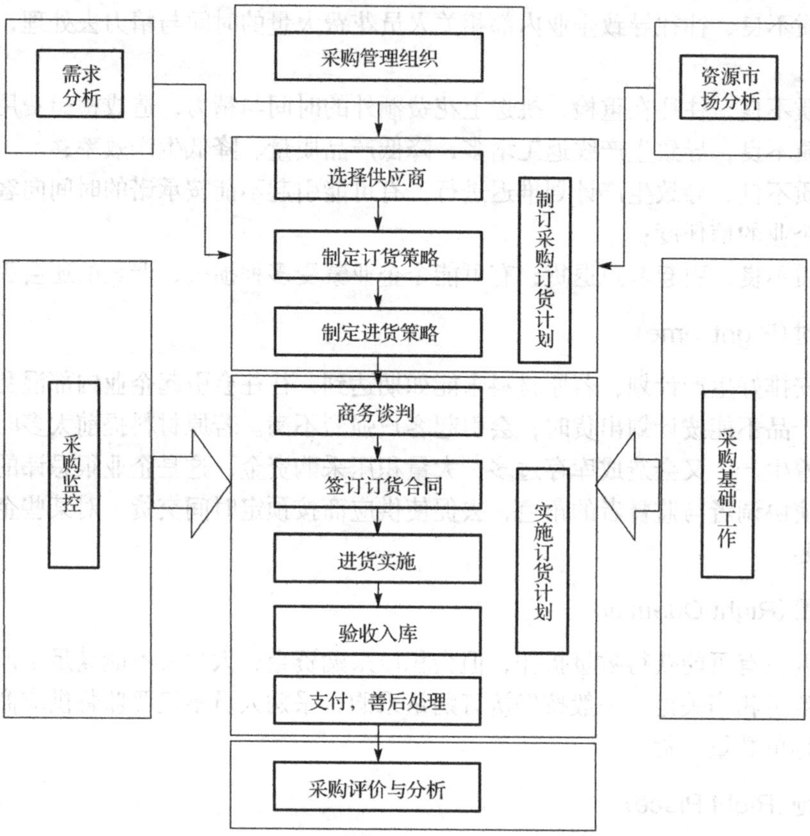

图 2-2 采购管理的基本内容和模式

（一）采购管理组织

采购管理组织是采购管理最基本的组成部分，为了搞好企业复杂繁多的采购管理工作，需要有一个合理的管理机制和一个精悍的管理组织机构，要有一些能干的管理人员和操作人员。

（二）需求分析

需求分析，就是要弄清楚企业需要采购什么物品、需要采购多少、什么时候需要等问题。作为全企业的物资采购供应部门，应当掌握整个企业的物资需求情况，制订物料需求计划，从而为制订出科学合理的采购订货计划做准备。

（三）资源市场分析

资源市场分析，就是根据企业所需求的物资品种，分析资源市场的情况，包括对资源分布情况、供应商情况、品种质量、价格情况、运输情况等的分析。资源市场分析的重点是供应商分析和品种分析。分析的目的，是为我们制订采购订货计划做准备。

（四）制订采购订货计划

制订采购订货计划，是根据需求品种情况和供应商的情况，制订出切实可行的采购订货计划，包括选定供应商、供应品种、具体的订货策略、运输进货策略及具体的实施进度计划等，具体解决什么时候订货、订购什么、订多少、向谁订、怎样订、怎样进货、怎样支付等这样一些具体的计划问题，相当于为整个采购订货画了一个蓝图。

（五）采购计划实施

采购计划实施，就是把上述制订的采购订货计划分配落实到人，根据既定的进度实施。具体包括联系指定的供应商、进行贸易谈判、签订订货合同、运输进货、到货验收入库、支付货款以及善后处理等。通过这样的具体活动，完成一次完整的采购活动。

（六）采购评价与分析

采购评价，就是在一次采购完成以后对这次采购的评估，或月末、季末、年末对一定时期内的采购活动的总结评估。其目的主要在于评估采购活动的效果、总结经验教训、找出问题、提出改进方法等。通过总结评估，可以肯定成绩、发现问题、制定措施、改进工作，不断提高采购管理水平。

（七）采购监控

采购监控，是指对采购活动进行的监控活动，包括对采购有关人员、采购资金、采购事务活动的监控。

（八）采购基础工作

采购基础工作，是指为建立科学、有效的采购系统而需要建立的一些基础建设工作，包括管理基础工作、软件基础工作和硬件基础工作。

四、采购管理重要性

企业的基本职能是为社会提供产品和服务。这个基本职能可以分解成物资销售、物资生产和物资采购三个子职能。在这三个子职能中，物资采购是企业履行其他职能活动的前提条件，其重要性主要表现在以下几个方面。

第一，物资采购为企业保障供应、维持正常生产、降低缺货风险创造条件。很显然，物资供应是物资生产的前提条件，生产所需要的原材料、设备和工具都要由物资采购来提供，没有采购就没有生产条件，没有物资供应就不可能进行生产。

第二，物资采购供应的物资的质量好坏直接决定了本企业生产的产品质量的好坏。能不能生产出合格的产品，取决于物资采购所提供的原材料及设备工具的质量的好坏。

第三，物资采购的成本构成了物资生产成本的主体，其中包括采购费用、购买费用、进货费用、仓储费用、流动资金占用费用及管理费用等。物资采购的成本太高，将会大大降低物资生产的经济效益，甚至亏损，致使物资生产成为没有意义的事情。

第四，物资采购是企业和资源市场的关系接口，是企业外部供应链的操作点。只有通过物资采购部门人员与供应商的接触和业务交流，才能把企业与供应商们联结起来，形成一种相互支持、相互配合的关系。在条件成熟以后，可以形成一种供应链关系，那样就会使企业在管理方面、效益方面登上一个崭新的台阶。

第五，物资采购是企业与市场的信息接口。物资采购人员虽然主要直接和资源市场打交道，但是资源市场和销售市场是交融混杂在一起的，都处在大市场之中。所以，物资采购人员也是和市场打交道的，对市场信息比较容易获得，是企业的市场信息接口，可以为企业及时提供各种各样的市场信息，供企业进行管理决策。

第六，物资采购是企业科学管理的开端。企业物资供应是直接和生产相联系的。物资供应模式往往会在很大程度上影响生产模式。例如，如果实行准时采购制度，则企业的生产方式就会改成看板方式，企业的生产流程、搬运方式也要做很大的变革。再如，如果要实行供应链采购，则可能实行供应商掌握库存、多频次小批量补充货物的方式，这也将大大改变企业的生产方式和搬运方式。所以，如果物资采购提供一种科学的物资采购供应模式，必然会要求生产方式、物料搬运方式都做相应的变动，合在一起共同构成一种科学管理模式。而且这种科学管理模式是以物资采购供应作为开端而运作起来的。

第二节 采购管理制度

所谓采购管理制度，是指企业采购中使用的采购方式及采购行为准则。在采购工作实践中，采购管理制度通常主要有三种方式，即集中化采购、分散化采购和混合化采购。

一、集中化采购

所谓集中化采购，是指由企业的采购部门全权负责企业采购工作。即企业生产中所需物资的采购任务，都由一个部门负责，其他部门(包括分厂、分公司)均无采购职权。

集中化采购的优点主要有：

(1)降低采购费用；

(2)实现批量采购，获得供应商的价格折扣；

(3)有利于实现采购作业及采购流程的规范化和标准化；

(4)有利于对采购工作实施有效控制；

(5)可以统一组织供应，合理配置资源，最大限度地降低库存。

当然，这种采购制度也存在不足，主要有：

(1)采购过程复杂，时效性差；

(2)非共用性物资集中采购，难以获得价格折扣；

(3)采购与使用分离，缺乏激励，采购绩效较差。

集中化采购的适用范围：

(1)企业物资需求规模小，集中采购能够解决企业的供应问题；

(2)企业供应与需要同处一地，便于集中组织供应；

(3)为了管理与控制，需进行集中采购。例如，连锁店的采购配送中心实行的是集中采购制度。

二、分散化采购

所谓分散化采购，是指按照需要由各单位自行设立采购部门负责采购工作，以满足生产需要。这种采购制度适合于大型生产企业或大型流通企业，如实行事业部制的企业，每一事业部设有独立的采购供应部门。分散化采购的优点有：

(1)针对性强；

(2)决策效率高，权责明确；

(3)有较强的激励作用。

但这种采购制度，如果管理失控，将会造成供应中断，加大采购成本，影响生产活动的正常进行。

三、混合化采购

所谓混合化采购，是指将集中化采购和分散化采购组合而成的一种新型采购制度。依据采购物资的数量、品质要求、供货时间、价值大小等因素，需求量大且价值高，进口货物等可由总公司采购部集中采购；需求量小，价值低的物品，临时性需要采购的物资，由分公司和分厂的采购部门分散采购，但在采购中应向总公司反馈相关的采购信息。

第三节　采购管理组织与人员

采购工作要保证企业生产经营活动的正常进行，就必须建立一套科学的采购组织机构，培养一批训练有素的采购人员队伍。

一、采购管理组织及功能

(一)采购管理组织的含义

“组织”通常有两种含义：一是指作为实体本身的组织，即按照一定的目标、任务和形式建立起来的社会集体，如企业、政府、大学、医院等；二是指管理的组织职能，即通过组织机构的建立运行和变革机制，以实现组织资源的优化配置，完成组织任务和实现组织目标。因此，组织是实现目标的重要保证。

采购管理组织是指为了完成企业的采购任务，保证生产经营活动顺利进行，由采购人员按照一定的规则，组建的一种采购团队。无论生产企业还是流通商贸企业，都需要建立一支高效的采购团队，通过科学采购，降低采购成本，保证企业生产经营活动正常进行。

(二)采购管理组织的功能

1. 凝聚功能

采购组织的凝聚力的表现就是凝聚功能。凝聚力来自于目标的科学性与可行性。采购组织要发挥其凝聚功能，必须做到：

(1)明确采购目标及任务；

(2)良好的人际关系与群体意识；

(3)采购组织中领导的导向作用。

2. 协调功能

采购组织的协调功能是指正确地处理采购组织中复杂的分工协作关系。这种协作功能，包括两个方面：一是组织内部的纵向、横向关系的协调，使之密切协作，和谐一致；二是组织与环境关系的协调，采购组织能够依据采购环境的变化，调整采购策略，以提高对市场环境变化的适应能力和应变能力。

3. 制约功能

采购组织是由一定的采购人员构成的，每一成员承担的职能，有相应的权利、义务和责任，通过这种权利、义务、责任组成的结构系统，对组织的每一成员的行为进行制约。

4. 激励功能

采购组织的激励功能是指在一个有效的采购组织中，应该创造一种良好的环境，充分激励每一个采购人员的积极性、创造性和主动性。因而，采购组织应高度重视采购人员在采购中的作用，通过物质和精神的激励，使其潜能得到最大限度的发挥，以提高采购组织的激励功能。

二、采购管理组织设计原则

(一) 目标可行原则

采购组织是实现采购目标的工具，因而首先必须确定企业的采购目标，依据不同的采购目标而建立企业的采购组织。一般来讲，组织目标应具备以下特性：

(1) 社会性；

(2) 共同性；

(3) 清晰性；

(4) 层次性；

(5) 参与性。

(二) 合理分工原则

在采购组织内部，应按照不同人员的能力、职责进行合理分工，各司其职，提高采购效率。防止出现“有事无人做”的现象。

(三) 统一指挥的原则

在采购组织中，每一个采购人员都应该接受一个采购主管所委派的职权和职责，并且对其上级负有责任。

(四) 管理幅度原则

管理幅度是指每一管理者直接管理下属的人数。在建立采购管理组织时，应合理确定管理的层次及每一层次的人员安排。

(五) 权责相符原则

有效的采购管理组织必须是责权相互制衡。有责无权，责任难以落实；有权无责，就会滥用职权，因此，应该实现责权的对等和统一。

三、采购管理组织结构形式

(一) 直线制

直线制是由一个上级主管直接管理多个下级的一种组织结构形式，例如，由一个采购经理直接管理多个采购员。

直线制采购组织的优势在于“直接指挥”，可以做到：

(1)有利于加强管理控制和责任的力度；

(2)实现有效交流沟通，使管理符合实际；

(3)能够实现个性化管埋。

这种结构适合于中小型企业的采购管理。

(二)直线职能制

这种组织形式是在直线制的基础上，再加上相应的职能管理部门，帮助采购经理决策，承担管理的职能。

(三)事业部制

事业部制又称分权结构或部门化结构，首创于美国通用汽车公司，由通用汽车公司副总裁斯隆研究设计。事业部一般按“地区”或“产品类别”区分，对公司赋予的任务负全面责任。采购事业部组织结构适用于采购规模大、品种多、需求复杂、市场多变的企业采购。

这种采购组织是一种集中化与分散化相结合的组织结构。各事业部实行的是集中化采购，而从总公司的角度实行的则是分散化采购，即将采购权分散到各事业部。

(四)矩阵制

矩阵制是为了完成指定任务(项目)由各个方面的人员临时组成的一个组织机构。当任务完成后，人员各自回原单位工作。这种组织结构突破了一名采购人员只受一个主管领导的管理原则而是同时接受两个部门的领导。主要适用于生产工序复杂的企业，由于新产品多，需要采购多种物料，优点是采购的目的性强，组织具有柔性化的特点，能够提高企业的采购效率，降低采购成本。缺点是双重领导容易导致职能部门之间意见的不一致，影响业务活动的正常进行。

四、采购人员素质

采购人员是企业采购工作的执行主体，因此，采购人员的素质高低，直接影响企业采购的效率、质量和效益。加强采购人员的培训，提高采购人员的综合素质，设置科学合理的岗位，使人尽其才，以保证采购任务的完成。

(一)企业采购岗位设置

要保证采购工作顺利进行，在企业内部应建立一个高效率的、团结协作的采购团队，不同的团队成员发挥不同的采购职能。

企业采购组织的人员，一般由以下人员组成：

(1)市场及需求分析员；

(2)供应商管理人员；

(3)采购计划员；

(4)进货管理人员；

(5)采购质量管理人员；

(6)库存管理人员；

(7)采购统计分析人员；

(8)财务与成本核算人员；

(9)采购人员；

(10)采购经理人员。

(二)采购人员的选拔标准

采购人员的选择，是企业一项重要的人力资源配置。选择标准实质上是对采购人员总体素质的基本要求。当然在企业内部，不同采购岗位的人员的素质要求不同，采购经理、采购主管和采购员的要求也是不同的。对于采购人员，其选拔标准有如下三个方面。

1. 良好的气质

气质指影响人的心理活动和行为的个性特征，即人们通常所说的“脾气”“性情”。人的气质分为：

(1)胆汁质者——对人直率、热情、活泼，但易于激动、暴躁；

(2)多血质者——待人热情、稳重，容易理解别人，易成为具有显著效率的活动家；

(3)黏液质者——对人对事态度持重、和气，交际适度，适合于有条理和持久性工作；

(4)抑郁质者——较孤僻、谨慎。

采购工作是一项与人多打交道的工作，因此，采购人员宜由多血质型气质的人员担任，对采购工作有热情、善交往，才能保证采购的成功。

2. 性格

性格是人在对他人或外界事物的态度和行为方式上所表现出来的特征，是个人对外界态度行为方式的习惯的表现。通常将人的性格划分为外向型性格和内向型性格。从采购工作的要求来看，外向型性格比内向型性格更具优势。

3. 能力

能力是指人完成某种活动所必备的个性心理特征。人的能力分为一般能力和特殊能力。一般能力是人的基本能力，如观察能力、记忆能力、思维能力、想象能力等；特殊能力指从事某种专业活动的能力，如艺术能力、运动能力等。采购人员除具备一般能力外，还应具备进行采购工作的特殊能力，如发现新客户的能力、交往洽谈的能力、协调关系的能力等。

(三)采购人员具备的基本素质

1. 智能

主要包括敏锐的观察能力、严谨的思维能力、良好的交际能力、创新的开拓能力。

2. 良好的心理素质

主要包括强烈的事业心、广泛的兴趣、坚定的意志等。

3. 高尚的品德

主要包括为人正派、待人真诚、谦虚礼貌、宽容大度等。

4. 丰富的知识

主要包括理论知识、企业知识、客户知识、市场知识、法律知识、采购知识等。

第四节　供应链采购管理发展趋势

一、全球化

信息化时代促使经济发展日益全球化，消费者对低价格、高质量的个性化商品的需求越来越大，在全球范围内寻找低成本的产品供应商逐步成为一种趋势。在此背景下，以比较成本优势快速成长的发展中国家逐渐成为世界各国采购的重要基地，比如，中国及东南亚国家已经成为西方国家重要的产品供应地。据 Aberdeen 最近一项调查结果显示：全球首席采购官们的当务之急是进行低成本国家采购，同时，还必须在性价比与采购总成本之间寻求平衡。

近年来，全球化采购逐步发展成为几种主要的模式：离岸外包(offshore outsourcing)、离岸外包和近岸外包(onshore outsourcing)结合、业务流程外包(Business Process Outsourcing，BPO)、多源采购及联盟采购等。服务的全球化采购以及供应来源的多样性代表着今年的总体趋势，尤其是 IT 服务的全球外包市场已趋于成熟，其增长也高出业务流程外包的平均水平。另一个值得关注的特点是，企业除了传统的外包策略之外，正越来越多地考虑将不同业务部门的功能外包出去，由更专业的第三方去打理，如今 HR 已经成为被外包的主要部门，紧随其后的是采购部和财务部的外包。从市场角度看，中国和其他离岸外包市场正持续发展并对印度在外包市场的统治地位造成威胁，与此同时，印度的主要供应商正积极地改造和创新以期维持市场的主导地位。全球化采购目前呈现以下特征。

(一)多重货源

目前在全球经济体系范围内，尤其是在美国和欧洲，越来越多的企业在实行外包采购时考虑的已不仅仅是以成本控制为目的，而是在提升企业运作效率和满足企业快速增长的需求上起到更直接的作用。这使得企业在货源开发上更倾向于一体化而不是个体化，这一变化可以从过去 3 年中平均每个外包项目的总金额逐年下降中可见一斑。这是由于越来越多的企业不再像以前那样将一个大项目统统外包给一个供应商，而是将这个大的外包单子分拆成几个小单子分别外包给不同的供应商，例如，Computer Wire 公司专门对业内订单进行日常追踪，该公司在 2005 年追踪报道的超过 10 亿英镑的订单有 15 起，而这个数字在 2004 年和 2003 年分别是 25 起和 29 起。又如 ABN AMRO 公司在 2005 年，除了与 EDS 公司维持现有的台式计算机业务之外，还同另外 5 家供应商签订了 5 年的合作协议。2006 年，JM 外包项目总金额将达 150 亿英镑，分包给几家不同的供应商。2008 年，70%的企业将使用至少 4 家 IT 服务供应商，其中大约只有 30%的企业具备足够的管理技术来运作这些多重货源(multi-sourcing)项目。要真正使多重货源策略发挥功效，企业需要投入更多资源，加强执行力度，培养相关管理技术。

(二)业务流程外包

在多重货源采购不断增长的同时，业务流程外包 BPO 也在快速增长，而且 BPO 在以传统的前台业务外包为主的市场形势下，后台业务的外包也逐新发展起来了。自 2006 年以来，后台业务外包将呈现强有力的增长势头。

对 BPO 持续增长起主要支撑作用的是 HR 外包(HRO)。HRO 近年来发展迅速，采购业务外包(PO)的发展仍然比较缓慢。大多数企业都认识到，采购业务外包有两大潜在的利益：其一是节省采购操作的成本，其二是通过重新谈判在所购买的物料或服务上节省更多成本。一般来讲，一个大型企业每年采购的间接支出大约占采购总金额的 20%，如果通过外包的手段可以将该支出比例降低为 10%。那么，采购外包可以成为企业发展的较好选择，财务业务的外包对企业也是有可能的，目前，很多中小型企业也采用了这种模式。

(三) 离岸外包

专业调查和报道显示，离岸仍然是目前全球外包市场的主流。该市场上印度继续保持领先，中国紧随其后。有资料表明，在中国进行离岸外包相比之下似乎更具优势。

印度的外包市场经历了 3 个阶段的演变。第一阶段，发展一流的程序开发技术，以使在国外公司寻求低成本服务时与其合作；第二阶段，印度本地公司提供低档次的后台服务，包括客户呼叫中心、资料记录、投诉受理等；第三阶段，即当前阶段是提供各种复杂多样的服务。

有一个现象值得关注，现在的外包市场中，客户对离岸采购已经不再需要反复斟酌，而是把它看作服务解决方案的一个理所当然的组成部分。客户更多的是让供应商来为自己做出选择，并决定采用何种形式的离岸采购才能够达到既定目的。这就对中等规模的供应商提出了一个很现实的问题，未来这些供应商如何与离岸的当地供应商和世界级供应商进行有效竞争将越来越仰赖于该供应商在离岸地的规模和实力。

(四) 地域趋势以欧美市场比较乐观

在美国和欧洲，外包市场甚为乐观，以美国市场为例，在 2005—2010 年平均增长可能达到 9.3%，这一增长的驱动力主要来自于越来越多的企业采用业务流程外包。

(五) 供应商趋势以世界级大公司为主导地位

目前，世界级大公司仍然占据采购市场的主导地位，比如，IBM、EDS、CSC 等，他们是全球采购市场的主角，而且，他们的合同还在不断扩大。

就整个供应商市场而言，被国际大公司和快速成长的离岸地供应商夹在当中的那些中等层次的供应商形势甚为窘迫。这些中等层次的供应商在多重货源采购中可以占一席之地，但要做到多重货源采购，他们必须着力于降低成本，提高利润率，提高市场占有率。世界级供应商和印度本土供应商则野心勃勃地通过兼并来扩大他们的实力和在某些领域的规模，尤其是在硝烟弥漫的 HR 外包市场。兼并和市场合并将是未来采购的大趋势之一。

(六) 数据的保密性和安全性将受到广泛重视

数据的保密性和安全性(data privacy and security)在全球采购中将受到越来越广泛的重视。世界各国采取各种手段对违反国际间交易数据的保密性行为予以制止。无论哪个国家，在这点上是公认的，如果跨国交易的数据保密性出现问题，那必然导致严重的损失，包括各种各样的罚款，客户丢失，甚至诉讼。事实上，此类事件的后果还在于信誉受损，因此，不难解释为什么现在的客户对数据保密性措施的关注比任何时候都强烈。

综合来看，离岸采购已经在全球采购市场中扎根，随着 BPO 外包的快速发展，近岸采购和离岸采购的有机结合将成为未来采购的重要趋势。离岸采购的交付和运输模式迫使供应商的价格必须具有竞争优势，客户在这些交易中也变得越来越精明。无疑，未来的市场将仍然维持买方市场，企业在进行采购和资源开发时必须要考虑清楚自己的定位，这样才能在采购市场中获得最大利益。

二、电子化

从全球的采购发展趋势来看，电子采购将越来越广泛地被企业管理者接受。而事实上，许多跨国公司已通过电子采购方式获得了它们想采购的部分物品，一些公司一年通过电子采购的金额就达数百亿美元之巨。实行了电子采购的企业认为电子采购比传统采购方式有更多的优点：一方面，互联网给采供双方提供了更广阔的选择余地；另一方面，在采购单价及采购管理费用上的开支也可大幅度减少。

电子采购是企业传统物资采购业务的一种技术创新，就像电话、传真机一样，为企业采购人员提供了一种完成定价过程的工具。它是通过互联网，寻找、管理合格的供应商和物品，随时了解市场行情和库存情况，编制采购计划，在线采购所需的物品，并对采购订单和采购的物品进行在途管理、台账管理和库存管理，实现采购的自动统计分析，实现阳光采购。

电子采购方式主要包括公开招标、邀请招标、竞争性谈判、询价采购和单一来源的协议采购。电子采购既是电子商务的重要形式，也是采购发展的必然；它不仅是形式上和技术上的改变，更重要的是改变了传统采购业务的处理方式。优化了采购过程，提高了采购效率，降低了采购成本，通过电子目录，采购商可以快速找到更多的供货商；根据供应商的历史采购电子数据，可以选择最佳的货物来源；通过电子招标、电子询价、电子比价等采购方式，形成更加有效的竞争，降低采购成本；通过电子采购流程，缩短采购周期，提高采购效率，减少采购的人工操作失误；通过供应商和供应链管理，可以减少采购的流通环节，实现端对端采购，降低采购费用；通过电子信息数据，可以了解市场行情和库存情况，科学制定采购计划和采购决策。电子采购为物资部门和供应商之间搭起了一座信息交流的桥梁，对于买卖双方都将带来业务上的便利。对于物资采购、管理和执行部门而言，电子采购有以下特点：

(1)采购执行过程可以通过互联网实现完全的电子化；

(2)具有参数化的流程定制及修改功能；

(3)电子招标采购支持在线发标、邀标、售标、投标、开标、评标、授标，支持评标专家管理、招投标费用管理，支持单价、总价、专家评标等多种决标方式；

(4)强大的统计分析功能，帮助进行采购决策分析和采购绩效考评；

(5)与企业现有应用软件形成闭环，实现供应商数据、采购物料数据以及采购结果数据等业务信息的无缝整合；

(6)自助式的产品目录服务使供应商能及时将包括价格在内的产品信息与采购商交流，系统规范的采购流程起到规范供应商交易业务行为的作用；

(7)信息的及时、有效、廉价沟通是互联网信息应用系统的重要价值，以 E-mail 为基础的多种信息传递、交流方式，能及时了解采购方信息，并有效进行交流。

三、集成化

在集成化供应链管理中，采购从以交易为基础的战术职能上升为以流程为导向的战略职能，企业对采购管理的要求也相应提高了。采购管理不仅要保证企业以最低的总成本获得所需的资源，而且要发现和发展有竞争力的供应商，以提高企业的市场竞争力。在集成化供应链条件下，企业对采购管理的要求，也可以说是采购管理的目标，可具体表述如下。

(1)准时提供品种规格正确、数量恰当的物资，保证企业生产顺利进行。

(2)保证并提高供应质量。保证采购物资的质量能够达到企业所要求的质量标准，并且稳定可靠。在此基础上，还要督促供应商不断提高其产品质量水平，保证企业产品质量不断提高。

(3)以最低的总成本获得所需的物资和服务。这里的成本包括正常采购成本和由于供应商缺陷引起的额外成本。

(4)建立有竞争力的供应链系统。为企业发现和发展生产能力强、技术水平高、管理水平高、质量保证体系完善、信誉良好的供应商，并努力与他们建立和维持良好的长期合作关系，最终为企业建立起竞争能力较强的供应链体系，实行供应链管理操作。

(5)与企业内外各有关方面建立和谐而富有效率的合作关系。对内与制造部门、设计部门、质量部门、销售部门、财务部门及时交流信息，建立通力合作的工作关系；对外与供应商进行有效的信息沟通和业务沟通，建立业务协调、关系融洽的合作伙伴关系。随着供应链管理环境下企业之间合作关系的加强，建立和发展与供应商的良好关系也成为采购管理的重要目标。

思考题

一、填空题

1. 企业采购管理的基本任务有：________、________、________。

2. 分散化采购的优点有：________、________、________。

3. 采购管理组织设计原则是：________、________、________、________、________。

二、判断题

1. 直线制采购组织有利于加强管理控制和责任的力度。（ ）

2. 进货是将采购订货成交的物资由供应商仓库运输转移到采购者。（ ）

3. 采购管理是一种作业活动，是为完成指定的采购任务而进行的具体操作的活动。（ ）

三、选择题

1. 在下列采购类别中，不属于按采购制度进行分类的类别是(　　)。

A. 政府采购　　B. 集中采购　　C. 分散采购　　D. 混合采购

2. 某连锁超市在全国30个大城市有连锁店，各连锁店既销售相同品牌的商品，如可口可乐，也销售本地化商品，如南京连锁店销售盐水鸭。那么，该连锁超市应采用的采购方式是(　　)。

A. 集中采购　　B. 分散采购　　C. 混合采购　　D. 以上皆不是

3. 全球化采购可以实施的原因有(　　)。

A. 更低的价格　B. 更高的风险　C. 竞争的需要　D. 没有风险
E. 信息和运输技术的发展

四. 简答题

1. 集中采购的优缺点及适应情况是什么?
2. 采购人员应该具备的基本素质有哪些?
3. 查阅资料了解企业实施全球化采购的主要原因有哪些?
4. 简述采购管理的重要性。
5. 简述供应链采购管理发展趋势。

【实践活动】

实践项目：采购组织设计

任务要求：通过分组合作的形式，每组5人，选定一位组长，在一定时间内以小组为单位，设计一个采购组织，参照本章介绍的组织设计原则和要求，设计出具体的组织框架并说出该采购组织可以适用的公司类型，并用文字说明该采购组织需要公司做出的改革。

第三章

采购商品管理和采购行为分析

【引导案例】

巴克斯特公司向某医院出售一种一次性外科手术用的非职务工作衣，该公司设法寻求该医院参与这一购买决策的人员。通过内部调查发现，非职务性工作衣的采购决策是由采购部的副主任、手术室管理人员以及一些外科医生做出的。每一参与者在采购决策中的影响和作用各不相同，比如，采购部副主任分析决策医院应该购买一次性工作衣还是多次用工作衣，如果调查结果倾向于一次性工作衣，那么手术室管理人员就会对各种竞争产品和价格进行比较，从中做出选择。该管理员对工作衣的品牌、透气性、防腐性、款式以及采购成本综合加以权衡。一般来说，手术管理员会倾向于选择购买那些既能体现最低成本，又能满足各种功能要求的品牌产品。当然，在这一决策过程中，外科医生往往会根据个人喜好和使用经验对某一具体品牌工作衣的款式、质量、透气性等方面表达自己满意与否的看法，从而影响该医院关于非职务性工作衣的采购决策。结合此案例，试想在多人参与的群体决策中，对最终采购决策起决定性影响作用的是什么角色的人？

【学习目标】

1. 熟悉市场及市场结构；
2. 了解供应市场分析的必要性，掌握供应市场分析的步骤；
3. 熟悉采购商品细分和商品规格说明的基础知识；
4. 了解采购行为模式及其类型。

第一节　供应市场分析

供应市场分析是指为了满足企业目前及未来发展的需要，针对所采购的商品，系统地进行供应商、供应价格、供应量、供应风险等基础数据的搜集、整理和分析的过程，为企业的采购决策提供依据。

一、市场及市场结构

市场的最初含义：“市”就是买卖，“场”就是场所，“市场”即买者和卖者于一定的时间聚集在一起进行交换的场所。现代市场经济中，市场是指整个商品交换关系的总和，它包含了商品交换中买方、卖方、中间人及辅助机构之间的所有关系。

一个特定市场中的各个市场主体根据其在市场交易中的地位、作用、比例关系以及它们在市场上交换的商品的特点，形成了具体产业的市场结构。市场有多种分类方法，从供需的角度，市场结构可分为：完全竞争市场、完全垄断市场、不完全竞争市场、寡头垄断市场。

完全竞争市场：无论是采购商还是供应商都不能单独影响产品的价格，产品的价格由分享该产品市场的所有采购商和供应商共同影响，如农副产品市场。

完全垄断市场：市场的供应商是唯一的，其产品几乎没有接近的替代品，因而该供应商也是相应产品的价格决定者，如铁路。

不完全竞争市场：存在大量的供应商，各供应商所提供的产品不同质，企业进入和退出市场完全自由，如日用消费品、家用电器、工业产品。

寡头垄断市场：该市场通常由少数几个企业占据绝大多数的市场份额，如石油、电力、电信等。

二、分析供应市场的必要性

供应市场的分析是一项重要的活动。购买者常常会忽视供应市场分析，只是将这种分析局限于向现有供应商和市场专家简单地问几个问题。这样做会导致采购与供应运作中的短期行为和对市场机制的了解不足，不能预期风险并抢在竞争者前面抓住机会，并导致持续的供应问题。随着供应管理在企业价值链中地位的提高，越来越多的人开始认识到供应市场分析的重要性和必要性。供应市场分析的必要性体现在以下三个方面。

1. 增强企业采购工作的适应性

传统产业的转移、新兴产业的出现、现代技术的进步不仅改变了供应市场的分布格局，在整体上还降低了制造成本，也给采购战略制定提出了新的要求，带来了新的变化。

2. 保证企业采购决策的正确性

供应市场是一个动态的大系统，各种环境因素相互影响、相互制约，必须重视供应市场的调查分析，了解各种环境因素的变化趋势，及时调整采购策略，把握有利时机，降低采购成本。

3. 提高企业竞争力的现实性

供应市场处在不断变化之中，比如，国家之间贸易协定的修订，主要币种汇率的变动，供应商突然破产或被收购，新产品、新技术的出现和应用，都需要我们不断对供应环境出现的新问题进行分析研究，以提高企业的应变能力。

供应市场分析是降低成本与风险，确认供应机会与创新的最佳途径之一。供应市场分析有助于确认可以影响企业运作和需求的新产品、新技术和新的供应机会。企业的需求将影响进入供应市场的方式，但供应市场也会影响企业的需求内容。

三、供应市场分析的步骤

供应市场分析可能是周期性的，也可能是以项目为基础进行的。供应市场分析可以是用于收集关于特定工业部门的趋势及其发展动态的定性分析，也可以是从综合统计和其他公共资源中获得大量数据的定量分析，大多数的供应市场分析包括这两个方面，供应商基准分析就是定性分析和定量分析的结合。供应市场分析既可以是短期分析也可以是长期分析。进行供应市场分析并没有严格的步骤，有限的时间通常对分析过程会产生一定的影响，并且每个项目都有自己的方法，所以很难提供一种标准的方法。但是一般情况下，供应市场分析主要有以下步骤。

1. 确定目标

要解决什么问题，问题解决到什么程度，解决问题的时间多长，需要多少信息，信息准确到什么程度，如何获取信息，谁负责获取信息，如何处理信息等问题都包含在一个简明概述中。

2. 成本效益分析

分析成本所包含的内容，进行分析所需要的时间，并分析获得的效益是否大于所付出的成本。

3. 可行性分析

分析公司中的哪些信息是可用的？从公开出版物和统计资料中可以得到什么信息？是否需要从国际数据库及其专业代理商中获得信息，并以较低的成本从中获得产品和市场分析？是否需要从一些部门购买研究、分析服务，甚至进行外出调研。

4. 制订分析计划的方案

确定获取信息需要采取的具体行动，包括目标、工作内容、时间进度、负责人、所需资源等。除了案头分析之外，还要与供应商面谈，加上实地研究。案头分析是收集、分析及解释任务的数据，它们一般是别人已经收集好的，在采购中这类分析用得最多；实地研究是收集、分析和解释案头分析无法得出的细节，设法追寻新信息，通过详细的项目计划为此类分析做好准备。

5. 方案的实施

在实施阶段，遵循分析方案的计划是非常重要的。

6. 撰写总结报告及评估

供应市场分析及信息收集结束后，要对所获得的信息和情报进行归纳、总结、分析，在此基础上提出总结报告，并就不同的供应商选择方案进行比较。对分析结果的评估应该包括对预期问题的解决程度，对方法和结果是否满意等。

四、供应市场结构分析

按照波特五力模型，供应市场竞争结构分析包括五种基本竞争力量，即供应商之间的竞争；新供应商进入市场的可能性；替代产品或服务的可得性；上游供应商的议价力量；购买者的议价力量。

同时，从供需角度来看，供应市场结构也可以分为竞争型市场和非竞争型市场。

竞争型市场的存在条件：任何购买者和消费者所占有的市场份额都不足以影响价格或交易量，购买者和消费者不得就购买或销售条件而进行合谋或签订协议。

非竞争型市场类型包括：垄断、寡头垄断、买方垄断及买方寡头垄断。

垄断：某一供应商是产品的唯一销售者，且不存在直接替代产品。垄断者同时决定产品售价及数量，基本不考虑竞争因素。产生垄断的原因有：①供应产品所需要的关键资源，由一家公司所拥有；②政府将特定产品的销售权授予唯一一家供应商；③生产中的规模经济效应决定了一家供应商更有效率。

寡头垄断：少数供应商提供相同或类似的产品。

买方垄断：它是反向垄断，一家企业是产品的唯一购买者。

寡头买方垄断：少数购买者主导市场，它是反向寡头垄断。

五、供应市场分析的 POCKET 方法

P：政治、法律、社会及文化因素。需要考虑的政治因素：①政治稳定性；②政府间的关系；③战争的威胁；④商务法律环境；⑤环境、道德和腐败；⑥劳资关系；⑦文化、宗教及语言；⑧时区；⑨其他因素。

O：出口物流。需要考虑的因素：①物流；②运输设施；③商品被盗风险。

C：竞争水平。需要考虑的因素：①供应商的数量；②总供给与总需求；③作为购买者，你公司的议价力量如何；④其他因素。

K：供应市场的关键投入资源。需要考虑的因素：①原材料与零件；②劳动力；③其他因素。

E：经济与基础设施因素。需要考虑的因素：①经济政策与汇率；②经济周期；③政府的商业发展政策；④贸易政策与法规；⑤全球化水平和出口趋势；⑥金融和银行；⑦基础设施；⑧其他因素。

T：技术因素。需要考虑的因素：①技术能力与创新；②对技术的选择；③产品生命周期；④其他因素。

第二节　采购商品分类及质量

一、采购商品分类

(一)商品与商品分类

商品是用来交换、能够满足人们某种欲望和需求的产品。从商品一般的定义和我们通常的理解来看，商品比产品的含义要窄，也就是说，只有用来交换的产品才是商品。但在本章中，我们常将这两个概念互用，并不加以严格的区分。

分类是将一定范围内的总体按特定标志，逐次归纳概括成若干范围更小、特征更趋一致的部分，直到划分成最小单元的过程。商品分类就是根据一定目的，为满足某种需要，选择恰当的分类标志或特征，将商品集合总体科学地、系统地逐次划分为不同的大类、中类、小类、品类或品目、品种乃至规格、品级、花色等细目的过程。表 3-1 给出了商品分类的类目层次及应用的一个实例。

表 3-1　商品分类的类目层次及应用实例

商品类目名称	应用实例 1	应用实例 2
商品门类	消费品	消费品

续表

商品类目名称	应用实例1	应用实例2
商品大类	食品	日用工业品
商品中类	食粮	家用化学品
商品小类	乳和乳制品	肥皂、洗涤剂
商品品类或品目	奶	肥皂
商品种类	牛奶	浴皂、洗衣皂
商品品种	饮用牛奶	香皂

(二)商品分类的意义

任何商品，如果不进行分类，既无法安排生产，也无法经营管理，商品生产和流通都会受到影响。所以，商品分类是采购商品管理必不可少的环节。科学的商品分类，不仅有助于了解商品整体，而且便于分析各类商品的特征、内在联系与差异、价值的高低、储运的不同要求，以及不同商品的用途区别等，使商品的生产与流通更趋于合理化，提高商品的采购效率，为企业的生产经营管理节约大量资金。因此商品分类有其重要的意义。

首先，商品分类是深入研究商品使用价值、评价商品质量的重要方法。由于商品品种繁多、特征及性能各异，它们对包装、运输、储存的要求也各不相同，只有通过对商品的科学分类，将个别商品特征归结、综合为某类商品的类别特征，才能深入分析和了解商品的本质属性和特征，全面分析和评价商品质量以及研究商品质量变化规律。这样有助于商品质量的改进和提高，有利于商品检验、包装、运输、保管和科学养护。在运输、储存环节中，科学的商品分类可以按不同特性的商品分门别类地运输保管。按照不同的商品质量变化规律，采取不同的管理和科学养护措施，保证商品质量，防止降低商品使用价值。

其次，商品分类是实现商品使用价值的重要手段，也便于消费者和用户选购商品。在销售和售后服务中，科学的商品分类对市场调查和预测、疏通生产流通渠道、方便消费者和用户选购及使用都有积极作用。在采购中，科学的商品分类可以减少采购的风险，减少搜集商品信息的费用，进而提高采购效率。

最后，科学的商品分类还是制定商品质量标准的依据，对企业引入全面质量管理，提高经济效益都起着重要作用。

(三)商品分类的基本原则

商品分类原则是对商品进行科学分类时的重要依据。为了使商品分类能满足某些特定的需要，在分类时一般应遵循以下几项基本原则。

1. 系统性原则

系统性原则就是以选定的商品属性或特征为标志，将商品总体按一定的排列顺序予以系统化，并形成一个合理的商品分类体系。换言之，就是根据商品总体内部固有的次序，分门别类，形成一个包括若干子系统的商品分类体系。

2. 稳定性原则

商品分类既要考虑现实状况，也应符合商品发展的客观规律，所以，在进行商品分类时，要设置足够的类目(后备类目)，留有可以不断补充新产品的余地。这样，当分类目录一旦发生不可避免的变更时，整个系统的分类结构不会被破坏，同时，增加新的容量时也不需要改变整个系统，从而保持系统的相对稳定性。

3. 专一性原则

这一原则要求在商品分类体系中，每一个分类层次只采用一个分类标志。分类的含义要准确，不能相互排斥，也就是说，要从本质上将各类商品之间的差异加以明显区别，保证每个商品只出现在一个类别中。

(四)商品分类方法

对商品进行分类时，分类标志的选择至关重要，它必须既能达到分类目的的要求，又能明显地区别分类对象。商品是多种多样、纷繁复杂的；要使商品分类具有科学性和系统性，就必须选择适当的分类标志，而选择适当的分类标志的关键就是掌握商品的特性和特征。商品具有本质和非本质的特性和特征，为了保证分类的系统性、稳定性和专一性，必须选择最稳定的、最本质的特性作为分类标志。商品的自然属性和社会经济属性的特征都可以作为商品分类的标志。

商品分类根据不同的用途可以选取不同的分类标志。常用的分类标志由商品的原材料、用途、化学成分、外观形态、加工工艺等。在这里，我们只列举最普遍的商品分类方法和珀施尔商品分类方法。

1. 最普遍的商品分类方法

最普遍的商品分类方法是将所有的商品分为消费者用品和产业用品两大类。根据购买习惯，将消费者用品划分为便利品、选购品、耐用品和非渴求品等；根据生产与供给的不同情况，将产业用品划分为设备用品、原材料、生产消耗品、作业消耗品、管理用具等，如图 3-1 所示。日本一般采用此法分类，其优点是可以明显地区分消费者用品与产业用品之间的特性。

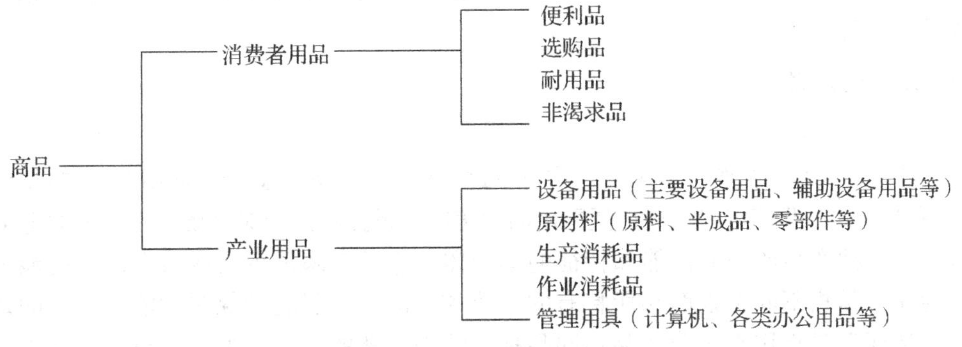

图 3-1　商品的普遍分类法

2. 珀施尔商品分类方法

早在 1929 年，德国商品学者珀施尔(V. Poeschl)就按照商品用途建立了如图 3-2 所示的商品分类体系。珀施尔的商品分类法是按商品用途作为标志予以分类。商品用途决定了商品的使用价值，也是衡量商品质量高低的重要依据，按用途作为分类标志在商品分类中应用很广泛。它不仅适合对商品大类的划分，也适合对商品类别、品种的进一步详细分类，而且便于企业和消费者选购。

一般来讲，按用途可将商品划分为衣着用品、电子电器用品、食品、日用化学品等。

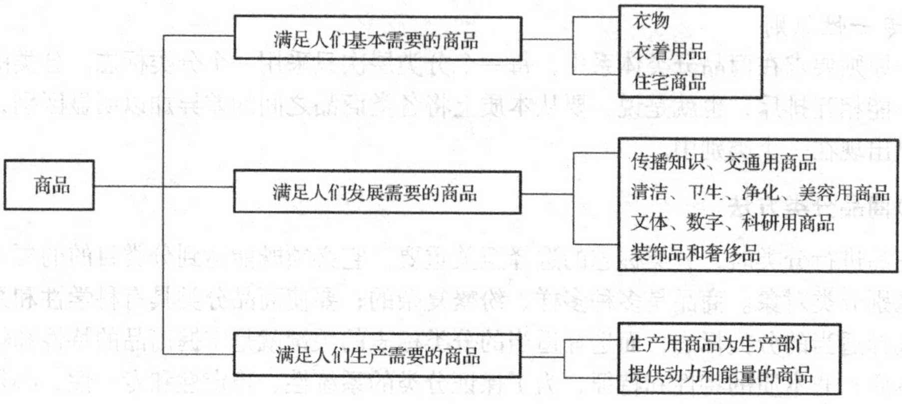

图 3-2　珀施尔的商品分类体系

二、采购商品质量标准

企业正越来越将质量作为竞争工具，这使得管理者开始重新认识质量对于一个企业的发展所起的作用。在采购方面，供应商的运作效果可能会成为一个关键因素，它将决定采购企业本身能否成功地提供优质的产品和服务。调查研究表明，至少 50%的质量问题是由供应商提供的产品和服务造成的。而且，新的管理工具如物料需求计划（MRP）、准时制生产方式（JIT）和无库存采购等，都要求供应商提供的产品符合质量标准。但是，只要求供应商提供优质产品却不能保证采购企业自身的质量表现无可挑剔时，也是没有现实意义的。同样，对采购企业及其员工、政策、体制和程序等也是如此，不能只严格要求别人而放松自己。所以，质量改进对采购双方都是一种不断的挑战，而采购双方的紧密合作则是取得显著改进所必需的。

（一）质量的定义

1. 质量

质量是一个复杂的概念，专家们给质量下过多种定义。如“适合于使用”“同要求一致”“无任何偏差”等，我们将引用被广泛采用的由美国质量控制协会对“质量”所下的定义。

质量是一种产品或服务性能和特征的集合体，它具有满足现实或潜在需求的能力。这里的“性能”是指不同类别商品所特有的性质和功能，如服装的保暖性能、电影的娱乐功能等。“特征”是指用来区分商品不同品种的特别显著的标志，如收音机的落地式、台式和袖珍式的区分标志。“现实需求”是指对已存在商品的特性的需求。“潜在需求”可以理解为人和社会对商品在适应性、安全性、卫生性、耐用性、审美性、经济性、信息性等方面的人为期望。

这显然是一个以顾客为中心的质量定义。顾客有一组需求、要求和期望。当卖方的产品或服务符合或超过了顾客的期望，我们就可以说卖方在传递质量。一个在绝大部分时间满足顾客需求的公司，就是一个质量公司。可以说，高质量传递了一个令人信赖的信号，企业在采购时首先选择的是可以提供高质量产品的供应商。

2. 质量标准

如前所述，质量是能够满足人们现实或潜在需求所具备的属性。商品因其不同的用途具有不同的质量属性。一般来说，可以把质量属性(或质量要求、质量标准)归纳为适用性、可靠性、经济性三个基本方面。

1)适用性

适用性是指一种商品、物料或服务能达到既定功能和用途的能力。在一种纯粹意义上讲，适用性忽略了商业上的考虑，而仅仅指适合使用。实际上，有些时候是不可能做到的。比如，银比铜更适合做电导体，但由于银相对造价高昂而不适用(除了特殊场合和要求)，这也正是电线一般用铜而不会用银的原因。所以适用性除应具有商品用途所要求的基本性能(功能)外，还应满足使用方便、安全、经济等要求。

2)可靠性

可靠性是一种数学概念，是一种产品能在指定时间内正常工作的可能性。它是反映商品在使用过程中的稳定性和无故障性联系在一起的一种质量特性，是评价机电类商品质量的主要指标之一。可靠性包括耐久性、易维修性和设计可靠性。从采购的观点看，对所采购的部件和商品而言，认识其可靠性的变动很有用。

3)经济性

经济性包括两个方面的内容：一是追求在“物美价廉”基础上的最适质量；二是商品价格与使用费用的最佳匹配。最适质量是指商品的性能与获得该质量性能所需费用的统一，即优质和低成本的统一。对于采购而言，除了要考虑采购商品的价格外，还应注重商品的质量，争取在保证“一分价钱一分货”的基础上，购买到“物美价廉”的商品。可以考虑使用“价值工程”的原理将商品的经济性加以量化，根据“价值=功能/成本(费用)”($V=F/C$)公式，可以计算出商品的价值，并努力以最低的成本费用获取最高的经济效益。

案例：哈佛商学院大卫·加温(David Garvin)教授认为质量至少可以有以下八种含义：

(1)性能：产品或服务的主要功能；

(2)特征：附加到产品或服务上的各种次要的感知特征；

(3)可靠性：在一定时期内失灵的概率；

(4)耐久性：预期寿命；

(5)合格性：满足规格；

(6)服务性：维护性和容易安装；

(7)美学性：外观、气味、感觉和声音；

(8)印象质量：顾客眼中的形象。

当然，从采购的角度看，第9个含义应该是“可采购性”，即市场上长期的和短期的、在合理价位的可获得性和产品能不断改进的能力。

(二)商品的质量标准

1．衣着商品的质量标准

衣着商品与食品商品的一次性消费不同，可以经过多次使用和一定使用时期而逐渐消费掉。所以，对衣着商品的质量要求不仅要考虑用途因素，还要考虑使用因素。衣着商品的质量标准可以概括为舒适性、耐用性、安全性、方便性、美观性、经济性等。

(1)舒适性。衣着商品的舒适性包括合体舒适性、微气候舒适性和触感舒适性。合体舒适性要求衣着商品能适应人体的大小和形状，有适度的伸缩性和宽余度，重量较轻，尽可能不压迫人体，使人体能自由活动而不感到拘束。微气候舒适性要求衣服在任何气候环境中，其温度和湿度都能使人体保持平衡，有舒适的感觉。在微气候调节中，衣着材料的保温性、透气性、透湿性、吸水性及衣着商品的式样和组合都有重要作用。触感舒适性要求衣服与人体皮肤接触时有舒适的感觉。

(2)耐用性。衣着商品的耐用性指在穿用和洗涤过程中抵抗外界各种破坏作用的能力。耐用性决定着衣着商品的使用期限、寿命，其影响因素主要有扩张强度、撕裂强度、顶破强度、耐磨强度、耐日光性、耐热性、染色强度、耐霉性、耐蛀性和抗疲劳强度等。

(3)安全性。衣着商品的安全性直接关系到人体的健康和安全，它包括耐燃性、抗静电性和染色后有害物质的残留量等内容。日本厚生省在20世纪70年代就颁布了《家庭用品中有害物质含量限制法》，对家庭用品中的有害物质种类及残留量制定了标准，不符合标准的不准销售。

(4)方便性。方便性要求衣着商品在缝制加工和穿用过程中，具有易缝纫、易整烫、易洗涤、易干燥、易保管、易修补等特性。

(5)美观性。决定衣着商品美观性的基本因素是衣着材料、色彩和式样。美观性要求衣着材料首先没有外观疵点，其次要有良好的刚柔性、易挂性、抗起毛起球性和质地以及较小的缩水率。简言之，美观性是指材料美、色彩美和式样美的有机统一。

(6)经济性。衣着商品的经济性是指衣着商品的使用价值和价值的比重要高，即成本和价格在满足用途需要的基础上要尽可能低。

2. 食品商品的质量标准

食品的质量高低直接关系着人们的生活与健康。因此，食品类商品的质量标准就是具有营养价值，无毒无害，符合卫生标准，色、香、味、形俱佳。

(1)营养价值。营养价值包括营养成分、可消化率和发热量。

(2)卫生性。卫生性指食品中不应含有毒、有害物质及微生物等。我国《食品卫生法》明确规定，“保证食品卫生，防止食品污染和有害因素对人体的危害”。

(3)色、香、味、形俱佳。通过色泽、香气、滋味和外观形态四个方面，可以鉴别食品的新鲜程度、品种特点及质量变化等。同时，这些外观质量也直接影响着人们对食品的消化吸收程度。

3. 电子电器商品

电子电器商品一部分属于高档耐用消费品，其质量要求侧重于坚固耐用性；另外一部分属于中小型电器商品，在日常生活中使用频繁，其质量要求侧重于功能有效性和使用方便性。二者都以电为能源，共同的质量要求是“安全可靠”。

(1)功能性。要有尽可能完善的实用性能是电子电器商品需具备的基本条件。功能性要求商品具备满足用途的主要功能。在提供完善功能方面还包括多功能性要求和操作方便性要求。还应兼顾造价和便于维修等经济性方面的要求。

(2)耐用性。耐用性就是指商品的质量稳定可靠和使用寿命长。电子电器商品在家庭消费中开支较大，因此，耐用性成为重要的质量标准。

(3)安全性。确保商品的使用安全十分重要。所以，电子商品必须有良好的绝缘性能，并要求有一定的安全系数以承受过电流、过电压。

(4)节能性。电子电器商品的耗电量关系到电子电器商品的使用成本。

4. 日用化学商品

日用化学商品主要包括与日常生活密切相关的化妆品、家用洗涤制品等。对这类商品的质量要求就是适用性、卫生安全性和经济性等。

第三节　采购商品规格

一、采购商品规格概念

规格是指对某一产品的性能、质量等所做的专门描述，也可以说是产品的标准，我们一般从物理或化学特性、物料与制造方式、性能三方面界定规格。了解采购商品规格，有助于准确描述采购商品的特性，因此商品规格可以作为采购的重要因素之一。

1. 采用规格描述方式进行采购的优势

⑴采购商品规格描述可以准确传递和表达采购需求信息。在采购前详细研究和分析采购需求以及通过何种方式满足需求，可使采购行为具有目的性和针对性。

⑵采购商品规格往往界定了商品标准型号。这使得物料的检测和验收有了可供参考的依据，防止由于物料错发或不合格造成的生产拖延和浪费，甚至由此引起的纠纷。

⑶可以有机会从不同的供应商处采购相同技术规格的商品，扩大了选择空间，为采购留下更多余地。

⑷有利于采购到优质优价的商品。

⑸采购方对性能提出要求后，若出现不符合要求的性能，供应商就应承担相应的责任。

2. 采用规格描述方式进行采购的缺陷

⑴有很多产品由于技术等方面原因无法对产品规格做出描述，对于这些产品显然不能采用规格作为主要标准进行采购。

⑵从长期看，采用规格描述作为采购标准可以节约开支，但是，因为必须检验、评估产品是否满足既定规格，所以与通过质量、品牌等因素作为标准进行购买相比会增加直接成本。

⑶如果因为技术或人为的因素导致制定的规格不准确而采购人员又过分依赖这种规格，将会对采购造成损失。

⑷过分详尽的规格可能会使潜在的供应商由于丧失信心而不敢参加投标活动，从而减少了可供选择的机会。

⑸采购方规定的最低规格可能是供应商能提供的最低水平。

通过物理和化学特性制定规格时，能够限定采购方所需的物料属性。产品规格中界定的某些可测量的属性是保证产品被满意使用的必要条件，并能以最低成本保证质量。

二、采购商品规格说明

1. 商品规格说明的含义

商品规格是用户将需求传递给可能的供应商的主要方式。商品规格是对原材料、产品或服务的技术要求的描述。规格可以描述供应商商品必须满足的性能参数，或者给出如何做出所需产品或服务的完整的设计方案。

对采购的产品或服务定义不当或者根本不定义，将导致一系列问题的产生。如果采购方都不能清楚自己需要什么，又怎能使供应商交付“好的”产品或提供“正确的”服务呢？因此，必须在采购方明确地定义规格之后，供应商才开始报价。

2. 商品规格说明的必要性

商品规格说明是采购订单和采购合约的核心，规格对能否获得优秀品质的商品起着非常重要的作用，更能协调解决工程部门、制造部门、行销部门及采购部门之间的设计冲突。

在采购方报价或者进入谈判之前，供应商需要以规格说明作为基础。规格有助于供应商决定他们是否提供这种产品或服务，并且如果提供，以什么成本提供。

三、采购商品规格类型

商品的描述可以采用多种形式，也可以是几种形式的组合。常用的描述方式主要有设计图和样图、品牌和商标、化学和物理规格、商业规格、设计规格、市场等级、原材料和制造方式的规格、功能规格、样品等。多数企业的产品需要采用上述方法中的两种或更多种来对规格进行说明。

1）设计图和样图

规格的一般形式是工程样图或者工程设计图。这种形式的规格用于机械加工品、铸件、锻件、压膜部件、建筑、电子线路和组件等的采购。此种描述方式的成本较大，这不仅在于准备蓝图或计算机程序本身的成本，而且还在于用它来描述的产品对于供应商来说往往是特别的，而不是标准化的商品，因此需要花费巨大才能生产。不过，这种描述方式是所有描述方法中最准确的一种，尤其适用于购买那些需要高度完美和精密生产的产品。

2）品牌和商标

当产品或服务有专利或商业机密保护，需要量太少而无法形成规格，或者用户明确说明对某个品牌的偏好时，需要使用品牌和商标。用品牌和商标作为规格说明会产生一些问题，比如，一家公司对一种可以在任何地方收割庄稼的拖拉机提出报价请求。规格列出了现有的品牌和当前可供选择的拖拉机的型号。采购方从供应商提交的规格中发现了大量的关于不同性能的问题，很可能最重要的问题是切割宽度需要标准的37英寸（折合93.98厘米）还是36英寸（折合91.44厘米），或者38英寸（折合96.52厘米）。然而，当现有品牌经销商不能提供等同的设备时就需要重新制定规格。减少这种问题的方法是在规格中容纳更多的品牌，众多品牌中总有一个可以满足用户的需求。可以列出物品主要的和必备的性能，以便确定合适的品牌，确定什么物资可以满足特殊需求，并且识别产品在大小、重量、速度和容量等方面的细微差别。

3）化学和物理规格

化学和物理特性决定的规格定义了采购方所想采购的原材料的特性。

4）商业规格

商业规格描述原材料做工的质量、尺寸、化学成分、检验方法等。

5）设计规格

设计规格是买方为自己产品建立的规格，对需要的产品或服务给出了完整的描述，并且通常定义了通过何种流程可以制造出产品或提供服务。设计方法可以使买方最大限度地控制最终结果。

6）市场等级

所谓市场等级就是依据过去建立的标准来判定某项特定商品。此方法通常限于天然商品，这样的产品主要有木材、农产品及肉和奶制品等。市场等级的主要问题是产品质量在时间方面的波动性和评定者给出的等级的连贯性。

7) 原材料和制造方式的规格

原材料和制造方式的规格使供应商确切了解该使用什么样的原材料和如何生产所需要的产品。因为采购方向供应商阐明了如何完成工作，所以供应商将从产品质量保证中所隐含的特殊用途中解脱出来。

8) 功能规格

功能规格定义了产品或服务所必须达到的效果，它们用于定义重要的设备和许多类型的服务。采购方对最终结果感兴趣，对细节并不确定，而是取决于供应商。当使用了功能规格时，供应商将最大限度地确定如何满足需要，同时对最终产品的质量承担风险。

9) 样品

样品可以用作规格。当样品满足采购方需求时应该以样品为标准。采用样品方法通常只适用于其他的规格方法皆不适用时，比如，用颜色、印刷品及等级等方法无法对规格进行说明时。对于一些商品而言，如小麦、玉米、棉花等，利用样本建立等级，是最佳的描述规格的方法。

第四节　采购行为分析

一、采购行为模式类型

(一) 购买行为模式分析

1. 希斯模型

希斯模型强调的是心理因素，关注采购决策程序的各个参与者在购买决策过程中的心理状态。这个模型涉及购买者的期望、感觉、职务倾向、生活方式和意识到的风险等。

1) 购买者的期望

期望是指个人对于某一销售商或某种品牌的产品能满足个人需要和符合购买目的程度的感觉。希斯模型指出：造成购买者的期望产生差别的主要原因是个人的经历(包括感觉、教育、职务、生活方式等)。希斯模型把个人决策和集体决策区分开来。个人决策就是把购买决策委托给某个人，而集体决策就是在决策过程中把各参与者的意见集合起来做决定。确定一项决策由个人决策还是集体决策应考虑以下两个因素：一是产品方面的具体因素，包括时间压力、意识到的风险和购买类别；二是公司方面的具体因素，包括规模、方向和权限集中程度。在希斯模型中，在其他条件相同的情况下，企业规模越大，权限集中度越高，集体决定的可能性就越大。而风险较小的决策，即那些时间紧迫和重复购买决策，一般由个人决策。

2) 意识到的风险

在了解产品购买行为时，意识到的风险是一个重要因素。这一概念最早由鲍尔提出，而将这一概念首先用于产品购买决策的是李维特。意识到的风险是指购买者感觉到的不肯定性程度以及据此制定决策所造成的严重后果。包括两种风险：产品性能方面的风险和心理上的风险。产品性能方面的风险是指一种产品的实际性能符合购买者预期要求的程度；心理上的风险是指其他有关人员对决策的反映以及购买者自己对可能要承担的后果的感觉。不肯定性越大，后果越重要，意识到的风险程度就越高。购买者可以采取若干战术以减小意识到的风险，包括收集资料、回避做出决定、把责任转嫁给其他决策参与者、投入最少的时间与金钱，或者干脆降低目标等。

2. 韦伯斯特-温德模型

了解购买程序的各个参与者及其特点对于采购决策具有重要意义。韦伯斯特和温德称采购组织的决策单位为采购中心，将采购中心定义为："所有参与采购决策过程的个人和集体，他们具有某种共同目标并一起承担由决策引发的各种风险。"采购中心包括组织中的全体成员，包括发起者、使用者、影响者、决定者、批准者、购买者和控制者。他们在购买决策过程中分别扮演不同的角色，介绍如下。

(1)发起者：指提出和要求购买的人，他们可能是组织内的使用者或其他人。

(2)使用者：指组织中将使用产品或服务的成员。在许多场合中，使用者首先提出购买建议，并协助确定产品规格。

(3)影响者：指影响购买决策的人，他们常协助确定产品规格，并提供方案评价的情报信息。作为影响者，技术人员、采购供应人员尤为重要。

(4)决定者：指一些有权决定产品要求或供应商的人。

(5)批准者：指有权批准决定者或购买者所提方案行动的人。

(6)购买者：指正式有权选择供应商并安排购买条件的人，购买者可以帮助制定产品规格，但主要任务是选择供应商和交易谈判。在较复杂的购买过程中，或许高层管理人员也与购买者一起参加交易谈判。

(7)控制者：指有权组织销售员或信息员与采购中心成员接触的人。在组织内，采购中心会随各不同类别产品的大小及构成而发生变化。

3. 乔弗莱-利林模型

乔弗莱-利林模型主要针对的是企业采购新产品的决策过程。在这一模型中，环境因素和组织因素被看作确定一组产品备选方案的约束条件。对这些备选方案，每人可根据自己的偏好做出选择，把个人偏爱归集于采购中心产生组织的选择。这种模型适合于复杂的工业购买程序，而不适合于消费品的购买程序。

(二)购买行为类型

由于企业购买本身的重要性和购买数量的不同，使得采购决策程序有的简单，有的复杂。根据采购对象、制定采购决策所需的时间以及参加决策的人数，罗宾逊等人将工业品采购行为分为简单重购、修正重购和新任务采购三种类型。

1. 简单重购

简单重购是企业的采购部门根据过去与供应商的合作经验，从供应商名单中选择供货企业，直接重新订购过去采购的同类产业用品，如办公用品、大批量化学制品等。购买行为是惯例化的、列入名单的供应商将尽力保持产品质量和服务质量，并采取其他有效措施来提高采购者的满意程度。未列入名单内的供应商会试图提供新产品或开展某种满意的服务，以便使采购者考虑从他们那里购买产品，同时还将设法先取得一部分订货，以后逐步争取更多的订货份额。

2. 修正重购

修正重购是企业的采购经理为了更好地完成采购工作任务，适当改变要采购的某些产品的规格、价格等条件或供应商。这种购买情况较复杂，因而参与购买决策过程的人数较多。这种情况给“门外的供货企业”提供了市场机会，并给“已入门的供货企业”造成了威胁，这些供货企业要设法拉拢其现有顾客，保护其既得市场。

3. 新任务采购

新任务采购是企业第一次采购某种产业用品，如建办公用房、新式机器设备等。新购的成本费用越高，风险越大，那么需要参与购买决策过程的人数和需要掌握的市场信息就越多，这类购买情况最复杂。因此，供货企业要派出特殊的推销小组，向其顾客提供市场信息，帮助顾客解决疑难问题。

在简单重构情况下，产业购买者要做出的购买决策最少；而在新任务采购情况下，产业购买者要做出的购买决策最多。通常要做出以下主要决策：决定产品价格、规格、交货条件和时间、服务条件、支付条件、订购数量、可接受的供应商和挑选出来的供应商等。

二、影响采购决策的主要因素

企业制定购买决策时受到很多因素的影响，主要是经济因素和个人因素。韦伯斯特和温德将影响采购决策的因素分为环境因素、组织因素、人际因素和个人因素四类。

(一)环境因素

1. 当前经济环境和预期经济环境的影响

如一个国家的经济发展前景、市场需求、成本等。如果经济前景不佳、市场需求不振，购买者就不会增加投资，甚至减少投资，减少原材料采购量和库存量。

2. 环境中政治、技术、竞争性发展等因素的影响

营销人员要关注这些因素的变化及其对采购的影响，然后制定相应的对策。

(二)组织因素

企业本身的组织因素是企业的目标、政策、步骤、组织结构、系统等。营销人员应该尽可能地了解这些问题，还应意识到采购组织的发展趋势。组织因素的影响具体表现在以下几个方面。

1. 采购部门升级

就管理层次而言，采购部门地位很低，尽管它控制着公司半数以上的费用。近年来，由于竞争的加剧，许多公司都提高了采购部门的级别，将采购部门的领导任命为主要管理者之一。采购部门的职能由过去的用最低成本完成任务，转变为从较少业务但更优的供应商那里采购价值最高的材料。采购部门的升级意味着营销人员也相应地提高级别，以便与采购者的能力相匹配。

2. 集中采购

在设有多个事业部制的公司里，由于各自需求不同，大部分采购是由独立的事业部来完成的。近年来，许多公司集中了部分采购权，由总部确定各事业部所需的原材料，然后统一起来，集中采购。集中采购为公司节约了大量资金，但给业务营销提出了挑战，他们面对的将是数量更少、素质更高的采购人员。

3. 长期合同

采购者越来越倾向于与信誉好的供应商签订长期合同。一些企业需要的少数供应商是离

工厂近和能提供优质产品。除此之外，购买者也向客户提供电子订货自动转换系统，客户只要把订单直接输入计算机，订单就可以自动输送给供应商。

4. 采购绩效评估

很多公司建立了激励制度，以奖励那些采购绩效卓著的采购经理人员。这一制度将引导采购经理人员为争取最佳交易条件向卖方施加更大的压力。

（三）人际因素

如前所述，企业的采购中心通常包括七种成员决策购买过程，这些参与者在企业中的地位、职权、说服力以及他们之间的关系有所不同。尽管业务营销人员发现的一切有关个性和人际因素的信息都可能有用，但他们谁都无法准确预知在采购决策过程中会发生什么样的群体动态。在人际因素中，与顾客和其他公司销售代表的关系尤为重要。

（四）个人因素

采购决策过程中每一个参与者都带有个人动机、直觉与偏好，这些因素又受他们自身的年龄、收入、职业态度、性格、风险态度和文化的影响，这些个人的因素会影响采购决策和采购行为。

三、采购决策过程

业务采购者的行动贯穿于整个采购过程，罗宾逊等人确定了采购需经历的八个阶段，以下介绍采购过程的八个阶段。

1. 确认需求

在新任务采购和修正重购情况下，购买过程是从企业的某些人员的认识开始到要购买某种产品以满足企业的某种需求。发现和确认需求可能由公司内部刺激引起，也可能由外部刺激引起。

1) 内部刺激

如企业最高管理层决定推出某种新产品，需要采购生产这种新产品的设备和原料；有些机器发生故障或损坏，需要购置零部件或新机器；发现购进的某些原材料质量不好，必须更换供应商；采购经理认为有得到价格更低或质量更好的产品的机会等。

2) 外部刺激

如采购人员通过展销会、浏览广告或接到一个能提供物美价廉产品的销售代表的联系电话等，产生一些新的购买设想。

2. 确定所需物品的特性和数量

确认需求后，购买者就要进一步确定所需物品的特性和数量。对于标准化物品没有问题；对于复杂物品，采购人员就要和使用者、工程师等共同研究确定所需物品的特性，如可靠性、耐用性、价格及其他属性。供货企业的营销人员在此阶段要帮助采购人员确定所需物品的特性和数量。

3. 拟定指导购买的详细规格

企业的采购组织确定需求以后，下一步是指导专家小组对所需品种进行价值分析，做出详细的技术说明。价值分析的目的是耗费最少的资源，生产出最大的功能，提高经营效益，即以最低成本费用取得最高经济效益。购买者在采购过程中进行价值分析，就是要调查研究本企业要采购的产品是否具备必要的功能，是否需要重新设计，是否可以实行标准化，是否存在更廉价的生产方法等。采购单位的专家小组要将价值分析的结果写成简明的技术说明书，作为采购的依据或标准。当然，供货企业的营销人员也要运用价值分析技术，向顾客说明其产品具有的良好功能。

4. 调查和鉴别可能的供应来源，写出技术说明书

拟订了购买产品的详细规格后，下一步就是物色最合适的供应商。特别是在新任务采购情况下，采购复杂的、价值高的品种，需要花费较多的时间物色供应商。采购人员可以通过查找交易指南，进行计算机搜索，打电话要其他公司推荐，观看贸易广告和参加贸易展览会等方式寻找到合适的供应商。对于供应商来说，就要制订一个强有力的促销方案，争取在市场上树立良好的信誉，并确定谁是寻找供应商的买主。最后，采购者会归纳出一份合格供应商的名单。

5. 提出建议和分析建议

企业的采购经理邀请合格的供应商提出建议。如果采购复杂的、价值高的品种，采购经理就要要求每个潜在的供应商都提交详细的书面建议，经过筛选后，从合格的供应商中挑选最适合的供应商，要求他们提出正式的建议书。因此，供货企业的业务营销人员必须善于提出与众不同的建议书，以取得顾客信任，争取成交。例如，金宝汤料公司制定的合格供应商方案，要求必须通过合格供应商、被批准的供应商和选择供应商的审查。为了争取合格，供应商必须证明其技术能力、财务状况、成本效率等有较高的质量标准和创造力。满足了这些关键因素，就可以申请参加金宝汤料公司供应商研讨会，接待执行队伍的访问，同意做出某些改进和承担许诺等。一旦被批准，供应商还要努力成为选择供应商。

6. 评价建议和选择供应商

采购中心根据供应商产品质量、价格、供应商的信誉、及时交货能力、技术服务等来评价供应商，选择最有吸引力的供应商采购中心做最后决定。以前，也许还要和那些有意成交的供应商谈判，争取较低价格和更好的条件。最后，采购中心选定一个或几个供应商。西方许多精明的采购经理一般都宁愿有多个供应来源，以免受制于人，而且这样能够对各个供应商进行比较。例如，采购某种原料，向第一位供应商采购所需原料的 60%，分别向其他供应商采购所需原料的 30%和 10%。这样就可以使这三位供应商展开竞争，主要供应商为成交会全力以赴保证自己的地位；次要供应商则要千方百计扩大自己的份额；同时，外界供应商也会提供低价位的方式争得一席之地，以图发展自己的业务份额。这样，采购者就大大拓宽了自己选择供应商的空间。

7. 安排订货程序

企业的采购中心选定了供应商后，下一步就是采购人员开订货单给最终选定的供应商，在订货单上详细列明技术规格、需要数量、交货时间、退款政策、担保条款等具体要求。对于保养项目、维修项目和经营项目而言，许多企业日益趋于采取“一揽子合同”代替“定期采购交货”。因为采购次数较少，每次采购批量较大，就会增加库存；而采购次数频繁，每逢缺货就重新发订单也是不经济的。而“一揽子合同”则弥补了上述缺陷。采购经理通过和某一供应商签订“一揽子合同”，和这个供应商建立长期供货关系，这个供应商承诺当采购经理需要时即按照原来约定的价格条件随时供货。这样，库存就摆在供货企业那里，采购单位如果需要进货，采购经理的计算机就会自动印出订货单，或者用电传打字机发送订货单给供应商，因而“一揽子合同”又叫做“无库存采购计划”。

8. 工作绩效的反馈和评价

采购经理最后还要向使用者征求意见，了解他们对购进的产品是否满意，检查和评价各个供应商履行合同的情况或把各种效果不理想的开支加总，形成一个包含价格在内的修正成本，然后根据这种检查和评价，决定以后是否继续向某个供应商采购产品。供应商则应密切关注采购者使用的情况，以便确定为买主提供满意的服务。

思考题

一、填空题

1. 一般来讲，按________可将商品划分为衣着用品、电子电器用品、食品、日用化学品等。
2. 购买行为类型中的________所需要做的购买决策最少。
3. 规格是指对某一产品的________等所做的专门描述。
4. ________是用户将需求传递给可能的供应商的主要方式。
5. 一般来说，可以把质量属性(或质量要求、质量标准)归纳为________、________、________三个基本方面。

二、判断题

1. 供应市场分析是降低成本与风险，确认供应机会与创新的最佳途径之一。 (　　)
2. 企业的需求将影响进入供应市场的方式，但供应市场也会影响企业的需求内容。 (　　)
3. 供应市场分析必须是周期性的。 (　　)
4. 调查和鉴别可能的供应来源写出技术说明书是采购流程的第一步。 (　　)
5. 只有通过对商品的科学分类，将个别商品特征归结、综合为某类商品的类别特征，才能深入分析和了解商品的本质属性和特征，全面分析和评价商品质量以及研究商品质量变化规律。 (　　)

三、不定项选择题

1. 商品分类的基本原则有(　　)。

　A. 系统性　　B. 稳定性　　C. 专一性　　D. 具体性

2. 质量属性(或质量要求、质量标准)可归纳为(　　)等基本方面。

　A. 适用性　　B. 可靠性　　C. 经济性　　D. 稳定性

3. 影响采购决策的主要因素有(　　)。

　A. 环境因素　　B. 组织因素　　C. 人际因素　　D. 个人因素

4. 食品商品的质量标准不包括(　　)。

　A. 营养价值　　B. 卫生性　　C. 色、香、味、形俱佳　　D. 耐用性

5. 希斯模型强调的是(　　)因素，关注采购决策程序的各个参与者在购买决策过程中的心理状态。

　A. 心理　　B. 生理　　C. 感官　　D. 视觉

四、简答题

1. 简述供应市场分析的步骤。
2. 商品分类的基本原则是什么？
3. 采购行为模式有哪些？
4. 简述采购决策过程。
5. 供应市场分析的 POCKET 方法指的是什么？

【实践活动】

实践项目：采购行为过程

任务要求：班级同学分小组模拟完成一个采购决策活动，体会一下采购行为决策过程以及每个过程阶段应注意哪些问题。

第二篇

运作篇

第四章

采购计划与采购预算管理

【引导案例】

某公司为了规范采购行为，降低公司经营成本，特制订如下采购计划申请管理办法。

(1)根据公司年度经营计划、物品材料消耗定额、各部门物资需求以及现有库存情况，可以制订年度采购计划预案。

(2)根据年内生产进度安排、资金情况和库存变化，相应地制订半年、季度和月度的具体采购计划，该计划按期滚动修订。

(3)公司年度采购计划须经总经理办公室批准实施，半年、季度采购计划须经总经理审批，月度采购计划变化不大的须经总经理或主管副总经理核准。

(4)根据采购计划制作的采购预算表，以一式多联方式提交，分别经采购部经理、主管副总经理、总经理按权限签批核准。

(5)公司物料库存降低到安全库存量或控制标准时，可及时提出采购申请，并按定量订购和定时订购两种方法实施采购。要进行采购，首先要弄清采购管理部门所代理的全体需求者们究竟需要什么、需要多少、什么时候需要，继而明确应当采购什么、采购多少、什么时候采购以及怎样采购，从而得到一份确实可靠、科学合理的采购任务清单，为选择采购方法、制订采购计划、分派采购任务提供决策支持。

【学习目标】

1. 理解采购计划编制目的与原则;
2. 掌握采购计划编制内容与程序;
3. 在实际操作中理解采购需求分析方法;
4. 掌握物料需求计划;
5. 学会确定物资采购量;
6. 掌握采购预算编制流程。

第一节　采购计划概述

在计划、组织、领导、控制等管理职能中，计划被列为首要职能，这足以说明计划的重要性。编制采购计划是整个采购管理过程的开始，采购计划制订得是否合理、完善，将直接关系整个采购工作的成败。

采购计划，是指企业管理人员在了解市场供求情况、认识企业生产经营活动过程和掌握物料消耗规律的基础上，对计划期内物料采购管理活动所做的预见性安排和部署。

一、采购计划编制目的

1．预估物料或商品需要的时间和数量，保证连续供应

在企业的生产活动中，生产所需的物料必须能够在需要的时候可以供应，而且能够满足需要，否则就会因为物料供应不上或供应不足，导致生产中断。因此，采购计划必须根据企业的生产计划、采购环境等估算物料需用的时间和数量，在恰当的时候采购，保证生产的连续进行。

2．配合企业生产计划和资金调度

制造企业的采购活动与生产活动是紧密关联的，是直接服务于生产活动的。因此，采购计划一般要依据生产计划来制订，确保采购到适当的物料满足生产的需要。

3．避免物料储存过多，控制原材料库存

在实际的生产经营过程中，库存是不可避免的，有时还是十分必要的。物料储存过多会造成大量资金的沉淀，影响到资金周转，同时还会增加市场风险，给企业经营带来负面影响。

4．保证采购的原材料具有较高和较稳定的品质

在很大程度上原材料的品质决定产成品的品质，品质不良的原材料必然导致企业产品品质下降，进而使品牌形象恶化，并失去市场。

5．使采购部门事先准备，选择有利时机购入物料

在瞬息万变的市场上，要抓住有利的采购时机并不容易。只有事先制订完善、可行的采购计划，才能使采购人员做好充分的采购准备，在适当的时候购入物料，而不至于临时抱佛脚。

二、采购计划编制原则

企业在编制物资采购计划的时候，必须遵守以下基本原则。

（一）市场导向原则

企业物资采购计划一定要以市场需要为依据，按照实际需要、资源的可能和“以销定购”的原则来编制采购计划，这样才有利于实现产销结合。在衔接产销计划的时候，应该在生产数量和收购数量之间统筹安排，采取不同的方法分别对待：

（1）对于生产和收购计划都由国家统一管理的垄断物资，不论是生产还是收购，都必须严格按照国家计划办事；

（2）对于由市场调节的物资，则应根据市场需要和生产发展条件，区别不同情况，合理地安排采购计划；

（3）对于供不应求的物资，应该促进生产企业努力增产，扩大采购；

（4）对于供过于求的物资，如果是适合市场需要而又易于保管的，采购中也可适当增补一些库存，以发挥物资企业的“蓄水池”作用；

（5）对于库存过大、供过于求的物资，经过积极扩大推销后，确实不符合市场需要的，则应通过供需双方协商调整生产，减少采购，压缩库存，待存销基本平衡后再转入正常采购。

(6)对于那些不符合标准和社会需要的物资，要向有关主管部门或生产单位提出限产、转产甚至停产的建议，并积极帮助解决，以改变那种社会需要的产品生产不足、社会不需要的产品却又在大量生产和积压的不合理状况。

(二)系统性原则

企业采购计划的制订必须贯彻统筹安排、瞻前顾后的系统性原则。首先，要做到生产和节约并重，一手促进生产，一手推动节约，从节约中求增产，从规范中求效益；其次，要在相关的各种物资及其品种规格之间保持合理的比例关系，以最合理的资源利用率达到效用的最大化；最后，要做到既着眼当前的需要，又考虑今后的发展趋势，防止物资库存一会儿脱挡、一会儿积压。进货时尤其要注意品种齐全，合理配套，比例恰当。

(三)质量适宜性原则

企业在制订采购计划的时候，既要按时完成数量，又要品种规格齐全，更要保证产品质量，坚持数量、质量、品种、规格同时并重。当然，这个质量并不一定非是社会最优的，但它必须是符合行业标准的，最适宜于市场需要的产品质量。

物资质量直接关系到用户的产品质量，也影响到产品的成本和整个社会的经济效益。提高产品质量，从某种意义上来说，就是保证产品的使用性能和期限，提升了产品的价值和企业的效益。因此，企业在制订采购计划的时候，必须坚持质量第一的原则。从采购产品的品种规格、尺寸、耐寒耐热度、使用期限、性能等各个方面都有严格的标准，同时计划中应确立对购进的物资建立严格的物资进货检验制度，严格按标准检验，防止劣质产品进入本企业，对不符合质量标准的产品，应该拒绝收购，或退回原厂返工，或按质论价，降价处理。最好能确立本厂采购员会同质量检验人员深入被采购方企业的生产作业车间了解产品质量情况，监督产品的生产过程，从而促进企业提高产品质量。这样既有利于开展竞争，又有利于物资企业提高服务质量和经济效益。同时，最适宜性原则又保证了产品质量与市场需求之间的相互平衡，在现实的需求中达到企业效益的最大化。

(四)价格适宜性原则

一般来说，企业的采购价格就是生产企业(供应商)的出厂价格。采购价格的合理与否不仅关系到采购商与供应商之间的利润分配，而且直接影响供应价格的合理与否，涉及用户的经济利益，还关系到企业的市场竞争力。因此，物资进价的确立，一方面应按照国家的价格政策和价值规律的要求，另一方面要有利于生产、流通、消费的原则，做到双方互利，使生产企业乐意生产，物资企业也愿意采购。此外，采购价格还必须遵循按质论价的政策，做到优质优价，次质次价，合理比价，提高产品质量，更好地满足社会需求。

(五)严格经济核算、实行择优选购原则

物资采购要有经济核算观点，讲究经济效益。企业的采购除国家分配的资源外，还要打破行政层次和地区界限，挑选质量好、价格低、进货环节少、费用低的生产企业和地区，择优进货，企业在制订采购计划的时候要充分考虑到这一点。在物资质量价格相同的情况下，一般应选择就近地区进货，以发挥节省运输费用、到货时间快和业务联系方便等优点，还可以使物资快进快出，勤进勤销，少占用流动资金，加快库存周转，提高企业的经济效益。此外，在制订采购计划时还要注意与企业各职能部门间的协调一致

性原则、时间效应性原则、完备性原则等问题，以使企业确立的采购计划能更好地为企业整体效益服务。

三、采购计划编制内容

采购计划是根据市场需求、生产能力和采购环境容量制订的，它的制订需要具有丰富的采购计划经验、采购经验、开发经验、生产经验等复合知识的人才能胜任，并且要和认证等部门协作进行。

采购计划包含认证计划和订单计划两部分内容。认证是采购环境的考察、论证和采购物料项目的认定过程，是采购计划的准备阶段。制订认证计划，是通过对库存余量的分析，结合企业生产需要，在综合平衡之后制订出基本的采购计划，包括采购的内容、范围、大致数量等。订单计划是采购计划的实施阶段，采购计划的制订是通过订单实现的，订单制订要充分考虑市场需求和企业自身的生产需求进行，还要有相当的时间观念，因为采购本身是企业市场预测结果的重要组成部分。认证计划和订单计划两者必须做到综合平衡，以便保证采购物料能及时供应，同时降低库存及成本、减少应急单、降低采购风险。

四、采购计划编制程序

采购计划编制程序的主要环节有：准备认证计划、评估认证需求、计算认证容量、制订认证计划、准备订单计划、评估订单需求、计算订单容量、制订订单计划。

(一)准备认证计划

准备认证计划是采购计划的第一步，也是非常重要的一步。准备认证计划包括以下四个方面的工作。

1. 接受开发批量需求

开发批量需求是启动整个供应程序流动的牵引项，要制订比较准确的认证计划，先要做的就是熟悉开发需求计划。目前，开发批量物料需求通常有两种情形：一种是在以前或者是目前的采购环境中就能够发掘到物料供应。例如，以前接触的供应商的供应范围比较大，就可以从这些供应商的供应范围中找到企业需要的批量物料需求。另一种情形是企业需要采购的是新物料，在原来形成的采购环境中不能提供，需要企业的采购部门寻找新物料的供应商。

2. 接受余量需求

随着企业规模的扩大，市场需求也会变得越来越大，旧的采购环境容量不足以支持企业的物料需求；或者是因为采购环境有了下降的趋势从而导致物料的采购环境容量逐渐缩小，这就无法满足采购的需求。以上两种情况就会产生余量需求，产生对采购环境进行扩容的要求。采购环境容量的信息一般是由认证人员和订单人员来提供的。

3. 准备认证环境资料

通常来讲，采购环境的内容包括认证环境和订单环境两个部分。

有些供应商的认证容量比较大，但是订单容量比较小；有些供应商的情况则恰恰相反，其认证容量比较小，但是订单容量比较大。产生这种情况的原因是认证过程本身是对供应商样件的小批量试制过程，这个过程需要强有力的技术力量支持，有时甚至需要与供应商一起开发；但订单过程是供应商规模化的生产过程，其突出的表现就是自动化机器流水作业及稳定的生产，技术工艺已经固化在生产流程中，所以，订单容量的技术支持难度比起认证容量的技术支持难度要小得多。因此，我们可知认证容量和订单容量是两个不同的概念。

4. 制定认证计划说明书

制定认证计划说明书就是把认证计划所需要的材料准备好，主要内容包括：认证计划说明书(物料项目名称、需求数量、认证周期等)、开发需求计划、余量需求计划、认证环境资料等。

(二)评估认证需求

评估认证需求是采购计划的第二个步骤，其主要内容包括以下三个方面。

1. 分析开发批量需求

开发批量需求的形式各种各样，包括：按照需求的环节，可以分为研发物料开发认证需求和生产批量物料认证需求；按照采购环境，可以分为环境内物料需求和环境外物料需求；按照供应情况，可分为直接供应物料和需要定做物料；按照国界，可分为国内供应物料和国外供应物料等。对于如此复杂的情况，计划人员应该对开发物料需求做出详细的分析，必要时还应该与开发人员、认证人员一起研究开发物料的技术特征，按照已有的采购环境及认证计划经验进行分类。从上面可以看出，认证计划人员需要兼备计划知识、开发知识、认证知识等，还要具有从战略高度分析问题的能力。

2. 分析余量需求

分析余量需求要求首先对余量需求进行分类。余量认证产生的来源：一是市场销售需求的扩大；二是采购环境订单容量的萎缩。这两种情况都导致了目前采购环境的订单容量难以满足用户的需求，因此需要增加采购环境容量。对于因市场需求原因造成的，可以通过市场及生产需求计划得到各种物料的需求量及时间；对于因供应商萎缩造成的，可以通过分析现实采购环境的总体订单容量与原订容量之间的差别得到。这两种情况的余量相加即可得到总的需求量。

3. 确定认证需求

认证需求可以根据开发批量需求及余量需求的分析结果来确定。认证需求是指通过认证手段，获得具有一定订单容量的采购环境。

(三)计算认证容量

计算认证容量是采购计划的第三个步骤，它主要包括以下四个方面的内容：分析项目认证资料、计算总体认证容量、计算承接认证量、确定剩余认证容量。

1. 分析项目认证资料

分析项目认证资料是计划人员的一项重要事务，不同的认证项目其过程及周期也是千差万别的。机械、电子、软件、设备以及生活日用品等物料项目，它们的加工过程各种各样，非常复杂。作为从事某行业的实体来说，需要认证的物料项目可能是上千种物料中的某几种，熟练分析几种物料的认证资料是可能的，但是对于规模比较大的企业而言，分析上千种乃至上万种物料，其难度则要大得多。

2. 计算总体认证容量

在采购环境中，供应商订单容量与认证容量是两个不同的概念，有时可以相互借用，但绝不是等同的。一般在认证供应商时，要求供应商提供一定的资源用于支持认证操作，或者一些供应商只做认证项目。总之，在供应商认证合同中，应说明认证容量与订单容量的比例，防止供应商只做批量订单，不愿做样件认证。计算采购环境的总体认证容量的方法是把采购环境中所有供应商的认证容量叠加，对有些供应商的认证容量需要乘以适当系数。

3. 计算承接认证量

供应商的承接认证量等于当前供应商正在履行认证的合同量。一般认为，认证容量的计算是一个相当复杂的过程，各种各样的物料项目的认证周期也是不一样的，一般是计算要求的某一时间段的承接认证量。最恰当、最及时的处理方法是借助电子信息模拟显示供应商已承接认证量，以供认证计划决策使用。

4. 确定剩余认证容量

某一物料所有供应商群体的剩余认证容量的总和，称为该物料的认证容量。可以用公式来说明：

物料认证容量=物料供应商群体总体认证容量–承接认证量

其中认证容量是个近似值，仅做参考，认证计划人员对此不可过高估计，但它能够指导认证过程的操作。

采购环境中的认证容量不仅是采购环境的指标，而且也是企业不断创新、维持持续发展的动力。源源不断的新产品问世是基于认证容量价值的体现，由此也产生了各种各样的产品新部件。

(四)制订认证计划

1. 对比需求与容量

认证需求与供应商对应的认证容量之间一般都会存在差异，如果认证需求小于认证容量，则没有必要进行综合平衡，直接按照认证需求制订认证计划；如果认证需求量大大超出供应商容量，就要进行认证综合平衡，对于剩余认证需求需要制订采购环境之外的认证计划。

2. 综合平衡

综合平衡就是指从全局出发，综合考虑生产、认证容量、物料生命周期等要素，判断认证需求的可能性，通过调节认证计划来尽可能地满足认证需求，并计算认证容量不能满足的剩余认证需求，这部分剩余认证需求需要到企业采购环境之外的社会供应群体之中寻找容量。

3. 确定余量认证计划

确定余量认证计划是指对于采购环境不能满足的剩余认证需求，应提交采购认证人员进行分析并提出对策，与其一起确认采购环境之外的供应商认证计划。采购环境之外的社会供应商如没有与企业签订合同，那么制定认证计划时要特别小心，要调查社会供应商的各种情况，并由具有丰富经验的认证计划人员和认证人员联合操作。

4. 制订认证计划

企业经过上述工作后要制订认证计划，制订认证计划是认证计划的主要目的，是衔接认证计划和订单计划的桥梁。只有制订好认证计划，才能根据该认证计划做好订单计划。

认证物料数量以及开始认证时间的计算方法为：

认证物料数量=开发样件需求数量+检验测试需求数量+样品数量+机动数量

开始认证时间=要求认证结束时间–认证周期–缓冲时间

(五)准备订单计划

1. 接收市场需求

市场需求是启动生产供应程序流动的牵引项，要想制订比较准确的订单计划，首先必须熟悉市场需求计划，或者是市场销售计划。市场需求的进一步分解便得到生产需求计划。企业年度销售计划一般在上一年的年末制订，并报送给各个相关部门，同时下发到销售部门、计划部门、采购部门，以便指导全年的供应链运转。根据年度计划制订季度、月度的市场销售需求计划。

2. 接收生产需求

生产需求对采购来说可以称为生产物料需求。生产物料需求的时间是根据生产计划而产生的，通常生产物料需求计划是订单计划的主要来源。为了解生产物料需求，采购计划人员需要熟知生产计划以及工艺常识。在 MRP 系统之中，物料需求计划是主生产计划的细化，它主要来源于主生产计划、独立需求的预测物料清单文件、库存文件；编制物料需求计划的主要步骤包括决定毛需求、决定净需求，及对订单下达日期、订单数量进行计划。

3. 准备订单环境资料

准备订单环境资料是准备订单计划中一个非常重要的内容。订单环境是在订单物料的认证计划完毕之后形成的，订单环境的资料主要包括：

(1)订单物料的供应商信息；

(2)订单比例信息(对多家供应商的物料来说，每一个供应商分摊的下单比例称为订单比例，该比例由认证人员产生并给予维护)；

(3)最小包装信息；

(4)订单周期(是指从下单到交货的时间间隔，一般是以天为单位的)。

订单环境一般使用信息系统管理。订单人员根据生产需求的物料项目，从信息系统中查询、了解该物料的采购环境参数及描述。

4. 制定订单计划说明书

制定订单计划说明书也就是准备好订单计划所需要的资料，其主要内容包括：订单计划说明书(物料名称、需求数量、到货日期等)、市场需求计划、生产需求计划、订单环境资料等。

(六)评估订单需求

评估订单需求是采购计划中非常重要的一个环节。只有准确地评估订单需求，才能为订单容量提供参考依据，以便制订出好的订单计划。它主要包括以下三个方面的内容：分析市场需求、分析生产需求、确定订单需求。

1. 分析市场需求

市场需求和生产需求是评估订单的两个重要方面。我们知道订单计划不仅仅来源于生产计划。一方面，订单计划首先要考虑的是企业的生产需求，生产需求的大小直接决定了订单需求的大小；另一方面，制订订单计划还要兼顾企业的市场战略以及潜在的市场需求等。此外，制订订单计划还需要分析市场要货计划的可信度。必须仔细分析市场签订合同的数量、未签订合同的数量(包括没有及时交货的合同)的一系列数据，同时研究其变化趋势，全面考虑要货计划的规范性和严谨性，还要参照相关的历史要货数据，找出问题所在。只有这样，我们才能对市场需求有一个全面的了解，才能制订出一个满足企业远期发展与近期实际需求相结合的订单计划。

2. 分析生产需求

分析生产需求是评估订单需求首先要做的工作。要分析生产需求，首先就需要研究生产需求的产生过程，其次再分析生产需求量和要货时间。

例如，某企业根据生产计划大纲，对零部件的清单进行检查，得到第一级组成部件的毛需求量。在第一周，现有的库存量是 80 件，毛需求量是 40 件，那么剩下的现有库存量=现有库存量 80–毛需求量 40 =40（件）。第三周预计入库 120 件，毛需求量 70 件，那么新的现有库存=原有库存 40+入库 120–毛需求量 70 =90（件）。这样每周都有不同的毛需求量和入库量，就产生了不同的生产需求，对企业不同时期产生的不同生产需求进行分析是很有必要的。

3. 确定订单需求

根据对市场需求和生产需求的分析结果，就可以确定订单需求。通常来讲，订单需求的内容是指通过订单操作手段，在未来指定的时间内，将指定数量的合格物料采购入库。

（七）计算订单容量

计算订单容量是采购计划中的重要组成部分。计算订单容量主要包括以下内容：分析项目供应资料、计算总体订单容量、计算承接订单量、确定剩余订单容量。

1. 分析项目供应资料

在采购过程中，大家都非常清楚地知道物料和项目都是整个采购工作的操作对象。对于采购工作来讲，在目前的采购环境中，所要采购物料的供应商信息是非常重要的一项信息资料。如果没有供应商供应物料，那么无论是生产需求还是紧急的市场需求，一切都无从谈起。可见，有供应商的物料供应是满足生产需求和满足紧急市场需求的必要条件。

如某企业需设计一家练歌房的隔音系统，隔音玻璃棉是完成该系统的关键材料，经过项目认证人员的考察，该种材料被垄断在少数供应商的手中。在这种情况下，企业的计划人员就应充分利用这些情报，在下达订单计划时就能有的放矢了。

2. 计算总体订单容量

总体订单容量是多方面内容的组合，一般包括两方面内容：可供给的物料数量和可供给物料的交货时间。

3. 计算承接订单容量

承接订单容量是指某供应商在指定的时间内已经签下的订单量。但是，承接订单容量的计算过程较为复杂。

4. 确定剩余订单容量

剩余订单容量是指某物料所有供应商群体的剩余订单容量的总和。计算公式如下：

物料剩余订单容量=物料供应商群体总体订单容量–已承接订单量

（八）制订订单计划

制订订单计划是采购计划的最后一个环节，也是最重要的环节。它主要包括以下四个方面的内容：对比需求与容量、综合平衡、确定余量认证计划、制订订单计划。

1. 对比需求与容量

对比需求与容量是制订订单计划的首要环节，只有比较出需求与容量的关系才能有的放矢地制订订单计划。如果经过对比发现需求小于容量，即无论需求多大，容量总能满足需求，则企业根据物料需求来制订订单计划；如果供应商的容量小于企业的物料需求，则要求企业根据容量制订合适的物料需求计划，这样就产生了剩余物料需求，需要对剩余物料需求重新制订认证计划。

2. 综合平衡

综合平衡是指综合考虑市场、生产、订单容量等要素，分析物料订单需求的可行性，必要时调整订单计划中计算容量不能满足的剩余订单需求。

3. 确定余量认证计划

在对比需求与容量的时候，如果容量小于需求就会产生剩余需求，对于剩余需求，要提交给认证计划制订者处理，并确定能否按照物料需求规定的时间及数量交货。为了保证物料及时供应，此时可以通过简化认证程序，并由具有丰富经验的认证计划人员操作。

4. 制订订单计划

制订订单计划是采购计划的最后一个环节，订单计划做好之后，就可以按照计划进行采购工作了。一份订单包含的内容有下单数量和下单时间两个方面。其中：

下单数量=生产需求量-计划入库量+安全库存量

下单时间=要求到货时间-认证周期-订单周期-缓冲时间

五、采购计划编制影响因素

采购计划的编制不是随意的，而是在充分分析企业内外环境的基础上进行的。因此，编制采购计划首先考虑影响采购计划和预算编制的主要因素，然后决定计划和预算工作从何处着手。

在实际工作中，影响采购计划编制的因素是多方面的，主要有采购环境、企业销售计划、年度生产计划、物料清单、原材料库存、物料标准成本的设定、企业生产效率等。

1. 采购环境

采购活动不是发生在真空里，而是发生在一个充满大量不可控因素的环境中，这些因素包括外界的不可控因素，如国内外经济发展状况、人口增长、政治、文化及社会环境、法律法规、技术发展、竞争者状况等，以及一系列内部因素，如财务状况、技术水准、厂房设备、原料零件供应情况、人力资源等。这些因素的变化都会对企业的采购计划和预算产生一定影响，这就要求采购人员能够意识到环境的变化，并能决定如何利用这些变化。

2. 企业销售计划

一般情况下，企业的年度生产计划多以销售计划为起点；而销售计划的拟定，又受到销售预测的影响。生产计划制订的准确与否，直接影响到未来的采购计划的制订。销售预测的决定因素，包括外界的不可控制因素，如上所述的国内外经济发展情况（GNP、失业率、物价、利率等）、人口增长、政治体制、文化及社会环境、技术发展、竞争者状况等，以及一系列内部因素，如财务状况、技术水准、厂房设备、原料零件供应情况、人力资源及公司声誉等。

3. 年度生产计划

生产计划根源于销售计划，若销售计划过于乐观，将使产量变成存货，造成企业的财务负担；反之，过度保守的行销计划，将使产量不足以供应顾客所需，丧失了创造利润的机会。因此，生产计划常因行销人员对市场的需求量估算失当，造成生产计划朝令夕改，也使得采购计划与预算必须经常调整修正，物料供需长久处于失衡状况。

4. 物料清单

当今时代科技发展日新月异，产品工程变更层出不穷，使企业的物料清单(Bill of Material, BOM)往往难以做出及时的反应与修订，致使根据产量所计算出来的物料需求数量，与实际的使用量或规格不尽相符，造成采购数量过多或过少，物料规格过时或不易购得。因此，采购计划的准确性必须依赖最新、最准确的物料清单。物料清单是定义产品结构的技术文件，因此，它又称为产品结构表或产品结构树。

5. 原材料库存

原材料的库存情况一向是影响采购计划人员能否对采购计划做出正确判断的重要因素。在传统库存管理中，原材料库存全部由人工手工登记备案，故库存量管制卡就成为监控库存的重要依据。

目前较新的方式是ERP信息系统管理库存，该方式已经得到了很多企业的认可。在ERP管理下，原材料每一笔库存情况都会由专门的仓储人员录入系统，库存信息在ERP系统内得以共享，任何一个有浏览库存信息权限的人员都可以登录系统，时时查询每一时刻的库存，为采购计划人员做出正确判断提供极大的便利。

6. 物料标准成本的设定

在编制采购预算时，由于较难对计划采购物料的价格进行预测，一般以标准成本代替物料价格。标准成本是指在正常和高效率的运转情况下制造产品的成本，而不是指实际发生的成本。标准成本可用于控制成本。

评价管理人员工作的好坏，可把实际已经做的和应该做的进行比较，标准成本便为这种对比提供了基础。如果标准成本的设定缺乏过去的采购资料作为依据，也没有工程人员严密精确地计算其原料、人工及制造费用等组合或生产的总成本，则其正确性很难得到保证。因此，标准成本与实际购入价格的差额，即是采购预算正确与否的重要评估指标之一。

7. 企业生产效率

企业生产效率的高低将使预计的物料需求量与实际的耗用量产生误差。

综上所述，由于影响采购计划与预算的因素颇多，故采购计划与预算拟定之后，必须与产销部门保持经常联系，并针对现实状况做必要的调整与修订，才能达到维持正常产销活动的目标，并协助财务部门妥善规划资金的来源。

第二节　采购需求分析

一、采购需求概述

采购需求的确定是制订采购计划的基础和前提。它是一项技术性很强的工作，涉及企业各个部门、各个生产环节、各道工序、各种材料、设备和工具以及办公用品等各种物资，因此要有比较全面的知识。首先要有生产技术方面的知识，要知道生产产品和加工工艺的知识，会看图纸，会根据生产计划以及生产加工图纸推算出物料需求量；其次要有数理、统计方面的知识，会进行科学的统计分析；最后还要有预测方面和管理方面的知识，会发现需求规律，并根据需求规律进行预测。

采购需求按性质可以分成相关需求和独立需求。

相关需求是指某种物资的需求量与其他物资有直接的配套关系，当其他某种物资的需求量确定后，就可以直接推算出此种物资的需求量。企业内的各种在制品、零部件等都属相关需求，如轮胎装配到汽车上，轮胎的需求取决于汽车装配计划。相关需求关系可以分为垂直相关和水平相关两种。需求的垂直相关分为若干层次，如原材料供应商、零部件制造商、装配商和配送商等；而需求水平相关的则是指在每一种物资中包括的附属物、促销品等，如购买一副羽毛球拍免费提供的羽毛球。对基本物资的需求估计最初是通过使用预测、存货状况和需求计划来确定的。一旦采购或制造计划被确定，对零部件的需求(例如，在先前例子中的轮胎和羽毛球)就可以直接进行计算，不需要分别地进行预测。因此，零部件项目的预测可以直接产生于对基本物资的预测。如果基本物资的需求发生了实质性的变化，那么就有必要调整零部件的需求。一般而言，这种相关需求关系不会改变，所以通常来说没有必要对一种相关需求项目进行预测，因为它的有关内容最好还是通过基本物资来确定。

独立需求是指某种物资的需求量是由外部市场决定的，与其他物资不存在直接的连带关系。例如，对冰箱的需求有可能与对牛奶的需求无关。所以，对牛奶进行的预测和对冰箱进行的预测也没有关系。独立需求物资包括大多数产成品形式的消费品和工业物资，对它们应单独进行预测。

采购需求分析和需求量确定方法常用的有三种：①采购需求预测；②物料需求计划；③物资消耗定额。本书主要介绍通过物料需求计划和物资消耗定额确定采购需求和采购量。

二、物料需求计划

(一)概念

物料需求计划(Material Requirements Planning，MRP)，即是指根据产品结构各层次物品的从属和数量关系，以每个物品为计划对象，以完工时间为基准倒排计划，按提前期长短区别各个物品下达计划时间的先后顺序，是一种工业制造企业内物资计划管理模式。MRP是根据市场需求预测和顾客订单制订产品的生产计划，然后基于产品生成进度计划，组成产品的材料结构表和库存状况，通过计算机计算所需物料的需求量和需求时间，从而确定材料的加工进度和订货日程的一种实用技术。显然，物料需求计划是制订采购计划的基本依据和目标。采购计划人员必须要熟练掌握物料需求计划的处理方法，灵活使用物料需求计划来应对采购物料需求的千变万化。

(二)MRP基本原理

MRP基本原理是：根据需求和预测来测定未来物料供应和生产计划与控制的方法，它提供了物料需求的准确时间和数量。该系统的基本指导思想是：只在需要的时候，向需要的部门，按需要的数量，提供所需要的物料。就是说，它既要防止物料供应滞后于需求，也要防止物料过早地出产和进货，以免增加库存，造成物资和资金的积压。并非所有的不使用订货点方法的物管理都属于 MRP 系统。因为该系统并不是仅仅代替订货点方法确定订单的库存管理系统，还能提供物料计划及控制库存；决定订货优先度；根据产品的需求自动推导出构成这些产品的零件与材料的需求量；由产品的交货期展开成零部件的生产进度日程和原材料与外购件的需求日期的系统。它是一种能将主生产计划转换为物料需求表，并能为需求计划提供信息的系统。应用 MRP 系统必须要决定物料的毛需求量和净需求量，可先将物料的毛需求量转化为净需求量，从而进行毛需求量的净化，然后根据需求量和需求时间预先排定订单，以便事先了解缺料情况。

企业从原材料采购到产品销售，从自制零件的加工到外协零件的供应，从工具和工艺的准备到设备的维修，从人员的安排到资金的筹措与运用等，都要围绕 MRP 进行，从而形成一整套新的生产管理体系。

所以它实质上是一个面向企业内部信息集成及计算机化的信息系统，即将企业的经营计划、销售计划、生产计划、主生产计划、物料需求计划和生产能力计划、现金流动计划，以及物料需求和生产能力需求计划的实施执行等通过计算机有机地结合起来，形成一个由企业各功能子系统有机结合的一体化信息系统，使各子系统在统一的数据环境下运行。这样通过计算机模拟功能，系统输出按实物量表述的业务活动计划和以货币表述的财务报表集成，从而实现物流与现金流的统一。

三、物料需求计划的流程图

物料需求计划的实施过程就是回答下面问题的过程：①我们要制造什么?②我们用什么来制造?③我们有什么?④我们还应得到什么？因此，制订物料需求计划的流程如图 4-1 所示。

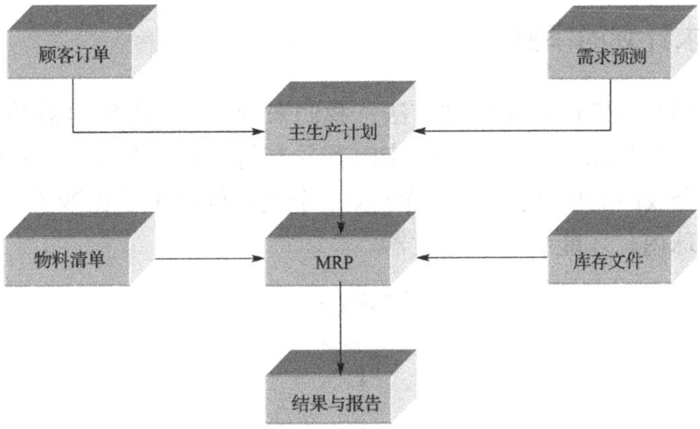

图 4-1　MRP 流程图

1. 主生产计划(MPS)

根据实际的顾客订单和需求预测，主生产计划指导整个 MRP 系统的实施过程。MPS 精确、详细地规定了公司生产或组装的最终产品的品种与数量，顾客何时需要得到它们，即 MPS 将提供每个存货单元(SKU)的详细生产计划。它回答了“我们要制造什么”这个问题。管理人员负责制订每月的产品主生产计划，材料计划则将其细化，制订为周主生产计划。

2. 物料清单(BOM)

物料清单确切地规定了制造或组装最终产品所需的各种原材料、零部件和中间产品。除了确定总的需求，如数量，BOM 也告之每一个投入品在什么时候应能供应。同时它也确定这些投入品之间的相互关系，并说明它们对最终产品的相对重要性。物料清单回答了“我们用什么来制造”这个问题。工程师负责确保其准确性，并根据实际情况及时进行修改。

3. 库存文件(ISF)

该文件存有每种物料的库存记录，它也包括有关物料需求的安全存货及备货期等方面的信息。公司可以从总需求中减去现有的部分，这样就可以知道任何时候的净需求。库存文件回答了“我们有什么”的问题。由库房工作人员来负责库存文件的记录与更新，并保证它的准确性。

4. MRP 计划

基于主生产计划确定的最终产品需求和物料清单、库存文件提供的相关信息，MRP 系统将把最终产品需求分解成对每个零部件和原材料的总需求，然后减去现有的库存，得到净需求，下达生产和装配过程中必需的投入命令，并给出相应的订货需求信息。“我们还应得到什么”这个问题的答案就来自这一步骤。

5. 结果与报告

最后，MRP 系统将相关结果报告给有关的物流、制造和组装的管理人员，指导他们进行相关的操作。基本的结果和报告包括原材料需求数量和时间、自制件的投入产出计划、任何需要加快或调整的计划、MRP 系统状态、库存状态记录等相关信息。

这些报告用于控制 MRP 系统和复杂环境，并每天检查以做出适当的调整，提供相应信息。

四、物料需求计划的举例

为了更全面地理解 MRP 逻辑推理方法，我们来看一个生产定时器的公司。假如根据总体生产计划，公司在 8 周末要生产出一个定时器并交付客户。图 4-2 表示的是生产一个定时器的原料清单：一个成品需要 2 个盖、1 个球、3 个支撑件和 1 千克沙子。图中也表明，必须先把沙子装入空心球内，才能组装成定时器。

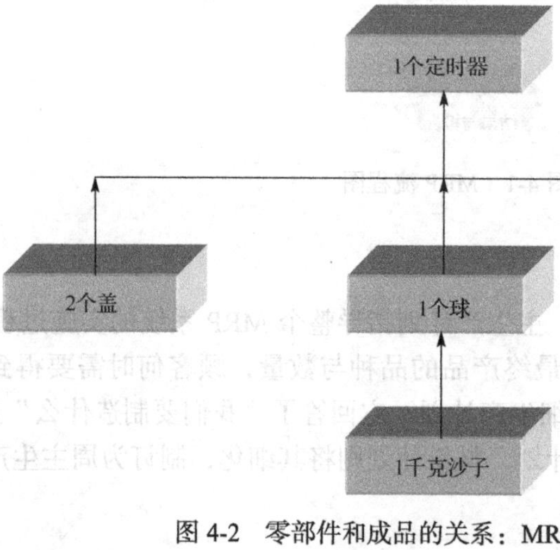

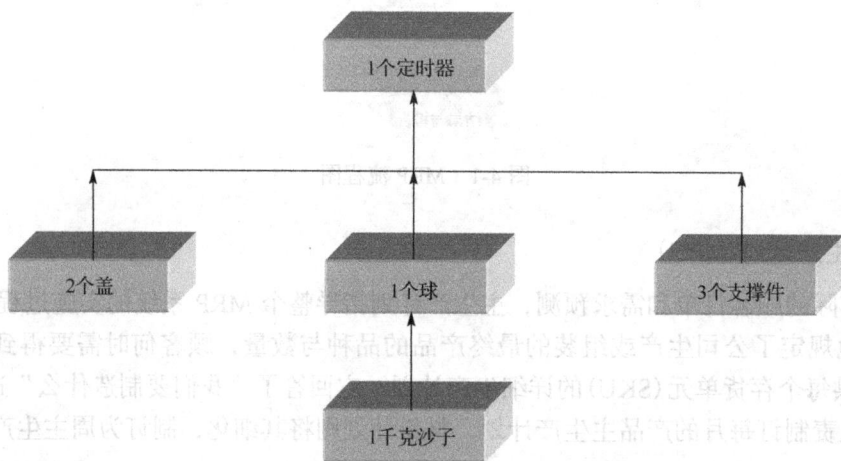

图 4-2　零部件和成品的关系：MRP 定时器的例子

表 4-1 是生产定时器的存货状况及各原料的净需求，它是总的需求与现有存货之差。表中也表明了各部件的备货时间，如采购支撑件与空心球的备货时间是 1 周，沙子需 4 周，盖子要 5 周。当所有的部件备齐后，组装定时器需 1 周时间。

表 4-1　存货状况与各原料的净需求

产品与材料	总　需　求	存　　货	净　需　求	备货时间（周）
定时器	1	0	1	1
盖	2	0	2	5
支撑件	3	2	1	1
球	1	0	1	1
沙子	1	0	1	4

表 4-2 是有关定时器生产的订货、接收、组装和完成的活动的总体计划。因为公司必须在第 8 周末把一个定时器准备完毕，合适的部件必须在第 7 周准备就绪。表 4-2 上部分表示了这种需求。

从第 7 周需要部件向前看，表 4-2 中的下半部分可找出订购与接收部件存货。例如，对两个盖子，需要 5 周的备货时间，公司必须在第 2 周下订单；对支撑件，则需要 1 周的备货时间，公司应在第 6 周下达订单；最后，公司需要在第 6 周订购球，以备第 7 周使用，在第 2 周订购沙子以备第 6 周到货。

这个例子说明了 MRP 方法如何与存货计划与存货控制相联系。事实上，MRP 程序本身会做出如表 4-2 中的计划。当程序做出总体计划后，打印出便于管理人员使用的格式。公司将以规定的时间与数量下达所需备件的订单。

实践中，MRP 对需大量零部件生产的订单计划与控制特别适用。除了如上述定时器之类简单例子外，计算机化是使用 MRP 的先决条件。只有通过采用具有现代计算机的处理速度和能力，公司才能够以经济合算的方式应用 MRP。

表 4-2　总体计划——定时器 MRP 的例子

定时器（备货时间 =1 周）	1	2	3	4	5	6	7	8
需求数量								1
生产计划							1	
盖（备货时间=5 周）	1	2	3	4	5	6	7	8
总需求							2	
现有存货	0	0	0	0	0	0	0	
计划收货							2	
计划订单下达		2						
支撑件（备货时间=1 周）	1	2	3	4	5	6	7	8
总需求							3	
现有存货	2	2	2	2	2	2	2	
计划收货							1	
计划订单下达						1		
球（备货时间=1 周）	1	2	3	4	5	6	7	8
总需求							1	
现有存货	0	0	0	0	0	0	0	
计划收货							1	
计划订单下达						1		
沙（备货时间=4 周）	1	2	3	4	5	6	7	8
总需求						1		
现有存货	0	0	0	0	0	0		
计划收货						1		
计划订单下达		1						

MRP 的特点：

(1)可按一定的逻辑程序，自动准确地推算在各工艺阶段生产环节的生产需求量和需求时间，自动地控制库存数量并使之保持在一定的库存水平之上，从而为提高企业的经济效益创造了条件；

(2)可快速对市场需求或物料供应的变化作出反应和调整；

(3)可快速对大量数据进行有效的处理，为企业的运作管理提供决策信息，并在决策基础上快速发出工作命令，从而在很大程度上提高了管理的工作效率。

优点：企业放弃传统的订货方法，从原有的手工或计算机系统转而采用 MRP 系统时，其益处表现在：定价更有竞争性，销售价格降低，库存减少，客户服务水平提高，改变主计划的能力增强，生产准备和设备拆卸的费用降低，空闲时间减少。此外，MRP 系统还能提前通知管理人员，以便他们能在实际订单下达之前看到计划情况；指出何时应加快进度、何时应减慢进度；推迟或取消订单；辅助能力计划。

缺点：MRP 系统对外购和加工订单是严格按照其逻辑和算法的，本质上是一个推式系统，MRP 系统的处理逻辑决定了它是一个严格的计划系统，适用于市场需求相对稳定且加工过程中生产又是相对稳定的情形下。但是在市场需求瞬息万变的情况下，一旦市场预测与实际需求差距较大时，MRP 系统很难做出快速的反应。同时，尽管相比较传统的库存控制方法，MRP 系统能大幅降低原材料、在制品以及产成品的库存水平，但总体而言库存量还是偏大，占用了较多的流动资金，不利于企业的发展。

MRP 系统要有效地发挥其作用，要求应用该系统的产业与企业具有以下特点：

(1)产品装配提前期较长；

(2)原材料、零部件的备货提前期较短；

(3)原材料、零部件的备货提前期是可靠的，而不是臆测的；

(4)有一个稳定的生产主进度表；

(5)批量的大小变动较小。

综合以上考虑，MRP 系统适用于加工装配型企业，尤其是生产由成千上万个零部件组成复杂结构产品的企业。这类企业在生产管理与物料控制中需进行大量的数据处理，如果没有 MRP 系统，很难保证管理和控制的及时、准确和有效。

第三节　物资采购量的确定

一、物资消耗定额

物资消耗定额是指在一定的生产技术组织条件下，制造单位产品或完成单位劳务所必须消耗的物资数量标准。制订物资消耗定额，首先要分析物资消耗的构成，包括物资消耗的类别和每种原材料从投入到制成成品的整个过程中原材料消耗等方面。

(一)物资消耗定额的制订

物资消耗定额的制订包括主要原材料的消耗定额制订、辅助材料消耗定额的制订、燃料消耗定额的制订、动力消耗定额的制订等，下面分别予以说明。

1. 主要原材料消耗定额的制订

正确制订主要原材料消耗定额，要分析原材料的构成，即指从投入到产出的整个过程中，原材料消耗在哪些方面。如工业制造业，主要的原材料消耗构成，一般包括下面三个部分。

(1) 构成产品或零件净重所消耗的原材料：这部分属于有效消耗量，它与产品设计水平有关。

(2) 工艺损耗量：这是指在加工过程中，由于工艺设计上的原因而必须产生的原材料损耗。如机器加工过程中产生的切屑、锻造过程中的切割损耗和氧化皮、铸造过程中的焙化烧损、材料加工过程中产生的料头以及边角余料等。这部分消耗是由企业的工艺技术水平决定的，随着技术的进步和工艺的改善，可能会降低到最低的程度。

(3) 非工艺性损耗：这是指除上述两者以外的损耗，包括运输管理不善引起的损耗、供应材料不合规格引起的损耗以及其他非工艺技术上的原因所造成的损耗等。

根据用途的不同，工业企业的主要原材料物资消耗定额，还可以分为工艺消耗定额和材料供应定额两种形式。工艺消耗定额包括产品净重和工艺性损耗两部分的原材料消耗，是用于向车间和班组发料和考核的依据。材料供应定额，则是在工艺消耗定额基础上，还包括一部分非工艺性损耗，这部分非工艺性损耗，应是在企业目前的管理条件下经过努力还不可能避免的，或企业外部因素造成的非工艺性损耗。

2. 辅助材料消耗定额的制订

辅助材料消耗定额可根据不同的用途，采用不同的方法制订，主要有以下类别。

(1) 与主要原材料成正比例消耗的辅助材料，其消耗定额可按主要原材料单位消耗量的比例计算，如炼 1 t 生铁需用多少溶剂等。

(2) 与产品产量成正比例的辅助材料，则可按单位产品来计算，如包装材料和保护涂料等。

(3) 与设备开动时间或工作日有关的辅助材料消耗定额，可根据设备开动时间和工作日来制订，如润滑油、化学药剂等。

(4) 与使用期限有关的辅助材料，其消耗定额可按规定的使用期限来制订，如清洁工具和劳保产品等。

此外，有些辅助材料，则可以根据统计资料或实际耗用情况加以确认，如文化用品只规定限额即可。

3. 燃料消耗定额的制订

该定额包括煤、焦炭、石油、天然气、木材等。由于使用面广，需根据不同用途及消耗标准分别制订。

(1) 动力用燃料消耗定额的制订：以发 1 kw/h 电，生产 1 m^3 压缩气或生产 1 t 蒸汽所需燃料为标准来制订。

(2) 工艺用燃料消耗定额的制订：以加工 1 t 产品或生产 1 t 中间制成品所需燃料的标准来制订。

(3) 取暖用燃料消耗定额的制订：一般按每个火炉或单位受热面积来制订。

由于燃料品种不同，物理状态(固体、液体、气体)和发热量也不同，在计算定额时，先以标准燃料为标准，然后再换算成实际使用的燃料。

4. 动力消耗定额的制订

动力消耗定额的制订通常也是按不同用途分别制订的。如用于电动机的电力，一般是先按实际开动马力计算电力的消耗量，再按加工每种产品所占用的台时数，分别摊派到每个产品上；用于工艺过程的电力，如电炉炼钢，就直接按单位产品来制订。

(二)制订物资消耗定额的基本方法

1. 技术分析法

这种方法是对产品进行技术分析，对产品的结构、物资消耗的各种要素、技术加工过程等进行分析之后，计算出物资消耗数量，作为制订定额的主要依据。依照这种方法制订出的定额比较准确，但计算分析的工作量大。

2. 统计分析法

即根据以往生产中物资消耗的实际统计资料，并考虑计划期生产技术组织条件变化的因素，通过分析计算来制订物资消耗定额的方法。由于统计的时间和它所包含的内容不同，统计资料有很大的不同。因而在制订定额时，必须严格地审查统计资料，弄清楚它所包含的内容和统计时间，然后再应用，以避免失误。有时为制订定额，专门进行一些统计也是必要的。

3. 实际测定法

是指对生产某一产品所消耗的物资，通过实验或现场测定和计算来确定物资消耗定额的方法。这种方法真实、可靠，能及时发现问题。但由于受测定人员和测定对象的限制，还不能把物资消耗所有不合理的因素揭露出来。

4. 经验估计法

即由有关制订定额的人员，根据各自的经验和有关技术文件，通过估计来制订消耗定额的方法。这种方法简单易行、快速，但科学性不足。由于受主观性因素的影响较大，定额准确性较差。因此，只有在上述几种方法无法采用时才采用这种方法。采用时必须充分发挥有经验的老工人的作用。

上述四种方法，各有优缺点。在实际工作中，往往将这几种方法结合起来运用。在制订定额时，必须认真贯彻群众路线，才能使制订出的定额既先进合理，又有群众基础。

(三)抓好物资消耗定额的贯彻执行

物资消耗定额的制订，不仅仅是定额管理工作的开始，更重要的是要抓好定额的贯彻执行。

1. 编制必要的定额文件

在确定各项物资消耗定额后，应当对此加以整理、汇总成册，作为进行定额管理的依据。例如，在机器制造企业中，一般有下面三种基本的定额文件：

(1)零件材料消耗定额明细表：它以零件为主体，分车间记录每种零件的材料性质、规格及消耗定额，可以作为集中下料和仓库发放材料的依据；

(2)材料使用卡片：它以每种具体品种规格的材料为主体，分车间汇总各种零件所需同一种材料的消耗定额。它可以作为编制订货采购计划的依据；

(3)单位产品材料消耗综合定额明细表：它以每种产品为对象列出每件产品所需的各类材料的小计、总数和金额，这是编制物资采购计划的重要依据。

2. 建立和健全责任制

通过相应的责任制，使每项物资消耗都有相应的部门和专人负责。根据企业的具体条件，归哪个部门管有利，就归哪个部门管。一般企业的物资消耗定额，是在技术副厂长和总工程师的领导下，协同有关技术部门、计划和采购部门共同制订，分别管理。如原料和主要材料、重要的辅助材料、工艺用燃料，一般由生产技术部门负责；设备备件，润滑油和动力用燃料一般由机械动力部门负责；一般辅助材料和全部供应定额则由供应采购部门负责。此外，供应部门还要不断地检查定额执行情况，提出奖惩的依据。

3. 严格执行定额供应制度

定额供应制(又称限额发料制)是一种科学的物资发放制度。它既有利于有计划、有准备地供应生产用料，又有利于贯彻物资消耗定额和节约利用物资。定额供应制主要包括如下制度。

(1)根据生产作业计划和物资消耗定额，由供应计划员签发定额供料单。供料方式有按车间供料，按零部件投料等。

(2)仓库要严格按照定额供料单所列材料的质量、规格、数量来供料。无计划者不发料；有计划无定额者不发料；更不能无故发料。

(3)实行工废、非工废等要求补料的审核制度。必须经过一定的审核批准手续，才能补料。

(4)坚持退库和核销制度。物资消耗部门会同供应部门审核本月或本季的消耗定额之后，余料要实行退库及办理退库手续。

(5)实行审核奖惩制度。定期审核定额消耗情况，分析差异原因，总结推广先进经验，并同适当的奖惩制度相互结合。

4. 完善原材料消耗的原始记录凭证制度

从物资的领取到最后的成品出厂的各个环节，都应有准确可靠的原始记录。

5. 建立定期检查执行状况制度

定额下达后，经常进行执行情况的检查，是组织群众完成定额的有效方法：一方面为检查分析和编制定额提供可靠的基础依据；另一方面查找存在的原因，分析问题，不断掌握节约物资消耗的潜力，完善定额制度。

6. 定额修改

随着职工技术水平的不断提高、设备的不断完善、管理工作的不断改进等原因，定额往往会由适应变成不适应，由先进变成落后，因而需要在周密的调查审核研究的基础上不断地加以修改，从而使定额总能保持一个先进的合理的水平。在这里，修改的时间比较关键。不能在定额下达不久就修改，“朝令夕止”。也不能在定额已经落后了还久久不变。过急或过缓对生产节约和供应工作都不利。一般情况下，以一年修订一次为宜。遇特殊情况，如工艺变更、设计修改、技术突破等，则应及时加以修改。

二、确定物资需要量

企业的物资需要量，是指企业在计划期内产品生产、日常经营、大修理、新产品试制和技术组织措施等项目的物资需要量。它包括生产耗用量、运输和保管过程中的损耗量，减去回收利用的废料数量。按照物资消耗定额确定物资需要量的方法，用公式表示为：

物资需要量=生产耗用量+运输耗损量+保管耗损量-回收利用废料量

式中生产耗用量的计算，可以工艺定额乘产量。如果用供应定额乘产量，则算出来的数量是供应量，它包括了工艺(生产)耗用量、运输耗用量和保管耗损量。就是说，它包括了上述公式中等号后边的前三项，只有回收利用废料数量需要单独计算。物资需用量的确定，是按每一类物资、每一种具体品种规格分别来计算的。不同用途、不同种类的物资，需要量的计算方法也不同。但概括而言，可分为以下两种。

(1)直接计算法：这是根据生产任务、物料需求计划和物资消耗定额来确定物资需要量的一种方法。一般来说，它比较准确，企业中应尽可能地使用该办法。

(2)间接计算法：这是以一定的产值或产量的材料消耗量作平均基数来确定某一比例或系数，并以此来估算物资需用量的一种方法。用这种方法计算出来的物资需要量，不如直接计算法算得准确，但对某些不便于准确确定定额的辅助材料及机修、工具等辅助部门用料，只能采取此法确定物资需用量。对于年度计划尚未最后确定，或只有产值任务而没有具体产量任务时，为了提前组织订货，准备物资，也只得采用这种方法初步确定需要量，待生产任务确定后再做调整。

对于上述两种计算方法，我们可以分别用不同物资需用量的计算来进行具体的说明。

1. 主要原材料需用量的计算

这类材料需求的特点是和产量或工艺过程成直接比例关系，因此，一般采用直接计算法，可采用下列公式计算：

某主要材料需用量=(计划产量+技术上不可避免的废品数量)×单位产品材料消耗定额
-计划回收利用的废品数量×单位材料消耗定额

公式中的计划产量，应包括商品产量和期末期初在制品差额。技术上不可避免的废品数量，可依据技术部门提供的材料及计划期废品率来确定。计划回收利用废品数量也可依技术部门的资料统计得出回收利用系数来确定。

【例 4-1】 风动工具厂年计划生产手凿岩机 2 500 台，其中每个活塞(胆)钢材消耗定额为 2 kg，废品率为 15%，且依技术部门统计废品回收利用率可达 20%，那么，做活塞一年需用的钢材量为：

钢材年需要量=(2 500+2 500×15%)×2−2 500×15%×20%×2
=5 750−150
=5 600(kg)

2. 辅助材料需用量的计算

由于在生产过程中，企业所需的辅助材料种类繁多，使用面广，一般按其不同用途分别计算。有些辅助材料有消耗定额，其需用量可采用直接计算法，计算公式如下：

某辅助材料的需要量=(计划产量+废品量)×某辅助材料的消耗定额

有的辅助材料没有消耗定额，其需用量可采用间接计算法，计算公式如下：

某辅助材料需用量=(上年实际消耗量/上年产值)×计划年度产值×(1−可能降低的百分比)

【例 4-2】 某厂计划今年房屋大修工程投资 20 万元，而目前已知的是去年房屋大修投资 10 万元，实耗木材 40 m^3，今年计划降低消耗 5%，则今年木材需用量应为：

木材需用量=40/10×20×(1−5%) =76 m^3

用万元定额计算，假如维修投资木材耗用万元定额为 3.5 m^3，则木材需用量为：

木材需用量=3.5×20 =70 m^3

利用万元定额(或千元定额)计算需要量的物资很多，如基建材料(估算法)，有关劳保材料、照明材料、取暖材料、清扫用具，等等。

3. 燃料需用量的计算

工业企业需用的燃料，主要用于工艺过程、生产动力、运输和取暖等方面。燃料需用量一般依据消耗定额直接计算。但是，不同性质的燃料其发热量不同，而燃料消耗定额是按标准燃料规定的，在算出标准燃料需用量之后，还要按具体品种燃料的热量换算系数(实际燃料的发热量同标准燃料发热量的比值)折合成实际品种燃料的需用量。以工艺过程用燃料为例，其计算公式为：

$$实际品种的燃料需用量=计划产量\times标准燃料消耗定额\times发热量换算系数$$

运输工具用的汽油需用量，可根据运输工具的型号、行驶百公里的耗油量和计划期内的货运量来计算。取暖用的燃料需用量，根据取暖季节时间、房舍的容积等因素来计算，这里就不再一一举例了。

4. 电力需用量的计算

企业用电，主要包括工艺过程用电和照明用电。不同用途的电力，计算方法不同。工艺过程用电的需用量，通常是按计划工作量和电力消耗定额来计算。例如，电炉炼钢用电，可按每吨炉料电力消耗定额乘上计划期熔炼炉料总量来计算需用量。又如，电动机用电，是根据一台(或一组)电动机每小时电力消耗定额，以及该组电动机的运转率和工作时间等因素来计算其需用量。照明用电的需用量，一般是按灯头数、灯光强度、照明时间等因素来计算。

5. 设备维修用料耗用量的计算

该计算一般是根据设备维修计划中规定的大、中、小修理单位总数，以及每一个修理单位的物资消耗定额来计算；或者根据上年度各类维修单位总数和实际用料，并考虑计划年度内提示的改进措施，然后求出一个修理单位的材料平均消耗定额，可采用以下公式：

$$每修理单位材料平均消耗量=\frac{修理某类设备用料的全所消耗总量}{某类设备的全年修理单位总量}$$

6. 工具需用量的计算

不同种类、规格和用途的工具也将采用不同的需用量的计算方法。在大批量生产条件下，可按计划产量和工具消耗量来决定计算；在成批生产条件下，可按设备的计划工作台时数和设备每一台时的工具消耗定额来确定；在单件小批生产条件下，通常按每万元产值的工具消耗来计算。

此外，还有技术组织措施用料、自制设备和工具等用料，这方面的需用量，一般按有关的统计资料或实际经验来估计确定。

企业把各类物资的需用量核定以后，即可编制各种物资需用量的汇总表，使之成为确定商品采购量的重要依据。

三、确定物资采购量

由于企业的物资采购量是物资的本期需用量加上期末储备量，减去期初库存量。所以，还需要确定物资储备数量。

(一) 物资储备定额的分类与计算

企业的产品生产过程，也是不断消耗物资的过程。但是，供应物资是由不同的企业生产出来的，由于各企业的生产组织状况、产品数量和质量、运输条件等原因，一般不能连续地供应，只能成批(间断)地供应。为此，企业必须有一定数量的物资储备，才能保证生产不间断地进行，储量过低，会造成停工待料，影响企业生产的正常进行；储量过高，则会使企业增加资金占用，增加保管费用。而且物资长期存放，还会使物资损坏变质，造成浪费，结果影响企业经济效益。因此，需要确定合理的物资储备标准。物资储备定额是指在一定条件下，为保证生产顺利进行所需的最经济合理的物资储备数量标准，它通常以天数、实物数量两种计算单位来表示。

物资储备定额是企业管理工作的一项基础性资料，具有多方面的作用：

(1)它是企业编制物资采购计划的重要依据之一；

(2)它是企业经常审核监督物资库存动态，使库存经常保持在合理水平上的必要工具；

(3)它是确定物资库存面积、所需设备及其定员的依据；

(4)它是企业核定流动资金的一个重要依据。

企业的物资储备定额一般包括经常储备定额和保险储备定额。季节性生产企业，还应当包括季节性储备定额。

1. 经常储备定额

经常储备定额是指在相邻两批物资到厂的供应间隔期内，为保证企业生产正常进行所必需的物资储备数量标准。这种储备量经常在最大和最小之间周期性变动，是储备量中的周转部分，因此又叫周转储备。它有两种制订计算方法，即“以期定量”方法和计算经济订购批量方法。

1)“以期定量”方法

这种方法首先确定物资的供应间隔天数(也就是物资的储备天数)、检验天数和使用前的准备天数等，然后据此确定物资的经常储备定额。计算公式为：

经常储备定额=平均每日需要量×(物资供应间隔天数+检验天数+使用前准备天数)

$$平均每日需要量=\frac{计划期物资需要量}{计划天数}$$

使用前准备天数，是指有的物资在投产使用前还需要加工或处理的时间，如木材的干燥、矿石的破碎等。供应间隔天数一般是根据报告年度的统计资料，用加权平均法计算，再按计划年度的情况适当加以修正而确定。

$$供应间隔天数=\frac{\sum(某批物资需要量\times该批物资供应间隔天数)}{\sum每次入库量}$$

【例4-3】某企业2013年第四季度要计算2014年某种物资供应间隔天数，则可依据2013年前三个季度的实际入库物资的时间进行统计，见表4-3。

表4-3　某物资入库时间、数量统计表

材料入库时间	材料入库数量(t)	供应间隔天数(d)	加权入库量(t·d)
1月16日	10	18	180
2月11日	20	26	520
3月13日	30	30	900
4月20日	24	38	912
5月25日	16	35	560
6月14日	20	20	400
7月18日	24	34	816
8月15日	18	28	504
9月16日	20	32	640
合计	182	—	5 432

表 4-3 中，加权入库量等于材料入库量乘以供应间隔天数。根据表 4-3 中数据，计算供应间隔天数为：

$$某物资平均供应间隔天数=\frac{5\,432}{182}\approx 30(\mathrm{d})$$

假如 2014 年的计划产量增加，该项物资平均每天需用量也将增加。根据以往经验，考虑采取一些措施后，供应间隔天数可以作适当压缩。例如，压缩 2 d，改为 28 d。这里还要考虑符合运输部门最低货运费的要求。假定汽车货运规定最低运输量为 2 t(1 辆汽车)，而该物资平均每天需用量为 0.48 t，则 0.48 t×28 =13.44 t，相当于 7 辆整汽车的运输量。这样 2014 年的计划供应间隔天数就可以定为 28 d。

这种制订经济储备定额的方法，主要是根据供应单位的供应条件、运输条件等因素，保证企业不致因缺料停工而确定的物资储备量。这种方法，较多考虑企业的外部条件，而较少考虑企业本身的经济利益。

2) 计算经济订购批量方法

它是侧重于从企业内部的经济效益来确定物资经常储备定额的方法。从物资储备的有关成本费用来分析，主要费用可以归为两大类。

第一，订购费用。主要是指与物资订购和采购有关的差旅费、行政管理费、验收费和搬运费等费用。

第二，保管费用。主要包括物资占用资金的利息、仓库和运输工具的维修折旧费用、物资存储损耗等费用。

这两类费用各有特点，物资的订购费用主要是与订货和采购的次数成正比，而与每次订购的物资数量多少关系不大。因此，从节约订购费用来看，应当尽量减少订购次数，而相应地增加每次订购量。物资的保管费用，则主要是与每次订购的数量成正比，而与订购次数的多少无关。因此，从节约保管费用方面来看，应当增加物资的订购次数而减少每次订购的数量。可以看到，节省这两类费用的要求是相互矛盾的。这就产生了寻求两者之间最好的平衡点的问题，即寻求两者费用之和最小的问题。这就是计算经济订购批量的方法，如图 4-3 所示。

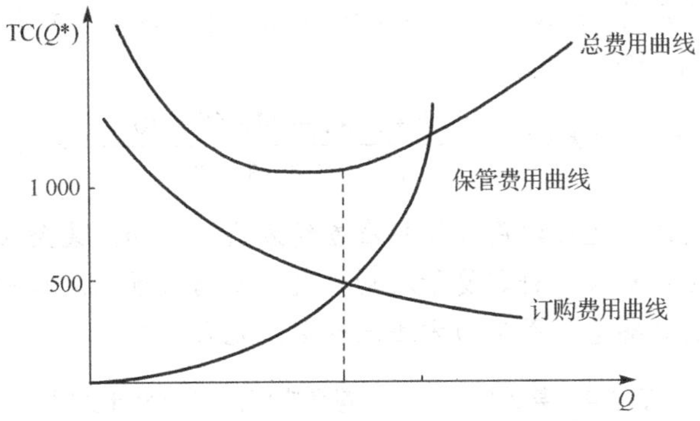

图 4-3　经济订购批量示意图

从图 4-3 中可以看出，保管费用随着订购批量的增大而增大，而订购费用则是随着订购批量的增大而减少，而两者加起来所形成的总费用曲线之最低点，即为最经济的订购批量。根据这一数学模型所形成的计算经济订购批量公式如下：

$$\text{经济订购批量}\ Q=\sqrt{\frac{2DK}{C}}$$

式中：Q 为经济订购批量；D 为某商品的年需求量；K 为每次订货的订购成本；C 为单位储存成本。

【例 4-4】 某工厂的某种物资年需用量为 8 000 kg，订购费用为每次 5 元，单位物资的年保管费用为 0.5 元，求经济订购批量。

$$\text{经济订购批量}\ Q=\sqrt{\frac{2DK}{C}}=\sqrt{\frac{2\times8\,000\times5}{0.5}}=400\,(\text{kg})$$

如果企业按经济订购批量采购某种物资，该物资一次供货就是一个经济订购批量，也就是该企业的经常储备定额。这种方法，充分考虑了企业物资储备的经济效益，是一种比较理想的方法。但是运用这种方法，需要具备一个前提条件，即企业要能自行决定采购批量和采购时间。如果订购数量和订购时间主要取决于供货单位和运输条件时，则企业只能采用“以期定量”方法。经常储备定额在产品入库时达到最大，以后因不断耗用，到下一次入库前达到最小。我们一般计算的是最大量。

2. 保险储备定额

保险储备定额是指为预防因运输延误、交货拖期或退换不合格货物等原因造成库存中断而建立的物资储备数量定额。它是储备中固定的部分，只有在发生不正常时才准动用。一旦动用，则要求尽快地补上。所以它是一个常量储备。计算公式为：

保险储备定额=平均每日需要量×保险储备天数

保险储备天数一般是根据经验或上期统计资料平均误期天数来确定。平均误期天数是根据报告期实际供应间隔天数中，超过平均供应间隔天数的那一部分，是以加权平均的方法计算出来的。

平均误期天数=保险储备天数=Σ(每次误期时入库数量×每次误期天数)/Σ每次误期时入库数量

【例 4-5】 根据表 4-1 的有关数据计算平均误期天数。平均供应间隔天数为 30 d，超过 30 d 的误期有 4 次，分别为 38 d、35 d、34 d 和 32 d。每次误期天数分别为 8 d、5 d、4 d 和 2 d。平均误期天数计算如下：

$$\text{平均误期天数}=\frac{(24\times8+16\times5+24\times40+20\times2)}{(24+16+24+20)}\approx5\,(\text{d})$$

保险储备定额的制订，还可以用计算标准差的方法。例如，某企业的各月产品销售量变动较大，引起每月的生产量及材料需要量波动较大，而销售预测又有一定的误差，在这种情况下，某种材料的保险储备量可用下面方法来确定，见表 4-4。

表 4-4 某种材料预期用量和实际用量的统计资料

月 份	预期用量(t)	实际用量(t)	预期和实际之差	差异之平方
1	260	250	+10	100
2	220	225	−5	25
3	260	275	−15	225
4	230	240	−10	100

续表

月　份	预期用量(t)	实际用量(t)	预期和实际之差	差异之平方
5	275	280	−5	25
6	270	260	+10	100
7	245	240	+5	25
8	270	280	−10	100
合计	–	–	–	700

表 4-4 中预期和实际之差等于预期用量和实际用量的差值。标准差为：

$$标准差=\sqrt{\frac{\sum(预测用量-实际用量)^2}{资料数}}=\sqrt{\frac{700}{8}}\approx 9.35(\text{t})$$

若取两倍标准差作为保险储备量，即保险储备量确定为 9.35×2≈19 t，则保证该材料有95.5%的机会不会发生缺料情况。若取标准差的 3 倍，即保险储备量确定为 9.35×3≈28 t，则发生缺料的可能性仅有 0.3%(即 1−99.7%)。

3. 季节性储备定额

这是指由于季节的原因，如降暑、防寒、取暖等，所需要的物资，或因运输条件季节性原因不能正常供应而设置的物资储备标准。计算公式如下：

季节性储备定额=平均每日需用量×季节性储备天数

【例 4-6】 某企业所需要的某种物资，是由水上航运到厂的，每年 12 月 15 日开始停航，到来年 3 月 15 日开航。每天用料 800 kg，每月按 30 d 计算，则：

季节性储备定额=800×30×3=72 000(kg)

4. 最高储备、最低储备和平均储备量

在确定了经常储备定额、保险储备定额之后，就可以求出物资的最高储备、最低储备和平均储备量。

最高储备量=经常储备定额+保险储备定额

最低储备量=保险储备定额

平均储备量=经常储备定额/2+保险储备定额

储备定额之间的关系如图 4-4 所示。

(二)计划期末(初)储备量的计算

由于生产任务，供应条件等的变化，计划期内的期初库存量和期末库存量往往是不相等的。因而当物资需用量不变，申请供应的物资数量也会发生相应的增减。当期初库存大于期末库存时，申请供应的物资数量就会减少，反之，则要增加申请供应。

计划期的期末储备量，就是计划期最后一天的库存量。如年计划的期末就是 12 月 1 日，期初就是 1 月 1 日。

1. 期末储备量的计算

计划期的期末储备之所以必需，是因为生产具有连续性，本计划期必须为下一个计划期期初做好物资准备。计算公式为：

期末储备数量=(供应间隔天数+验收天数+使用准备天数+保险天数)×平均日耗量

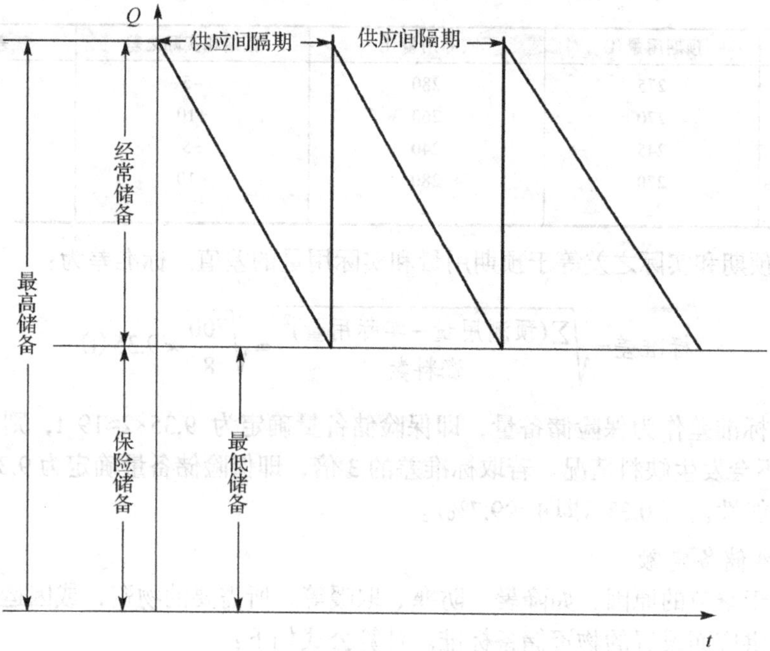

图 4-4　物资储备量图

由保险储备定额知识可以知道，我们得出的其实就是企业的最高储备量，即企业的经常储备定额加上保险储备定额。当企业所需某种物资的品种、规格较少时，经常可以这样采用。但如果企业所需某种物资的品种、规格较多，应当按物资的"小类"或"组"来计算期末储备量时，由于经常储备量是处于不断变化中的，因而实际工作中采用 50%～75%的经常储备定额加保险储备，来作为期末储备量。

2. 期初库存量的计算

计划期期初库存，实质上就是计划前期期末储备量。编制计划的时间，如果在计划期开始以后，则计划期的期初库存就可以通过"实际盘点法"来直接确定，无须估算。如果编制时间在计划期开始之前，则计划期期初的库存量(计划前期期末储备量)就得进行估算。此时可用以下公式：

计划期期初预计库存量=前期期初实际库存量+前期预计收入量−前期预计需要量

式中，前期期初实际库存量，有实际数字可以利用，前期的预计收入量和需用量，一般都是采用编制计划以前的实际数字，加上编制计划时到期末的预计数字进行计算。在计算过程中，有合同的按合同规定计算，没有合同的按计划计算。举例说明：假设编制计划的时间是 10 月，则 9 月份以前的收入需用量都有实际数字可查，10～12 月的收入量和需用量得进行预计，计算结果见表 4-5。前期期末预计锰铁库存量为 0.4 万吨。这个数字也就是计划期期初的库存量。

表 4-5　预计前期期末库存量计算表

项目 / 序号 / 材料	单位	期初库存	预计收入量			预计需用量			期末预计库存量
			合　计	1～9 月实际	10～12 月预计	合　计	1～9 月实际	10～12 月预计	
		①	②=③+④	③	④	⑤=⑥+⑦	⑥	⑦	⑧=①+②-⑤
锰铁	万吨	0.42	3.98	3.08	0.9	4.00	2.90	1.10	0.40

（三）采购量的确定

有了计划期的物资需用量、期末储备量和期初库存量，再结合企业内部可利用资源即可求出采购（申请）量。其计算公式为：

某种物资的采购量=该种物资的需要量+计划期末库存数量 计划期初库存量
-企业内部可利用资源

式中，企业内部可利用的资源是指企业内可以进行改制、代用、修旧利废以及计划期初前到货而没有入库的物资。

【例 4-7】某企业预计计划期内生产 A 产品 400 t，每种产品净重 0.5 t，材料利用率为 80%，允许废品率 1%，计划期回收废料为 1.5 t，编计划时实际库存量为 400 t，计划期初前到货 50 t，计划期初前消耗 60 t，计划期末库存为 20 t，求物资采购量。

物资需用量=400×（1+1%）×0.5÷80%−1.5=251（t）

计划期初库存量=40+50−60 =30（t）

计划期末库存量=20（t）

物资采购量=251+20−30 =241（t）

计划期内的采购量应为 241 t。

第四节　采购预算编制

一、采购预算概述

1. 预算的含义

预算就是一种用数量来表示的计划，它是指在计划初期，根据企业整体的目标任务要求，对实现某一计划目标或任务所需要的物料数量及全部活动成本所做的详细估算。因此预算的时间范围要与企业的计划期保持一致，绝不能过长或过短。长于计划期的预算没有实际意义，徒然浪费人力、财力和物力；而过短的预算则又不能保证计划的顺利执行。企业所能获得的可分配的资源和资金在一定程度上是有限的，受到客观条件的限制，企业的管理者必须通过有效地分配有限的资源来提高效率以获得最大的收益。一个良好的企业不仅要赚取合理的利润，而且还要保证企业有良好的资金流，因此良好的预算既要注重最佳实践，又要强调财务业绩。

2. 采购预算的编制要求

采购预算是依据销售预算和生产预算拟定的。从理论上讲，供应部门根据生产预算推算出原料需求量、预测价格，进行订货，并根据生产进度安排交货时间。传统上编制采购预算是将本期应购数量（订购数量）乘以各物料的购入单价，或者按照物料需求计划（MRP）的请购数量乘以标准成本，即可获得采购金额（预算），为了使预算对实际的资金调度具有意义，采购预算应以现金基础编制，应以付款的金额来编制。

二、采购预算编制流程

预算过程应从采购目标的审查开始；接下来是预测满足这些目标所需的行动或资源，然后制订计划或预算。采购预算编制一般包括以下几个步骤，如图 4-5 所示。

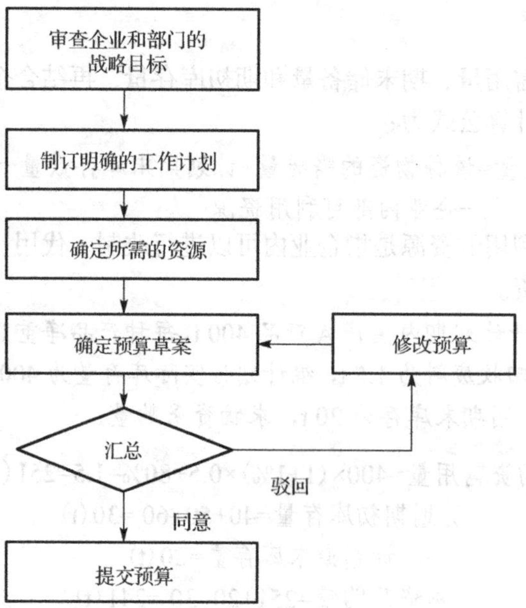

图 4-5　采购预算编制过程图

(1)审查企业和部门的战略目标。采购部门作为企业的一个部门，在编制预算时要从企业总的发展目标出发，审查本部门和企业的目标，确保两者之间的相互协调。

(2)制订明确的工作计划。采购主管必须了解本部门的业务活动，明确它的特性和范围，制订出详细的工作计划表。

(3)确定所需的资源。有了详细的工作计划表，采购主管要对业务支出做出切合实际的估计，确定为实现目标所需要的人力、物力和财力资源。

(4)确定较准确的预算数据。确定预算数据是企业编制预算的难点之一，目前企业普遍的做法是将目标与历史数据相结合来确定预算数据，即对过去历史数据和未来目标逐项分析，使收入和成本费用等各项预算切实合理可行。对过去的历史数据可采用比例趋势法、线性规划、回归分析等方法找出适用本企业的数学模型来预测未来。有经验的预算人员也可以通过以往的经验做出准确判断。

(5)汇总编制总预算。对各部门预算草案进行审核、归集、调整，汇总编制总预算。

(6)修改预算。由于预算总是或多或少地与实际有所差异，因此必须根据实际情况选定一个偏差范围。偏差范围的确定可以根据行业平均水平，也可以根据企业的经验数据。设定了偏差范围以后，采购主管应比较实际支出和预算的差距以便控制业务的进展。如果支出与估计值的差异达到或超过了允许的范围，就有必要对具体的预算做出建议或必要的修订。

(7)提交预算。将编制好的预算提交企业负责人批准。

三、采购预算编制注意事项

(1)避免预算过繁过细：采购预算作为一种采购管理控制的手段，应尽量具体化、数量化，以确保其可操作性。但这并不意味着要对企业未来采购活动中的每一个细节都做出细致的规定。如果预算对极细微的支出也作了琐碎的规定，可能致使各职能部门缺乏应有的自由，从而会影响到企业运营的效率。所以，预算不可能也不应该太详尽，也不是越细越好，而应抓住预算中的关键环节予以列述，以免主次难辨，轻重不分。

(2)避免预算目标与企业目标不协调：在编制预算时，由于没有恰当地掌握预算控制，为采购部门设立的预算标准没有很好地体现企业目标的要求，或者是企业环境变化产生了预算目标与企业总目标的脱离，采购部门主管不要忘记了首要的职责是要千方百计地去实现企业的目标。因此，为了防止采购预算与企业目标冲突，一方面应当使预算较好地体现计划的要求；另一方面应当适当把握预算控制的度，使预算具有一定的灵活性、现实性。

(3)避免一成不变：采购预算同采购计划一样，不能一成不变。在预算执行过程中，要对预算进行定期检查，如果企业面临的采购环境或企业自身已经发生了重大的变化，就应当及时进行修改或调整，以达到预期的目标。

总之，采购部门应在单位的所有预算的制订和执行中都扮演一个积极的角色，尤其是那些涉及购买产品和服务的预算。采购部门应协同制订单位的其他预算，以确保其了解单位内部的每个部门或单元购买产品或服务所需的资金。

采购部门应该有责任和权力监控单位的各个部门或单元的产品和服务的预算支出情况。不论是哪类预算，采购部门要利用单位各个部分和层次的预算，包括他自己的预算，来计划和控制商品和服务的采购支出。在计划和控制上述支出的时候，采购管理者可以运用偏离分析来对这些预算作必要的调整。管理者作这些调整的根据是他们在资源选择、价格数据、新产品的出现、市场条件和已建立的质量标准方面的知识和经验。

在利用单位其他团体的材料和供应预算以控制支出方面，采购部门处于关键的地位，对于整个单位准备和执行主预算，以及有关部门或单元准备和执行分预算，采购部门都能提供重要的资源。

思考题

一、填空题

1. 对于________的物资，应该促进生产企业努力增产，扩大采购。

2. 企业在制订采购计划的时候，必须坚持________的原则。

3. 在物资质量价格相同的情况下，一般应选择________地区进货，以发挥节省运输费用、到货时间快和业务联系方便等优点。

4. 认证是采购环境的考察、论证和采购物料项目的认定过程，是采购计划的________。

5. ________是指在一定的生产技术组织条件下，制造单位产品或完成单位劳务所必须消耗的物资数量标准。

二、判断题

1. 编制采购计划是整个采购管理过程的开始。 （ ）

2. 采购需求的确定是制订采购计划的基础和前提。 （ ）

3. 所有的不使用订货点方法的物料管理都属于 MRP 系统。 （ ）

4. 保险储备定额是指为预防因运输延误、交货拖期或退换不合格货物等原因造成库存中断而建立的物资储备数量定额。 （ ）

5. MPS 指的是物料需求清单。 ( )

三、不定项选择题

1. 某电冰箱厂明年准备生产 3 万台电冰箱，需要采购 3 万台压缩机，则压缩机属于( )的物料。

A. 独立需求 B. 相关需求 C. 离散需求 D. 连续需求

2. 某公司每年需要购入原材料 9 000 件，每件单价 10 元，假设每次订购费用为 20 元，单位年存储成本按原材料价值 10%计算，那么该原材料经济订购批量为( )。

A. 400 件 B. 200 件 C. 500 件 D. 600 件

3. 采购计划编制原则包括( )。

A. 市场导向 B. 系统性 C. 质量适宜性

D. 价格适宜性 E. 严格经济核算、实行择优选购

4. 关于物料需求表述错误的是( )。

A. 物料需求可以分为相关需求和独立需求

B. 相关需求是指某种物料的需求量与其他物料有直接的匹配关系

C. 独立需求是指某种物料的需求量是由外部市场决定的，与其他物料不存在直接的对应关系

D. 同一物料项不可能既是独立需求又是相关需求的

5. 采购预算是依据( )拟定的。

A. 销售预算和生产预算 B. 销售预算

C. 上期实际销售数据 D. 上期生产数据

四、简答题

1. 列举制订采购计划的目的。
2. 简述编制采购计划的流程。
3. 简述 MRP 的基本原理。
4. 简述编制采购预算的基本流程。
5. 采购预算编制注意事项。

【实践活动】

实践项目：编制一份采购计划书

任务要求：在老师指导下，学生以 5 个人为一个小组，查找建立采购计划编制所需要的资料，结合实际编制一份采购计划书，并在各小组中进行交流互换。完成以下项目。

(1) 进入采购企业调研，收集编制采购计划需要的相关资料和信息。

(2) 根据未来时期企业的生产、销售或维修活动计划，编制一份采购计划书。

(3) 将书本理论与企业中实际采购计划编制进行对比，分析两者的差别。

(4) 对各小组的采购计划方案进行评价，提出优化改进方案。

(5) 记录在采购计划编制及优化过程中得到的体验及感想。

按以上要求，在充分讨论的基础上，形成小组课题报告。

第五章

招投标采购

【引导案例】

B 公司的招投标采购

A 供应商接到 B 公司的上海分公司打来电话，说要购买 100 台笔记本计算机，不久又接到 B 公司总部电话询问 500 台计算机的价格，其中有 100 台是笔记本计算机，他们分别咨询了型号和配置的详细情况。

供应商了解到这家公司 2010 年有大的采购项目，频频添置新设备，于是就立即派人员到 B 公司总部。A 供应商感觉到 B 公司整体的采购力被分散了，价格五花八门，没有任何优势。B 公司的计算机牌子多而杂，经常维修、升级，采购价格无优势，服务水准低，管理混乱。

现在 B 公司也已意识到了这些问题，并采取了改进措施：首先由使用人提出采购申请，提交需求的数量、型号和报价。所有申请由部门经理根据预算批准后，再交财务总监批准。然后统一交由 IT 部门汇总，再根据公司有关的采购规定和工作需要来决定配备的机型、配置、操作系统、软件和品牌。

B 公司采购部根据汇总的数量、金额及具体要求，决定竞标的名单。评标委员按事先商定的评定标准，评判参加投标的供应商，推出中标者，采购部与中标方签署合同，监督供应商的供应。

B 公司的供应商会得到一个公平的竞争环境，采购员的谈判能力及 IT 经理的专业能力也相应地得到了提升。同时，B 公司也获得了采购部门努力换来的竞争优势，即较低的合理价格、良好的售后服务、升级承诺及供应商的及时信息反馈。

最终，B 公司认识到招标采购不仅有效地降低了采购成本，还把采购部门变成了成本控制和利润的中心，决定加强这种项目式招投标业务方式。

【学习目标】

1. 了解招标采购的几种方式；
2. 熟悉招标采购的程序；
3. 熟悉投标与投标文件的编制；
4. 熟悉评标方法及流程。

第一节 招标采购方式

不同的招标采购模式具有不同的特点和运作方式，企业在具体操作中往往根据自身特点进行选择，实际运作过程中，现代企业常常采用公开招标采购、邀请招标采购、议标采购几种方式进行招标采购。

一、公开招标采购

公开招标采购也称竞争性招标采购，是指采购方以招标公告的形式邀请不确定的供应商投标，并从其中选择中标供应商的采购方式。招标公告应当通过国家指定的报刊、信息网络或者其他媒介发布，并应当载明招标人的名称和地址、招标项目的性质、数量、实施地点和时间以及获取招标文件的办法等事项。竞争性招标采购是国际竞争招标采购、国内竞争招标采购的总称，它也是政府采购最常用的方式之一。其竞争性招标采购过程应由招标、投标、评标、决标及合同授予等阶段组成。

当前，采购中暗箱操作形成的采购黑洞已经引起企业的高度重视，却没有很好的办法予以制止。由于采购中约束和监督被表面化和形式化，许多质量低劣的物资靠“钻制度的空子”纷纷流入企业。实施公开招标采购后，交易在“阳光”下进行，质量低劣的商品就无法进入企业。

另外，在公开招标工作中供需双方直接见面，企业往往会有意想不到的收获，如一些工程建设项目公开招标后，不少供应商在投标竞标的同时，还纷纷指出设计方案中存在的不足，并提出了各自的改进方案。这对于企业来说，不仅可以消除企业滋生腐败的“温床”，还能够完善已有的方案，可谓实现了“双赢”。

二、邀请招标采购

邀请招标采购也称有限竞争性采购，是指采购方以投标邀请书的形式邀请五个以上特定的供应商参加投标的采购方式。它对供应商的要求较高，一般要求所邀请的供应商要有足够的项目承担能力和良好的资信。

由于被邀请参加投标的竞争者有限，可以节约招标费用，缩短招标有效期，提高每个投标者的中标概率。对技术含量高，技术支持及后续服务有特殊要求，且限于有限供应商能够满足供货条件的采购活动，多采用邀请招标采购形式。

三、议标采购

议标采购也称为谈判招标或限制性招标，即通过谈判来确定中标者。议标采购一般分为直接邀请议标、比价议标、方案竞赛议标三种方式。

议标的条件：公开招标后没有供应商参加投标、无合格标；供应商只有一家；向原供应商采购替换零部件；因扩充原有采购项目需要考虑到配套要求；属于研究用的试验品、试验性服务；追加工程，必须由原供应商办理，且金额未超过原合同的 50%；与原工程类似的后续工程，并在第一次招标文件中已作规定的采购等。

第二节 招标采购一般程序

招标采购是一个复杂的系统工程，招标流程如图 5-1 所示，把整个招标采购流程划分为策划、招标、投标、开标、评标和定标六个阶段。需要说明的是，不同的招标项目可能具有不同的招标流程，招标单位可根据实际需要对一般的流程进行有针对性的改动。

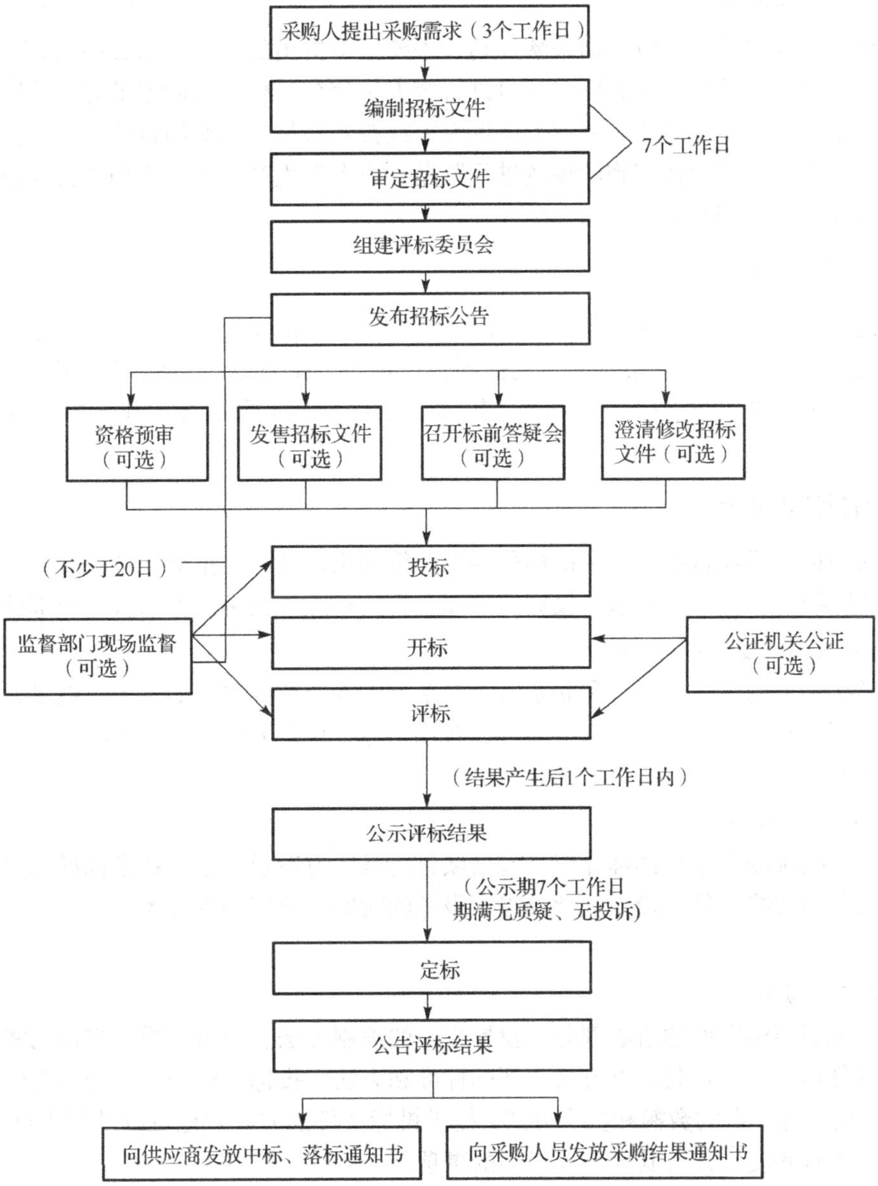

图 5-1 招标采购的流程图

一、策划

在策划阶段，要对招标投标活动的整个过程做出具体安排，包括对招标项目制定总体实施方案、进行项目综合分析、确定招标采购方案、编制招标文件、组建评标委员会、邀请有关人员等。主要程序如下。

(一)制定总体实施方案

制定总体实施方案即对招标工作做出总体安排，包括确定招标项目的实施机构和项目负责人及其相关责任人、具体的时间安排、招标费用测算、采购风险预测以及相应措施等。

(二)项目综合分析

对要招标采购的项目，应根据采购计划、采购人员提出的采购需求(或采购方案)，从资金、技术、生产、市场等几个方面对项目进行全方位综合分析，为确定最终的采购方案及其清单提供依据。必要时可邀请有关方的咨询专家或技术人员参加对项目的论证、分析，同时也可以组织有关人员对项目实施的现场进行踏勘，或者对生产、销售市场进行调查，以提高综合分析的准确性和完整性。

(三)确定采购方案

通过进行项目分析，会同采购人员及有关专家确定招标采购方案，也就是对项目的具体要求确定出最佳的采购方案，主要包括项目所涉及产品和服务的技术规格、标准、主要商务条款以及项目的采购清单等,对有些较大的项目在确定采购方案和清单时有必要对项目进行分包。

(四)编制招标文件

招标人根据招标项目的要求和招标采购方案编制招标文件。招标文件一般应包括招标公告(投标邀请函)、招标项目要求、投标人须知、合同格式、投标文件格式五个部分。

1. 招标公告(投标邀请函)

主要是招标人的名称、地址和联系人及联系方式等；招标项目的性质、数量；招标项目的地点和时间要求；对投标人的资格要求；获取招标文件的办法、地点和时间；招标文件售价；投标时间、地点以及需要公告的其他事项。

2. 招标项目要求

主要是对招标项目进行详细介绍，包括项目的具体方案及要求、技术标准和规格、合格投标人应具备的资格条件、竣工交货或提供服务的时间、合同的主要条款以及与项目相关的其他事项。

3. 投标人须知

主要是说明招标文件的组成部分、投标文件的编制方法和要求、投标文件的密封和标记要求、投标价格的要求及其计算方式、评标标准和方法、投标人应当提供的有关资格和资信证明文件、投标保证金的数额和提交方式、提供投标文件的方式和地点以及截止日期、开标、评标及定标的日程安排以及其他需要说明的事项。

4. 合同格式

主要包括合同的基本条款、工程进度、工期要求、合同价款包含的内容及付款方式、合同双方的权利和义务、验收标准和方式、违约责任、纠纷处理方法、生效方法和有效期限及其他商务要求等。

5. 投标文件格式

主要是对投标人应提交的投标文件做出格式规定，包括投标函、开标一览表、投标价格表、主要设备及服务说明、资格证明文件及相关内容等。

(五)组建评标委员会

1. 评标委员会由招标人负责组建。

2. 评标委员会由采购人的代表及其技术、经济、法律等有关方面的专家组成，总人数一般为 5 人以上单数，其中专家不得少于 2 人。与投标人有利害关系的人员不得进入评标委员会。

3. 在招标结果确定之前，评标委员会成员名单应相对保密。

二、招标

1. 发布招标公告(或投标邀请函)

公开招标应当发布招标公告(邀请招标发布投标邀请函)。招标公告必须在财政部门指定的报刊或者媒体发布。招标公告(或投标邀请函)的内容、格式与招标文件的第一部分相同。

2. 资格审查

招标人可以对有兴趣投标的供应商进行资格审查。资格审查的办法和程序可以在招标公告(或投标邀请函)中载明，或者通过指定报刊、媒体发布资格预审公告，由潜在的投标人向招标人提交资格证明文件，招标人根据资格预审文件规定对潜在的投标进行资格审查。

3. 发售招标文件

在招标公告(或投标邀请函)规定的时间、地点向有兴趣投标且经过审查符合资格要求的供应商发售招标文件。

4. 澄清、修改招标文件

对已售出的招标文件需要进行澄清或者非实质性修改的，招标人一般应当在提交投标文件截止日期 15 天前以书面形式通知所有招标文件的购买者，该澄清或修改内容为招标文件的组成部分。这里应特别注意，必须是在投标截止日期前 15 天发出招标文件的澄清和修改部分。

三、投标

1. 编制投标文件

投标人应当按照招标文件的规定编制投标文件，投标文件应载明的事项有：投标函；投标人资格、资信证明文件；投标项目方案及说明；投标价格；投标保证金或者其他形式的担保；招标文件要求具备的其他内容。

2. 投标文件的密封和标记

投标人对编制完成的投标文件必须按照招标文件的要求进行密封、标记。这个过程也非常重要，往往因为密封或标记不规范被拒绝接受投标的例子不少。

3. 送达投标文件

投标文件应在规定的截止时间前密封送达投标地点。招标人对在提交投标文件截止日期后收到的投标文件，应不予开启并退还。招标人应当对收到的投标文件签收备案，投标人有权要求招标人或者招标投标中介机构提供签收证明。

4. 投标文件的撤回、补充或者修改

投标人可以撤回、补充或者修改已提交的投标文件；但是应当在提交投标文件截止日之前书面通知招标人，撤回、补充或者修改也必须以书面形式。

四、开标

(一)举行开标仪式

招标人应当按照招标公告(或投标邀请函)规定的时间、地点和程序以公开方式举行开标仪式。开标由招标人主持，邀请采购人、投标人代表和监督机关(或公证机关)及有关单位代表参加。评标委员会成员不参加开标仪式。

(二)进行开标

开标活动的主要程序如下。

(1)主持人宣布开标仪式开始，并简要介绍招标项目的基本情况和参加开标的领导与来宾等。

(2)介绍参加投标的投标人单位名称及投标人代表(这里需要对所招标项目做进一步介绍：如招标公告发布的时间、媒体、版面；截止什么时间，有多少家供应商做出了响应，并提交了资格证明文件；有多少家供应商购买了招标文件；在投标截止时间前有多少家供应商递交了投标文件等)，在介绍招标人及其代表时，应按照递交投标文件的顺序介绍，先介绍招标人单位名称，接着介绍其代表人姓名、职务、身份。

(3)宣布监督方代表名单、工作人员名单(主要是开标人、唱标人、监标人、记标人)，并宣读有关注意事项(包括开标仪式会场纪律、工作人员注意事项、投标人注意事项等)。

(4)检查评标标准及评标办法的密封情况。由监督方代表、投标人代表检查招标方提交的评标标准及评标办法的密封情况，并公开宣布检查结果。

(5)宣布评标标准及评标办法。由工作人员开启评标标准及评标办法(须在确认密封完好无损的情况下)，并公开宣读。

(6)检查投标文件的密封和标记情况。由监督方代表、投标人代表检查投标人递交的投标文件的密封和标记情况，并公开宣布检查结果。

(7)开标。由工作人员开启投标人递交的投标文件(须在确认密封完好无损且标记规范的情况下)。开标应按递交投标文件的逆顺序进行。

(8)唱标。由工作人员按照开标顺序唱标，唱标内容须符合招标文件的规定(招标文件对应宣读的内容已经载明)。唱标结束后，主持人须询问投标人对唱标情况有无异议，投标人可以对唱标作必要的解释，但所作的解释不得超过投标文件记载的范围或改变投标文件的实质性内容。

(9)监督方代表讲话。由监督方代表或公证机关代表公开报告监督情况或公证。

(10)开标仪式结束。

五、评标

(一)投标文件的移交

开标后，由招标人召集评标委员会，向评标委员会移交投标人递交的投标文件。

(二)评标的基本要求

评标由评标委员会独立进行评标，评标过程中任何一方、任何人不得干预评标委员会的工作。

(三)评标程序

1. 审查投标文件的符合性

由评标委员会对接到的所有投标文件进行审查，主要是审查投标文件是否完全响应了招标文件的规定，要求必须提供的文件是否齐备，以判定各投标方投标文件的完整性、符合性和有效性。如不符合招标文件的要求或者有不完整的，可根据招标文件的规定判定其为无效投标。

2. 审查

对投标文件的技术方案和商务方案进行审查，如技术方案或商务方案明显不符合招标文件的规定，则可以判定其为无效投标。

3. 询标

评标委员会可以要求投标人对投标文件中含义不明确的地方进行必要的澄清，但澄清内容不得超过投标文件记载的范围或改变投标文件的实质性内容。

4. 综合评审

评标委员会按照招标文件的规定和评标标准、办法对投标文件进行综合评审和比较，综合评审和比较时的主要依据是：招标文件的规定和评标标准、办法以及投标文件和询标时所了解的情况。这个过程不得也不应考虑其他外部因素和证据。

5. 评标结论

评标委员会根据综合评审和比较，得出评标结论。

六、定标

1. 审查评标委员会的评标结论

招标人对评标委员会提交的评标结论进行审查，审查内容应包括评标过程中的所有资料，即评标委员会的评标记录、询标记录、综合评审和比较记录、评标委员会成员的个人意见等。

2. 确定中标人

招标人应当按照招标文件规定的定标原则，在规定时间内从评标委员会推荐的中标候选人中确定中标人，中标人必须满足招标文件的各项要求，且其投标方案为最优，在综合评审和比较时得分最高。

3. 中标通知

招标人应当在招标文件规定的时间内定标，在确定中标后应将中标结果书面通知所有投标人。在通知所有未中标人并退还他们的投标保函时，应对他们的参与表示感谢。

4. 签订合同

中标人应当按照中标通知书的规定，并依据招标文件的规定与采购人签订合同(如采购人委托招标人签订合同的，则直接与招标人签订合同)。中标通知书、招标文件及其修改和澄清部分、中标人的投标文件及其补充部分是签订合同的重要依据。以上是招标采购的基本程序，不同的采购活动可根据实际情况进行步骤上的调整。

第三节 招标采购前期准备

一、发布资格预审通告

资格预审内容包括两大部分：基本资格预审和专业资格预审。

基本资格预审：是指供应商的合法地位和信誉，包括是否注册、是否破产、是否存在违法违纪行为等。

专业资格预审：是指已具备基本资格的供应商履行拟采办项目的能力，具体包括：

(1)资格预审申请人的经验及以往完成类似合同的业绩；

(2)财务状况；

(3)为履行合同配备的人员情况；

(4)为履行合同任务而配备的机械、设备及综合能力；

(5)售后维修服务的网点分布、人员结构等。

资格预审程序：

(1)编制资格预审文件；

(2)邀请潜在的供应商参加资格预审；

(3)发售资格预审文件和提交资格预审申请；

(4)资格评定，确定参加投标的供应商名单。

二、准备招标文件

招标文件是整个招标投标活动的核心文件，是招标方全部活动的依据，也是招标方的智慧与知识的载体。

招标文件的主要内容：招标通告；投标须知；合同条款；技术规格；投标书的编制要求；供货一览表、报价表。

1. 招标通告(投标邀请函)

简要介绍招标单位名称、招标项目名称及内容、招标形式、售标、投标、开标的时间、地点、承办联系人姓名、地址、电话等。

案例：西藏军区格尔木采购站经成都军区联勤部物资油料部授权，受西藏军区后勤部物资油料处委托，就西藏军区2014年进藏军用物资(水泥)采购进行邀请招标，欢迎青海、甘肃等省具有供货能力的厂家参加投标。

(1)招标编号：CDJQDC—GRM99001

(2)项目要求：见招标货物一览表

(3)标书售价：见招标货物一览表

(4)购买标书时间：2013年6月8日至6月30日

(5)购买标书地点：青海省格尔木市黄河东路30号西藏军区格尔木采购站

(6)联系电话：0979-413397(地)

0979-413798-8216、8218

传真：0979-413397

(7)联系人：孟明泉、黄星喜、陈松

(8)投标截止及开标时间：2013年7月8日上午 9:30

(9)购买标书时，必须携带单位营业执照副本(原件)和复印件(加盖公章)

(10)开标地点：西藏军区格尔木办事处会议室

西藏军区格尔木采购站

二〇一三年六月八日

2. 投标人须知

说明本次招标的基本程序：

(1)告知供应商或承包商在投标过程中应遵循的各项规定；

(2)告知供应商或承包商在投标过程中制作标书和投标时应考虑注意的问题；

(3)投标文件的基本内容、数量、形式、有效期和投递要求；

(4)评标的方法、原则；

(5)招标结果的处理；

(6)合同的授予及签订方式；

(7)履约保证金及中标服务费的规定等。

3. 合同条款

一般合同条款：买卖双方的权利和义务；价格调整程序；不可抗力因素；运输、保险、验收程序；付款条件、程序以及支付货币规定；延误赔偿和处罚程序；合同中止程序；合同适用法律的规定；解决争端的程序和方法；履约保证金的数量、货币及支付方式；有关税收的规定；特殊合同条款；交货条件；验收和测试的具体程序；履约保证金的具体金额和提交方式；保险的具体要求；解决争端的具体规定；付款方式和货币要求；零配件和售后服务的具体要求；对一般合同条款的增减等。

4. 技术规格

重点表述招标单位的技术目标。技术规格是招标文件和合同文件的重要组成部分，它规定所购货物、设备的性能和标准；技术规格也是评标的关键依据之一；货物采购技术规格一般采用国际或国内公认的标准，除不能准确或清楚地说明拟招标项目的特点外，各项技术规格均不得要求或标明某一特定的商标、名称、专利、设计、原产地或生产厂商，不得有针对或排斥某一潜在供应商的内容。

5. 投标书的编制要求

对投标文件的规范要求：规定投标人应提供的投标文件种类、格式、份数；投标方授权代表签署的投标函，其中应说明投标的具体内容和投标报价，并确认承诺遵守招标程序和各项责任、义务，确认在规定的有效期内投标文件所具有的约束力；提供技术方案的内容提纲和投标价目表格式，以便招标者对所有投标文件进行同口径的比较。

投标有效的必要条件——投标保证金：对招标方的必要保护，一旦投标方在投标有效期内撤标或拒签合同或不交纳履约保证金时，招标单位可通过没收其投标保证金以弥补因此而蒙受的损失。采用现金、支票、不可撤销信用证、银行保函、保险公司或证券公司出具的担保书等方式交纳。

《中华人民共和国招标投标法》对于投标书的编写要求具体如下：

第十九条(招标文件的编制、内容与要求)招标人应当根据招标项目的特点和需要编制招标文件。招标文件应当包括招标项目的技术要求、对投标人资格审查的标准、投标报价要求和评标标准等所有实质性要求和条件以及拟签订合同的主要条款。

国家对招标项目的技术、标准有规定的，招标人应当按照其规定在招标文件中提出相应要求。

招标项目需要划分标段、确定工期的，招标人应当合理划分标段、确定工期，并在招标文件中载明。

第二十条(禁止性规定)招标文件不得要求或者标明特定的生产供应者以及含有倾向或者排斥潜在投标人的其他内容。

三、发出招标邀请函

招标邀请书的内容包括：采购者的名称和地址；资金来源；采购内容简介；希望或要求供应货物的时间或工程竣工的时间；获取招标文件的办法和地点；采购者对招标文件收取的费用及支付方式；提交投标书的地点和截止日期；投标保证金的金额要求和支付方式；开标日期、时间和地点。

另外《中华人民共和国招标投标法》第十六、十七条分别就招标邀请做出具体规定，内容如下：“第十六条(招标公告发布)招标人采用公开招标方式的，应当发布招标公告。依法必须进行招标的项目的招标公告，应当通过国家指定的报刊、信息网络或者其他媒介发布。招标公告应当载明招标人的名称和地址、招标项目的性质、数量、实施地点和时间以及获取招标文件的办法等事项。”“第十七条(邀请招标方式的基本要求、邀请函的内容)招标人采用邀请招标方式的，应当向三个以上具备承担招标项目的能力、资信良好的特定的法人或者其他组织发出投标邀请书。”投标邀请书应当载明本法第十六条第二款规定的事项。

第四节　投标、评标程序与方法

一、投标与投标文件

1. 投标

投标(Submission of Tender)是与招标相对应的概念，它是指投标人应招标人的邀请或投标人满足招标人最低资质要求而主动申请，按照招标的要求和条件，在规定的时间内向招标人递价，争取中标的行为。

2. 投标的基本做法

投标人首先取得招标文件，认真分析研究后(在现场实地考察)，编制投标书。投标书实质上是一项有效期至规定开标日期为止的发盘或初步实施编写，内容必须十分明确，中标后与招标人签订合同所要包含的重要内容应全部列入，并在有效期内不得撤回标书、变更标书报价或对标书内容作实质性修改。

为防止投标人在投标后撤标或在中标后拒不签订合同，招标人通常都要求投标人提供一定比例或金额的投标保证金。招标人决定中标人后，未中标的投标人已缴纳的保证金即予退还。招标人或招标代理机构须在签订合同后两个工作日内向交易中心提交《退还中标人投标保证金的函》。交易中心在规定的五个工作日内办理退还手续。

3. 投标文件

撰写设计标书、邀请合格供应商参与投标及组织评标开标活动是采购方的工作，而对于参与投标的供应商来说，投标活动则更为重要，投标过程中的每一个细节，诸如投标书的撰写、报价、投标保证金的递交、有关文件是否按要求备齐等，出现失误都将导致整个投标工作全盘皆输。因此，要想获取投标的成功，必须谨慎小心，做好每一步。

1）投标书撰写

投标方应仔细阅读招标文件的所有内容，按招标文件的要求提供投标文件，对招标文件的要求做出实质响应，符合招标文件的所有条款、条件和规定且无重大偏离与保留，并保证所提供的全部资料的真实性，以使其投标文件对应招标文件的要求，否则，其投标将被拒绝。

投标文件一般应包括下列部分：投标书、投标报价一览表、投标资格证明文件（公司的营业执照副本复印件加盖公章及其他相关证件）、公司与制造商代理协议和授权书、公司有关技术资料及客户反馈意见等。另外，投标方应按照招标文件中提供的投标文件格式填写，并将投标文件装订成册。

2）投标文件的签署及规定

投标文件正本和副本须打印并由投标方法人代表或委托代理人签署。除投标方对错处作必要修改外，投标文件中不许有加行、涂抹或改写。电报、电话、传真形式的投标一般不予接受。

3）投标文件的密封和标记

投标方应准备正本和副本各一份，用信封分别把正本和副本密封，并在封面上注明“正本”“副本”字样，然后一起放入招标文件袋中，再密封招标文件袋。一旦正本和副本有差异，以正本为准。

4）投标文件的递交

所有投标文件都必须按招标方在投标邀请中规定的投标截止时间之前送至招标方。

投标文件从投标截止之时起，标书有效期为 30 天。招标方将拒绝在投标截止时间后收到的投标文件。

5）关于投标保证金

投标方应向招标代理机构按招标要求的固定金额或比例提高投标保证金。未中标的投标方的保证金，在定标后 5 日内予以退还（无息）。中标的投标方的保证金，在中标方签订合同并履约后 5 日内退还（无息）。投标保证金一般应于投标截止之日前交至指定处。未按规定提交投标保证金的投标，将被视为无效投标。

6）关于报价

投标人应对招标项目提出合理的价格。高于市场的价格难以被接受，低于成本报价将被作为废标。因唱标一般只唱正本投标文件中的“开标一览表”，所以投标人应严格按照招标文件的要求填写“开标一览表”“投标价格表”等。

7）其他文件

投标人的各种商务文件、技术文件等应依据招标文件要求备全，缺少任何必需文件的投标将被排除中标人之外。一般的商务文件包括：资格证明文件(营业执照、税务登记证、企业代码以及行业主管部门颁发的等级资格证书、授权书、代理协议书等)、资信证明文件(包括保函、已履行的合同及商户意见书、中介机构出具的财务状况书等)。

总之，投标人应以合理报价、优质产品或服务、先进的技术、良好的售后服务为成功中标打好基础。但投标人还应学会如何包装自己的投标文件。如标书的印刷、装订、密封等均应给评委以良好的印象。

二、评标步骤

(一)设定评标内容

评标的目的是根据招标文件中确定的标准和方法，对每个投标商的标书进行评价和比较，以评出最佳的投标商。评标必须以招标文件为依据，不得采用招标文件规定以外的标准和方法进行投标，凡是评标中需要考虑的因素都必须写在招标文件之中。

评标分为技术评审和商务评审两个方面。

1. 技术评审内容

技术评审的目的在于确认备选的中标商完成本招标项目的技术能力以及其提供方案的可靠性，投标商实施本招标项目的技术能力。

技术评审的主要内容有：

(1)标书是否包括招标文件要求提交的各项技术文件，它们同招标文件中的技术说明和图纸是否一致；

(2)实施进度计划是否符合招标商的时间要求，计划是否科学、严谨；

(3)投标商准备用哪些措施来保证实施进度；

(4)如何控制和保证质量，措施是否可行；

(5)如果招标商在正式投标时已列出拟与之合作或分包的公司名称，则这些合作伙伴或分公司是否具有足够的能力和经验保证项目的实施和顺利完成；

(6)投标商对招标项目在技术上有何种保留和建议的可行性以及技术经济价值如何。

2. 商务评审内容

商务评审的目的在于从成本、财务和经济分析等方面评定投标报价的合理性和可靠性，并估量授标给各投标商后的不同经济效果。

商务评审的主要内容有：

(1)将投标报价与标底进行对比分析，评价该报价是否可靠合理；

(2)投标报价构成是否合理；

(3)分析投标文件中所附现金流量表的合理性及其所列数字的依据；

(4)审查所有保函是否被接受；

(5)评审投标商的财务能力和资信程度；

(6)投标商对支付条件有何要求或给招标商何种优惠条件；

(7)分析投标商提出财务和付款方面建议的合理性。

(二)确定评标考核指标体系

确定评标考核指标体系是整个评标的关键，考评指标体系设置的科学、合理与否，在很大程度上将直接影响招标活动的顺利进行。因此，考评指标体系的确定，不能仅仅局限于投标单位的资格条件、经验、规模、服务和财务能力等，既要考虑到各方面的综合因素，又要便于操作。

在实际评标过程中，常用的考评指标体系有：投标商品的价格、技术性能、质量水平、交货期、付款条件、售后服务、资信及履约能力、合作精神和其他优惠条件等。根据具体情况可以在其基础上适当增加或减少。

要评价一个方案的好坏，不能只看某一个指标，而是要看各个指标的综合效果。这就要把每个指标的评价结果“加”起来求出一个总评价值，也就是总成绩。但是在评价指标体系的多个评价指标中，不是每个指标的重要性都是同等重要的。有的指标明显重要一些，有的就不那么重要。所以，为了表示各个指标的不同重要性，应当分别赋予每个指标不同的权值，把各个指标进行加权求和得出综合评价值。

为便于操作，一个重要的途径就是指标量化。这个量化，不仅是各个指标要量化，每个指标的重要性也要量化，认真确定考评指标体系中各个指标的权值，把每个指标值与其相应的权值相乘再相加，就可得出综合指标评价值，评价值越高方案越好。

(三) 对投标书初步审查

投标书一经开标，即转送到评标委员会进行评标。评标是招标企业的主权。招标企业要依法组建评标委员会，其成员由招标企业代表和有关技术、经济等方面的专家组成。成员人数为 5 人以上单数，其中技术、经济等方面专家不得少于成员总数的 2 / 3。评标委员会成员名单在中标结果确定前应当保密。

在正式开标前，招标企业要对所有的投标书进行审查。

(1) 审查投标书是否完整，有无计算上的错误，是否提交投标保证金，文件签署是否合格，投标书的总体编排是否有序。

(2) 审查是否有计算错误。如果单价与数量的乘积与总价不一致，以单价为准修改总价，投标书不接受对其错误的更正，可以拒绝其投标书，没收其投标保证金。如果用文字表示的数值与数字表示的数值不一致，以文字表示的数值为准。

(3) 审查每份投标书是否实质上与招标文件要求的全部条款、条件和规格相符，没有重大偏差。对关键条文的偏离、反对，例如，投标保证金、关税等偏高将被认为是实质上的偏离。如果投标书实质上没有响应招标文件的要求，招标企业将予以拒绝。

(四) 对投标书深度审查

(1) 审查供应商资格。开标大会后，评标小组及工作人员对各供应商的投标文件进行符合性审查，剔除符合性审查不合格的供应商并作记录。

(2) 审查供应商报价。审查合格的供应商报价是否有缺项、漏项，报价计算是否准确，重新核算报价。

(3) 供应商报价排序。根据审核后的报价即评标价对各供应商进行排序。

(4) 确定入围供应商。按评标价排序从低至高的顺序确定入围询标的供应商名单。

(5) 确定询标内容。评标小组评审各入围供应商的投标设计方案，研究确定各入围供应商的询标内容。

(6) 进行询标。对各入围供应商分别询标，明确澄清问题，形成纪要或由供应商出具书面文字材料、有关人员签字(盖章)。

(7)确定评标结果。评标小组根据询标情况形成评标小组集体决议，确定预中标供应商和备选中标供应商。

(五)编写完整全面的评标报告

招标单位根据评标委员会评审情况编写评标报告，评标报告编写完成后报招标管理机构审查。评标报告应包括以下内容。

1. 招标情况说明

(1)工程说明。工程说明应包括工程概况及招标范围等。

(2)招标过程。招标过程应包括：资金来源及性质、招标方式；招标文件报招标管理机构时间及招标管理机构的批准时间；刊登招标通告的时间；发放招标文件情况(有几家投标单位)、现场勘察和投标预备会情况(投标单位参加情况)；到投标截止时间递交投标文件情况(有几家投标单位)。

2. 开标情况说明

开标情况包括开标时间及地点、参加开标会议的单位及人员情况和唱标情况。

3. 评标情况说明

(1)评标委员会情况。包括评标委员会的组成及评标委员会人员名单。

(2)评标依据。包括评标所依赖的标准和规定等。

(3)评标内容。评标内容包括：投标文件的符合性鉴定；投标单位的资格审查(为资格预审的采用)；审核报价；投标文件问题的澄清(如有必要时)；投标文件分析论证内容及评审意见。

4. 推荐意见

评标委员会经评审和比较后，向招标单位推荐中标优选方案，提出评审意见书，对推荐方案做出评价及提出修改、完善意见。

5. 附件

附件一般包括：评标委员会人员名单；投标单位资格审查情况表；投标文件符合性鉴定表；投标报价评比评价表；投标文件质询澄清的问题。

三、评标、决标方法

评标工作在整个招标采购中至关重要。评标工作的目的是根据招标文件中确定的标准和方法，对每个投标商的标书进行评价和比较，以评出合适的投标商。评标方法有很多，目前常用的也是最具有实操性的有以下几种。

(一)最低投标价法

最低投标价法是指在满足实质性要求和内涵相同的条件下，以报价最低确定中标方的评标方法。最低投标价评标方法操作简便，应用范围较广，是评标的常用方法。但由于此种方法在评标时，只注重考虑价格因素而忽略其他影响因素，缺乏科学性。因为每个厂家的生产能力、厂家规模、生产条件、质量保证和信誉度、交货期、运距都存在差异，在招标时的报价就会不同。因此价格低廉不应作为中标的唯一标准。

(二)最低评标价法

最低评标价法是指以价格为主要因素确定中标候选供应商的评标方法，即在全部满足招标文件实质性要求的前提下，依据统一的价格要素评定最低报价，以提出最低报价的投标人作为中标候选供应商或者中标供应商。该评标法中“统一的价格要素”即为不确定的评标因素，需要根据实际情况确定这些评标因素，用加价的方式进行调整。

对于不同类型的采购标的，评标价的计算往往存在较大的差异，但总的来说，是以投标报价为基础，综合考虑质量、性能，交货或竣工时间，交付使用后的运行、维护费用，以及售后服务等各种因素，按照评标委员会确定的权数或量化方法，将这些因素一一折算为一定的货币额，并加入到投标报价中，最终得出的就是评标价。但对于哪些因素可加价及加价的幅度则根据采购人的采购意图等因素决定。应用这种方法时，本身报价较低且加价因素较少的产品，最终价格也比较低，所以对同档次的产品，报价低的有一定的优势。由此可见，运用该种方法应保证尽可能地减少招投标过程中的不确定因素。

（三）综合评分法

综合评分法是指在最大限度地满足招标文件实质性要求的前提下，按照招标文件中规定的各项因素进行综合评审后，以评标总得分最高的投标人作为中标候选供应商或者中标供应商的评标方法。综合评分的主要因素是：价格、技术、财务状况、信誉、业绩、服务、对招标文件的响应程度，以及相应的比重或者权值等。

综合评分法是目前在国内运用最广泛的招标方法，货物、服务、工程的采购均可采用该种方法。因为这种方法运用起来灵活性较强，既能在一定程度上避免采购单位的倾向性，又能较好地体现采购人的意图。该方法的运用也使高报价战胜低报价成为可能。

运用这种方法，评标结果的产生主要取决于两方面的因素。

1. 采购人的倾向

对于注重产品质量的采购人来说，只要产品价格在其采购预算内的，哪怕很高，也有可能中标。因为在评分方法中会相应提高质量、品质的权重，而放低价格的权重。同理，如果注重价格，在评分方法中质量和价格所占的权重就会发生逆转，低报价中标的可能性就较大。这种灵活性是采用最低评标价法不能达到的。

2. 评委的打分情况

在这个过程中，采购人对评委们的倾向性的暗示，或各评委独立打分时对高报价或低报价的倾向性，使低报价中标或高报价中标都成为可能。在汇总各评委评分时，我们有时会看到这样的结果，即对于同一投标者，不同的评委会打出差距很大的分数，使众多投标者评分结果产生悬殊差距，使最终的评标结果的科学性受到了质疑。

综合评分法中的价格分统一采用低价优先法计算，即满足招标文件要求且投标价格最低的投标报价为评标基准价，其价格分为满分，其他投标人的价格统一按下列公式计算：

$$投标报价得分=(评标基准价/投标报价)\times价格权值\times100$$

以上各项评分因素分数之和为评审总得分，评审总得分最高的投标人为中标候选供应商，次之作为中标备选供应商。得分相同时，按投标报价由低向高顺序排列。得分且投标报价相同的，按技术指标优劣顺序排列。

（四）理想点评定法

运用理想点评定法评定中标厂家是一种较为科学、有效的方法。理想点评定法简称TOPSIS，是一种接近于简单加权法的排序方法。它借助多目标决策问题的“理想解”和“负理想解”进行排序，所谓理想解是一设想的最好的解（方案），它的各个属性值都达到各候选方案中的最好值；而负理想解是另一设想的最坏的解（方案），它的各属性的值都达到各候选方案中最坏的值。采用理想解去求解多目标决策问题是一种非常有效的方法，它的概念虽简单，但在使用时，还需要在目标空间中定义测度去测量某个解靠近理想解和远离负理想解的程度。

面对众多的供货商，科学的决策复杂而重要，需要考虑的问题很多，如价格、运输、生产能力、质量、售后服务等。传统的方法是，企业在选择采购渠道时，多是凭感觉、凭经验，缺乏科学的依据，运用理想点评定法就可解决上述问题。

由此可以看出，要运用理想点评定法选择供货商，关键是采购人员必须进行详细的市场调研，掌握大量的信息，再利用理想点评定法准确计算，就能够做到科学、合理，减少随意性、盲目性。

（五）生命周期基本评标法

这种评标方法主要用于企业采购整套厂房、生产线或设备、车辆等在运行期内的各项后续费用（零配件、油料、燃料、维修）很高的设备。在计算寿命周期成本时，可根据实际情况，评标时在标书报价的基础上加上一定运行期年限的各项费用，再减去一定年限后设备的残值，即扣除这几年折旧费用后的设备剩余值。在计算各项费用或残值时，都应按标书中规定的贴现率折算成净现值。例如，计算机按寿命周期成本评标时应计算的因素：计算机价格、根据标书偏离招标文件的各种情况估算计算机寿命期所需零件及维修费用、估算寿命期末的残值。

纵观几种确定中标公司的方法，不难看出每种方法均各有利弊，因此在评标时应根据招标的物资类别或具体情况灵活运用，可采用一种固定方式，也可结合本企业的需求和特点综合评定。总之，评标是招标采购工作的关键和难点，它是比较投标人的结果。采用何种评标方法，还需因时、因物、因地，参考众多因素，随着标的物的变化，影响其评标因素的权重也将随之发生变化。这就要求在实践中不断摸索、不断地积累经验。

第五节 网上招标

一、网上招标及其特点

网上招标是指依托现有的电子技术，将招投标各环节借助互联网实施管理，对招标过程实行全程监控的一种招标方式。

网上招标的作用：一是简化了一般招标采购程序，提高了效率；二是可以防止腐败；三是规范市场秩序。

具体来看，网上招标的优势及劣势表现在以下方面。

(1)优势：首先宏观上，保证了整个内部市场供求双方能够更有效的链接；解决了地理等障碍；改善资源分配。另外微观上，提高了供应管理水平，扩大询比价范围；降低招标采购成本，缩短采购周期；网上招标采购全过程监控，提高了采购透明度；信息快速传递和资源共享；能为企业制定一套规范的招标采购流程。

(2)劣势：外行人难以了解；不易推行；需要高层管理和政府的支持；会涉及计算机相关的法律问题；电子安全的问题。

二、网上招标流程

网上招标的流程可简单概括为：网上发布公告，网上接受报名，网上递交投标文件，带相关原件现场参加开标会，评标，发中标公告，发中标通知书，签订合同。具体的流程如图 5-2 所示。

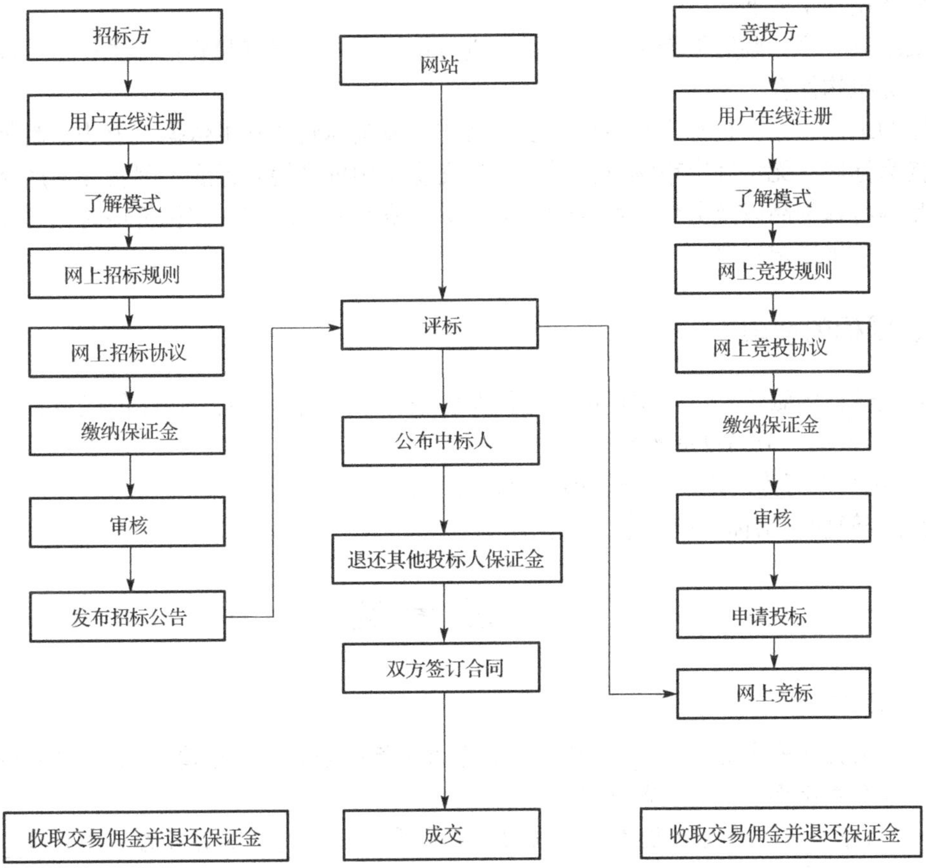

图 5-2　网上招标流程图

第六节　招标中常见问题及其解决

一、招标代理选择

《招标投标法》第十三条第二款规定：

第十三条　招标代理机构是依法设立、从事招标代理业务并提供相关服务的社会中介组织。招标代理机构应当具备下列条件：

(1)有从事招标代理业务的营业场所和相应资金；

(2)有能够编制招标文件和组织评标的相应专业力量；

(3)有符合本法第三十七条第三款规定条件、可以作为评标委员会成员人选的技术、经济等方面的专家库。

二、投标的标底

标底：是指招标人或中介编制的一种预期价格，是招标人对标的的期望值。具有积极作用和消极作用两个方面。

标底编制程序：确定编制标底的人员；进行市场调查；编制和确定标底；密封标底并送受托的招标机构保存。

标底的编制依据：正常交易时以市场价格作为编制标底的基本依据；依法管制价格时以管制价格为标底；无法确定市场价格时，参考交易实例价格编制标底；因新开发产品、特殊规格产品等特殊物品以及劳务的特殊性，无市场价格和适当的交易实例价格时，可以以成本加利润的方法来确定标底。

三、围标的治理

国际上通行的做法是“在招标中实施最低价中标”。选择最低价中标的优点：

(1)遵循市场，节约投资效果显著；

(2)避免个人行为的影响，防腐倡廉效果显著；

(3)操作简便，招标工作效率显著。

思考题

一、填空题

1. 公开招标采购也称________，是指采购方以招标公告的形式邀请不确定的供应商投标，并从其中选择中标供应商的采购方式。

2. 邀请招标采购也称有限竞争性采购，是指采购方以投标邀请书的形式邀请________以上特定的供应商参加投标的采购方式。

3. 议标采购也称为谈判招标或限制性招标，即通过谈判来确定中标者。议标采购一般分为________、________、________三种方式。

4. 标底：是指招标人或中介编制的一种预期价格，是招标人对标的的________。

5. ________是整个招标投标活动的核心文件，是招标方全部活动的依据，也是招标方的智慧与知识的载体。

二、判断题

1. 投标文件要在规定的时间准备好，一份正本、一份副本。（　）

2. 网上招标是指依托现有的电子技术，将招投标各环节借助互联网实施管理，对招标过程实行全程监控的一种招标方式。（　）

3. 投标人对编制完成的投标文件必须按照招标文件的要求进行密封、标记。（　）

4. 招标人应当在招标文件规定的时间内定标，在确定中标后将中标结果只需书面通知中标人。（　）

5. 不同的招标项目可能具有不同的招标流程，招标单位可根据实际需要对一般的流程进行有针对性的改动。（　　）

三、选择题

1. 由采购单位提出招标条件，各投标单位进行竞标，然后采购单位决标，与提出最有利条件的供应商签订协议，这种供应商选择方法称作（　　）。

A. 直观判断法　　B. 评分法　　C. 采购成本比较法　　D. 招标采购法

2. 对已售出的招标文件需要进行澄清或者非实质性修改的，招标人一般应当在提交投标文件截止日期（　　）天前以书面形式通知所有招标文件的购买者，该澄清或修改内容为招标文件的组成部分。

A. 10 天　　B. 12 天　　C. 15 天　　D. 30 天

3. 一个完整的招标采购包括（　　）。

A. 招标　　B. 投标　　C. 开标

D. 评标　　E. 定标

4. 评标方法有（　　）。

A. 最低投标价法　　B. 最低评标价法　　C. 综合评分法

D. 理想点评定法　　E. 寿命周期成本评标法

5. 招标文件一般应包括（　　）。

A. 招标公告(投标邀请函)　　B. 招标项目要求　　C. 投标人须知

D. 合同格式　　E. 投标文件格式

四、简答题

1. 简述招标采购有哪些实施程序。
2. 简述投标需要哪些文件。
3. 简述评标步骤。
4. 招标采购前期应该做哪些准备。
5. 简述评标法中的综合评分法。

【实践活动】

实践项目：招投标角色扮演

任务要求：在老师指导下，分小组模拟一次招投标采购活动。各小组分别担任不同角色，招标组和投标组数量比为 1∶3，即一个小组作为招标组，相应三个小组作为投标组，针对每个招标项目选出 3 位同学作为评标专家。要求招标组编制招标文件并发布招标公告，投标组编制投标文件，评标组撰写评标报告，并模拟公开开标活动。将课本所学理论知识尝试在实践中应用。

第六章

供应商选择与管理

【引导案例】

M 公司“采”“购”分离策略下的供应商“分而治之”管理实践

M 公司成立于 1991 年，总部设在深圳，是全球领先的医疗设备和解决方案供应商，其产品和解决方案应用于全球 190 多个国家和中国十万多家医疗机构及 95%以上的三甲医院。M 公司通过“采”“购”分离，对供应商“分而治之”等策略，探索出了采购与供应管理的最佳模式。

“采”“购”分离

在供应商管理方面，M 公司建立了严格的筛选程序：源头搜寻、认证、评估、谈判、签约、跟单、收货、支付、绩效评价。其中，签约之前活动属于战略采购部，即称为“采”；跟单以后活动属于操作采购部，简称为“购”；与此同时，分别设置国内物流部及国际物流部。

在供应商评估方面，M 公司主要从三个维度审查供应商：通过供应商调查问卷审查其资质；通过现场认证，审查评估其生产和技术开发能力；通过财务报表等渠道审查财务能力。

在组织架构设计上，首先，由“采”负责商品策略研究、策略供应商选择和战略供应商全球规划；“购”负责材料购置计划和实施、材料跟踪和物料管理、订单审核、数据处理和付款职责。其次，为了利于谈判，80%以上的成本控制目标由“采”来实现。最后，“采”和“购”职责分开，创造了与供应商沟通的多窗口，有效地防止了采购中的腐败行为。

分类管理供应商

M 公司目前合作的供应商数量有 330 多家，公司为维持供应链系统的稳定性，通过 SWOT 工具，对供应商进行了“分而治之”的策略。

第一类供应商往往拥有技术领先、实力雄厚、产能满负荷等特征。M 公司对此类供应商坦然接受，用共同研发、信息共享、预付款等方式维护关系。

第二类供应商具有内部管理完善、规模很大、布局合理、实力雄厚、产品容易替代、市场上有多家竞争对手等特征。对此类供应商，一方面，M 公司对其实行最大订单容量，促使其发展为战略伙伴关系。另一方面，M 公司不断开发同类供应商备份，对现有供应商形成威慑力，并尽可能拉长账期实现融资目的。

第三类供应商具有内部管理混乱、外部市场重叠、财务资金紧张等特征，M 公司对此类供应商一方面给予管理指导和技术支持，另一方面实行完全驾驭，要求其承担库存。

第四类供应商内部质量控制不到位，交付没有保证，但在外部市场充满机会。M公司通过对这类供应商进行质量控制和培训，保持良性的互动。

信息系统护航

2011年，M公司再次升级信息系统管理平台，对财务流程、SAP接口及国际贸易等模块进行优化，并新增承运商招投标管理、网上下单、序列号跟踪、装车扫描、海运及快递成本分摊等功能模块。目前此系统已经兼容M公司的主要业务系统，应用于包括商务、物流、报关、财务、备件、行政等各部门，高速的信息传输管道为其高效供应商管理保驾护航。

试分析M公司的供应商管理经验有何成功之处？

【学习目标】

1. 掌握供应商管理的概念；
2. 熟悉供应商管理的基本流程；
3. 了解供应商选择过程；
4. 掌握供应商绩效考核方法；
5. 理解供应商关系的分类；
6. 熟悉供应商关系管理的要点。

第一节　供应商管理概述

企业要维持正常生产，就必须要有可靠的供应商为其提供各种各样的物资。因此供应商对企业的物资供应起着非常重要的作用，采购管理就是直接和供应商交易从而采购获得各种物资。因此采购管理的一个重要工作，就是要做好供应商管理。

一、供应商管理的概念

供应商是指那些向买方提供产品或服务并相应收取货币作为报酬的实体，是可以为企业生产提供原材料、设备、工具及其他资源的企业。供应商，可以是生产企业，也可以是流通企业。

供应商管理是指对供应商的了解、选择、开发、激励与控制、合作等综合性管理工作总称。其中，了解是基础，选择、开发、激励与控制是手段，合作是目的。供应商管理是一种致力于实现与供应商建立和维持长久、紧密伙伴关系，旨在实现双赢的管理模式。

二、供应商管理的作用

(一) 采购管理的重要基础

供应商管理的作用之一就是要建立起一个稳定可靠的供应商队伍，为企业生产提供可靠的物资采购渠道。

(二) 提升采购经济效益

供应商波动会带来质量波动，采购环节虽然在企业经营活动中占用的时间非常少，但是对总成本影响非常大。例如，供应商交付每延长一周，总成品增长约在1.5%左右。

(三)供应链管理的关键环节

供应商是供应链中的重要组成部分，供应链成员与企业关系融洽、互相支持、共同协调，对供应链采购管理、整体效益都会带来很多好处，最重要的是优秀的供应商管理可以确保采购的产品质量好、价格低，而且服务水平高、交货及时，从而提升供应链的竞争力。

三、供应商管理的基本内容

(一)供应商调查

供应商调查的目的是要了解企业有哪些可能的供应商，各个供应商的基本情况如何，为企业了解资源市场以及选择正式供应商做准备。

(二)资源市场调查

资源市场调查的目的，就是在供应商调查的基础上，进一步了解掌握整个资源市场的基本情况和基本性质。此外，还需了解资源市场供给能力、技术水平、管理水平以及价格水平等，为制定采购决策和选择供应商做准备。

(三)供应商开发

将一个市场现有的供应商转化成一个基本符合企业需要的供应商的过程，就是一个开发过程。具体包括供应商深入调查、供应商辅导、供应商改进等活动。

(四)供应商选择

在供应商考核的基础上，制定科学的选择方法，在定性与定量分析的基础上，综合评定出最优入选企业。

(五)供应商使用

与选定的供应商开展正式的业务活动，在合作期间注意收集与保存合作信息数据，为后续供应商考核提供数据支撑。

(六)供应商考核

供应商考核是一个很重要的工作。它分布在合作中各个阶段：在供应商开发过程中需要考核、在供应商选择阶段需要考核、在供应商使用阶段也需要考核。不过每个阶段考核的内容和形式各有侧重。

(七)供应商激励与控制

这是指在使用供应商过程中的激励和控制，供应商属性不同，所适宜采取的激励与控制措施也不相同。通过不断的激励与控制，实现合作双赢局面。

第二节 供应商调查与开发

供应商管理的首要工作，就是要了解供应商、了解资源市场。为了掌握供应商的情况，就需要进行供应商调查。供应商调查，在不同的阶段有不同的要求。供应商调查可以分成三个阶段：一是资源市场调查；二是初步供应商调查；三是深入供应商调查。

一、资源市场调查

(一)资源市场分析

资源市场调查的任务之一就是进行资源市场分析。资源市场分析，对于企业制定采购策略以及产品策略、生产策略等都有很重要的指导意义。

(1)确定资源市场属于紧缺型的市场还是富余型市场；属于垄断性市场还是竞争性市场。对于垄断性市场，其他企业难以提供所需资源，企业应当采用垄断性采购策略；对于竞争性市场，企业应当采用竞争性采购策略，例如，采用招标投标制、一商多角制等。

(2)确定资源市场属于成长型市场还是衰退型市场。如果是衰退型市场，则要提早准备替换产品，不能在产品被淘汰之后再开发新产品。

(3)确定资源市场总体质量水平，并根据整个市场水平选择合适的供应商。优先选择在资源市场中处于先进水平的供应商，选择产品质量优而价格低的供应商。

(二)资源市场调查内容

1. 资源市场的规模、容量、结构

例如，预测资源市场的大体容量范围，存在的资源量以及需求量规模；判断资源市场竞争结构属于完全竞争市场、垄断竞争市场、寡头垄断市场还是完全垄断市场；了解资源市场属于新兴的成长型市场，还是陈旧的没落型市场。

2. 资源市场的环境

例如，市场的管理制度、法制建设、市场的规范化程度、市场的经济环境、政治环境等外部条件、市场的发展前景。

3. 资源市场的供给情况

分析资源市场中众多的供应商基础资料，就可以得出资源市场自身的基本情况。例如，资源市场的生产能力、技术水平、管理水平、可供资源量、质量水平、价格水平、需求状况以及竞争性质等。

二、供应商初步调查

所谓供应商初步调查，是对供应商的基本情况的调查。主要是了解供应商的名称、地址、生产能力、能提供什么产品、能提供多少、价格如何、质量如何、市场份额有多大、运输进货条件如何。

(一)供应商初步调查的目的

供应商初步调查的目的，是为了了解供应商的一般情况。而了解供应商的目的，一是为了选择最佳供应商做准备，二是为了了解掌握整个资源市场的情况，因为许多的供应商基本情况的汇总就是整个资源市场的基本情况。

(二)供应商初步调查的特点

1. 内容浅

只要了解一些简单的、基本的情况。如企业的实力、规模，产品的生产能力，技术水平，管理水平，企业的信用度。另外，简单分析供应商物流系统情况，进行运输时间分析、运输费用分析。

2. 范围广

最好能对资源市场中尽可能多的供应商都有所调查、有所了解，从而能够掌握资源市场的基本情况。

3. 速度快

迅速确定供应商是否值得被全面评估,以免在根本不可能被选中的供应商身上浪费时间。

(三)供应商初步调查的方法

初步调查的基本方法可以采用访问调查法，通过访问有关人员而获得。例如，可以访问供应商内部工作人员，或者走访供应商的客户，或者咨询行业专家，或者其他的知情人士。进行供应商初步调查可以通过访问建立起供应商卡片，企业在选择供应商时可以通过供应商卡片来选择。当然，供应商卡片也要根据情况的变化经常进行维护、修改和更新。

(四)供应商初步调查的标准

初步调查主要围绕供应合作的基本问题展开，所设计的筛选标准应易于量化分析，表 6-1 提供了一个筛选标准的例子。

表 6-1 供应商初步筛选标准

序 号	筛 选 标 准
1	供应商的产品或服务范围是否能够满足公司的需求
2	供应商的产品或服务是否满足公司的最低质量要求
3	供应商是否能够以公司所需的最小/最大数量提供产品或服务
4	供应商是否能够按照公司要求交货
5	供应商的营业年限是否满足公司的要求
6	公司所接触的有关供应商的信息中，是否反映出供应商存在某些问题
7	供应商是否与公司的竞争者之间存在任何合伙关系
8	对公司来讲供应商的规模是否过大或过小
9	供应商是否拥有以互联网为基础的电子商务设施
10	供应商是否与公司使用同种语言
11	价格表所列价格是否在公司可接受的价格范围内
……	……

(五)供应商初步调查的渠道

企业应利用多种渠道去寻找潜在供应商。主要有如下渠道。

1. 出版物

国际国内有大量的出版物可以非常便捷地为采购方提供信息，比较典型的有：综合工商目录、国别工商目录、产品工商目录以及商业刊物。

2. 行业协会

行业协会也是收集潜在供应商的重要信息渠道。一个国家的大多数工商企业都是行业协会的会员，采购方可以通过这些组织取得大量实用的有关供应商的资料。

3. 专业化商业服务机构

一些非常著名的商业信息服务机构专门从事商业调查,并保存那些知名的制造商的资料。

采购方可以通过有偿形式从这些机构取得关于供应商的技术、管理、财务或其他方面的年度报告。

(六) 供应商初步调查的资格审核

1. 营业执照

营业执照是企业生产、经营的许可证。营业执照中核定的经营范围是审核的重点，查看主营业务归类是否与采购企业相符。

2. 税务登记证

任何一家正规注册的公司都要到相关部门办理税务登记，所有合法的企业法人都应拥有税务登记证。

3. 企业法人代码证

尽管企业法人代码证的作用当前并不十分显著，但随着社会网络化的推进，政府、企业、市场管理机关、行业主管部门以及社会公众通过条形码对企业的性质、经营范围、资信程度、是否有不良记录等相关情况的了解的要求将大大增强，法人代码证上的企业相关信息共享将成为趋势。

4. 企业简介

企业简介是企业基本情况的介绍和宣传，包括企业生产经营内容、企业员工构成、企业业绩等。

5. 行业资质

行业资质是指我国目前在许多行业推行的准入制度，不同行业有不同行业的要求。

6. 社会机构审计报告

采购部门应借助社会中介机构的力量对潜在供应商的企业会计报表进行独立审查，客观全面地反映企业最新年度的经营状况。

三、供应商深入调查

供应商深入调查，是指对经过初步调查后、准备发展为自己的供应商的企业进行的更加深入仔细的考察活动。这种考察，是深入到供应商企业的生产线、各个生产工艺、质量检验环节甚至管理部门，对现有的工艺设备、生产技术、管理技术等进行考察，看看能不能满足本企业所采购的产品应当具备的生产工艺条件、质量保证体系和管理规范要求。有的甚至要根据生产所采购产品的生产要求，进行资源重组并进行样品试制，试制成功以后，才算考察合格。只有通过深入的供应商调查，才能发现可靠的供应商，建立起比较稳定的物资采购供需关系。

(一) 供应商深入调查的范围

进行深入的供应商调查，需要花费较多的时间和精力，调查的成本高，并非适用于所有的供应商，它只是在以下情况下才需要。

1. 准备发展成紧密关系的供应商

例如，在进行准时化(JIT)采购时，供应商的产品准时、免检、直接送上生产线进行装配。这时，供应商已经与企业结成了如同企业的一个生产车间一样的紧密关系。如果要选择这样紧密关系的供应商，就必须进行深入的供应商调查。

2. 寻找关键零部件产品的供应商

如果企业所采购的是一种关键零部件，特别是精密度高、加工难度大、质量要求高、在企业的产品中起核心功能作用的零部件产品，在选择供应商时需要特别小心，要进行反复认真的深入考察审核。只有经过深入调查证明目标企业完全符合采购要求时，才确定发展它为企业的供应商。

（二）供应商深入调查的步骤

对于深入调查，在具体实施深入调查时，也可以分成三个阶段。

第一阶段：通知供应商生产样品，最好生产一批样品，从其中随机抽样进行检验。如果抽检不合格，允许其改进再生产一批，再检一次，如果还是不合格，则这个供应商就落选，不再进入下面的第二阶段。只有抽检合格的才能进入第二阶段。

第二阶段：对于生产样品合格的供应商，还要深入供应商生产过程、管理过程进行全面详细考察，检查其生产能力、技术水平、质量保障体系、装卸搬运体系、管理制度等，了解各项指标是否达到要求。如果基本上符合要求，则深入调查可以到此结束。供应商符合要求，可以中选；如果检查结果不符合要求，则进入下面第三个阶段。

第三阶段：对于生产工艺、质量保障体系、规章制度等不符合要求的供应商，要协商提出改进措施，限期改进。供应商愿意改进并且限期改进合格者，可以中选为企业的供应商。如果供应商不愿意改进，或者愿意改进但限期改进不合格者则落选，深入调查也到此结束。

在选择重要物资供应商的过程中，对供应商的实地考察至关重要，必要时可以邀请质量部门和工艺工程师一起参与，他们不仅会带来专业的知识与经验，共同审核的经历也会有助于公司内部的沟通和协调。

四、供应商开发

（一）供应商开发分类

对于供应商开发工作的定位，应该分为两类，一类是倾向于实物采购的供应商开发，一类是倾向于服务采购的供应商开发。

倾向于实物采购的供应商开发，有以下特点：

(1)追求降低最终成本；

(2)关注物料的可获得性；

(3)较高的质量、安全和性能要求；

(4)合理范围的参数、功能、技术规范以及公差；

(5)关注及时交付率；

(6)重视与供应商的关系。

倾向于服务采购的供应商开发，有以下特点：

(1)并不一定追求最低成本；

(2)对物料的可获得性关注有限；

(3)对质量、安全和性能要求较低；

(4)对参数、功能、技术规范及公差要求近乎完美；

(5)关注产品的整体设计；

(6)重视概念上的、抽象的产品质量。

采购活动中企业涉及更多的是实物采购的供应商开发，因此，本书所陈述的供应商开发流程，主要是基于实物采购导向的供应商开发。

(二)供应商开发辅导

价格谈好以后参与试运行的供应商，将与企业建立起一种紧密关系参与试运作。这时企业要积极参与辅导、合作。企业应当根据企业生产的需要，也要根据供应商的可能，共同设计规范相互之间的作业协调关系，制定一定的作业手册和规章制度。并且为使供应商适应企业的需要，应在管理、技术、质量保障等方面进行辅导和协助。

(三)试运作考核

在试运作阶段，要对供应商的物资供应业务进行追踪考核。这种考核主要从以下几个方面进行。

1. 检查产品质量是否合格

可以采用全检或抽检的方式，求出质量合格率。质量合格率用质量合格的次数占总检查次数的比率描述。

2. 交货是否准时

检查供应商交货是否准时，用误时的交货次数占总交货次数的比率来描述。

3. 交货数量是否满足

用物资供应满足程度或缺货程度来描述。

4. 信用度的考核

主要考察在试运作期间，供应商是否认真履行自己承诺的义务，是否对合作事业高度认真负责，在往来账目中，是否拖欠账款。

信用度一般可以用失信次数与总交易次数的比率来描述。失信包含多种含义，例如，没有履行事先的承诺，没有按约定按时交款或还款等，都是失信。

第三节 供应商选择

一、供应商选择的影响因素

供应商隶属于供应链系统，因而供应商的选择也会受到各类供应链运作因素的影响。

(一)质量因素

质量是供应链的生存之本，产品的使用价值是以产品质量为基础的，它决定了最终消费品的质量，影响着产品的市场竞争力和占有率。因此，质量是选择供应商的一个重要因素。

(二)价格因素

价格低廉意味着企业可以降低其生产经营的成本，对企业提高竞争力和增加利润，有着明显的作用，是选择供应商的重要因素。但是价格最低的供应商不一定就是最合适的，还需要考虑产品质量、交货时间以及运输费用等诸多因素。

（三）准时因素

能否按约定时间和地点将产品准时运至直接影响企业生产和供应活动的连续性，也会影响各级供应链的库存水平，继而影响企业对市场的反应速度，打断生产商的生产计划和销售商的销售计划。

（四）柔性因素

要想在激烈的竞争中生存和发展，企业生产的产品通常多样化，以适应消费者的需求，达到占有市场和获取利润的目的。而产品的多样化是以供应商的品种柔性为基础的，它决定了消费品的种类。

（五）其他因素

包括设计能力、特殊工艺能力、整体服务水平、项目管理能力等因素。这些因素对于不同行业的供应商来说，重要性并不相同。制造业更重视工艺等技术因素，服务业更重视管理能力因素。

根据研究调查数据显示，我国企业在选择供应商时，主要标准是质量，约占 98.5%的企业考虑了质量因素，其次是价格，如图 6-1 所示。

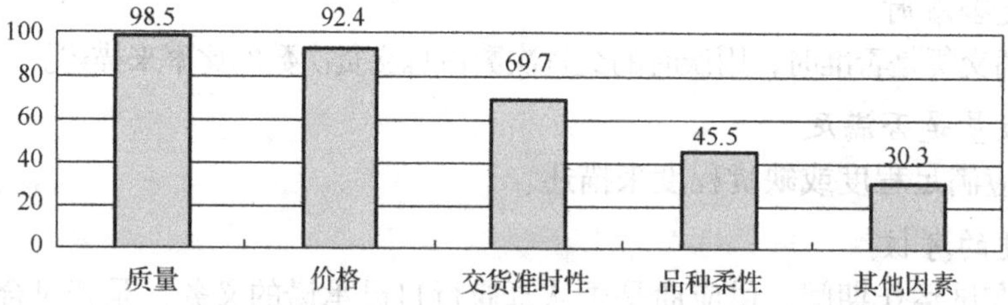

图 6-1　我国企业供应商选择的主要影响因素

二、供应商选择的原则

（一）“Q.C.D.S”原则

供应商选择的基本准则是“Q.C.D.S”原则，也就是质量、成本、交付与服务并重的原则。

在这四者中，质量因素是最重要的，首先要确认供应商是否有一套稳定有效的质量保证体系，然后确认供应商是否具有生产所需特定产品的设备和工艺能力。其次是成本与价格，要运用价值工程的方法对所涉及的产品进行成本分析，并通过双赢的价格谈判实现成本节约。在交付方面，要确定供应商是否拥有足够的生产能力，人力资源是否充足，有没有扩大产能的潜力。最后一点，也是非常重要的是供应商的售前、售后服务的纪录。

质量、成本、交付与服务四项要素中，前两者偏向能力属性，后两者偏向态度属性。供应商选择过程中，不仅要满足采购企业要求的能力，还要有完成供应任务的积极性，选择的理想区间如图 6-2 所示。

（二）采购项目分类选择原则

根据采购项目对买方企业的重要性及采购量多少，可将采购项目分为一般项目、杠杆项目、瓶颈项目、关键项目，如图 6-3 所示。不同类型采购项目的供应商选择需要采用不同的选择标准。

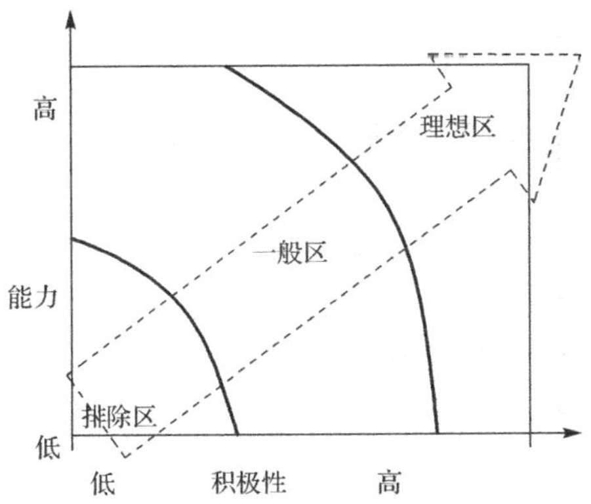

图 6-2　供应商选择原则

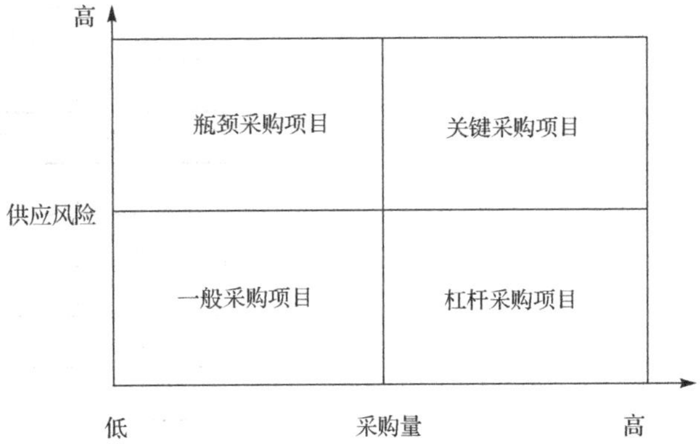

图 6-3　采购项目分类

1. 一般采购项目

采购方期望将采购时间和费用降至最低。供应商选择重点是能够尽可能多地满足企业的采购需求且态度积极，可以长期连续供应企业所需产品。

2. 杠杆型采购项目

采购方的主要目标是尽可能降低采购价格和成本。市场价格波动情况、交货时间可靠性、可替代供应商的交易成本大小等因素决定了企业选择的杠杆型采购项目的供应商类型。

3. 瓶颈型采购项目

采购方重点集中在以降低供应风险为目标的问题上。例如，供应商所提供的产品的质量是否符合要求，以及能否在合约期限内保持稳定供应。

4. 关键型采购项目

关键型采购项目在选择供应商时注重降低成本的同时确保供应的质量和连续性。供应商选择需要采购方花费大量的时间和精力。

三、供应商选择的步骤

供应商在供应链中担负重要角色，供应商的选择机制是多元化的，因此，企业的决策者选择供应商时要因地制宜，对企业所处的内外环境进行详细的分析，根据企业的长期发展战略和核心竞争力，选择适合本企业或本行业的理论和方法，制定相应的实施步骤和实施规则。不同的企业在选择供应商时，所采用的步骤会有差别，但基本的步骤相似。具体步骤如图 6-4 所示。

(一) 成立供应商评选小组

企业需成立一个专门的小组来控制和实施供应商评价，这个小组的组员以来自采购、质量、生产、工程等与供应链合作关系密切的部门为主。小组组员必须有团队合作精神，还应具备一定的专业技能。评选小组必须同时得到采购企业和供应商企业最高领导层的支持。

(二) 分析市场竞争环境

企业必须知道现在的产品需求是什么、产品的类型和特征是什么，以此来确认客户的需求，确认是否有建立供应关系的必要。如果已经建立供应关系，需要根据需求的变化确认供应合作关系变化的必要性，分析现有供应商的现状，总结企业存在的问题。

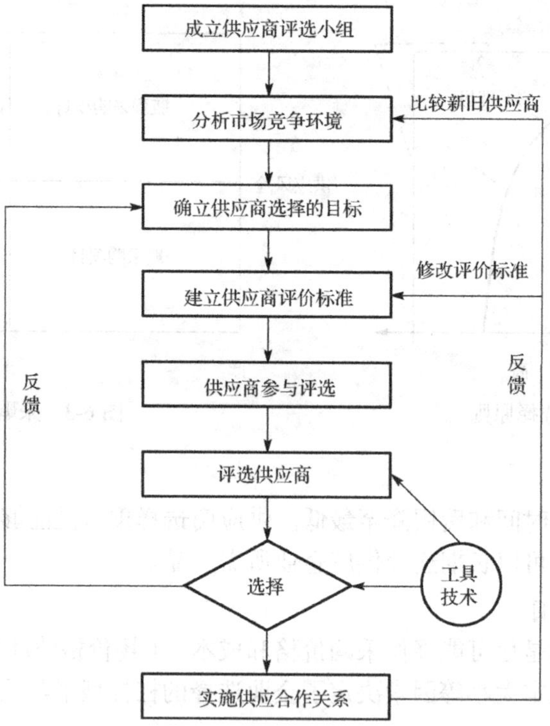

图 6-4 供应商选择步骤

(三)确立供应商选择的目标

企业必须确定供应商评价程序如何实施，而且必须建立实质性的目标。供应商评价和选择不仅仅是一个简单的过程，也是企业自身的一次业务流程重构过程。如果实施得好，就可以带来一系列的利益。

(四)建立供应商评价标准

供应商评价指标体系是企业对供应商进行综合评价的依据和标准，是反映企业本身和环境所构成的复杂系统的不同属性的指标，是按隶属关系、层次结构有序组成的集合。不同的行业、企业，不同产品需求和环境下的供应商的评价并不完全相同，但供应商的评价标准应涉及以下几个方面：供应商业绩、设备管理、人力资源开发、质量控制、成本控制、技术开发、客户满意度、交货协议等。根据企业实际状况和供应商选择的时间跨度，对供应商的要求也有不同，按时间的长短分别有相应的短期标准和长期标准。供应商评价标准具体见表 6-2。

表 6-2 供应商评价标准

供应商选择的短期标准	商品质量合适、成本低、交货及时、整体服务水平好(安装服务、培训服务、维修服务、升级服务、技术支持服务)、履行合同的承诺和能力等
供应商选择的长期标准	供应商质量管理体系是否健全、供应商内部机器设备是否先进以及保养情况如何、供应商的财务状况是否稳定、供应商内部组织与管理是否良好、供应商员工的状况是否稳定等

在确定选择供应商的标准时，一定要考虑短期标准和长期标准，把两者结合起来，才能使所选择的标准更全面，进而利用标准对供应商进行评价，最终寻找到理想的供应商。

（五）供应商参与评选

一旦企业决定实施供应商评选，评选小组需尽可能地让供应商参与到评选的设计过程中，确认他们是否有获得更高业绩水平的愿望。

（六）评选供应商

主要的工作是调查、收集有关供应商生产运作等全方位的信息。在收集供应商信息的基础上，就可以利用一定的工具和技术方法进行供应商的评选了。

（七）实施供应合作关系

在实施供应合作关系的过程中，市场需求也将不断变化。企业可以根据实际情况的需要及时修改供应商评选标准，或重新开始供应商评估选择。在重新选择供应商的时候，应给予新旧供应商以足够的时间来适应变化。

四、供应商选择的方法

目前，可以应用于供应商选择的技术方法和工具主要分为三类：定性方法、定量方法及定性与定量相结合的方法，具体有公开招标法、协商选择法、ABC 成本法、线性规划方法、层次分析法（AHP）、模糊综合评判法、神经网络法、TOPSIS 法、数据包络分析（DEA）、成分分析法、灰色综合评价法以及这些方法的集成应用法等，企业可以根据自己的实际情况选择其中的方法加以应用。常用的方法如下。

（一）直观判断法

直观判断法是指通过调查、征询意见、综合分析和判断来选择供应商的一种方法，是一种主观性较强的判断方法，主要是倾听和采纳有经验的采购人员的意见，或者直接由采购人员凭经验作出判断。这种方法的质量取决于对供应商资料掌握得是否正确、齐全和决策者的分析判断能力与经验。这种方法运作简单、快速，但是缺乏科学性，受掌握信息的详尽程度限制，常用于选择企业非主要原材料的供应商。

（二）考核选择法

在对供应商充分调查了解的基础上，再进行认真考核、分析比较而选择供应商的方法。供应商的调查可以分为初步供应商调查和深入供应商调查。每个阶段的调查对象都有一个供应商选择的问题，而且选择的目的和依据是不同的。

初步供应商调查对象的选择非常简单，基本依据就是其产品的品种规格、质量价格水平、生产能力、运输条件等。在这些条件合适的供应商中所选择出的几个，就是初步供应商调查的对象。

深入供应商调查对象的选择，是基于影响企业的关键产品、重要产品的供应商。对这些供应商要进行深入的研究考察考核，选择标准主要是企业的实力、产品的生产能力、技术水平、质量保障体系和管理水平等。

在对各个评价指标进行考核评估之后，还要进行综合评估。综合评估就是把以上各个指标进行加权平均计算得到的一个综合成绩，可以用下式计算：

$$S=\frac{\sum W_i P_i}{\sum W_i}\times 100\%$$

式中：S为综合指标；P_i为第i个指标；W_i为第i个指标的权数，根据各个指标的相对重要性而主观设定。

S作为供应商表现的综合描述，值越高供应商表现就越好。

通过试运行阶段，得出各个供应商的综合成绩后，基本上就可以最后地确定供应商了。

(三)招标选择法

当采购物资数量大、供应市场竞争激烈时，可以采用招标方法来选择供应商。采购方作为招标方，事先提出采购的条件和要求，邀请众多供应商企业参加投标，然后由采购方按照规定的程序和标准一次性地从中择优选择交易对象，并提出最有利条件的投标方签订协议等过程。注意整个过程要求公开、公正和择优。

(四)协商选择

在可选择的供应商较多、采购单位难以抉择时，也可以采用协商选择方法，即由采购单位选出供应条件较为有利的几个供应商，同他们分别进行协商，再确定合适的供应商。和招标选择方法相比，协商选择方法因双方能充分协商，因而在商品质量、交货日期和售后服务等方面较有保证，但由于选择范围有限，不一定能得到最便宜、供应条件最有利的供应商。当采购时间较为紧迫，投标单位少，供应商竞争不激烈，订购物资规格和技术条件比较复杂时，协商选择方法比招标选择方法更为合适。

五、选择供应商时应注意的问题

(一)自制与外包采购

一般情况，外包的比率越高，则选择供应商的机会越大，可以与专业厂商分工合作进行生产。通过外包，企业可以将精力集中于核心能力上，避免了精力分散。

(二)单一供应商与多家供应商

单一供应商是指某种物品集中向一家供应商订购，这种购买方式的优点是供需双方的关系密切，购进物品的质量稳定、采购费用低；缺点是无法与其他供应商相比较，容易失去质量或价格更有利的供应商，采购的机动性小，另外如果供应商出现问题则会影响本企业的生产经营活动。多家供应商是指向多家订购所需要的物品，其优缺点正好与单一供应商相反。

(三)国内采购与国际采购

选择国内的供应商，价格可能比较低，由于地理位置近，可以实现准时生产或者零库存策略；选择国际供应商则可能采购到国内企业无法达到的物品，提升自身的技术含量，扩大供应来源。

(四)直接采购与间接采购

如果是大量采购或者所需物品对企业生产经营影响重大，则应该采用直接采购，从而避免中间商加价，以降低成本；如果采购数量小或者采购物品对生产经营活动影响不大，则可以通过间接采购，节省企业的采购精力与费用。

（五）避免选择方法不科学

目前，我国许多企业的管理制度不完善，缺乏科学的选择供应商的方法，致使在大多数项目选择供应商时，更多的是参考供应商本身提供的各类书面文字材料和自我介绍，以及在市场上的口碑，或凭个人主观臆想，选择供应商参与竞标，因而在选择供应商时，人为因素比较大。另外，在选择供应商的标准方面，目前企业的选择标准多集中在供应商的产品质量、价格、柔性、交货准时性、提前期和批量等方面，没有形成一个全面的供应商综合评价指标体系，不能对供应商做出全面、具体、客观的评价，此类问题要尽量避免。

第四节 供应商绩效评估

此节涉及的供应商绩效评估，主要是指与供应商正式签约以后的合作期间对供应商全部运作活动进行全面考核。这种考核比试运作期间的考核更全面。

一、供应商绩效评估概述

供应商绩效评估是指买方企业在特定的绩效范围内，考核供应商达到或超过买方期望或需求的能力。能力考核可以分为三个层次：考核供应商一贯符合或超出标准绩效的能力；考核供应商未来超出标准期望的能力；考核供应商在关键绩效领域的能力。

二、供应商绩效评估指标体系

供应商绩效评估指标体系包括五个方面：质量（Quality）、成本（Cost）、交货（Delivery）、服务（Service）、资产（Asset）。前三项指标各行各业通用，相对易于统计，属于定量指标，是供应商管理绩效的直接表现；后两个指标相对难以量化，属于定性指标，是供应商内在价值的重要表现。前三个指标广为接受并通用；其余指标在不同采购项目中的内涵存在明显差异。

（一）产品质量

产品质量是首要考核指标，在双方合作开始阶段就要重视对产品质量的测评。按照考核范围划分，产品质量考核可以分为两类：一种是全面检查，一种是抽样检查。由于全面检查工作量非常大，一般可以用抽样检查的方法。

1. 合格水平

产品质量合格水平评估指标用质量合格率进行评估。

$$质量合格率=合格数量/检查数量\times100\%$$

质量合格率指标优点是简单易行，缺点是难以体现质量问题带来的危害。螺丝钉与发动机的合格率相同时，引发的负面影响不可同日而语。供应商可以通过操纵低值采购产品的合格率标准来提高总体质量要求。不同采购项目制订的质量指标绝对值标准差距很大。例如，在采购品种很多、采购量很小的“类多量少”采购项目，产品质量达到97.7%就称得上先进水平；但在大批量加工产品的零缺陷标准下，这样的质量水平会使供应商失去市场。

2. 质量损失

质量成本指标能弥补质量合格率指标的不足。其理念是价值不同的产品，质量问题带来的损失不同；同一次品，出现在供应链的不同位置，造成的损失也不一样，弥补手段包括更换、维修、保修、停产、丧失信誉、失去市场等。例如，次品出现在客户环节，损失最大，假设损失权重为100；次品出现在采购方生产线，损失较大，假设损失权重为50；次品出现在采购方内部物流环节，损失最小，假设权重为10。如果该采购产品价格为1 000元，在上述三个环节各出现次品一个，总的质量成本就是160 000元：

$$160\,000=100\times1\,000+50\times1\,000+10\times1\,000$$

质量成本指标有助于产品质量问题早发现、早解决，特别是在一些附加值高、技术含量高、供应链复杂的采购项目中比较适宜采用，例如，在飞机制造业等精密仪器设备制造行业采用得比较多。

质量绩效考核还有很多指标，例如，样品首次通过率、质量问题复发率等。不管哪类质量指标，都应做到统计口径一致，有可对比性才能获得供应商的认可与支持。另外，质量指标统计只是手段，统计的最终目标是通过表象的质量问题发现供应商的不足，督促整改，达到优质标准。

(二)采购成本

1. 产品价格

采购成本首先要考核供应商的产品价格水平，可以和市场同类产品的平均价和最低价进行比较，通常采用市场平均价格比率和市场最低价格比率指标。

平均价格比率=(供货价格−市场平均价格)/市场平均价格×100%

最低价格比率=(供货价格−市场最低价格)/市场平均价格×100%

2. 采购节约率

采购成本还要反映与供应商的合作效率。可以用采购节约率指标，也称作年度降价率。在实际操作中采购节约率的统计远比看上去复杂，例如，价格变动生效的时间节点，可以按照交货期计算，也可以按照下单的日期计算，选取的时间节点不同，可能导致计算结果差距很大，因此使用此指标时需要提前与供应商协商。

采购节约率=(本期采购费−上期采购费)/上期采购费×100%

3. 采购返利水平

采购返利是指当采购额超过某一数字时，若采购方付款及时，则供应商给予采购方一定比例的返利回馈。例如，货到10天支付采购款，供应方给采购方2%的折扣等。很多公司把这个指标算作年度采购价差的一部分。

4. 成本分配比例

有些企业统计80%的采购开支用于多少个供应商，其目的是减少供应商数量，增加规模效益。此指标的标准值很难定，因为不同企业、行业，即使同一企业在不同市场环境下，最佳供应商数量也不同。例如，在买方市场下，供应商数量越小越好，这样规模效益好；但在卖方有产能限制、原材料不足等情况下，供应商多，采购方的风险就相对低。

（三）交货期

1. 交货准时率

交货期同样是比较重要的考核项目。考核交货期的主要指标是考察供应商的准时交货率。准时交货率可以用准时交货的次数与总交货次数之比来衡量。概念很简单，但计算方法很多。例如，按件、按订单、按批次计算出的按时交货率可能不同。

交货准时率=准时的次数/总交货次数×100%

此指标的缺点与质量合格率一样：一个螺丝钉与一个发动机的交货准时率相同，虽然从流水线生产角度缺少哪个产品都没办法完成生产任务，但是从供应管理角度来说，螺丝钉补货与发动机补货成本差距非常大。

2. 按时交货量率

交货量能够体现供应商完成工作量的能力。考核交货量的主要指标是按时交货量，可用按时交货量率表示。按时交货量率是指给定交货期内的实际交货量与期内应当完成交货量的比率。

按时交货量率=期内实际完成交货量/期内计划交货量×100%

3. 安全库存率

对于供应商管理的库存(VMI)，因为有最低与最高库存点，按时交货绩效可通过相对库存水平来衡量。例如，库存为零，断货风险相对大，但是减少了过期库存的风险；库存高于最高点，断货风险很小但过期库存风险升高。这样，统计上述各种情况可以衡量供应商的交货表现。根据未来采购需求和供应商的供货计划，还可以预测库存点的未来走势。

值得注意的是，成本、质量和按时交货绩效水平应综合考虑。如果这些指标分归不同部门管理，部门间的利益纠纷有可能很大。例如，在一些企业里，成本归供应管理部门负责，质量由质量管理部门负责。为降低成本，供应管理部门试图寻找低价位供应商；质量管理部门为确保质量，则坚决反对。较好的解决方法是让一个部门同时负责三个指标，促使其通盘考虑。

（四）服务指标

服务是无形的，服务水平不方便直观统计，但是服务是供应商价值的重要体现。服务不会直接体现在价格上，价值上却很明显。例如，有设计能力的供应商，可以为采购方提出合理化的产品设计建议，对于那些只能按图加工的企业，其价值不言而喻。

1. 工作质量

考核工作质量，可以用交货差错率和交货破损率指标。

交货差错率=期内交货差错量/期内交货总量×100%

交货破损率=期内交货破损量/期内交货总量×100%

2. 信用度

信用度体现供应商的诚信履约水平，考核侧重点是供应商履行合同条款的诚意与能力。

信用度=期内失信次数/期内合作总次数×100%

3. 客户满意度

服务在不同的行业侧重点会有不同，但共性是服务都涉及人，可通过调查用户满意度来统计。例如，采购方期望供应商尽量缩短产品的交货时间、主动配合绩效考核、积极响应采购方的调度，那么企业可发放简短的问卷给相关人员，调查他们对上述各项问题的满意程度，以及改进建议。统计的范围越广，统计结果越接近真实情况。更重要的是供应商会感受到的信号是企业在意服务问题，且任何一个人的意见都很重要。这样就可尽量避免只有采购主管部门才能驱动供应商的现象。

（五）资产管理

资产管理体现供应商的企业总体经营管理水平。它包括固定资产、流动资产、长期负债、短期负债等。这些都有相应的比率指标，只是不同行业的标准比率可能不同。例如，在简单加工行业，库存周转率动辄几十、上百，而大型设备制造行业，一年能周转六次就算是先进水平。供应方定期(例如，每季度)审阅供应商的资产负债表等财务报表，是及早发现供应商经营问题的有效手段。现金流、库存水平、库存周转率、短期负债等都可能影响供应商的未来供应表现，也是采购方能否不断降低采购成本的保证。

采购方往往忽视供应商的资产管理绩效，只要供应商能按时交货，绝不管供应商的库存数量、负债水平。事实上供应商资产管理不善时，生产成本必然上升。上升的成本要么转嫁给采购方，要么就降低供应绩效。这两种结果都会给采购方带来负面影响。遇到这种情况，对于少数采购项目可能只需要更换供应商，因为市场很透明，采购就像去超市购物。但对于大多数采购项目，更换供应商成本很高，且会带来潜在问题和不确定因素。所以敦促现有供应商注重资产管理水平往往是双赢的做法。

第五节　供应商激励与控制

一、供应商合作理念

在供应商合作初期，买方企业的采购部门，可以与供应商共同建立供应商合作机制，相互在业务衔接、作业规范等方面形成稳定的合作框架。在这个框架的基础上，各自完成自己应当承担的工作并配合对方完成所需任务。

在长期的采购合作过程中，买方企业应当抛弃自我中心意识，建立“共赢”理念。为同样需要生存与发展的供应商带来合理盈利。采购企业不能只考虑自身降低成本、压低采购价格，将供应商企业置于被动局面。因为供应商没有合理利润时，会导致物资供应困难或降低协同合作意愿，这种结果不符合买方企业长远利益。因此采购合作的理念，应当尽量使双方都能获得好处、共存共荣。以这个理念为指导，双方处理合作期间的各种事务时，更容易建立起相互信任、相互支持、友好合作的关系。

二、供应商激励与控制策略

供应商激励和控制的目的，一是要充分发挥供应商的积极性和主动性，努力搞好物资供应工作，保证本企业的生产生活正常进行；二是要防止供应商企业的不轨行为，预防一切对企业、对社会的不确定性损失。

(一)逐渐建立稳定可靠的关系

企业应当和供应商签订一个较长时间的业务合同关系，例如，1 年至 3 年。时间不宜太短，否则供应商难以完全信任采购方，不可能全心全意为采购方的物资供应工作倾注全力，还容易产生机会主义行为。只有合同时期长，供应商才会感到放心，才会倾注全力与企业合作，搞好物资供应工作。特别是当业务量大时，供应商会把本企业看做是它生存发展的依靠和希望。这就会更加激励它努力与企业合作，企业发展它也得到发展，企业垮台它也跟着垮台，形成一种休戚与共的关系。但是合同时间也不能太长，这一方面是因为将来可能发生变化，例如，市场变化导致产量变化，甚至产品变化、组织机构变化等；另一方面，也是为了防止供应商产生木已成舟的思想而放松对供应关系的竞争进取精神。为了促使供应商加强竞争进取，就要使供应商有危机感。所以合同时间一般以一年比较合适，并说明如果第二年继续合适，可以再续签；第二年不合适，则合同终止。这样签合同，就是既要让供应商感到放心，可以有一段较长时间的稳定工作；又要让供应商感到有危机感，不要放松竞争进取精神，才能保住长期客户资源。

(二)合理设计采购竞争机制

有意识地在供应商之间引入竞争机制，促使供应商之间在产品质量、服务质量和价格水平方面不断优化。例如，在几个供应量比较大的品种中，每个品种可以实行 AB 角制或 ABC 角制。所谓 AB 角制，就是一个品种设两个供应商，一个 A 角，作为主供应商，承担 50%～80%的供应量；一个 B 角，为副供应商，承担 20%～50%的供应量。在运行过程中，对供应商的运作过程进行结构评分，一个季度或半年一次评比。如果主供应商的月平均分数比副供应商的月平均分数低 10%以上，就可以把主供应商降级成副供应商，同时把副供应商升级成主供应商。与上面说的是同样的原因，我们主张变换的时间间隔不要太短，最少一个季度以上。太短了不利于稳定，也不利于一旦偶然出错的供应商有机会纠正错误。ABC 角制则实行三个角色的制度，原理与 AB 角制一样，同样也是一种激励和控制的方式。

(三)不断增强相互信任的氛围

疑人不用，用人不疑。当供应商经考核转为正式供应商之后，一个重要的措施，就是应当将验货收贷逐渐转为免检收货。免检，这是对供应商的最高荣誉，也可以显示出企业对供应商的高度信任。免检当然不是不负责任地随意得出结论，应当稳妥地进行。既要积极地推进免检考核的进程，又要确保产品质量。一般免检考核时间要经历三个月左右时间，在免检考核期间内，起初总要进行严格的全检或抽检。如果全检或抽检的结果，不合格品率很小，则可以降低抽检的频次，直到不合格率几乎降到零。这时，要组织供应商有关方面的人员，稳定生产工艺和管理条件，保持零不合格率。如果真能保持零不合格率一段时间，就可以实行免检了。当然，免检期间，也不是绝对地免检。还要不时地随机抽检一下，以防供应商的质量滑坡，影响本企业的产品质量。抽检的结果如果满意，则就继续免检。一旦发现了问题，就要增大抽检频次，进一步加大抽检的强度，甚至取消免检。通过这种方式，也可以激励和控制供应商。

此外，建立信任关系，还包括在很多方面。例如，不定期地举行一些企业负责人参加的洽谈会，主要目的是交换意见，研究问题，协调工作，甚至开展一些互助合作。特别对涉及企业之间的一些共同的业务、利益等有关问题，一定要坦诚交流，充分交换意见。要搞好这些方面的工作，需要树立起一个指导思想，就是“双赢”。一定要尽可能让供应商有利可图。不要只顾自己，不顾供应商的利益，只有这样，双方才能真正建立起比较协调可靠的信任关系。这种关系实际上就是一种供应链关系。

(四)建立相应的监督控制措施

在建立起信任关系的基础上，也要建立起比较得力的、相应的监督控制措施。特别是一旦供应商出现了一些问题，或者出现一些可能发生问题的苗头之后，一定要建立起相应的监督控制措施。根据情况的不同，可以分别采用以下措施：

第一，对一些非常重要的供应商，或是当问题比较严重时，可以向供应商单位派常驻代表。常驻代表的作用，就是沟通信息、技术指导、监督检查等。常驻代表应当深入到生产线各个工序、各个管理环节，帮助发现问题，提出改进措施，切实保证把问题彻底解决。对于那些不太重要的供应商，或者问题不那么严重的单位，则视情况分别采用定期或不定期到工厂进行监督检查，或者设监督点对关键工序或特殊工序进行监督检查，或者要求供应商自己报告生产条件情况、提供工序管制上的检验记录，进行分析评议等办法实行监督控制。

第二，加强成品检验和进货检验，做好检验记录，退还不合格品，甚至要求赔款或处以罚款，督促供应商改进。

第三，组织本企业管理技术人员对供应商进行辅导，提出产品技术规范要求，使其提高产品质量水平或企业服务水平。

(五)供应商管理信息交流机制

信息交流有助于减少投机行为，有助于促进重要生产信息的自由流动。为加强供应商与制造商的信息交流，可以从以下几个方面着手。

(1)在供应商与制造商之间经常进行有关成本、作业计划、质量控制信息的交流与沟通，保持信息的一致性和准确性。

(2)实施并行工程。制造商在产品设计阶段让供应商参与进来，这样供应商可以在原材料和零部件的性能和功能方面提供有关信息，为新产品研发创造条件，把用户的价值需求及时地转化为供应商的原材料和零部件的质量与功能要求。

(3)建立联合的任务小组解决共同关心的问题。在供应商与制造商之间应建立一种基于团队的工作小组，双方的有关人员共同解决供应过程以及制造过程中遇到的各种问题。

(4)供应商和制造商经常互访。供应商与制造商采购部门应经常性地互访，及时发现和解决各自在合作活动过程中出现的问题和困难，建立良好的合作气氛。

(5)使用电子数据交换(EDI)和互联网技术进行快速的数据传输。

第六节 供应商关系管理

长期以来，企业作为个体经济角色处于彼此独立、利益分配相互冲突的“食物链状态”，但随着全球经济一体化进程的加速、随着互联网在全球范围内的蓬勃发展以及推广应用，这种时代和状况开始分崩殆尽，取而代之的是供应链上的成员企业互惠合作，由此出现了供应商关系管理潮流。随着资源在全球化范围内调配，企业间业务联盟的进一步发展，供应链业务紧密连接趋势越来越强等，企业与供应商之间的关系变得越来越重要，当企业发现彼此的贡献可以融合成一种新能力和产生综合效益时，使得顾客的忠诚度得以重新建立起来，这隐含着与供应商共享合作与创新。这种与供应商合作创造的市场价值，是业务伙伴合作中的一个重要的问题，就像与客户之间的伙伴关系一样，与供应链上供应商之间的关系也将转变企业间彼此合作的伙伴关系。

一、供应商关系管理的内涵

供应商关系管理(Supplier Relationship Management)是用来改善与供应链上游供应商的关系的，它是一种致力于实现与供应商建立和维持长久、紧密伙伴关系的管理思想和软件技术解决方案，旨在改善企业与供应商之间关系的新型管理机制。它通过对双方资源和竞争优势的整合来共同开拓市场，扩大市场需求和份额，降低产品前期的高额成本，实现双赢。实际上，它是一种以“扩展协作互助的伙伴关系、共同开拓和扩大市场份额、实现双赢”为导向的企业资源获取管理的系统工程。

著名咨询公司 Gartner 这样定义供应商关系管理：供应商关系管理是用于建立商业规则的行为，以及企业为实现盈利而和不同重要性的产品或服务供应商进行必要的沟通活动。根据 Gartner 的观点，企业采用供应商关系管理能带来如下好处：

(1)优化供应商关系，企业可以依据供应商的性质以及其对企业的战略价值，对不同供应商采取不同的对待方式；

(2)建立竞争优势，并通过合作，快速地引入更新、更好、以顾客为中心的解决方案，来增加营业额；

(3)扩展、加强与重要供应商的关系——把供应商集成到企业流程中；

(4)在维持产品质量的前提下，通过降低供应链与运营成本促进利润提升。

二、传统与现代供应商关系管理理念

传统的供应商关系为竞争关系，而现代供应商关系越来越趋向伙伴关系，两种关系的主要区别如下。

1)竞争关系模式是价格驱动

这种关系的采购策略表现为：

(1)买方同时向若干供应商购货，通过供应商之间的竞争获得价格好处，同时也保证供应的连续性；

(2)买方通过在供应商之间分配采购数量对供应商加以控制；

(3)买方与供应商保持的是一种短期合同关系。

2)伙伴关系是一种合作的关系

这种供需关系最先是在日本企业中采用。它强调在合作的供应商和生产商之间共同分享信息，通过合作和协商协调相互的行为：

(1)制造商对供应商给予协助，帮助供应商降低成本、改进质量、加快产品开发进度；

(2)通过建立相互信任的关系提高效率，降低交易/管理成本；

(3)长期的信任合作取代短期的合同；

(4)比较多的信息交流。

三、供应商关系的分类管理

一个企业的供应商数量可能很多，如果不加以区分，则很难制定科学的管理方法。供应商关系细分的依据主要来自采购金额、采购商品的重要性、供应商可依赖度，等等。供应商关系细分是供应商关系管理的先行环节，根据不同标准可以将供应商关系细分为如下几种。

(一) 按采购依存度分类

根据采购双方对于彼此的重要程度可以将供应商分为伙伴型、优先型、重点商业型、普通商业型四种类别。当具有很强产品研发能力的供应商认为买方企业对于自身非常重要时，买方企业同样认为采购合作非常重要的情况下，对应的供应商类型是伙伴型；当供应商认为买方企业对于自身来说非常重要，但是买方企业并不认为供应商企业重要时，局面对于买方企业有利，对应的供应商类型为优先型；当供应商认为买方企业对于自身无关紧要，但该采购业务对买方企业非常重要时，对应的供应商是重点商业型；当供应商与买方企业双方都认为彼此不太重要时，采购业务可以很容易地更换供应商，对应的供应商类型是普通商业型。

(二) 按采购价值分类

根据采购价值大小，可以将供应商分为重点供应商与一般供应商。采购价值的划分依据是 80/20 规则分类法。这种分类方法的基本思想是针对不同的采购物品应采取不同的策略，采购时间与费用的分配也应有所不同。通常认为提供 20%供应量却占买方总采购物资 80%价值的供应商为重点供应商，而其余提供了 80%供应量却只占总采购物资 20%价值的供应商为普通供应商。对于重点供应商应投入 80%的采购时间和费用进行管理与改进。这些供应商提供的物资基本上是企业的战略物品或紧缺物资，例如，计算机厂商需要采购的 CPU 和显卡，蛋糕厂需要采购的奶油以及一些价值高但供应不足的物品。而对于一般供应商则只需要投入 20%的采购时间和费用与其交易。因为这类供应商所提供的物品对于企业的生产成本与产品质量的影响较小，例如，办公用品、生产辅料等。

(三) 按采购战略分类

1. 短暂型

这种类型的最主要特征是采购活动表现为单纯市场交易。双方并没有意愿保持长时期的供应关系，各种交易行为的出发点只停留在短期交易上，双方关注的是如何赢得谈判胜利，如何提高自己的交易主动权，尽量不要让自己的利益受损，并不考虑如何改善供应或采购工作，使双方都获利。此类供应商一般提供的是标准化的产品或服务，可以保证市场交易的信誉。这类采购业务比较简单，只需业务人员和采购人员参与即可，买方其他部门人员一般不用参与。当采购业务终止时，双方关系也终止了。

2. 长久型

长久型的特征是双方从长远利益出发，相互协作，不断改进采购产品质量与服务水平，整体上降低双方总成本，提高供应链的竞争力。同时，长期合作范围涉及企业内很多部门与人员。采购方与供应商保持长期合作关系好处很多，双方会有意愿为了共同利益改进采购工作内容，并在此基础上建立起超越市场交易关系的合作。例如，在长期合作的前提下，采购方对供应商提出技术革新要求时，供应商目前能力却有限的状况下，采购方可以为供应商提供技术及资金等多方面的支援。供应商的技术改进会促进产品改良，这对供应商是非常有利的好机会。所以长期合作符合双方的长远利益。比如，计算机制造商可以为电池制造商提供技术和资金支持用于改进电池的技术含量与升级换代，同时电池厂商的技术革新也会促进计算机制造商生产出质量更为优越的产品。

3. 渗透型

这种合作形式是在长期目标型基础上形成的。其合作理念是将对方公司看作自己公司的外延或内在组成部分。因此，采购双方在合作过程中的信任程度及亲密程度极大提高。为了便于融入对方企业文化及业务活动，有时会在产权关系上采取适当的措施，如互相投资或参股等，在企业产权结构上保证双方利益的一致性。同时在组织架构上也可以采取相应的措施，例如，彼此委派员工承担对方有关业务活动。渗透型的优点是可以深入地了解对方的管理情况，供应商在渗透中可以了解自身提供的产品在下游企业如何应用，进而便于发现改进的方向；并且采购方也能知道供应商如何制造产品，可以有针对性地提出改进建议。

4. 联盟型

联盟型是从战略合作角度提出的。它的特点是考虑更长远的企业发展战略层面的合作问题。在管理难度提高的前提下，对于协作的要求也相应提高。另外，由于双方之间的合作属于战略合作，往往需要协调成员之间的发展战略，使之在企业发展方向上起到相互支撑作用，同时在行动策略上也要进行相应的调整配合。

5. 供应链集成型

这种形式被认为是合作投入最多的关系类型，即把采购双方看作一个企业考虑合作事宜。虽然成员企业在法律上是完全独立的企业，经营自主权还是归自身所有，但是在这种关系中，要求每个企业在充分了解彼此的目标、要求，充分掌握信息的前提下，自觉做出有利于供应链整体利益的决策。

四、供应商关系管理的重点

每一家企业都希望可以找到产品质量好、服务态度好、供货及时、不断创新的供应商，但是往往事与愿违。面对这些问题，企业需要努力培养优秀的供应商，做好供应商能力拓展与积极性提升等工作。

(一)记录供应商信息

管理工作需要可靠的数据资料，日常需要收集的信息包括：

(1)相关产品文件，包括年报、宣传手册、产品目录、用户指南、维修手册等；

(2)公司能够收集到的有关供应商的公开信息，包括新闻报道、信用报告等；

(3)其他用户对于该供应商的反映，包括用户满意度的调查信息；

(4)供应商在质量控制、成本控制以及技术开发方面所做的努力情况；

(5)供应商对问讯的反应，以及为公司的供应商拜访和调查准备的报告；

(6)由供应商的证明人及其他有关联系人提供的信息；

(7)供应商询价反馈速度、退货条件信息；

(8)公司从发放调查问卷、评价反馈、咨询和后续工作中直接或间接获得供应商信息，其他可能影响供应链合作关系的信息等。

（二）拓展供应商能力

(1)为供应商提供与采购项目有关的专家技术方面的建议和帮助。

(2)提供生产资金，如通过提前支付设备的采购款，或者预先支付供应商需要的采购原材料或零部件的费用等。

(3)帮助供应商整合其信息系统，使该系统与本公司的系统更具兼容性，以方便两个公司之间的沟通，便于双方联合制订计划，等等。

（三）提升供应商积极性

(1)增加从该供应商处的采购量，公司可以考虑供应商目前可以提供的所有产品或服务，或者包括供应商未来可以提供的产品或服务，同时考察公司未来的需求，以确定是否存在进一步扩展双方业务合作的可能。

(2)与供应商保持信息通畅，充分证明本企业是供应商的一个优质的客户。

（四）与供应商平等交流

在采购活动中，往往需求方在供应方面前，会有一种居高临下的心态，总觉得是自己在挑选别人。其实反过来看，供应商也会遇到许多不同的采购者，会因人而异地采取交易策略。双方只有平等交流，才有可能获得好感和信任。一切事宜都应该在平等自愿的前提下进行合作。订立采购合同的前提应该平等自愿，不仅享受的权利应该平等，负的责任也应该平等。采购方不该强迫供应方接受不平等事项，也不应做出一些无谓的免责声明。

同时，应该诚信地与供应商沟通。在双方获得彼此的认可之后，不能因为一时的小利而欺诈供应商。在建立了长久的合作伙伴关系之后，不要利用供应商的信任去做一些机会主义行为。在信用社会里，失去了信誉也就失去了市场。

（五）维护供应商利益

采购方在与供应商合作的时候，不要把对方当成“敌人”看待，真正维护好供应商关系的方式是，要把供应方当成内部人，当成企业的原材料生产部。以双方联盟的心态来对抗外界可能遇到的一切挑战和变动。企业在处理一切问题的基本原则都应该是“双赢，才是真的赢”。勿以自己企业的利益为大，置供应商的利益于不顾。

五、供应商关系管理的误区

（一）无节制压低采购单价

在制造业成本构成中，原材料或零部件一般都占有很高的份额，企业高管对原材料或零部件成本予以关注，这本在情理之中。但是，管理者会不知不觉地把关注的焦点放在了原材料或零部件的采购单价上，并期望通过无节制压低供应商价格，来提高自身成本竞争优势。

无节制压低采购单价的后果是严重的，供应商可能因为无利可图而被迫停止供货，更坏的情况是供应商为了生存而采取以次充好的应对策略。可见，期望无限压低资源价格来获得成本优势，不仅背离了精益管理思想，而且企业还可能为此付出惨痛代价。

（二）过多审核监管，缺少辅导支持

许多企业抱怨，供应商能力低下，品质、交货等总是达不到要求。面对问题，许多管理者想到的是，通过加强审核监督，甚至采用重罚等手段来达到目的。至于对供应商实施辅导，帮助提升管理水平方面，则没有意识或少有作为。其结果是，供应商能力提升缓慢，考核和处罚还会增加供需双方的不信任感，以至于出现相互推诿的现象。

(三) 故意拖欠供应商货款

有的采购方将拖欠供应商货款看作采购人员值得称道的工作能力，并以此来考核采购部门及员工的工作绩效。其结果是企业想方设法拖欠货款，还故意苛责供应商，以品质不良或交货延迟等为理由不支付或少支付。这样将打击供应商提供服务的积极性，并严重影响采购方的企业信用和形象。

(四) 频繁更换供应商

在一些企业看来，更换供应商易如反掌，因为有太多的中小企业等着成为他们的供应商。在不断更换供应商的过程中，这些企业确实能够从中得到短期实惠。但是，这样做的缺点也是显而易见的，那就是在供应链整体能力提升方面无所作为，缺乏积累，而且还会在企业信用和形象上遭受莫大的损失。

以上四个供应商关系管理方面的认识误区和错误做法，不利于企业整体实力的提升，更会阻碍企业壮大变强的进程。

六、供应关系的中止

当供应合作关系失败而决定中止时，双方处理不好将会产生报怨乃至敌意。从社会关系网络角度来看，未来采购双方再次合作或产生交易关联的可能性是存在的，例如，原供应商中的某个高层管理者跳槽到了其他公司，而这家公司正是采购企业目前的供应链合作伙伴。所以采购方应尽量将更换供应商工作处理得周全妥当，不伤害供应商利益，不危及企业声誉及合作友谊。

(一) 中止关系的原因

从采购方角度，可分为自愿与非自愿中止两类原因。

(1) 自愿中止的原因多数情况是对供应商表现不满意。例如，当采购方向供应商提供技术方案或派出技术小组帮助解决关键质量问题后，供应商却没有实现预期的绩效改善，且采购方的下游客户不断抱怨相关质量问题，最终采购方只能放弃原有供应商转而去寻找其他积极响应需求且能力更强的供应商。

(2) 非自愿中止往往来自于供应商资金链断裂或企业重组等经营风险。由于这类中止具有突发性，因此对采购方的采购工作可能造成很大的冲击或利益损失。如果采购方遇到此类情况，应迅速成立危机处理小组，立即组织重选供应商工作，尽量减少中止损失。

(二) 中止关系的策略

有些采购方与供应商中止合作时出于自身利益考虑并不提前通知供应商，或者在通知供应商时以“不需要再采购了”“采购合作不符合企业利益了”等含糊的理由贸然结束与供应商的关系。这些做法一方面会伤害供应商的利益，另一方面也不符合商业道德。当采购方寻找到新的供应商后，新供应商会猜疑自己是否也会被同样对待，所以在合作中有所保留或产生机会主义行为，最终受害的是采购方自身的利益。因此采购方要注意中止供应关系时的策略，保全企业声誉。

友好中止供应关系的最佳途径是在关系处于危险期时就表露出中止态度，例如，在供应商的服务态度持续欠佳，或供应商财务状况长期处于危险区时，坦率而直接地提出警告，这样供应商在真正中止关系时就不会感到意外或不合理。大体上和平处理中止供应事件的策略有三点。

(1)积极的态度：双方此阶段的供应关系结束并不意味着永远不再合作，从日后还有机会合作的角度出发，彼此积极解决中止合作的善后问题，不要使采购环节的问题影响到生产活动。

(2)友好的氛围：虽然中止合作不是一件愉快的事情，但是双方沟通交流相关事宜时不要相互指责，特别是采购方尽量理解供应商的失落情绪。

(3)恰当的理由：采购方对于中止合作的原因一定要解释清楚，并向供应商表明再继续合作对自身可能产生的损失。客观而恰当的中止合作理由，有助于保护采购方的声誉。

(三)中止关系的处理过程

采购方在确定与供应商中止关系的想法后，接着需要考虑如何处理中止关系引发的问题。关系中止时需要处理的问题主要是协商双方应该承担的责任，包括：

(1)与供应商协调停止供应的具体时间节点，并制作行动时间表；

(2)恰当处理供应商的现有库存，列出库存产品清算单；

(3)计算双方还未结算的各项费用，保证双方没有财务纠纷；

(4)反思本次中止供应关系的经验教训，为以后的采购业务提供参考。

对于双方有争议的事项，当超出合同规定内容时，可以寻求第三方中立机构帮助协调，避免进入法律程序对簿公堂。比较理想的处理结果是供应商有秩序地退出，采购方的客户没有发生损失，供应商转换成本降到最低。

思考题

一、填空题

1. 对于供应商开发工作的定位，分为两类，一类是倾向于________的供应商开发，另一类是倾向于________的供应商开发。

2. 供应商调查可以分成三个阶段。一是资源市场调查；二是________供应商调查；三是________供应商调查。

3. 供应商选择的基本准则是质量、成本、交付与服务并重的原则。在这四项要素中，前两者偏向________属性，后两者偏向________属性。

4. 根据采购价值大小，可以将供应商分为________供应商与________供应商。

5. 根据采购项目对买方企业的重要性及采购量，可将采购项目分为一般项目、________项目、瓶颈项目、________项目。

二、判断题

1. 我国企业在选择供应商时，最主要标准是价格，约占98.5%的企业考虑了价格因素。（ ）

2. 单一供应商是指某种物品集中向一家供应商订购，这种购买方式的优点是供需双方的关系密切，购进物品的质量稳定、采购费用低。 ( )

3. 质量合格率指标优点是简单易行，缺点是难以体现质量问题带来的危害。 ( )

4. 提供 80%供应量却占买方总采购物资 20%价值的供应商为重点供应商。 ( )

5. 传统的供应商关系为伙伴关系，而现代供应商关系越来越趋向竞争关系。 ( )

三、选择题

1. 供应商管理是指对供应商的了解、选择、开发、激励和控制、合作等综合性管理工作总称。其中( )是目的。

A. 选择 B. 开发 C 控制 D. 合作

2. 产品质量考核，一般可以用( )调查的方法。

A. 全面 B. 抽样 C. 重点 D. 典型

3. 供应商绩效评估指标体系中，( )指标不属于定量指标。

A. 质量 B. 成本 C. 交货 D. 服务

4. 倾向于实物采购的供应商开发，有以下( )特点。

A. 不追求降低最终成本 B. 关注物料的可获得性

C. 具有较高的质量要求 D. 关注及时交付率

5. 按采购依存度分类可以将供应商分为( )几种类别。

A. 伙伴型 B. 优先型 C. 重点商业型

D. 普通商业型 E. 供应链集中型

四、简答题

1. 简答供应商按采购战略分类的类型及特征。
2. 简答选择供应商时应注意的问题。
3. 供应商调查三阶段主要包括的内容。
4. 供应商绩效评估体系一般包括哪些指标?
5. 供应商开发的工作特点。

【实践活动】

实践项目：供应商的选择与评价

任务要求：在教师指导下，实地调查所在城市的供应商企业，分小组讨论，最终得出供应商选择的相关依据，完成以下任务:

1. 通过对供应商调查与研究，建立有效的供应商档案;
2. 依据收集信息，确定供应商选择评估的参考指标，并设计出一套合理的评估计分系统;
3. 将设定的供应商选择评估指标体系应用到实际案例中，帮企业选择供应商合作伙伴。

按以上要求，在充分讨论的基础上，形成小组课题报告。

第七章

供应链采购谈判策略

【引导案例】

如何成为谈判高手

华美连锁超市采购部门常年都需要与供应商谈判，超市谈判人员在整个采购洽商过程中起着十分重要的作用。以下案例详细记录了超市采购高手的谈判过程。

一、郑重提出异议

11月11日上午9:30，华美连锁超市采购经理李军发了一份传真(第1计：以书面的形式发送对价格异议的通知)，这是给苏瑞公司的销售经理王杰的，传真主要内容如下：

对于贵司6日发来的2013年度A系列洗发水12元的报价，我们感到很意外(第2计：不接受对方的第一次报价，对对方的报价表示意外)，该价格比我们能接受的成本要高出20%(第3计：提出的价格异议数据看似很准确)！

经过我调研部8人小组4天时间对10家同类品牌、5家超市的调查，这样的价格即使我司按成本价销售也没有任何优势(第4计：以数字说话，更有说服力)！更何谈让我司协助贵司抢夺绿洁公司的市场份额(第5计：抓住对方对市场份额的期望，让对方权衡利弊)。

为更好地帮助贵司推广此产品，实现我们共同的目标(第6计：依然是为了双方更好地合作)，我们只能接受9.96元(第7计：提出更低的报价，并且精确到小数点后两位数，使对方觉得这是精心核算过的)的采购单价。

如果接受此报价，可请王杰经理明日上午10：10到我司(第8计：让对方进入自己的主场势力范围，保持主场心理优势；用精确的时间表示自己的严谨)签署合作协议(第9计：用合作从战略上引诱对方)，否则我们只能表示遗憾(第10计：最后通牒)。

二、用竞争对手施压

随后，李军分别给苏瑞公司的两个竞争对手绿洁和三彩公司的销售经理周明、郑斌打电话，约请他们过来伪装商谈购销事宜，并故意让王杰碰到，让他意识到自己的市场地位有可能会受到威胁。

三、知己知彼，步步紧逼

王杰到达后，透过洽谈室的玻璃，看到李军在3号洽谈室饶有兴趣地看着郑斌的样品。两人言谈甚欢。王杰还看到，那些样品好像就是自己A系列的竞争产品。

四、讨价还价

李军进门就说：王经理，不瞒你说，三彩公司的产品和你们差不多，今天他就是为明年合作来的。

王杰说：我刚才请示了总经理，我们可以折中，以 10.25 的单价供货。

这个价格超出李军的预料，已经低于公司下达的指标。

李军说：价格必须按我之前提的定，9.96 元的单价。

五、先斩后奏

11 月 13 日上午王杰收到一封快递，是李军寄过来的一式两份的合同，单价一栏赫然是 9.96 元，并且已经签字盖章。

王杰硬着头皮，拿着合同审批表走进总经理办公室。总经理在审批表上签下了自己的名字。

11 月 14 日上午，李军收到一份快递，是王杰寄过来的，里面就是自己邮寄过去的合同，在乙方一栏也已经签了字盖了章。

随后王杰接到李军的电话，李军说：王经理，你是我接触的最出色的销售经理，恭喜你明年业绩再争第一(谈判结束，一定要首先真诚地祝贺对方，让对方觉得是自己获得了胜利，而不是让对方感觉自己被忽悠了)！

【学习目标】

1. 掌握采购谈判的概念；
2. 熟悉采购谈判的基本内容；
3. 了解采购谈判的过程；
4. 掌握采购谈判的技巧；
5. 理解采购谈判的要点；
6. 熟悉采购谈判的策略。

第一节　采购谈判内容与特点

一、谈判概述

(一)谈判的概念

谈判是双方或多方之间，为了协调彼此之间的关系，满足各自的需要，通过协商而争取达到意见一致的行为和过程。谈判有商务谈判、政治外交谈判、雇主与雇员之间的劳资谈判等。

(二)谈判的构成要素

(1)谈判主体。指的是参加谈判活动的双方人员。

(2)谈判议题。指在谈判中双方所要协商解决的问题。谈判议题必须具备的条件：双方具有共同利益追求；具备可谈性；必然涉及双方或多方的利害关系。

(3)谈判目的。谈判各方通过协商促使对方作出某种承诺以达到一定目的。

(4)谈判行为方式。指谈判人员之间对解决谈判议题所持的态度或方法。

(5)谈判环境条件。包括宏观方面的政治环境、经济环境、技术和社会背景环境条件；也包括微观方面企业自身状况及谈判地点场所的选择。如在采购方企业所在地、在供应商企业所在地或者第三方地点。

⑹谈判结果。一项完整的谈判活动必须有谈判结果，无论谈判成功与否，都需要有相应的结果。

二、采购谈判概述

（一）采购谈判的含义

采购谈判属于商务谈判，是指采购活动一方与供应商为了实现一定的经济目标，就双方的权利义务进行协商的过程。采购方想以自己比较理想的价格、产品质量和服务条件来获取供应商的产品，而供应商则想以自己希望的价格和服务条件向购买方提供自己的产品。当两者不完全统一时，就需要通过谈判来解决，这就是采购谈判。另外，在采购过程中，由于业务操作失误发生了货物的货损、货差、货物质量数量问题在赔偿问题上产生争议，也要进行谈判，也属于采购谈判。

采购谈判的目的是实现“双赢”，即双方达成互相满意的共识。采购谈判是双方既合作又冲突的行为和过程，具有双重性的特点，这决定了采购谈判成功的基础是企业必须加强各自的谈判实力。

（二）采购谈判的重要性

采购谈判的重要性包括以下几点。

⑴可以争取降低采购成本。通过采购谈判可以用较低的价格获取供应商的产品和服务，降低采购费用；还可以用高效的交货方式降低库存成本。

⑵可以争取保证产品质量。产品质量是采购最主要的谈判议题之一，在谈判过程中采购方为了获取可靠优质的产品，非常关注产品质量。

⑶可以争取采购物资及时送货。通过谈判，采购商向供应商提出交货方面的约束，如交货时间、地点、运输方式等，从而保证采购效率。

⑷可以争取获得比较优惠的服务。伴随着采购业务会涉及不同的优惠项目，如免费送货、技术咨询、安装调试、现场指导、售后保障等。通过谈判可以尽量争取各种优惠。

⑸可以争取降低采购风险。采购过程风险很大，可能因主观或客观因素导致事故的发生，造成货品的损失。通过采购谈判与供应商协商，让供应商承担更多的责任，共同规避风险。

⑹可以妥善处理纠纷，维护双方的效益。采购过程中因双方意见不同可能带来纠纷，如交货延期、货品丢失等。这些问题可以通过采购谈判解决，达成共识，将可能发生的问题在合作前期就制订出解决办法，减少未来出现纠纷的概率。

（三）采购谈判的内容

在采购谈判中，谈判双方主要就以下几项交易条件进行磋商。

⑴商品的品质条件。商品的品质、价格、数量和包装条件是谈判双方磋商的主要交易条件。只有明确了商品的品质条件，谈判双方才有谈判的基础。也就是说谈判双方首先应当明确双方希望交易的是什么商品。在规定商品品质时，可以用规格、等级、标准、产地、型号和商标、产品说明书和图样等方式来表达，也可以用一方向另一方提供商品实样的方式表明己方对交易商品的品质要求。

⑵商品的价格条件。在项目采购过程中，谈判双方焦点主要就价格的高低进行磋商。而

在国际货物买卖中，商品价格的表示方式除了要明确货币种类、计价单位以外，还应明确以何种贸易术语成交。

(3) 商品的数量条件。在磋商数量条件时，谈判双方应明确计量单位和成交数量，在必要时订立数量的机动幅度条款。

(4) 商品的包装条件。在货物买卖中，大部分货物都需要包装。因此，谈判双方有必要就包装方式、包装材料、包装费用等问题进行洽谈。

(5) 商品的交货条件。交货条件是指谈判双方就商品的运输方式、交货时间和地点等进行的磋商。

(6) 货物保险条件。货运的保险条件的确定则需要买卖双方明确由谁向保险公司投保，投保何种险别，保险金额如何确定，以及依据何种保险条款办理保险等。

(7) 货款的支付条件。货款的支付问题主要涉及支付货币和支付方式的选择。不同的支付方式、买卖双方可能面临的风险大小不同，在进行谈判时，要根据情况慎重选择。

(8) 检验、索赔、不可抗力和仲裁条件。有利于买卖双方预防和解决争议，保证合同的顺利履行，维护交易双方的权利，是谈判中必然要商议的交易条件。

商品的品质、价格、数量和包装条件是谈判双方磋商的主要交易条件。在磋商数量条件时，谈判双方应明确计量单位和成交数量，在必要时订立数量的机动幅度条款。商品的交货条件是指谈判双方就商品的运输方式、交货时间和地点等进行的磋商。货款的支付问题主要涉及支付货币和支付方式的选择。检验、索赔、不可抗力和仲裁条件，有利于买卖双方预防和解决争议，保证合同的顺利履行，维护交易双方的权利，是货物买卖谈判中必然要商议的交易条件。

(四) 采购谈判的特点

(1) 采购谈判是为了最终获取本单位或部门所需物资，保障本单位或部门及时持续的外部供应。

(2) 采购谈判讲求经济效益。在谈判中，买卖双方争议最激烈的问题往往是商品的价格问题。对采购者来说，当然是希望以最低的价格或者最经济地获得所需商品。

(3) 采购谈判是一个买卖双方通过不断调整各自的需要和利益而相互接近，最终争取在某些方面达成共识的过程。

(4) 采购谈判蕴含了买卖双方"合作"与"冲突"的对立统一关系。

(5) 在采购谈判中，最终达成的协议所体现的利益主要取决于买卖双方的实力和当时的客观形势。

(6) 采购谈判既是一门科学，又是一门艺术。掌握谈判的基本知识和一些常用策略技巧能使谈判者有效地驾驭谈判的全过程，为己方赢得最大的利益。

在采购谈判的实际组织实施中，要综合考虑采购谈判的上述特点，并结合实际情况，制定合适的谈判计划、方案和策略等。

三、采购谈判实力

(一) 谈判实力的含义

在语言词法学上对实力的解释是：实力是一种实实在在的力量，实力是由强弱来衡量的。

所谓谈判实力是影响谈判双方在谈判过程中的相互关系、地位和谈判最终结果的各种因素总和以及这些因素对各方的有利程度。

谈判是人们为了各自的利益或责任，通过交换意见，谋求一致协议的交往活动。从这个定义中可以看出，谈判的目的是要达成一份协议，达成一份双方都满意的协议。而在实际生活中，人的欲望总是难以完全满足，特别是在对立型的利益冲突中，双方之间的利益是此消彼长的关系时，达成同时使双方都满意的协议是很困难的，一方的满意必是另一方的不满意，因此谈判协议最后也只能是相对的满意。就算是在合作型的谈判中，谈判的最终协议也只能是令双方相对的满意。根本原因是人的欲望的无限性与资源的有限性之间的矛盾。因此如何说服谈判的一方接受另一方提出的方案，或者说服对方放弃他所坚持的方案，寻找对双方来说更为满意的解决方案，这就需要通过谈判实力来实现。

（二）影响企业采购谈判实力的因素

(1)交易内容对企业的重要性。交易内容主要包括交易产品数量、产品特性、转换成本等都会对任何一方造成增强其谈判实力或削弱其谈判实力的影响。

(2)企业对交易内容和交易条件的满足程度。谈判任何一方对交易内容和条件的满足程度、偏好程度越高，其谈判实力越弱。

(3)竞争态势。谈判双方所处的市场竞争环境、市场结构形态也会影响企业谈判实力。如果供应商处于垄断市场，其谈判实力非常强大，相应地采购方的谈判实力减弱。如果供应商处于完全竞争市场，其谈判实力减弱，而采购方的谈判实力大大增强。

(4)对于商业行情的了解程度。谈判本身是信息沟通与磋商的过程，通过双方信息交流，最终对双方所共同面临的问题达成某种看法。因此，任何一方对市场商业行情信息掌握越多，谈判主动性越强，谈判实力也越强。当然，谈判如同战争，真真假假，谈判中不只是了解判断市场信息，还需要了解谈判对方的信息，同时还要散布有利于己方的信息，迷惑对方，达到“明修栈道，暗度陈仓”的效果。

(5)企业信誉和实力。谈判中一方的企业品牌信誉、财务实力、市场地位等越强，谈判实力也越强。

(6)对谈判时间因素的反应。谈判各方对谈判时间的反应可能不同，如果一方因为某种原因迫切需要成交，则相应地其谈判实力因此而被削弱。反之，时间充裕的一方，往往使用疲劳战术争取更多对自己有利的交易条件。

(7)谈判的艺术和技巧。谈判的艺术和技巧强的谈判高手往往是谈判创新能力强的人。谈判创新能力指的是在谈判中不拘束于过去对于解决问题的形式，而是面对同样的问题寻找多种解决问题的各种各样解决形式等。谈判创新能力体现在多个方面，谈判的思维创新、谈判问题的一篮子解决方案创新等。拥有较强谈判艺术和技巧的谈判高手往往具有敏锐眼光和洞察能力，能够准确把握事态发展变化，在追求自身利益同时能够准确掌握谈判对手的愿望、说服对方接受条件，能创新地针对双方面临的问题提出恰当合适的解决方案。在谈判中可以更好地掌握谈判的节奏，打破谈判中的僵局，起到柳暗花明的作用。比如，中国与英国就香港回归问题的谈判中，面对英方以香港社会的稳定为借口提出的保留治权的问题时，邓小平提出了伟大的“一国两制”构想，将谈判双方所面临的分歧很好地解决了。再如，周恩来总理在万隆会议上，面对大家的争吵创新地提出了“求同存异”的原则，将会议很好地推行下去。以上两个关于谈判中的创新活动堪称创新的经典。

四、采购谈判原则

1．互惠双赢

采购谈判最基本的原则就是谋求买卖双方的“皆大欢喜”。其含义是采购谈判应兼顾买卖双方的利益，将谈判成功的希望放置于双方需要的基础上，并在此基础上追求对各方都有利的结果。贯彻“双赢”的原则，就要在谈判过程中努力去寻求满足共同利益的谈判选择方案。

在制订谈判目标、计划、策略时，应当从双方的需要出发考虑问题。以这样的原则去指导谈判活动，才能提高成功率。反之，如果在谈判中只顾自身利益，不顾对方利益，最后就很可能以谈判失败告终。

2．诚实守信

此外，在采购谈判中，买卖双方还要以诚实守信原则来指导自己的言行。诚实守信就是在谈判中买卖双方互相信任，以诚待人，各方认真遵守和履行自己在谈判过程中所做的承诺，不失信于人。

3．平等互惠

平等互惠是指不论买卖双方企业的大小、社会知名度等客观因素如何，在谈判中双方都应平等对待，遵循在平等的基础上相互实现其经济利益原则，这是谈判最终能达成交易的前提条件，同时也是市场经济的规律所决定的。

4．心胸宽广

心胸宽广是指在谈判中买卖双方要有较强的忍耐性，豁达大度，心胸宽阔，相互包容，能进能退。由于各种因素的制约，谈判并不能按照各方预料的那样发展下去，这就要求双方要根据谈判的实际情况决定下一步的做法，善于把谈判问题的原则性与灵活性有机结合起来，以便能使谈判获得最终的成功。

第二节　采购谈判过程管理

一、采购谈判的准备

采购谈判准备是成功谈判的基础，准备工作做得如何在很大程度上决定着谈判的进程及结果。有经验的谈判者都十分重视谈判前的准备工作。一些规模较大的重要谈判往往提前几个月甚至更长时间就开始着手准备。总体来说，采购谈判工作主要从采购谈判队伍的组建、采购谈判资料的收集、采购谈判环境的调研分析、采购谈判方案的制订等方面展开。

(一)采购谈判队伍的组建

谈判的主体是人，因此筹备谈判的一个重要工作内容就是人员准备，也就是说组建谈判队伍。谈判队伍的素质及其内部协作与分工的协调对于谈判的成功是非常重要的。

1．组选采购谈判队伍的原则

为了保证采购谈判达到预期的目标，提高采购谈判的成功率，应根据以下两个方面来选择不同的人员组成队伍。

一是根据采购谈判的内容、重要性和难易程度组织采购队伍。在确定采购谈判队伍阵容时，应着重考虑谈判主题的大小、重要性等因素，依次来确定选派的人员和人数。

二是根据采购谈判对手的具体情况组织采购谈判队伍。在对谈判对手的基本情况了解之后就可以根据谈判对手的特点和作风来配备谈判人员。一般可以遵循“对等原则”，即整体实力相同与对等。

2. 采购谈判人员素质要求

谈判是一种对思维要求较高的活动，是对谈判人员之间知识、智慧、勇气、耐力等的较量。素质所包含的范围非常广泛，它不仅指谈判人员的文化、技术水平和业务能力，也包括谈判人员的心理承受能力等。那么一个优秀的谈判人员应具备怎样的素质呢?

1) 良好的职业道德

这是谈判人员必须具备的首要条件，也是谈判成功的必要条件。采购谈判人员是作为特定组织的代表出现在谈判桌上的，代表采购方的经济利益，而且在某种意义上肩负着维护社会利益的义务和责任。因此作为谈判人员必须遵纪守法、认真工作、忠于组织，要有强烈的事业心、进取心和责任感。

2) 健全的心理素质

谈判是各方之间心理和智力的较量，较量的环境在不断变化，对方的行为也在不断变化，要在较量中达到特定目标，谈判人员就必须有健全的心理素质。

健全的心理素质是谈判者主体素养的重要内容之一，表现为谈判者主体应具备坚韧顽强的意志力、高度的自制力和良好的协调能力。

3) 合理的知识结构

采购谈判人员，既要知识面宽，又要在某些领域有较深的造诣。只有谈判者对谈判所涉及的专业知识比较熟悉，受过一定的谈判技巧训练，或有谈判的实践经验。也就是说，不仅在横向方面有广博的知识，而且在纵向方面也要有较深的专门学问，确保能够胜任谈判所需的知识储备量。

4) 谈判人员的能力素养

谈判者的能力是指谈判人员驾驭商务谈判这个复杂多变的“竞技场”的能力，是谈判者在谈判桌上发挥作用所具备的主观条件。它主要包括以下内容：

(1) 认知能力。善于思考是一个优秀的谈判人员所具备的基本素质。谈判的准备阶段和洽谈阶段充满了多种多样、始料未及的问题和假象。谈判者为了达到自己的目的往往以各种手段掩盖真实意图，其传达的信息真真假假、虚虚实实。优秀的谈判者能够通过观察、思考、判断、分析和综合过程，从对方的言行和行为迹象中判断真伪，了解对方的真实意图。

(2) 运筹、计划能力。谈判的进度如何把握；谈判在什么时候、什么情况下可以由准备阶段进入接触阶段、实质阶段，进而达到协议阶段；在谈判的不同阶段将使用怎样的策略等都需要谈判人员发挥其运筹、计划能力。当然，这种运筹和计划离不开对谈判对手的背景以及需要可能采取的策略的调查和预测。

(3) 语言表达能力。谈判是人类利用语言工具进行交往的一种活动。一个优秀的谈判者应像语言大师那样精通语言，通过语言的感染力强化谈判的效果。谈判中的语言包括口头语言和书面语言两类。无论是哪类语言，都要求准确无误地表达自己的思想和感情，使对手能够正确领会你的意思，这点是最基本的要求。其次，还要突出谈判语言的艺术性。谈判中的语言不仅应当准确、严密，而且应生动形象，富有感染力。巧妙地用语言表达自己的意图，本身就是一门艺术。

(4)应变能力。谈判中发生突发事件和产生隔阂是难以避免的，任何细致的谈判准备都不可能预料到谈判中可能发生的所有情况。千变万化的谈判形势要求谈判人员必须具备沉着、机智、灵活的应变能力，要有冷静的头脑、正确的分析、迅速的决断，善于将灵活性与原则性结合起来，灵活地处理各种矛盾以控制谈判的局势。应变能力主要包括处理意外的能力、化解谈判僵局的能力、巧妙袭击的能力等。

(5)交际能力。商务谈判是一项谈判过程，更是一项交际能力展示的过程。真正的交际能力是与人沟通交流的能力，绝不是花言巧语的伎俩。

3. 谈判人员的配备

在一般的采购谈判中，所需的知识大体上可概括为以下几个方面：

(1)有关价格、交货、支付条件等商务方面的知识；

(2)有关合同法律方面的知识；

(3)语言翻译方面的知识。

根据谈判对知识方面的要求，谈判班子应配备相应的人员。

1)技术精湛的专业人员

熟悉生产技术、生产性能和技术发展动态的技术员、工程师，在谈判中负责有关产品技术方面的问题，也可以与商务人员配合，为价格决策作技术参谋。

专业人员是谈判组织的主要成员之一，其基本职责是：

(1)同对方进行专业细节方面的磋商；

(2)修改草拟谈判文书的有关条款；

(3)向首席代表提出解决专业问题的建议；

(4)为最后决策提供专业方面的论证。

2)业务熟练的人员

主要由熟悉贸易惯例和价格谈判条件、了解交易行情的有经验的业务人员或公司主管领导担任。具体职责是：

(1)阐明己方参加谈判的愿望和条件；

(2)弄清对方的意图和条件；

(3)找出双方的分歧和差距；

(4)掌握该项谈判总的财务情况；

(5)了解谈判对手在项目利益方面的期望指标；

(6)分析、计算修改中的谈判方案所带来的收益变动；

(7)为首席代表提供财务方面的意见和建议；

(8)在正式签约前提供合同或协议的财务分析表。

3)精通经济法的法律人员

法律人员是一项重要谈判项目的必需成员，如果谈判小组中有一位精通法律的专家，将会非常有利于谈判所涉及的法律问题的顺利解决。法律人员一般是由律师或由既掌握经济又精通法律专业知识的大员担任，通常由特聘律师或企业法律顾问担任。其主要职责是：

(1)确认谈判对方经济组织的法人地位；

(2)监督谈判在法律许可范围内进行；

(3)检查法律文件的准确性和完整性。

4)熟悉业务的翻译人员

翻译人员一般由熟悉外语和企业相关情况、纪律性强的人员担任。翻译是谈判双方进行沟通的桥梁。翻译的职责在于准确地传递谈判双方的意见、立场和态度。一个出色的翻译人员，不仅能起到语言沟通的作用，而且必须能够洞察对方的心理和发言的实质，即能改变谈判气氛，又能挽救谈判失误，增进谈判双方的了解、合作和友谊。因此对翻译人员有很高的素质要求。

5)首席代表

首席代表是指那些对谈判负领导责任的高层次谈判人员。他们在谈判中的主要任务是领导谈判的组织工作。这就决定了他们除具备一般谈判人员必须具备的素质外，还应阅历丰富、目光远大，具有审时度势、随机应变、当机立断的能力，有善于控制与协调谈判小组成员的能力。因此，无论从什么角度来认识他们，都应该是富有经验的谈判高手。其主要职责是：

(1)监督谈判程序；

(2)掌握谈判进程；

(3)听取专业人员的建议和说明；

(4)协调谈判班子成员的意见；

(5)决定谈判过程中的重要事项；

(6)代表公司签字；

(7)汇报谈判工作。

6)记录人员

记录人员在谈判中也是必不可少的。一份完整的谈判记录既是一份重要的资料，也是进一步谈判的依据。为了出色地完成谈判的记录工作，要求记录人员要有熟练的文字记录能力，并具有一定的专业基础知识。其具备职责是准确、完整、及时地记录谈判内容。

这样就由不同类型和专业的人员组成了一个分工协作、各负其责的谈判组织群体。

(二)采购谈判资料的收集与分析

要分析自己和对手的优势或劣势，需要收集信息资料。准确可靠的信息是了解对方意图、制订谈判计划、确定谈判策略及战略的基本前提和依据。信息的收集包括对人和事的情报的收集以及对谈判条件情报的收集。

1. 关于人与事的资料

关于人的资料分为三个内容，即谈判对手的资料、竞争者的资料、己方的资料。

1)谈判对手的资料

它主要包括该企业的发展历史，组织特征，产品技术特点，市场占有率和供需能力，价格水平及付款方式，对手的谈判目标和资信情况，合作欲望以及参加谈判人员的资历、地位、性格、爱好、谈判风格、谈判作风等；另外还要了解谁是谈判中的首席代表，其能力、权限、特长及弱点是什么等。这些都是必不可少的情报资料。了解这些情报之后，谈判前即可以思考己方如何扬长避短，如何因势利导。

2)竞争者的资料

它主要包括市场同类产品的供求信息，相关产品和替代品供求状况，产品的发展趋势，主要竞争厂家的生产能力、经营状况和市场占有率，有关产品的配件供应情况，竞争者的推销力量，市场营销状况、价格水平、信用状况等。对于采购方而言，了解竞争者的情况是很有必要的，竞争者作为谈判双方力量对比中一个重要的砝码，影响着天平的倾斜。但是，了解竞争者的状况是比较困难的，因此对于谈判人员来说，最重要的是了解市场上占主导地位的竞争者。

3) 己方的资料

了解己方的需求情况及财务状况，在谈判前了解己方谈判人员的情况，只有这样才能制定出切实可行的谈判策略。

4) 关于事的资料

事的资料是指对谈判标的的深入了解，即从技术上进一步了解对手，了解自己具体应对标的技术水平、规格、市场占有率、竞争状况认识透彻；还应对标的内容、交易条件、关键与次要、可修改与不可修改部分分析清楚。

2. 关于背景条件的资料

1) 政治背景

需掌握的情况包括政局的稳定、政府之间的关系、政府对进口商品的控制等。政治和经济是紧密相连的，政治对于经济具有很强的制约力。当一个国家政局稳定，政策符合本国国情，它的经济就会发展，就会吸引众多的外国投资者前往投资。否则，政局动荡、市场混乱、人心惶惶，就必然产生相反的结果。因此在采购谈判中，必须对谈判对手的政治环境做详尽的了解。

2) 经济背景

经济背景则主要是指市场经济的形势，市场行情方面的信息。每一个谈判人员都要了解整个社会的生产力总体发展水平、社会分工状况、消费收入水平、市场需求等情况，这些将会影响到商品品质标准、价格高低等诸多方面的问题。

3) 法律制度

和政治制度一样，法律制度对采购谈判有着无形的控制力，涉外企业在贸易往来中不可避免地遇到各种各样的法律问题，只有清楚地了解其法律制度，才能减少商业风险。例如，我国某公司考察小组去美国考察后，在旧金山买下一家餐馆，开张后发现餐馆经营所得大部分用于支付高昂的房租，餐馆因而陷入连年亏损的困境。原因在于考察小组未能清楚了解东道主的法律便仓促签约，只买下了餐馆的业务经营权而未涉及房屋等资产。

4) 宗教信仰

宗教信仰影响着人们的生活方式、价值观念及消费方式，也影响着人们的商业交往。对于宗教的有关问题，采购谈判人员必须了解，如宗教的信仰和行为准则、宗教活动方式、宗教的禁忌等，这些都会对商务活动产生直接的影响，如果把握不准，则会对企业造成很大的影响。

5) 商业习俗

在采购谈判中商业习俗对谈判的顺利进行影响很大。作为谈判人员要促使谈判顺利进行就必须了解各地的风俗习惯、商业习惯，否则双方都有可能会产生误会和分歧。例如，日本的文化中非常注重日常交往的礼节，和日本人谈判时千万不要开玩笑，这是日本人最忌讳的；和沙特人谈判时，千万不要问及对方家庭情况，因为在沙特这是不允许外人提及的。

6) 财政金融状况

公司外债情况如何？外债的高低从对谈判的影响来讲，主要影响其支付能力，有时会直接影响双方关系。如果不深入调查对方债务情况，可能在未来交易时产生“三角债”“破产”等突发意外事件。

在国际采购谈判中，还要考虑该国的外汇储备情况如何？主要靠哪些产品赚取外汇？国际支付方面信誉如何？该国货币是否可以自由兑换？有何限制？汇率变动的情况及趋势等。这些都是必须了解的信息。例如，近几年日本货币升值很快，外国企业采购日本商品时，就要支付因汇率变动多支付的本国货币，造成一定的外汇损失。

3. 资料收集的方法和途径

(1)本企业直接派人去对方企业进行实地考察，收集资料；

(2)通过各种信息载体收集公开情报，如企业的文献资料、统计数据、产品说明和样品、企业内部报刊和杂志等；

(3)通过与谈判对手有过业务往来的企业和人员的调查了解信息。

(三)采购谈判方案的设计

1. 谈判目标的确定

谈判目标是指谈判欲达到的目的。分为三个层次：一是理想目标，指谈判者通过谈判所要达到的上限目标；二是现实目标，指谈判者期待通过谈判所要达到的下限目标；三是满意目标，指介于理想目标和现实目标之间的目标。

谈判目标的确定是主观上的认识，与现实目标有一定距离，如何缩短这个距离促使目标实现，就要对目标的可行性进行研究，对企业内部实力与外部环境作比较分析，以寻找可行途径达到目标要求。为此，采购谈判者需要掌握以下几个方面的信息：一是市场信息，市场可供资源量、产品质量、市场价格、产品流通渠道、供销网点分布等；二是环境信息，影响企业采购活动的外部因素，如国家经济政策的制定、进出口方针的制定、价格体系的改革等；三是内部需求信息，企业所需原材料、零配件需用量计划，企业计划任务的变更，资金状况等；四是谈判对手的信息，供货厂商生产能力、技术水平、信誉等。通过对各个目标信息的综合分析和讨论，最后确定恰当的目标，容易取得谈判的成功。

采购谈判中，制定谈判目标主要包括如下目标。

(1)以获得原材料、零部件作为谈判目标。以能满足本企业对原材料、零部件的规格、质量、数量和交货期等需求作为谈判的目标，在资源供不应求的情况下，一般只能通过在价格或付款方式上让步达到目的。

(2)以获得较低的价格水平和良好的经济效益作为谈判目标。用采购批量、付款条件等优势达到谈判的目的。

(3)以获得良好的服务作为谈判目标。可以利用对供应商长期合作的承诺和良好的价格、付款条件换取供应商的送货、包装、质量保证、技术服务等达到谈判目的。

2. 谈判计划

谈判计划是谈判过程的初始阶段，包括在对谈判交易内容进行可行性调查研究的基础上进行的谈判计划，包括确定采购谈判主题、采购谈判议程、草拟谈判备选方案等。

1)采购谈判主题的确定

要进行一次谈判首先就要确定谈判的主题，凡是与本次谈判相关的、需要双方展开讨论的问题，都可以作为谈判的议题。可以把它们一一罗列出来，然后根据实际情况确定应重点解决哪些问题。对于采购谈判来讲最重要的也就是采购原材料的质量、数量、价格水平、运输等方面，所以应把这些问题作为谈判议题重点加以讨论。

2)采购谈判议程的安排

采购谈判议程主要是说明采购谈判时间顺序和阶段性谈判内容的安排。谈判时间的安排就是要确定谈判在何时举行，为期多久。若是一系列的谈判需要分阶段进行的话，还应对各个阶段的谈判时间作出安排。一般来说，我们在选择谈判时间时要考虑下面几个方面的因素：一是准备的充分程度，要注意给谈判人员留有充分的准备时间，以防仓促上阵；二是要考虑对方的情况，不要把谈判安排在对对方明显不利的时间进行；三是谈判人员的身体和情绪状况，要避免在身体不适、情绪不佳时进行谈判。

3）谈判备选方案的制订

通常情况下，在谈判过程中难免会出现意外的情况，令谈判人员始料未及而影响谈判的进程。为了预防这种情况的发生，在接到一个谈判任务时应对整个谈判过程中双方可能作出的一切行动作正确的估计，并依次设计出几个可行性的备选方案。在制定谈判备选方案时可以注明在出现何种情况下，使用此备选方案以及备选方案的详细内容、操作说明等。当然，任何一种估计都可能是错误的，这就要求我们不仅在分析、讨论问题时，必须要以事实为依据，按照正确的逻辑思维来进行，而且在谈判过程中要注意对谈判对手的观察、核对谈判形势、分析谈判，对原定的方案进行不断的修正并结合具体情况灵活运用。

3. 谈判的其他准备工作

1）谈判地点的选择

一般而言，谈判地点的选择无外乎有三种情况：己方所在地、对方所在地、双方之外的第三地。三种地点选择各有利弊。

在己方所在地进行谈判的主要优点是：以逸待劳，无须熟悉环境或适应环境这一过程；随机应变，可以根据谈判形势的发展随时调整谈判计划、人员目标等；创造气氛，可以利用地利之便，通过热心接待对方，关心其谈判期间生活等问题，显示己方的谈判诚意，创造融洽的谈判氛围促使谈判成功。其主要缺点是：要承担繁琐的接待工作；谈判可能常常受己方领导的制约，不能使谈判小组独立地进行工作。

在对方所在地进行谈判的主要优点是：不必承担接待工作，可以全心全意地投入到谈判中去；可以方便实地考察对方的生产经营状况，取得第一手的资料；在遇到敏感性的问题时，可以推说资料不全而委婉地拒绝答复。其主要缺点是：要有一个熟悉和适应对方环境的过程；谈判中遇到困难时难以调整自己，容易产生不稳定的情绪，进而影响谈判效果。

在双方之外的第三地进行谈判，对于双方来说在心理上都会感到较为公平合理，有利于缓和双方的关系。但由于双方都远离自己的所在地，因此在谈判准备上可能有所欠缺，谈判中难免产生争论，影响谈判的成功率。

2）谈判场地的准备与食宿安排

谈判房间布置要视谈判性质而定。对于比较重要、大规模的采购谈判，宜选用长方形谈判桌，双方对视而坐，无形中增加了双方的谈判力量。在规模较小，双方人员较熟悉情况下，多选用圆形谈判桌，双方围坐，增强双方融洽关系。谈判室一般不设录音设备，除非双方同意，附近应设有休息室，用于放松谈判带来的神经紧张。

作为东道主的一方，要妥善安排好谈判人员的食宿问题，根据谈判人员的饮食习惯，尽量安排可口饭菜，提供舒适住宿环境，体现周到细致、方便舒服的原则。

3）谈判的预演

为了更直接地预见谈判的前景，对于一些重要和难度很大的谈判，可以在谈判之前进行一次预演，来改进和完善谈判的准备工作。谈判语言及正式谈判前的“彩排”，即将谈判小组一分为二，一部分人扮演谈判对手并以对手的立场、观点和作风来与己方另一部分人员谈判，预演谈判的过程。

4）谈判预演的重要性

谈判预演可以使谈判者获得实践经验，取得重大成果。在谈判预演中谈判者不用担心谈判的失败，从检验谈判方案可能产生的效果出发，不仅可以使谈判者注意到那些原本被忽略或被轻视的重要问题，而且通过站在对方角度进行思考，可以使我方在谈判策略设计方面更有针对性。同时也将丰富我方在消除双方分歧方面的建设性思路。通过谈判预演，我方对于将要谈判的各个问题都将明确考虑在可接受的解决方案和妥协方案中。

5）拟定假设

要使谈判预演做到真正有效，还有赖于拟定正确的假设条件。

拟定假设是指根据某些既定的事实或常识，将某些事物承认为事实，不管这些事情现在还是将来是否发生，但仍视其为事实进行推理。依照假设的内容可以把假设条件分为三类，即对客观世界的假设、对谈判对手的假设和对己方的假设。

在谈判中常常由于对方误解事实真相而浪费大量的时间，许多曲解事实的原因就在于一方或双方假设的错误。因此谈判者必须牢记自己所作的假设只是一种推测，如果把假设奉为必然去谈判将是非常危险的。

拟定假设的关键在于提高假设的精确度，使之更接近事实。为此，在拟定假设条件时要注意：

(1)让具有丰富谈判经验的人做假设，这些人身经百战，提出假设的可靠度高；

(2)必须按照正确的逻辑思维进行推理，遵守思维的一般规律；

(3)必须以事实为基准，所拟定的事实越多、越全面，假设的准确度就越高；

(4)要正确区分事实与经验、事实与主观臆断，只有事实才是靠得住的。

6）谈判预演的总结

谈判预演的目的在于总结经验，发现问题，提出对策，完善谈判方案。所以谈判预演的总结是必不可少的。谈判预演的总结应包括以下内容：

(1)对方的观点、风格、精神；

(2)对方的反对意见及解决方法；

(3)自己的有利条件及运用状况；

(4)自己的不足及改进措施；

(5)谈判所需要情报资料是否完善；

(6)双方各自的妥协条件及可共同接受的条件；

(7)谈判破裂与否的界限等。

可见谈判总结涉及各方面的内容，只有通过总结，才能积累经验和吸取教训，完善谈判的准备工作。

二、采购谈判的实施程序

俗话说“万事开头难”，谈判双方做好了各种准备工作之后，自然要开始面对面的交锋了。谈判过程有长有短，在每一个不同的过程中，谈判双方都需要提出各自的交易条件，都会就各自的目标、彼此间的分歧进行磋商，直至消除分歧，达成一致。

(一)开局阶段

1. 气氛

营造谈判气氛是开局阶段的第一项工作。当谈判双方面对面时，谈判初期气氛即已形成并且会影响整个谈判。实践证明，轻松、和谐的环境比紧张、恐怖的气氛更有利于相互谅解、友好合作。那么如何创造良好的谈判气氛呢?

1)场内

(1)尊重+真诚=以诚取信。在经济飞速发展的今天，“诚信”这个词越来越被人们重视，因为只有“诚信”才能彼此信任，合作才能得以建成。显然诚信度高的合作者是受人欢迎的。所以，首先，谈判者应注重自身形象的设计，仪表整洁大方，尽量适合公司文化氛围与环境，拉近彼此距离。其次，谈判者要注意自己的表情动作、说话语气、眼神等各方面所传达的信息，在礼貌上表现出对对方的尊重。自然的微笑、真诚的表达、信任的目光都会有助于为彼此营造尊重、信任的气氛。

(2)沟通+友好=自然轻松。当双方坐在谈判桌前，首先可多花点时间就一些双方感兴趣，但与谈判无关紧要的话题随意聊聊，以这种沟通来调整相互间的关系。试想，如果双方初次见面就急于进入实质性洽谈，不免容易冷场，可能引起紧张的气氛，不利于谈判者灵活思维进行谈判。所以，不妨先谈谈时政、天气等，根据具体情况给彼此一个相互沟通的机会，营造一种自然轻松的环境。

2)场外

在正式谈判前，双方可能会有一些非正式接触机会，而这些机会往往会在一定程度上影响谈判人员的态度、情绪及彼此之间的关系，所以千万不要忽视这些机会，让欢迎宴会上的你在与对方沟通理解中不仅给对方留下美好的印象，同时为今后的谈判做好关系铺垫，尽可能创造良好的谈判气氛。

2. 摸底

对于未来的谈判对手，摸底工作越深入、准确，越有利于掌握谈判的主动权，所以在开局阶段，双方较多地把注意力放在摸清对手底牌上。

如果在前面的谈判准备工作中，已做好相对充分的准备，收集到一些有关对方实力及各方面状况的资料，了解对方谈判人员的相互关系、个人性格、思维习惯等一些相关情况，这无疑对谈判是十分有利的。那么接下来就应该通过与对方谈判人员在谈判阶段场内外沟通了解更多信息。

1)场内

在互相尊重、友好合作的氛围中，彼此坦诚相待，一定要注意认真倾听对方发言，不妨多巧妙地询问一些信息，了解对方所需、所想和利益。

2)场外

在场外的非正式接触中，闲聊时对方不经意的一句话可能就会传达给我们很重要的潜在信息，甚至会漏出底牌。曾经有个美国人受公司委派去日本进行谈判，日本人热情款待并向美国人问起是否定好了回国时间，许诺到时安排轿车送其去机场。在美国人高兴地告诉日本人具体回国日期后，日本人套出了美国人的底牌。于是在接下来的日子中，每天都安排大量的游玩活动，并推脱说是为了让美国人了解日本。最后，终于开始谈判，就在紧要关头，时间不多了，送美国人去机场的轿车到了，结果匆匆完成交易，美国人做出了较大的让步，惨败而归。

在谈判进行中，从准备到接触，我们会掌握新的信息，会有新的认识，所以我们应该重新审视自己的判断，修正计划，从而推动谈判的发展。

(二)报价阶段

谈判双方在结束了非实质性交谈以后就要将话题转向有关交易内容的正题，即开始报价。报价阶段一般是采购谈判由横向铺开转向纵深的转折点。报价以及随之而来的磋商是整个谈判过程的核心和最重要的环节，决定了这笔生意是否成交，或者一旦成交，价格能有多少。

这里所说的报价不仅是指产品在价格方面的要价，而是泛指谈判的一方对另一方提出的所有条件，包括商品的数量、质量、包装、价格、装运、保险、支付、商检、索赔、仲裁等交易条件，其中价格条件具有重要的地位，因为其余的交易条件最终都会体现在价格的变化上。一般情况下，谈判都是围绕着价格进行的。

1. 报价的原则

1)合理确定开盘价

实际谈判过程中的最初报价称为开盘价。对于采购方而言，一般是以不能突破最低开盘价报出的期望值。国内外专家认为：买方在开盘时报出的期望价，理所当然是“最低价”，这是因为如下原因。

(1)开盘价给己方今后的报价设置了限制。通常情况下，买方报出了开盘价后就没有机会再报出更低的价格了。

(2)开盘价报得越低，下一步价格磋商的余地就越大，在面对可能出现的意外情况或对方提出各种要求时，就可以做出更为积极有效的反应。

2)正确表达意图

报价严肃可使对方确信报价方的准确性和坚定性：报价时果断、毫不犹豫， 这样才能给对方留下我方是认真且真诚的印象。报价要非常清晰，切忌含糊，容易使对方产生误解或异议。所以在一些重大的谈判中，有必要采取书面报价的形式。

3)避免主动解释

报价方对所报价格不做主动解释和评论。在对方提出问题前，如果报价方主动解释或说明报价，往往会暴露报价方的意图、实力等秘密，在对方看来，报价方会显得信心不足。如果对方对你的报价有不清楚的地方或不满意的地方，他们会主动质疑的。

2. 选择报价的时机

报价的先后对实现各方既定的谈判利益具有举足轻重的意义。应该说先报价有利有弊。一方面，有利的一点是首先提出自己上界值的一方将对对方心理产生影响，它实际上等于为谈判判定了基准线，在谈判中可支配影响对方的期望值；另一方面，若不想在谈判刚开始时就使谈判破裂，就很难提出对对方报价变动太大的要求，这实际上是先报价者为谈判画了一个大圈子，最终的合同在这个圈子内展开，而且第一个报盘在整个谈判和磋商中都会持续起作用。另外，如果己方报盘不在对方的预料之内，也往往会打乱对方的计划，动摇对方的军心，减弱对方的自信。所以，先报价比后报价影响要大得多。但是先报价也有很大的风险，这就是很可能我方提出的要求不够高，这样我方可能丢掉很大的一块蛋糕，也可能我方开始时的要求过高，使双方认为没有足够的诚意，并可能导致对我方的信誉产生怀疑。如果后报价，显然就不存在先报价的风险，可以后发制人，但也失去了先报价的优势。

那么到底是先报价还是后报价，这无论对于买方还是卖方，都是没有定论的。一般来说是否先报价应考虑以下因素。

1) 谈判者对谈判标的和市场行情的了解

如果谈判者准备充分，知己知彼，就要争取先报价；如果谈判者不是行家，而对方是，则谈判者要沉住气，后报价，从对方的报价中获取信息，即时修正自己的想法。如果你的谈判对手也是外行，这时，不管你是不是行家，都要争取先报价，以便牵制、诱导对方。

2) 谈判人员的经验

如果双方谈判人员都拥有丰富的谈判经验，那么彼此驾驭谈判活动的机会是均等的，谁先报价一般都无碍大局。如果对方是谈判专家，而己方人员缺乏必要的谈判经验，则让对方先报价更为有利。因为在这种情况下，避免过早暴露己方的弱点，不使对方在一开始就向本方施压。

3) 商业习惯

一般的商业习惯是发起谈判的一方通常应先报价。在有些商务谈判中报价的先后次序也有一定的惯例，例如，货物买卖谈判，多半是由卖方先报价，买方还价，与之相反的做法比较少见。

4) 与谈判者的关系

谈判对方如果是老客户，双方有较长时间的业务来往，彼此比较信任，合作气氛较浓，而且双方合作得不错，那么谁先报价就无所谓。

3. 如何对待对方的报价

在对方报价时，要想在后面的报价中更为有利就应该正确对待对方的报价。在对方报价的过程中切忌干扰对方的报价，而应该认真听取，完整、准确、清楚地把握对方报价的内容。在对方报价结束后我方应将对对方报价的理解进行归纳总结，并加以复述，以确认自己的理解准确无误，对不清楚的地方可以要求对方予以解答。同时我方还可以要求对方对所报价格的构成、报价依据、计算的基础以及方式方法等作出详细的价格解释，以此来了解对方报价的实质、意图和诚意，从中寻找破绽，为我所用。在对方完成价格解释后，要求对方降价，在实在得不到答复的情况下，提出自己的报价。

4. 欧式报价术和日式报价术

在国际商务谈判中有两种比较典型的报价战术：欧式报价术和日式报价术。欧式报价术的一般模式是：首先提出留有较大余地的价格，然后根据买卖双方的实力对比和对比交易的外部竞争情况，通过给予各种优惠，如数量折扣、价格折扣等来逐步软化和接近买方的市场和条件，最终达成交易的目的。实践证明这种报价方式只要能稳住买方，往往会有一个不错的结果。日式报价术的一般做法是：将最低价格列在价格表上以求首先引起买方的兴趣。由于这种低价格一般是以卖方最有利的结算条件为前提的，并且在这个低价格的交易条件下，各个方面都很难全部满足买方的需求，如果买方要求改变有关条件，则卖方便会相应地抬高价格。因此，买卖双方最后的成交价格，往往高于价格表中的最低价格。

在面临众多卖家竞争的时候，采用日式报价可以排斥竞争对手而把买方吸引过来，取得与其他卖主竞争中的优势。而聪明的买家也不愿意陷入日式报价的圈套。通常买方会把对方的报价内容与其他卖家的报价内容进行比较，从而判断其报价与其他卖家的报价是否具有可比性。如果在对比中发现内容不一致，即从中判断其内容和价格的关系，不可盲目从事。切忌只注意最后的价格，在其对报价的内容没有进行认真的分析、比较的情况下，匆忙决策，造成不应有的被动和损失。另外，即使某个卖家的报价的确比其他卖家优惠，具有竞争力，也不要完全放弃与其他卖家的接触和联系，要知道这样做实际上就是要给对方一个持续的竞争压力，迫使其继续作出让步。

以上两种报价术，虽说日式报价比欧洲报价更具有竞争力，但它不适合买方的心理，因为一般人总是习惯于价格由高到低，逐步降低，而不是不断提高。因此对于那些谈判高手，会一眼识破日式报价者的计谋，不至于陷入其制造的圈套。

（三）磋商阶段

在采购谈判中，当一方报价后，很少出现另一方马上接受的情况。通常买卖双方要经过一番讨价还价，最后才能达成协议。这个讨价还价的过程就是采购谈判的磋商过程。它是谈判的关键阶段，也是最困难、最紧张的阶段，并且在这个阶段，谈判的策略和技巧也是丰富多彩的。在这一阶段，谈判人员要掌握其规律和特点，为己方争取更多的利益。磋商阶段应遵循的原则如下。

1）把握气氛

进入磋商阶段后谈判双方要针对对方的报价讨价还价。双方之间难免要出现提问、解释、质疑、反击，甚至是发生激烈的辩论和无声的冷场。因此在磋商阶段仍然要把握好谈判气氛，开局阶段已经营造出友好合作的气氛，进入磋商阶段后仍要保持好这种气氛。只有在这段已经营造出友好合作气氛中才能使磋商顺利进行。这就需要谈判者既要自我约束，杜绝粗暴的、任性的、骄横的做法，又要尊重对方，礼貌待人。

2）把握谈判次序逻辑

把握次序逻辑是指按磋商议题内涵的客观次序逻辑来确定谈判的先后次序和谈判进展的层次。在磋商阶段双方都面临着很多需要沟通的议题，如果不分先后次序，不讲究磋商进展的层次，想起什么就谈判什么，就会毫无头绪，造成混乱，毫无效率可言。因此必须按照一定的规律来确定谈判议题的先后次序。

（1）议题的合理排序。各谈判议题有天然的内在因果关系。只有正确顺序才会提高谈判效率。双方在磋商开始时要确定几个主要的议题，按照其内在逻辑关系确定先后次序，然后逐题磋商。具体排列议题顺序时可以按照先磋商对其他议题有决定意义的议题，此议题达成共识后再讨论其他议题；也可以先磋商双方容易达成共识的议题，将问题比较复杂、双方认识差距大的议题放在后面讨论。

（2）论述的层次顺序。这是纵向的逻辑次序，是指对于单个议题的磋商，谈判者也要注意逻辑次序。单个议题也存在内在逻辑次序。要考虑将最容易讲清楚、最有说服力的内容作为磋商的切入点，避免在一些不容易说清楚的话题上争论不休，影响重要问题的磋商。例如，价格问题涉及成本、市场供求和比价等多方内容，可以先用比价论述，再做成本分析比较合适。

3）把握谈判节奏

磋商阶段的谈判节奏要稳健，不可过于急促。因为这个阶段是解决分歧的关键时期，双方对各自观点要进行充分的论证，许多认识有分歧的地方要经过多次交流和争辩，而且某些关键问题一轮谈判不一定能达成共识，要多次的重复谈判才能完全解决。一般来说，双方开始磋商时，节奏要放慢一点，因为此时双方都需要时间和耐心倾听对方的观点，了解对方，分析研究分歧的性质和解决分歧的途径。关键性问题涉及双方的根本利益，必然会坚持自己的观点，不肯轻易让步，还有可能使谈判陷入僵局，所以磋商要花费较多的时间。谈判者要善于掌握节奏，不可急躁，稳扎稳打，步步为营，一旦出现转机，要抓住有利时机不放，加快谈判节奏，不失时机地消除分歧，争取达成一致。

4）注重沟通和说服

磋商阶段实质上是谈判双方相互沟通、相互说服的过程。没有充分的沟通，没有令人满意的说服，不会产生积极结果。首先，双方要善于沟通。这种沟通应该是双向的和多方面的。一方既要善于传播己方信息，又要善于倾听对方信息，并积极向对方反馈信息。没有充分的交流沟通，就会在偏见和疑惑中产生对立情绪。沟通的内容也是多方面的。既要沟通交易条件，又要沟通相关的理由、信念、期望，还要交流情感。其次，双方要善于说服，要充满信心来说服对方，让对方感觉到你非常感谢他的协作，而且你也非常乐意努力帮助对方解决困难。要让对方真正感觉到赞成你是最好的决定。

（四）交易达成阶段

随着磋商的不断深入，谈判双方在越来越多的事项上达成共识，彼此在立场与利益等方面的差异逐步缩小，交易条件的最终确立已经成为共同的要求，此时采购谈判将进入交易达成阶段。

1. 最后的总结与起草备忘录

在谈判快结束时，双方已对各方面的内容和条款进行了协商，达成了共识。此时有必要就整个谈判过程、谈判内容作一次回顾以便最后确认双方在哪些方面达成一致。对于那些没有达成共识的问题是否有必要作最后的磋商和妥协。即使最小的谈判也不可能只面对单一的问题，特别是大型谈判遇到的是大量需要解决的问题，而且内容面广，又那么具体，如果不进行回顾和总结，在起草合同时双方或一方往往会不断推翻以前的结论，不断提出新的意见。所以在最后阶段，应对所谈论的各项内容做一个双方意见的总结，并将意见以备忘录的形式记录下来，给参与谈判的各方过目。如果各方对备忘录的内容没有异议，则可起草谈判合同或协议。如果谈判最终没有对具体的细节达成协议，也可以将双方某些已达成一致意见的原则性的问题用备忘录的形式记录下来，作为下一次谈判的参考资料。

2. 草拟谈判合同或协议

在各类采购谈判中都需要签订书面合同，书面合同由哪一方草拟并无统一规定，但在采购谈判中习惯上都争取我方负责草拟合同。参加谈判的业务人员必须具备草拟合同的知识和技能。另外书面合同制式可以选用采购方或对方印好的现成格式填写。

3. 审核合同并签字

正式合同文本书写完毕后，谈判双方就应该进行正式签字，在签字前应进行审核。其主要内容包括：

（1）合法性审核，即符合国家法律、法规等的相关规定；

（2）有效性审核，一是双方谈判者有无签署合同的全权，二是合同内容有无相互矛盾或前后否定之处；

（3）一致性审核，即审核合同文本与谈判内容的一致性；

（4）文字性审核，即审核合同文字是否严谨、准确地表达了谈判内容；

(5)完整性审核，即审核合同条款是否有任何遗漏或省略，不能以心领神会、交情友谊代替合同条款。

审核合同时为保证合同审核的有效性，应有2～3人进行，以便互相检验，并反复审核若干次，确保万无一失。签署前的审核应当双方同时进行。

签字时应注意签字人的权限。通常合同签署者必须是企业法人或被授权的企业全权代表，授权书应由企业法定代表人签发。

(五)谈判后的管理

1. 谈判总结

谈判结束后不管是成功还是破裂都要对过去的谈判工作进行全面、系统的总结。谈判结束后的总结工作往往被人们所忽视，实际上它对于做好今后的谈判工作是十分必要的。谈判结束后的总结应包括以下内容：

(1)我方的战略，包括谈判对手的选择、谈判目标的确定、谈判小组的工作作风等；

(2)谈判情况，包括准备工作、制定的程序和进度、采用的策略和技巧等；

(3)我方谈判小组的情况，包括小组的权力和责任的划分、成员的工作作风、成员的工作能力和效率以及有无进一步培训和增加小组成员的必要性等；

(4)对方的情况，包括工作作风、小组整体的工作效率、各成员的工作效率和特点、所采用的技巧和策略等。

2. 关系维护

合同签字并不意味着双方关系的了结，相反，它表明双方的关系进入了一个新的阶段。从近期来讲，合同把双方紧紧联系在一起；从远期来讲，该次交易为今后双方继续合作奠定了基础。为此，为了确保合同得到认真彻底的履行以及考虑到双方今后的业务关系，应该安排专人负责同对方经常性地联系，谈判者个人也应和对方谈判人员保持经常的联系，使双方的关系保持良好的状态。

3. 谈判资料的管理

对谈判的资料包括总结材料，应编制成客户档案并善加保管。这样在今后再与对方进行交易时，上述材料即可成为非常有用的参考资料。在保存资料同时还要特别注意资料的保密工作，特别是关于本方的谈判方针、策略和技巧方面的资料。

第三节 采购谈判技巧

一、入题技巧

谈判双方刚进入谈判场所时，难免会感到拘谨，尤其是谈判新手，在重要谈判中，往往会产生忐忑不安的心理。为此，必须讲求入题技巧，采用恰当的入题方法。

1. 迂回战术

为避免谈判时单刀直入、过于暴露，影响谈判的融洽气氛，谈判时可以采用迂回入题的方法，如先从题外话入题，从介绍己方谈判人员入题，从“自谦”入题，或者从介绍本企业的生产、经营、财务状况入题等。

2. 细节入手

围绕谈判的主题，先从洽谈细节问题入题，条分缕析，丝丝入扣，待各项细节问题谈妥之后，也便自然而然地达成了协议。

3. 先谈原则

一些大型的采购谈判，由于需要洽谈的问题千头万绪，双方高级谈判人员不应该也不可能介入全部谈判，往往要分成若干等级进行多次谈判。这就需要先谈原则问题，双方就原则问题达成了一致，那么洽谈细节问题也就有了依据。

4. 设定议题

谈判总是由具体的一个个单独的议题组成，在具体的每一个议题谈判中，双方可以首先确定本次会议的谈判议题，然后从这一议题入手进行洽谈。

二、阐述技巧

1. 开场阐述要点

一是开宗明义，明确本次会谈所要解决的主题，以集中双方的注意力，统一双方的认识。二是表明我方通过洽谈应当得到的利益，尤其是对我方至关重要的利益。三是表明我方的基本立场，可以回顾双方以前合作的成果，说明我方在对方所享有的信誉；也可以展望或预测今后双方合作中可能出现的机遇或障碍；还可以表示我方可采取何种方式共同获得利益做出贡献等。四是开场阐述应是原则的，而不是具体的，应尽可能简明扼要。五是开场阐述的目的是让对方明白我方的意图，创造协调的洽谈气氛，因此，阐述应以诚挚和轻松的方式来表达。

2. 对方开场阐述后的应变

一是认真耐心地倾听对方的开场阐述，归纳弄懂对方开场阐述的内容，思考和理解对方的关键问题，以免产生误会。二是如果对方开场阐述的内容与我方意见差距较大，不要打断对方的阐述，更不要立即与对方争执，而应当先让对方说完，认同对方之后再巧妙地转开话题，从侧面进行谈判。

3. 对方聆听意见

在谈判中，当你对市场态势和产品定价的新情况不太了解，或者当你尚未确定购买何种产品，或者你无权直接决定购买与否的时候，你一定要坚持让对方先说明可提供何种产品，产品的性能如何，产品的价格如何等，然后，你再审慎地表达意见。

有时即使你对市场态势和产品定价比较了解，有明确的购买意图，而且能直接决定购买与否，也不妨先让对方阐述利益要求、报价和介绍产品，然后你在此基础上提出自己的要求。这种先发制人的方式，常常能收到奇效。

4. 坦诚相见

谈判中应当提倡坦诚相见，不但将对方想知道的情况坦诚相告，而且可以适当透露我方的某些动机和想法。坦诚相见是获得对方同情的好办法，人们往往对坦诚的人自然有好感。但是应当注意，与对方坦诚相见，难免要冒风险。对方可能利用你的坦诚逼你让步，你可能因为坦诚而处于被动地位，因此，坦诚相见是有限度的，并不是将一切和盘托出，总之，以既赢得对方的信赖又不使自己陷于被动、丧失利益为度。

三、提问技巧

(一)提问方式

一般而言，提问可分为开放式和闭合式两种。开放式提问可以让谈判对手回答时不受制约，能够畅所欲言，它常用于制造谈判氛围。闭合式提问语言直接，明确细化，它常用于具体业务内容的洽谈。从提问方式上区分，商务谈判中的提问大致可分为六种:一般性提问、引导性提问、探询性提问、澄清性提问、迂回性提问和借助性提问等。

1. 一般性提问

这是一种普通提问，它只是为了获取信息，没有特别的含义。比如：

“女士，您是首次来北京吧？”

“如果发生缺货现象，应该如何处理呢？”

“接货时，我方需要出示合同吗？”

2. 引导式提问

它是指提出一个新问题，引出一项新的谈判内容。比如：

“非常高兴我们在产品方面已经达成了共识，那我们再来讨论一下产品售后方面的情况吧？”“好的，在售后方面，我们希望得到贵公司产品十年以上保修的承诺。”

部分引导式问句具有强烈的暗示性，要求谈判对方能产生与发问者相同的看法，但并不要求对方非得做出直接的回答。比如：

“在讨论商务方面的情况之前,我们先洽谈一下技术方面的问题不是更好吗？我方在技术方面要求高于商务方面，如果技术方面达到非常满意的程度，商务方面我们可以再协调。”

“我们先交换一下基本资料好吗？双方先对彼此的情况先了解一下,明天我们再进行详细的洽谈。”

3. 探询性提问

在回答或处理对方所提问题或要求之前，向对方提出问题，以征求其意见和想法。比如：

“我们有各种各样的风扇，不知道您对哪种类型的产品比较感兴趣呢？”

“请告知贵方所需产品类型以便我们准备资料。”“你方可以先介绍一下各类产品吗？”

“就产品技术而言，除了满足产品固有的技术条件之外，贵方还有其他需要我们改进的特殊技术要求吗？”

“你方技术改进要求远远超出了技术范围。”“那以你们的技术能改进到什么程度？”

“在发货的过程中如果遇到不可抗力，双方该如何解决处理？”

(或“如果订货数量很大的话，你们能降价多少？”)

4. 澄清性提问

针对对方的表达、提问等中的某一内容，向对方发问，要求其进行解释、说明。比如：

“不好意思，女士，你说需要特殊照顾，照顾的范围是什么，具体包括哪些内容？”

“对不起先生，在价格方面我们可以各让一步吗？”“你的意思是什么？”“我的意思是，我们以每件 45 元的价格进行交易。”

也可以针对对方的表述，先表明自己的理解，再向对方提问求证。比如：

“延误险不包括不可抗力导致的延误，是这样理解吗？”

5. 迂回性提问

这是明确己方意见，让对方在现有的基础上进行回答的提问。由于其具有一定的强迫性，所以需要特别注意语调的委婉、措辞的得体。

(1)摆明至少两种可能性，供对方选择回答。这是一种选择性的提问方式。比如：

“我们政府很不赞成信用证方式，如果贵方愿意接受承兑交单方式，许可证的问题就很容易解决了，否则，付款交单方式是不是更好一些？”

(2)先假设对方的想法、建议、要求等是正确的，再提出一个与之相悖的问题，让其自感理屈。这是一种以退为进的提问方式。比如：

“如果产品标准一致，为什么要在提单上注明稍有误差呢？”“我理解你的意思，但是在双方交易过程中，如果不想承担任何风险，那双方如何获得盈利？”

(3)如果己方的某一项谈判要求得不到满足，就提出一个对对方不利的要求，间接向对方讨价还价，以争取对方做出一些让步。比如：

“我方想预收百分之三十的货款，在你方收到货时收取其余货款，可以安排吗？”“我不确定百分之三十的货款是否足够支撑所有货物的生产，我在得到答复后会立即跟你们联络。”“好，谢谢。顺便提一下，今后交货可以尽量避免水运吗？”

6. 借助性提问

这是指借助第三者的口气或借助第三者的意见而提出的问句。有些是为了委婉，便于与对方沟通；有些是为了借助相关权威，以增强说服力。比如：

“顾客对我们的运动产品反馈评价都非常好，不知道贵公司怎么看我们的产品呢？”

“通过相关部门的检测，贵公司产品存在功能缺陷，现在我们来谈谈技术改进好吗？”

(二)提问要点

提问是一种非常有技巧性的谈判手段，发问的时间点和节奏、发问的方式、问题的表述等对提问的效果都有影响。所以，提问时必须考虑以下方面。

1. 提问的时机

把握好提问的时机有助于引起对方注意。发问时机主要有三个：一是对方发言间歇，二是对方发言之后，三是自己发言前后。前两个时机是为了不打扰对方发言，而在己方发言前提问是为了充分明确对方发言的内容，在己方发言后提问是为了试探一下对方的反应。

2. 提问的节奏

提问过后要留出一段时间让对方思考并表达意见，避免连续发问，以免招致对方反感、乏味而不愿过多回应，即使回答也是马马虎虎，甚至答非所问。

3. 提问的方式

我们不能简单地评判提问方式的好坏，但要记住的是：首先，提问既不是盘问或审问，也不是威胁或指责，提问的目的仅仅是为了说明事实真相，获得信息或者启发对方思维。所以，提问时应该有诚恳的态度，并且合情合理，尤其不能直接指责对方的人格和信誉。另外，提问的语速和语调也要把握好分寸。因为语调轻柔能体现柔和委婉，语调生硬则可能导致对方反感，破坏谈判氛围。

4. 提问的目的

明确提问的目标，问什么，怎么问，都要事先有相关准备，且不要漫天提问，否则会令对方无从回答。特别重要的问题要根据现有的谈判经验预先猜想对方可能会给出的答案，并针对各种答案设计好对策后再进行新一轮提问。

5. 提问的语言

不要对问句做太多的解释，否则对方认为你在低估他的领悟能力。但当提出敏感性问题时还是应表明发问的理由。

四、答复技巧

1. 有备而答

古人云："凡事预则立，不预则废。"谈判者对答复必须"有备"方能"无患"。在谈判前不仅需要尽可能对谈判的中心议题、对方的矛盾焦点、我方的论据资料熟知掌握外，还应更多地了解和更透彻地分析对方的经营情况、交易意图及需求、谈判成员的组成和对方有可能提出的问题及其谈判策略。谈判开始后，将对方提出的每个问题站在谈判全局的利益高度上认真思考、冷静斟酌、谨慎从容地应付。针对对方提出的每个问题都必须思考："他为什么谈这个问题?"，越是在对方催促自己回答的情况下，越需要沉着冷静、深思熟虑。答复前做充分的思考不仅是谈判的需要，也是谈判权力。尤其是碰到对手提出一些拐弯抹角、语焉不详的问题时，更需要冷静三思，辨其意旨、斟酌得失、清晰作答，切不可掉以轻心、信口而答，以免上当。

2. 含糊应答

当遇到一些比较复杂的问题，一时难以明确回答，而若拒不回答又会影响谈判的合作气氛时，可以运用含糊其辞的应答法。借助一些宽泛模糊的语言，看似已回答，其实留有余地、具有某种弹性，即使在意外情况下也无懈可击。

3. 局部做答

在谈判中有一种"投石问路"的策略，即借助一连串的提问来试探、了解对方的成交意图、策略，分析对方的成本、价格等情况，以做出明智的决策与选择。在这种情况下如果"和盘托出"地答复，常常会陷入被动的不利境地。据此，可以只做局部的答复，留有余地，使得对方摸不到我方的底牌。比如，对方连珠炮似地提出："假如我们的订货量增加一半，在价格上能否优惠？""假如我们与贵公司签订三年的合同，价格上能有多少折扣？""如果我们减少保证金，你方会采取什么措施？""假如我们自己提供零配件呢?""假如我们能够一次性付款，在价格上能有什么优惠呢？"。这里每个提问都是一探路的石子，它不但会使采购方穷于应付而无法主动出击，而且会让对方探测到采购方的虚实。因此，不必有问必答，只需选择性地局部作答，对其他问题则可以装聋作哑、听而不闻等方式搪塞过去。

4. 拖延回答

在谈判中如果对方所提的问题目的不明，或我方觉得"如实相告"不利于采购方，或问题很棘手，而对方又不断催问。采购方不便表示拒答，则可以采用"缓兵之计"，拖延回答。比如，可以说："不好意思，因为没估计到贵方会提到这个问题，我们所准备的资料不充分，待我们回去找到资料后即刻答复你们"。也可以说："你所提出的疑问，请允许我部门向上级有关部门请示查询后再答复好吗？"还可以说："现在出现的问题非常意外，我方希望周全、圆满地解决此问题，然而这需要时间，请让我们仔细斟酌一下好吗？"当然，实施这种拖延策略后要酌情做出两种选择：一是先延后答，即对待应答之题，我们在做好准备后，可以做恰当的回答；二是延而不答，即对待经过思考觉得没必要回答的，选择束之高阁。因为这类提问的用意双方心领神会，延而不答并非不懂礼仪。

5. 有偿做答

当对方在谈判中使用“投石问路”策略时，高明的谈判者决不会轻易地就范，而会沉着冷静，顺水推舟，根据对方所提之问反过来试探对方。这种答复策略既有助于反过头试探对方的虚实，又有助于增进谈判双方的合作气氛和促成合作；还有助于抑制对方投石问路策略的实施。比如，对方问：“如果我方要求产品在某项技术方面必须达到一定的水平，你方能在不提高价格的前提下解决吗？”，卖方可以回答说：“如果我们可以按照你们的要求做到，咱们就签订成交合同，怎么样？”又如买方问卖方：“如果我们要求货物尽量以空运的形式送达，交货时间不变，那么产品完工时间有所延长，价格是否可以维持不变？”卖方答道：“我们的产品通常都是通过陆运的形式送达，如果按贵方的要求送货，那么将意味着数量要求和成本会提高，我方要求订货量起码要提高一半，价格要提高两个百分点，请问贵方能否接受呢？”

6. 答非所问

当谈判对手提出的问题采购方不好回答，或做出回答会带来某些风险与不利，而对方又不断催促再做答，如拒不回答，会被对方指责为缺少诚意；但勉强做答，有可能会落入对方陷阱。在这种情况下可采用答非所问的策略：即以回答问题的语气开始表达，而其实是只点题而未表态就从原题的侧面滑过，谈了与原题相关而实际是另一个问题的看法，从而有效地避开了对方正面的锋芒，促使谈判继续进行下去。或者是在看似正面做答的语气中移花接木，重整旗鼓，谈到了某件事的细节，再反过来征求对方的看法，将皮球踢回给对方。比如说：“你提的这个问题我方也经过了深思熟虑，我们的看法是必须尽快解决，而这就涉及更为复杂的问题，这就是……”又比如说：“刚才你提到的问题很值得讨论。比如，我方就遇到过这样一件事……不知你们有什么好的想法？”

五、说服技巧

（一）说服及其重要性

说服是一种人们在沟通中通过传递信息使对方改变信仰、态度或行为的活动过程。说服是为了依靠理性的力量和情感的力量，通过自己的语言策略，令对方朝着对自己有利的方向发展。说服在采购谈判中的重要性表现在以下几方面。

1. 说服可以使对方改变初衷，心悦诚服地接受己方的意见

在采购谈判中，非常重要的工作就是说服，它常常贯穿于整个谈判过程当中。双方的接触、沟通与合作都是通过不断地提问、回复等语言的表达来实现的，灵活巧妙地运用语言艺术提出具有创造性的解决方案，不仅满足彼此利益的需要，也有利于谈判的顺利进行。因此巧妙的语言运用为谈判增加了成功的可能性，起到事半功倍的效果。因此，谈判者在谈判中能否说服对方接受自己的观点，从而促成谈判的进行，就成了谈判能否成功的一个关键。

2. 说服能够提高双方签单促成率，达到双赢的效果

谈判中的说服，就是综合运用听、问、叙等各种技巧，改变对方的最初想法而心悦诚服地接受己方的意见。在谈判之前，谈判的双方都有设法说服对方的本意，然而谁能说服谁，

或者彼此都没有被对方说服，或者相互说服、达成一种折中意见，这三种结局往往是谈判者无法预测的。谈判者只有进入谈判过程，才能分出高低，得出结果。因此，说服是谈判过程中最艰苦、最复杂，同时也是最富有技巧性的活动。在谈判中，说服工作常常贯穿于整个过程。在谈判的过程中，双方都有各自的看法，都想自己的利益达到最大化，这就需要谈判者能够有效地运用说服技巧，说服对方，最终达成一致，提高双方签单促成率，使以后的合作持续下去，达到双赢的效果。

3. 为下一次面谈以及业务往来留下良好印象，维持良好的人际关系

在商务谈判中，双方都是在谈判过程中逐渐了解对方的。在这个过程中，难免会有冲突，有效的说服能轻松地解决这些冲突，为下一次合作打好基础，建立良好的人际关系。

（二）说服技巧的环节

1. 取得信任

一般情况下，当一个人考虑要不要接受他人的意见时，总是先衡量一下他与说服者之间的关系，是否熟悉与友好。如果互相熟悉，彼此信任，对方就会正确且友好地理解你的观点与解释。信任是人际沟通的起点，只有对方信任你，才会理解你的友好动机，否则，即使你的动机再友好，别人也不会接受，可能会产生反向作用。所以，说服别人时获得别人的信任，是进行有效说服的前提。

2. 分析影响

首先应该用诚挚的态度、充分的理由说明想让对方接纳的意见，以及对方一旦被你说服将产生的利弊得失；其次要坦率地承认如果对方接受你的意见，你也会获得相应的利益，这样对方才会觉得你诚实可信，否则，别人有可能认为你的话中有诈而将你拒之门外。这样做的好处有两方面：一方面使人感受到你的客观、符合情理；另一方面当对方接受你的意见后，如果出现了负面的情况，你也可以进行适当的解释，促使双方达到双赢的结果。

3. 简化程序

当对方初步接受你的意见时，为避免其在进程中生变，要简化确认这一结果的程序。在需要书面协议的情境，可提前准备一份原则性的协议书草案让对方签署。这样通常可当场取得被说服者的承诺，避免在细节问题上牵扯出过多的纠缠。

4. 争取认同

在商务谈判中要想说服对方，不仅要赢得对方的信任，消除对方的负面情绪，还要利用双方共同感兴趣的问题作为过渡，因势利导地解开对方思想的纽结，说服才能有良好的效果。事实证明，认同是双方相互理解的有效方法，也是有效说服他人的一种方法。

认同，就是人们把自己的说服对象看成是与自己相同的人，寻找相似处，这是人与人之间心灵沟通的桥梁，也是说服对方的基础。在商务谈判中，双方本着达成共识的态度走到一起，相似的东西本来就多，随着谈判的进一步发展，彼此越来越熟悉，在一定程度上就会感到比较亲近，这时，某些心理上的顾虑和戒备会减轻，从而更容易说服对方。

5. 强调立场

在研究对方的心理及需求特点时，不要操之过急，急于求成，首先要讨论好的信息和有利的情况，再交流坏的信息和不利的情况。对于有利的信息要多次提及，强调互相合作，互惠互利的可能性、现实性，朝着期望的目标推进。

6. 保持耐心

说服必须耐心细致，不厌其烦地晓之以理，动之以情，把接受你方意见的好处和不接受你方意见的害处讲深、讲透。不怕阻碍，一直坚持到对方能够听取你的意见为止。

7. 推敲语言

在商务谈判中，欲说服对方，言语一定要反复推敲。事实上，说服他人时，用语的色彩不一样，说服的效果就会大相径庭。通常情况下，在说服他人时要避免用“震惊”“怨恨”“气愤”“恼火”这类词语。即使在表达自己的情绪，比如，担忧、失意、害怕等时，也要注意斟酌词汇，才能收到良好的效果。另外，勿用逼迫或欺骗的手段说服对方。

8. 把握时机

在对方情绪激动或不稳定时、在对方喜欢或敬重的人在场时、在对方的思维方式极端定势时，暂时不要进行说服。这时你首先应当设法安抚对方的情绪，避免让对方失面子。用事实先适当地教训他一番，然后才可进行说服。

(三)说服技巧的要点

1. 换位思考，将心比心

要说服对方，就要考虑到对方的观点或行为存在的客观理由，要设身处地为对方想一想，从而使对方对你产生一种自己人的亲切感。这样，对方就会相信你，就会感到你是为他着想，效果十分显著。

2. 消除戒心，营造氛围

从谈话一开始，就要创造一个说“是”的氛围，不要形成一个说“否”的气氛。不要把对方置于不同意不愿做的情境中，然后去批驳他劝说他。商务谈判实例表明，从积极主动的角度去启发和鼓励对方，就会帮助对方提高自信心，并乐于接受己方的意见。

3. 模糊用语，增强效果

商务谈判用语本应当清楚、精确，但一些事情无法说得很精确，甚至有意说得“模糊”一点，从而起到合适、得体地运用语言的效果。另外，双方谈判人员为了各自的利益都不愿完全坦诚分享信息、交流思想，谈判语言通常是含蓄隐晦。“模糊”用语已经作为一种交际策略有意识地运用到商务谈判中,以达到某种语用目的，促使商务目标的实现和商务活动的顺利进行。

4. 把握时机，照顾情绪

在错综复杂的商务谈判中，免不了会出现各种情绪的变化和波动。当对方出现异常的情绪波动时，要善于采用适当的策略办法调控谈判氛围，尽量缓和、平息或回避，防止有害的僵局出现，不能让异常情绪对谈判产生负面影响。

第四节　采购谈判策略

一、还价策略

(一)过关斩将

所谓“过关斩将”是指采购人员应善于利用上级主管的谈判和议价能力。采购人员的议价结果不太理想时，如果采购金额较大，应请求上级主管，甚至买方总经理向卖方相应的主管直接对话，这样做通常效果会很好。

这是因为高层主管不仅议价技巧与谈判能力会高超一些，且社会关系广、地位高、经验又丰富，常常可能与对方主管有共同语言，甚至一见如故(如果见面的话)，对方也因为买方主管的出面会有收到敬重或重视的感觉，从而使商务谈判易于进行，甚至提高降价的幅度。这种策略需要注意的是，采购人员最好请相应职务的双方主管进行会谈，尽量避免直接和比自己职位高的双方主管会谈，以免在谈判时处于不利地位，且容易“得罪”业务人员，令工作不好开展。

(二)先声夺人

所谓“先声夺人”是指谈判前设法给对手以巨大压力。比如，如果某公司因为某些原因要改变所生产的产品的品牌或其他方面的供应商已经熟悉和接收的东西，而同时又要维持原来的供应渠道，以确保生产正常进行。但是一般来说，供应商由于怕麻烦等原因不愿更换已经商议好的条件，这种情况下采购人员就要采用“先声夺人”的谈判技巧。

在与原供应商的商务谈判过程中，采购人员在使用“先声夺人”的谈判策略时，特别是针对那些较小的供应商，采购人员就要将重点放在公司的强大实力和良好的信誉等方面，避而不谈具体实质性的内容。最后因为对方急于维护供应关系，只好降低价格，这样企业在不改变品牌的情况下顺利达到降低采购成本的目的。

(三)擒贼先擒王

所谓“擒贼先擒王”是指在谈判过程中直接和对方掌握实权的人谈判。这些策略适用于某些“家长式”的企业。所谓“家长式”的企业是指那些一个人或少数几个人说了算的企业。公司的采购人员可以在事先已做了仔细的市场价格调查的情况下，和对方的区域主管商谈，如价格谈不下来，其后再与对方销售部副经理、经理谈，如果只是被告知价格是刚性的，这时采购人员就要注意到，是不是只有老总才有定价权？于是采购人员可以通过各种渠道与对方老总谈判，往往会收到意想不到的效果。

在对方低层主管没有价格决策权的情况下，采取这种策略是非常必要的，对方业务人员和低层主管对此也无可非议。但这种做法一般难度比较大，不一定成功，因为对方具有决策权的人不一定那么容易被说服；而且一旦不成功，还有可能得罪对方谈判人员，破坏双方关系。

与此策略相适应，采购方可使用“权力有限”的策略。即在较被动的情况下，推说没有被授予做大的让步的权力，以便使对方放弃所坚持的条件。

(四)化整为零

所谓“化整为零”就是分别对组成最终产品的每种材料逐一报价，再对专业制造该产品的厂商进行询价，比较分析后得出最佳方案。

就采购而言，比价采购和采购谈判在有些时候是盲目的，因为经常碰到信息不对称的情况，即供应商的成本价只有供应商自己心里清楚。购买方应尽可能摸清供应商的成本价，这样对控制议价和商务谈判的主动权有极大的好处。这种化整为零的策略，对有多个不同的材料组合而成的产品的议价有用。

(五)直捣黄龙

就是企业越过中间供应商，与总厂或原厂家直接接触，以达到降低成本的目的。有些中间供应商由于“独家代理”，价格居高不下，谈判、议价总无结果，这时便可采取“直捣黄龙”的策略。如对其材料的订购，如果企业经与其他生产厂家的同类产品比较，“总代理”的价格高出许多，并且企业多次要求“总代理”降价未果，在这种情况下，企业可以撇开“总代理”，直接向厂家询价，结果可能是原厂家拒绝，企业依然回到中间供应商那里；另一种结果可能就是原厂家不但报价，而且价格比“总代理”低。

因此，采购人员应在议价过程中小心认清“总代理”的虚实，因为有些供应商自称总代理，事实上并未与国外原生产厂家签订任何合约或协议，只是借总代理的名义自抬身价，获取超额利润。但在产销分离制度上要求相当严格的国家，如日本，这种策略就行不通了，因为日本的生产厂家会把询价单转交给代理商。

二、让价策略

让价策略是指在商业采购谈判中双方就价格问题争执不下时，为了促成谈判成功，采购方以放弃部分利益为代价的谈判策略。

（一）让价的原则

让价的基本规则是以小换大。为了达到这一目的，要事先充分准备在哪些问题上与对方讨价还价、在哪些方面可以做出让价、让价的幅度有多少。

让价策略的主要原则如下。

(1)不要做无谓的让价，应体现出对己方有利的宗旨。每次让价或是以牺牲眼前利益换取长远利益，或是以己方让价换取对方更大的让价和优惠。

(1)在未完全了解对方的所有要求以前，不要轻易做任何让价。盲目让价会影响双方的实力对比，让对方占有某种优势，甚至对方会得寸进尺。

(3)让价要让在刀口上，让得恰到好处，能使己方以较小的让价获得对方较大的满意。

(4)在己方认为重要的问题上力求使对方先让价，而在较为次要的问题上，根据情况需要，己方可以考虑先做让价。

(5)己方的让价形态不要表现得太清楚。每个让价都应该指向可能达成的协定，可是不能让对方看出己方的目标所在。

(6)不要做交换式的让价。让价并不需要双方互相配合，以大换小、以旧换新、以小问题换大问题的做法是不可取的。

(7)不要承诺做同等程度的让价，一报还一报的互相让价是不可取的。如果对方提出这种要求，可以己方无法负担作为借口。假如对方开价60元而你开价40元，对方说：“我们取个平均值吧。”你可以说：“不能接受。”

(8)做出让价时要三思而行，谨慎从事，不要过于随便，给对方以无所谓的印象。

(9)不要让对方轻易得到好处。人们往往不珍惜轻易得到的东西。

(10)必须让对方懂得，己方每次做出的都是重大的让价。即使做出的让价对己方损失不大，也要使对方觉得让价来得不易，从而珍惜得到的让价。

(11)如果做出的让价欠周密，要及早收回，不要犹豫。不要不好意思收回已做出的让价，最后的握手成交才是谈判的结束。

(12)在准备让价时，尽量让对方开口提出条件，表明其要求，先隐藏自己的观点、想法。

(13)一次让价的幅度不宜过大，节奏也不宜太快，但也必须足够，应做到步步为营。

(14)没有得到某个交换条件，永远不要轻易让价。不要免费让价，或是未经重大讨论就让价。如果你得不到一顿晚餐，就得一个三明治；如果你得不到一个三明治，就得一个许诺。许诺是打了折扣的让价。

(15)不要不敢说“不”。大多数人都不敢说“不”，只要你重复说，对方就会认为你说的是真的，要坚持立场。

(16)让价的目标必须反复明确。让价不是目的，而是实现目的的手段。任何偏离目标的让价都是一种浪费。让价要定量化，每次让价后，都要明确让价已到何种程度、是否获得了预想的效果。

(17)不要执著于某个问题的让价。整个合同比各个问题更重要。要向对方阐明：各个问题上所有的让价要视整个合同是否令人满意。

(18)在接受对方让价时要心安理得。不要一接受对方让价就不好意思，就有义务感、负债感，马上考虑是否做出什么让价给予回报。不然，你争取得到的让价就没有什么意义了。

(二)让价的策略方式

在谈判的过程中，赢者总是比输者能控制自己的让价程度，特别是在谈判快形成僵局时更为显著。谈判里的输者，往往无法控制让价的程度；赢者则不停地改变自己的让价方式，令人难以揣测。那么，让价策略方式通常可分为八种。

1. 冒险型让价

这是一种较坚定的让价方式。它的特点是在谈判的前期阶段，无论对方作何表示，己方始终坚持初始报价，不愿做出丝毫的退让。到了谈判后期或迫不得已的时候，却做出大步的退让。当对方还想要求让价时，己方又拒不让价了。这种让价方式往往让对方觉得己方缺乏诚意，容易使谈判形成僵局，甚至可能因此导致谈判的失败。

2. 刺激型让价

这是一种以相等或近似相等的幅度逐轮让价的方式。这种方式的缺点在于让对方每次的要求和努力都得到满意的结果，因此很可能会刺激对方要求无休止让价的欲望，并坚持不懈地继续努力以取得进一步让价，而一旦让价停止就难说服对方，从而有可能造成谈判的中止或破裂。但是，如果双方价格谈判轮数比较多、时间比较长，这种“刺激型”的让价方式也可以显出优越性，每一轮都做出微小的但又带有刺激性的让价，把谈判时间拖得很长，往往会使谈判对手厌烦不堪、不攻自退。

3. 诱发型让价

这是一种让价幅度逐轮增大的方式。在实际的价格谈判中应尽力避免采取这种让价方式，因为这样做的结果会使对方的期望值越来越大，每次让价之后，对方不但感到不满足，并且会认为己方软弱可欺，从而助长对方的谈判气势，诱发对方要求更大让价的欲望，使己方很有可能遭受重大损失。

4. 希望型让价

这是一种让价幅度逐轮递减的方式。这种方式的优点在于：一方面让价幅度越来越小，使对方感觉己方是在竭尽全力满足其要求，也显示出己方的立场越来越强硬，同时暗示对方虽然己方仍愿妥协，但让价已经到了极限，不会再轻易做出让价；另一方面让对方看来仍留有余地，使对方始终抱着把交易继续进行下去的希望。

5. 妥协型让价

这种让价方式的特点是：开始先做出一次巨大的退让，然后让价幅度逐轮减少。这种方式的优点在于：它既向对方显示出谈判的诚意和己方强烈的妥协意愿，同时又向对方巧妙地暗示出己方已尽了最大的努力，做出了最大的牺牲，因此进一步的退让已近乎不可能，从而显示出己方的坚定立场。

6. 危险型让价

这是一种巧妙而又危险的让价方式。开始做出的让价幅度巨大，但在接下来的谈判中则坚持己方的立场，丝毫不做出让价，使己方的态度由骤软转为骤硬，同时也会使对方由喜变忧，又由忧变喜，具有很强的迷惑性。开始的巨大让价将会大幅度地提高买方的期望，不过接下来的毫不退让和最后一轮的小小让价会很快抵消这一效果。这是一种很有技巧的方法，它向对方暗示，即使进一步的讨价还价也是徒劳的。但是，这种方式本身也存在一定的风险性。首先，它把对方的巨大期望在短时间内化为泡影，可能会使对方难以适应，影响谈判顺利进行；其次，开始做出的巨大让价可能会使卖主丧失在高价位成交的机会。

7. 欺骗型让价

这种方式代表一种更为奇特和巧妙的让价策略，因为它更加有力地、巧妙地操纵了对方的心理。第一轮先做出一个很大的让价，第二轮让价已经到了极限，但在第三轮却安排小小的回升(对方一般情况下当然不会接受)，然后在第四轮里再假装被迫做出让价，一升一降，实际让价总幅度未发生变化，却使对方得到一种心理上的满足。

8. 低级型让价

这是一种比较低劣的让价方式。在谈判一开始，就把己方所能做出的让价和盘托出，这不仅会大大提高对方的期望值，而且也没有给己方留出丝毫的余地。接下来完全拒绝让价显得缺乏灵活性，又容易使谈判陷入僵局。

三、说服策略

(一)采购谈判中的说服障碍

1. 顽固者

在采购谈判中，大多数的对手是通情达理的，但是也会遇到固执己见、难以说服的对手。对于这些难以说服的对手，我们要掌握他们的心理规律，运用我们的三寸不烂之舌，晓之以理，动之以情，将他们说服，为公司创造更多的利益。其实有时候顽固者也搞不清自己的观点是对是错，但是还是会坚持自己的观点。有时候明明知道自己错了，但是由于自尊心的作用，也不轻易承认自己的错误。这类人很固执，坚持己见，绝不退缩，使谈判陷入僵局。

2. 自恋者

在商务谈判中，难免会遇到某些自恋的人，这种人过于自信，他们趾高气扬、目空一切，在这里他们非常特别，坚决认为自己拥有的即是最好的，自己说的即是正确的，很难接受新的思想和事物，坚决不听取别人的意见，导致贸易很难进行。

(二)有效说服策略

1. 下台阶法

当对方自尊心很强、不愿承认自己的错误时，不妨先给对方一个台阶下，说一说他正确的地方或者说一说他错误存在的客观根据，这也给对方提供了一些自我安慰的条件和机会。这样，对方就不会感到失掉面子，因而愿意接受你善意的说服。

2. 等待法

对方可能一时难以说服，不妨等待一段时间，对方虽然没有当面改变看法，但对你的态度和你所讲的话，事后他会加以回忆和思考的。必须指出，等待不等于放弃。任何事情，都要给他人留有一定的思考和选择的时间。同样，在说服他人时，也不可急于求成，要等时机成熟时再和他交谈，效果往往比较好。

3. 迂回法

当对方很难听进正面道理时，不要强逼他进行辩论，而应该采取迂回的方法。就像作战一样，对方已经防备森严，从正面很难突破，最好的解决办法就是迂回前进，设法找到对方的弱点，一举击破。说服他人也是如此，当正面道理很难说服对方时，就要暂时避开主题，谈论一些对方的看法，让他感觉到你的话对他来说是有用的，使他感觉到你是可以信任的。这样再把话转入主题，晓之以利害，他就会更加冷静地考虑你的意见，并容易接受你的说服。

4. 沉默法

当对方提出反驳意见或有意刁难时，有时是可以做些解释的，但是对于那些不值得反驳的意见，需要讲一点艺术手法，不要有强烈的反应，相反可以表示沉默。对于一些纠缠不清的问题，或者遇上不讲道理的人，则不予理睬，对方就会觉得自己所提的问题可能没有什么道理，人家根本就没有在意，于是自己也就感到没趣了，从而也就不再坚持自己的意见了，这就达到了说服对方的目的。

5. 利用法

谈判要尽可能地抓住对方某些可以直接或间接利用的反对意见，并可以把这些反对意见作为业务洽谈的起点和基础。如果对方提出类似下面一些问题，不妨运用此种方法来解决有关争议。比如对方说："贵方所提供的产品固然质量很好，但价格过高，服务条件也较苛刻，所以，我们很难达成协议"。对此，你可以这样进行说服："我很高兴你提出这样的问题。正如你刚才所说的，我们的产品质量很好，其他企业无法与之相比，所以，价格高于同类产品是完全正常的。再说，产品质量好，也无须像有些企业不厌其烦地提供'三包''五包'。这样，对于我们来说是互惠互利，这又何乐而不为呢？"这样的话，使那些自恋和顽固的人能够退缩，做到滴水不漏。

6. 重复法

要完全消除不确切和夸大了的意见是件十分困难的事。但对一个有经验的谈判人员来说，总是可以用比较婉转的语言和方式把对方的反对意见加以重复，让对方给予认可，进而来削弱其分量，改变反对意见的性质。比如对方提出："产品价格太昂贵了，太不合理了。"你不妨用温和的口气和婉转的方式回答："是的，我理解你的心情，您是否认为这些产品不太便宜。"进而再回答对方提出的问题。这里"不太便宜"和"太昂贵""太不合理"虽然是一个问题。但分量和强度显然有所改变，而这一点对于说服对方是非常有益的。同样，这样的方法，对于某些自恋者和顽固者也很奏效。

7. 比较法

用比较的方法说服对方，比直截了当地反驳效果要好得多。你可以列举对方比较熟悉的资料和例子进行各方面的比较。例如，在销售电风扇的洽谈中，对方对你的产品在质量、价格、维修服务等方面提出非议或不合理的要求。你不妨就这几方面的问题与对方所熟知的电风扇或名牌电风扇进行具体的比较说明。这样做远比单一的、直接的说教效果好。

总之，随着经济的发展，商务谈判的作用越来越突出，在这样的协商活动中，说服在商务谈判中扮演着十分重要的角色，成功的商务谈判都是谈判双方出色运用语言艺术的结果，为了能够使交易顺利进行，我们要熟练地掌握好说服的技巧，实现我们交易利益的最大化，最终达到双赢的效果。

思考题

一、填空题

1. 谈判目标分为三个层次：一是理想目标；二是________目标；三是________目标。

2. 采购谈判者需要掌握以下几方面的信息：一是市场信息；二是________信息；三是内部需求信息；四是________的信息。

3. 掌握好提问时机有助于引起对方注意。发问时机主要有三个：一是对方发言________，二是对方发言________，三是在自己发言前后。

4. 谈判地点的选择无外乎有三种情况：________所在地、________所在地、双方之外的第三地。

5. 在国际商务谈判中有两种典型的报价战术：________报价术和________报价术。

二、判断题

1. 大规模的采购谈判，宜选用圆形谈判桌。规模较小时多选用长方形谈判桌。（　）

2. 如果对方是谈判专家，而已方人员缺乏必要的谈判经验，则让对方先报价更为有利。（　）

3. 危险型让价是一种巧妙而又危险的让价方式。开始做出的让价幅度极小，但在接下来的谈判中做出的让价幅度巨大。（　）

4. 在各类采购谈判中都需要签订书面合同，书面合同由哪一方草拟有统一规定。（　）

5. 日式报价术一般将最低价格列在价格表上以求首先引起买方的兴趣，这种低价格一般是以买方最有利的结算条件为前提的。（　）

6. 实际谈判过程中的最初报价称为开盘价。对于采购方而言，一般是以不能突破最低开盘价报出的期望值。（　）

三、选择题

1. 当谈判对手提出的问题采购方不好回答，或做出回答会带来某些风险与不利，而对方又一再催逼作答，在这种情况下可采用（　）的策略。

A. 拖延回答　B. 含糊应答　C. 答非所问　D. 局部回答

2. 谈判一开始，就把己方所能做出的让价和盘托出，属于（　）让价。

A. 低级型　B. 刺激型　C. 希望型　D. 高级型

3. 当对方很难听进正面道理时，不要强逼他进行辩论，而应该采取（　）的方法。

A. 迂回　B. 沉默　C. 利用　D. 比较

4. 采购谈判原则包括(　　)原则。

A. 平等互惠　B. 诚实守信　C. 互通有无

D. 互惠双赢　E. 心胸宽广

5. 提问也是一种谈判技巧，所以，一定要考虑到(　　)这些要点。

A. 提问的时机　B. 提问的方式　C. 提问的节奏

D. 提问的目的　E.提问的语言

四、简答题

1. 简答谈判阐述时的技巧。
2. 简答谈判中的还价策略。
3. 简答谈判中说服他人的策略及技巧。
4. 简答谈判中的让价策略。
5. 采购谈判的重要性。

【实践活动】

实践项目：采购谈判技巧

任务要求：收集资料，模拟一次采购谈判活动。全面了解采购谈判的过程，分析采购谈判内容(如产品质量、交货及价格条款等)；对采购谈判进行详尽的规划；总结出规律性、技巧性，确定谈判技巧方法。

具体操作：在教师指导下，将班级学生分成多个10人一组的谈判项目小组，每个谈判项目小组确定一个采购谈判主题，设有甲、乙两个谈判小队，各小队自行进行不同角色和任务的分配，根据所学知识模拟采购谈判程序，体验谈判技巧和策略的应用。

第八章

供应链采购合同管理

【引导案例】

采购合同纠纷

东北某林区木材厂是一个近几年生意红火的中型木器制造厂。依靠原材料有保证的优势，制造成本较低的传统木器。该厂的设备落后，限制了工厂的发展。该厂决定投入巨资引进设备技术，开拓市场，他们通过某国际经济技术合作公司代理与外国某木工机械集团签订了引进设备的合同，总价值 110 万美元。

外方按照合同规定，将设备到岸进厂，外方人员来厂进行调试安装。中方在验收中发现，该机部分零件磨损严重，不能投入生产。中方向外方指出，你方产品没有达到合同机械性能保证的指标。外方表示将派强有力的技术人员赴厂研究改进。2 个月后，外方派来的人员到厂，更换了不符合标准的部分零件，对机器进行了再次的调试，但经过验收仍然不符合合同规定的技术标准。调试研究后外方应允回去研究，但一去 3 个月无下文。中方由于安装、调试引进的设备已基本停产。为了尽快投入生产，中方准备通过谈判，做出一些让步，只要保证整体符合生产要求即可。这正中外方下怀，中方提出这个建议后，他们马上答应，签署了设备验收备忘录，外方公司进行调试。但调试后，只有一项达到标准，中方认为不能通过验收。但外方公司认为已经达到规定标准，双方遂起纠纷。

本来，外方产品质量存在问题，中方完全有理由表示强硬态度，但外方却显得理直气壮。原来，双方签署的备忘录中，经中方同意，去掉了部分保证指标，并对一些原规定指标进行了宽松的调整，备忘录中拟定了"某些零部件的磨损程度'以手摸光滑为准'"等条款。这种无可量化的条款让外方钻了空子。根据这样的模糊规定，他们坚持认为达到了标准，双方争执不下。

中方聘请了律师，要求外方按原合同赔偿损失。中方认为，赔偿后至少可以保本，但结果又是南柯一梦！精明的外方在索赔条款中写进了一个索赔公式，由于这个公式相当复杂，签约时中方人员没有认真研究就接受了。现在，外方拿来这个公式，面对面地算细账，即使这套设备报废，外方也仅赔偿设备引进总价的 0.8%！还不说你已承认其中一项指标符合标准！110 万美元的损失只赔偿约 1 万美元，中方负责人被激怒了，外方却一直在微笑。

此时，纠纷的解决已无可能，律师建议依法提出仲裁。但查看合同有关仲裁的条款时，令人大吃一惊。合同中写道："如果在本合同中，发生一切纠纷，均需执行仲裁，仲裁在被诉一方所在国进行。"即如果中方提出仲裁，只能在对方所在国进行，中方将要付出巨大的代价。但如果不提出仲裁，将受到巨大的损失。如果中方想要外方提出仲裁，中方只能拒付货款。在国际贸易中，中国银行出具的不可撤销的保证函已与合同一起生效，银行方面保证信誉，遵守国际惯例，根本不可能拒付。即中方违约不存在客观可能性。

最后，中方在万般无奈的情况下，接受了对方总额为 12%的赔偿，同时提供另外 3%零件的最终方案。那台机器两年来根本就不能运转，没有创造任何经济效益。现在，虽然能勉强运转，仍需要不断地调整修理。即便如此，也只有 60%左右的生产效率。

中方在签订采购合同时没有仔细地确定采购合同的细节，而只是想当然认为不会发生纠纷，并且对采购合同条款认识不清楚，最终上当受骗，给厂家造成了重大的损失。因此，在谈判中，签订采购合同的时候，要注意确定谈判的细节和签约的细节，不能马虎大意，否则容易引起纠纷，于己于人都是不利的。

【学习目标】

1. 了解采购合同的基本含义和采购合同的类型与选择依据；
2. 理解采购合同的内容和采购合同中的法律关系；
3. 掌握采购合同的谈判流程及签订方式；
4. 熟悉采购合同的履行原则和变更、中止、解除的条件。

第一节　采购合同概述

一、采购合同性质

采购合同是采购方与供应方双方谈判协商一致同意而签订的调整供需关系的协议。通常情况下，采购合同属于买卖合同。它是双方解决纠纷的依据，也是法律上双方权利和义务的证据，合同双方都应遵守和履行采购合同。通过合同的形式可以实现对企业采购活动的科学管理。在诸多种类的合同中，采购合同有其自己的特征使其区别于其他类型的合同。

(一)采购合同当事人的地位平等性

采购合同的当事人，也就是买卖合同的主体，由享有平等法律地位的出卖人和买受人双方共同组成。出卖人即买卖合同的卖方，在采购合同中就是供应人，对买卖合同的标的物享有所有权或处分权，与买受人即采购人签订买卖合同，出卖该标的物的当事人。买受人即买卖合同的买方，在采购合同中就是采购人，与出卖人签订买卖合同，购买该标的物的当事人。出卖人和买受人双方均是享有平等法律地位的民事主体，既包括自然人，也包括法人和其他组织。但这里的买卖双方既可以是中国的自然人、法人或其他组织，也可以其中有一方是外国的自然人、法人或其他组织，由此区分出国内买卖合同和国际买卖合同。区分国内买卖合同和国际买卖合同，目前国际上通用的标准是当事人的营业地标准。双方均为中国境内的自然人、法人或其他组织，则其签订的合同为国内买卖合同。如果出卖人或买受人中有一方是外国的自然人、法人或其他组织(营业地在中国境外)，则其签订的合同是国际买卖合同或涉外买卖合同。

(二)采购合同的双务性

在采购合同中，双方当事人在享有权利的同时，应当承担相应的义务。同时，双方的权利与义务是相互对应的，一方的权利正是另一方的义务，反之亦然。在采购合同中，没有也不允许任何一方只享有合同权利而不承担合同义务,或者只承担合同义务而不享有合同权利。采购合同的双务性，即当事人双方互负义务体现在：合同的出卖人负有将出卖的物品交付给买受人所有的义务，同时享有请求买受人给付标的物价款的权利；买受人负有向出卖人支付价款的义务，同时享有要求出卖人交付标的物归其所有的权利。

采购合同的这一特性，对双方当事人的义务履行顺序具有十分重要的意义。这是因为，如果法律和合同没有另外的规定，任何一方在自己没有履行义务时，都无权请求对方履行义务。任何一方在没有接受对方的义务履行前，都有权拒绝履行自己的义务。

(三) 采购合同的有偿性

有偿合同是指当事人一方须给予他方相应的利益，方能取得自己利益的合同。有偿合同的特点，在于当事人双方互为给付，该给付有财产内容。买卖合同是出卖人和买受人为买卖标的物而签订的合同。其中心内容是出卖人转移标的物的所有权于买受人，买受人向出卖人支付相应的价款。在这里，买卖双方订立买卖合同的目的是非常明显的，都是为了获得自己需要的某种经济利益。在采购合同中，供应人允诺向采购人让渡财产的所有权从而获得一定数额的货币，属于有偿取得；而采购人取得财产的所有权，需要支付一定数额的货币，也体现了有偿性。鉴于合同的这一特征，买卖双方应严格遵循平等互利、等价有偿的公平交易原则。

(四) 采购合同的诺成性

诺成性合同是相对于实践性合同而言的。在民法理论上，根据合同成立是否以交付标的物为要件，可将合同分为诺成性合同和实践性合同。诺成性合同是指当事人对合同的标的、数量、质量、履行期限等主要内容协商一致即告成立的合同，又称“不要物合同”。凡除当事人意思表示一致外，还须实际交付标的物才能成立的合同，为实践性合同，又称“要物合同”。

采购合同是诺成性合同，只要出卖人和买受人经过要约、承诺，对买卖合同的标的、数量、质量、价款、履行期限、履行地点及方式、违约责任、解决争议条款等事项协商一致时，合同即告成立。在采购合同中，出卖人和买受人无须也不应当将标的物的实际转移、价款的实际支付等合同的履行行为约定为合同成立的附加条件。至于当事人是否交付标的物、是否支付价款等，决定于当事人是否适当履约、是否需要承担相应的违约责任等问题，与买卖合同的合法成立是无关的。合同的这一特性，要求当事人自意思表示一致时起，就受到合同的约束，不得主张合同尚未成立而拒绝履行自己的义务。同时，诺成性合同的这一特性，还将它与赠与合同、运输合同、仓储合同、保管合同、借用合同等实践性合同区别开来。对于后一类合同，法律上不仅要求当事人意思表示一致，而且还必须实际交付标的物以后，合同才能成立。

二、采购合同形式

(一) 按照是否可以用有形方式表现所载内容的角度划分

从我国的计划经济时期，有关法律对买卖合同的形式要求比较严格，主要体现为对买卖合同书面形式的要求。但随着市场经济体制的确立，法律观念发生了转变，对于买卖合同，逐渐不再严格要求其书面形式。根据我国《合同法》第 10 条的规定，当事人订立合同，可以采取书面形式、口头形式以及其他形式。这一规定意味着，买卖双方当事人可以根据自己的意愿选择任何一种形式订立合同，除非有其他特别的规定。这些特别的规定主要是有关法律、行政法规的规定，总的特点是要求合同需要有书面形式。这些合同与当事人约定采用书面形式的合同，均应当采用书面形式。

1. 书面形式

在传统意义上而言，书面形式是买卖双方将合同内容以文字方式表达出来的合同形式。随着科技特别是计算机网络通信技术的飞速发展，书面形式的含义已被赋予了更多的全新意义的内容。我国《合同法》第11条对合同的书面形式进行了界定，即书面形式是指合同书、信件和数据电文(包括电报、电传、传真、电子数据交换和电子邮件)等可以有形地表现所载内容的形式。这里所说的“有形地表现所载内容”，除了传统的用书面文字表现买卖合同的内容外，还包括用数据电文表现买卖合同内容的方式。根据该条的规定，买卖合同的书面形式至少可以包括三种形式。

1)出卖人与买受人共同签订的合同书

这种形式将买卖双方已经协商一致的各种权利和义务记载于共同签署的合同书内，便于日后双方共同遵守。这对于重大的、需要一定时间才履行的买卖合同，是最理想的一种合同书面形式。但对于需要立即履行，或在较短时间内必须履行的买卖合同，这种形式就显示出效率低下的不足。合同书有标准合同书与非标准合同书之分，标准合同书指买卖合同的条款由当事人一方预先拟定，对方只能表示全部同意或者不同意的合同书。非标准合同书指买卖合同的条款完全由当事人各方协商一致的合同书。

2)共同协商买卖双方权利义务的信件

这种方式特别适用于当买卖双方当事人不在同一地点时，通过信件表达各自意愿，最后达成签订买卖合同的共识。信件指当事人就要约与承诺内容进行往来的普通信函。信件的内容一般记载于传统的纸张上,因而与通过计算机及其网络手段而产生的信件不同,后者被称为电子邮件。

3)共同协商买卖双方权利义务的数据电文

数据电文包括电报、电传、传真、电子数据和电子邮件等。这种方式是传统信件方式的延伸，但它比信件方式更加快捷、方便。在现代信息社会中，通过先进的电讯、电子计算机手段，数据电文已经广泛进入社会的各个领域，为人们迅速高效地传递着各种买卖信息，可以使当事人更加快捷地从事电子商务，及时进行买卖活动。在商务活动日益频繁的情况下，将数据电文作为买卖合同的书面形式从立法上予以肯定，对提高买卖活动的效率、大力发展电子商务无疑具有十分重要的意义。

数据电文与现代通信技术相联系，包括电报、电传、传真、电子数据交换和电子邮件等。电子数据交换(EDI)是一种由电子计算机及其通信网络处理业务文件的技术，利用统一的标准编制资料，使用电子方法，将商业资料由一台计算机应用程序，传送到其他的计算机应用程序中去。作为一种新的电子化贸易工具，这种方式订立的合同称为电子合同。电报、电传及传真也都是使用电子方式传送信息的，但它们不是电子数据交换。电报、电传及传真通常总是产生一份书面的东西,其最终传递结果均被设计成纸张一类的书面材料。而电子数据交换则不一定,后者完全取决于接受方是否想要一份书面的东西，如果需要，就可以由计算机打印出来。也就是说，电子数据交换是具备根据要求产生书面文书、用以符合书面合同要求的能力的。

电子数据交换的传递具有更通用的特点：它可以产生纸张的书面单据，也可以被储存在磁的或者其他的接收者选择的非纸张中介物上(如磁带、磁盘、激光盘等)，电子数据交换记录交易的可靠性和精确性，至少等同于用其他技术手段维护的记录。那些被记忆在中介载体上的记录，也应该被视作书面的东西而被接受，因为这些信息构成了明确、可靠的证据，可以证明买卖合同的存在。这完全符合书面合同目的的要求，所以，以电子数据交换形式订立的合同具有特殊的书面性。

应该注意的是，买卖合同的书面形式并不仅仅局限于上述三种形式。《合同法》第11条在列举了上述三种书面形式后，又专门对书面形式的含义进行了抽象的定义性表述，即“书面形式是指可以有形地表现所载内容的形式”。这就是说，只要是可以有形地表现所载内容的形式，都可以是买卖合同的书面形式。这一表述对以后更好的书面形式的出现留下了法律保护的余地。

纵观各国买卖法的发展历史，在合同形式的问题上有如下的发展趋势：从重形式到重内容；从重文义到重当事人的真实意思；从重书面合同到口头合同与书面合同并重。目前，我国的市场经济还不够发达，买卖交易规则正在形成和发展，诚实信用的原则还未得到很好的理解和贯彻，许多人对买卖合同的严肃性还没有足够的认识。为了引导人们用明确、严谨的文字形式确定买卖双方的权利义务关系，避免可能发生的争执，现在仍应提倡买卖合同的书面形式。

买卖合同的书面形式具有确定性、公开性和告诫性等特点。有句俗话叫“空口无凭”，如果买卖合同的内容以书面文字的形式确定下来，则当事人履行合同时有凭有据，发生纠纷时处理起来也容易据以判断是非。特别是在现代的经济生活实践中，由于交易形式的复杂化以及交易安全的需要，使得买卖合同的书面形式对于一些大型的交易而言具有重要意义。所以，除个别简单和即时清结的买卖合同外，当事人仍应尽量采取书面形式订立买卖合同。对于我国新合同法中关于合同形式要件规则的理解，在实践中应注意，对口头合同的认可可以借鉴美国统一商法典的规定，以一定的标的额为限。不论买卖活动是否即时清结，超过一定金额的买卖应当订立书面形式，以保证在买卖活动中不出现较大标的额的口头合同，防止因口头协议产生重大误解或欺诈。

2. 口头形式

口头形式是指当事人以语言、电话等方式明示买卖合同内容和条款的合同形式。其特点在于，只要符合法律对简单合同所要求的一般条件，不需要任何特别形式就可以有效成立买卖合同。在人们的社会生活中，人们的衣、食、住、行都与口头合同形式密切相关。货物买卖中有许多以口头方式订立的合同，主要适用于即时清结的买卖活动，典型的如零售商业企业与其顾客之间的商品买卖。因此，买卖合同的口头形式，理所当然的是我国新合同法肯定的合同形式之一。

口头合同的优点在于，保障交易的便捷和迅速，缔约成本也相对低廉。但从证据法的角度来看，买卖活动采取口头形式，一旦发生纠纷则不易举证，较难分清责任，保障当事人的合法权益有一定的难度。因此，新合同法尽管规定了合同的口头形式，但是除即时清结之外，如果能够采用书面形式的，买卖合同应采取书面形式。

3. 其他形式

合同的其他形式是指除书面形式、口头形式之外的合同形式，它包括默示形式等。所谓以默示方式签订的买卖合同，是指非依当事人明确表示而成立的合同，而是依照一些交易习惯或行为由法律推定或引申的当事人意图所构成的合同。默示合同通常又分为两类：一是法定默示合同，即按照法律规定必然推定其存在的合同，如产品买卖合同中已经附有就产品使用安全的默示担保。二是依事实推定的默示合同，也称为以实际行为表示承诺的合同，是指受要约人虽没有向要约人明示承诺，但以自己的实际行为作出承诺的形式，如出卖人以发货表示接受要约。根据这一形式，只要受要约人按照要约的要求履行自己的义务，则从其履行义务开始，买卖合同即告成立。虽然双方并没有签订明确的买卖合同，但依据发货这一事实本身即可推定买卖双方之间存在默示合同。

口头合同与行为默示合同的区别在于，口头合同的主要内容应由买卖双方明确表示。以默示行为推定的合同与以口头方式订立的合同一样，都缺少书面证据，实践中也常发生取证难、不易分清责任的问题。所以，为慎重起见，当事人应尽量少采用该类方式订立合同。

(二)按照是否存在当事人的约定来划分

1. 法定形式

所谓法定形式，是指国家法律明确规定应当采用的形式。按我国现行法律、行政法规的规定，口头形式、公证形式、鉴证形式、批准形式、登记形式都可以成为采购合同的法定形式。例如，按我国《合同法》第十条的规定，法律、行政法规规定采用书面形式的，合同应当采用书面形式。按《合同法》的规定，法律、行政法规规定应当办理批准、登记手续生效的，合同的效力自批准、登记时生效等，都是对合同法定形式的规定。当事人在订立买卖合同时，如果违背法律和行政法规的规定，该采用法定形式而不采用法定形式的，其订立的买卖合同会因没有完成法律规定的要件而导致合同不能成立。

2. 约定形式

我国《合同法》第十条从正面规定了口头形式、书面形式等形式为合同的法定形式。尽管如此，在法定书面形式的基础上，买卖合同当事人也可以约定公证形式或鉴证形式。所谓约定形式，是指当事人对无法定形式要求的合同，约定采用一定的形式订立合同。买卖合同的约定形式根据当事人的意思自治原则确定，只要该约定没有违背国家法律和行政法规的规定，该约定就具有法律约束力。现行合同法虽没有直接规定合同的约定形式，但其他法律和行政法规对此已有规定，而合同法又未明令禁止，因此应当认为合同的约定形式在买卖活动中仍然有效。

一般来说，可以采用约定形式的采购合同主要有书面形式、口头形式、公证形式、鉴证形式。如果当事人约定公证形式或鉴证形式，则买卖合同的成立应当以当事人进行公证或鉴证为前提条件。如当事人未到公证机关进行买卖合同的公证，或未到工商行政管理机关进行买卖合同的鉴证，则该合同因为未完成必要形式将被认定为未正式成立。对于即时清结的买卖合同，当事人可以约定采用书面形式，也可以约定采用口头形式。如果国家法律、行政法规规定需要履行批准、登记手续的，即使已经遵守了本条规定的书面形式，还应当遵守批准、登记的法定形式，否则当事人订立的买卖合同不能成立。

第二节　采购合同类型与选择依据

一、采购合同类型

(一)按照结构划分

供应链采购活动是通过采购合同来实现的，而不同类型的采购合同具有不同类型的风险。采购合同类型的分类可根据结构来划分，见表 8-1。

表 8-1　供应链采购合同主要类型

合同类型	合同子类型	合同描述	风险主要承担者
结构性合同	长期定量合同	买卖双方约定在未来一定时间按约定价格交易一定数量的商品	采购商承担风险
	短期合同	买卖双方约定在不远的将来按约定价格交易一定数量的商品	
非结构性合同	柔性合同	买卖双方在合同中约定交易一定数量的商品，但采购商可以根据合同事先约定的比例调整具体采购数量	采购商和供应商共同承担风险
	期权合同	采购商向供应商先支付一小部分产品价格作为预订费用或期权价格，并约定双方在将来某时间采购商有权以一定执行价格向供应商采购不高于合同事先约定数量的商品	

(二)按照属性划分

供应链采购合同按照属性进行分类，可以划分为定价合同和订货量合同两大类，具体见表 8-2。

表 8-2　供应链采购合同主要类型

合同类型	合同子类型	合同描述
定价合同	批发价格合同	供应商和销售商相互签订批发价格合同，销售商根据市场需求和批发价格做出订货决策，供应商根据销售商订货量组织生产
	数量折扣合同	供应商给予零售商一个与其订货量有关的支付方案。通常情况下，零售商支付给供应商的单位产品价格将随其订货量的增加而减少
	回购合同	在销售季末，销售商订货大于所实现的需求时，供应商以一个合理的价格将未出售的产品购回，从而激励销售商在销售初期增加订货量
	期权合同	采购商先支付一小部分的产品成本作为预订费用或期权价格，并约定在将来某时间采购商有权以一定价格向供应商采购不高于合同事先约定数量的商品
	销售回扣合同	供应商向零售商收取一定的购买价格，当销售量超过某个限度时，供应商对零售商售出的产品给予一个单位售出折扣
	收益共享合同	零售商将一定比例的销售收入交付供应商，以获得较低的批发价格，改进供应链运作绩效
订货量合同	弹性数量合同	供应商为阻止零售商减少订货量，在向其收取一定购买价格后，对其未出售的产品给予一定补偿

(三)特殊采购合同

合同法规定了以下几种特殊的采购合同。

1. 分期付款采购合同

即在合同订立后，出卖人把标的物转移给买方占有、使用，买方按照合同约定，分期向出卖人(行使相关的所有权或用益物权以获得利益的人)支付价款的合同。分期付款采购合同的特殊性在于，买受人(又称买方，指买卖合同中约定支付价金的人)不是一次性付清全部货款，而是按照约定的期限分期付款，这就增加了出卖人的风险。因此这类合同往往约定：如果买受人不及时支付到期货款，出卖人享有保留标的物所有权并要求支付全部货款等权利。

2. 凭样品采购的采购合同

样品是从一批商品中取出来的或者生产、加工、设计出来的，用以反映和代表整批商品品质的少量实物。凭样品采购，既是以样品表示标的物质量，并以样品作为交货依据的采购关系。凭样品采购应注意采购方应当封存样品以备日后对照，必要时应在公证处封存样品。同时，当事人可以用语言、文字对样品的质量等状况加以说明，卖方交付的标的物应与样品及其说明的质量相一致，否则即构成违约行为。

3. 试用的采购合同

是卖方将标的物交给采购方，由买方在一定时期内试用，买方在试用期内有权选择购买或退回的一种采购合同。试用的采购合同是一种附加停止条件的合同。《合同法》第170条规定，卖方有权确定试用期限，在试用期间内，使用人享有购买或者拒绝购买的选择权。如果买方在试用期满后，对是否购买试用物未做明确表示的，则推定其同意购买。卖方有权请求支付货款。

4. 招标投标的物品采购合同

招标是订立合同的一方当事人采取招标通知或招标广告的形式，向不特定主体发出的邀约申请。投标是投标人按照招标人提出的要求，在规定时间内向招标人发出的以订立合同为目的的意思表示。招标投标的采购合同，是目前我国采购市场大力提倡并广泛使用的一种合同形式，它具有公开、公平、公正的特点，能够提高采购合同的透明度。

二、采购合同选择

采购合同类型的选择可以根据以下几点进行选择。

1. 采购货物的规模和采购时间的长短

如果采购货物的数量较小，采购时间较短，则采购合同的选择余地较大；如果采购项目规模较大，时间也长，则该采购项目的风险也很大，合同履行中的不可预测因素也较多。

2. 采购项目的复杂程度

项目的复杂程度较高，合同选用的可能性较小。项目的复杂程度越低，则采购人对合同类型的选择越握有较大的主动权。

3. 采购项目的明确程度

一般看采购数量是否已经明确。对于数量确定的项目采购合同的选择类型较多。而数量未确定的采购合同(如设计分阶段进行的采购)的选择类型较单一。

4. 采购项目准备时间的长短

根据准备时间来确定选择何种采购合同。

5. 采购项目的外部环境因素

针对不确定性因素较多的采购项目选择不同的采购类型。

第三节 采购合同内容

一、通用合同条款

在整个采购流程中，最重要的采购文件之一就是采购合同。一份完整的采购合同通常由首部、正文和尾部三部分组成。

(一)首部

采购合同的首部主要包括合同名称、合同编号、签约日期、签订地点、买卖双方的名称和合同序言等。

(二)正文

1. 主要内容

合同正文是购销双方议定的主要内容，是采购合同的必备条款，是购销双方履行合同的基本依据。所以零售企业采购合同的条款，应当在力求具体明确，便于执行，避免不必要纠纷的前提下，具备以下主要内容。

1) 商品名称

商品名称是指所要采购物品的名称。

2) 品质规格

品质是指商品所具有的内在质量与外观形态的结合，包括各种性能指标和外观造型。该条款的主要内容有技术规范、质量标准、规格和品牌等。

对合同品质控制的方法有两种：使用实物或样品；使用设计图纸或说明书。在使用样品确定品质时，供应商提供的物品的品质要同样品的完全一致。使用设计图纸或说明书确定品质时，供应商提供的物品的品质要符合设计图纸或说明书的要求。

3) 单价和总价

价格是指交易物品每一计量单位的货币数值。如一个杯子 CIF 芝加哥 5 美元，该条款的主要内容包括计量单位的价格金额、货币类型、交货地点、国际贸易术语和物品定价方式(固定价格、滑动价格、后定价格等)。

4) 数量

数量是指采用一定的度量制度来确定买卖商品的重量、个数、长度、面积和容积等。它包括的主要内容有交货数量、单位和计量方式等。必要时还应清楚地说明误差范围，例如，苹果 10 000 千克，误差范围 3%。

5) 包装

包装是为了有效地保护商品在运输存放过程中的质量和数量要求，它有利于分拣和环保。该条款的主要内容有包装标识、包装方法、包装材料要求、包装容量、质量要求、环保要求、规格、成本和分拣运输成本等。

6) 装运

装运是指把货物装上运输工具并运送到交货地点。该条款的主要内容有运输方式、装运时间、装运地与目的地、装运方式和装运通知等。

7) 到货期限

到货期限是指约定的最晚到货时间，以不延误企业生产经营为标准。

8) 到货地点

到货地点是指货物到达的目的地。到货地点的确定并不一定总是以企业的生产经营所在地为标准，有时为了节约运输费用，在不影响企业生产的前提下，也可以选择交通便利的港口等。

9) 检验

在一般的买卖交易过程中，物品的检验是指按照事先约定的质量条款进行检查和验收，涉及质量、数量和包装等条款。

在国际贸易中，商品检验指由商品检验机构对进出口商品的品质、数量、重量、包装、标记、产地、残损和环保要求等进行检验分析与公正鉴定，并出具检验证明。它包括的主要内容有检验机构、检验权与复验权、检验与复验的时间及地点、检验标准、检验方法和检验证书等。

10）付款方式

国际贸易中的支付是指采用一定的手段，在指定的时间、地点，使用正确的方式支付货款。它主要包括以下内容：

(1)支付方式，包括现金或汇票，一般是汇票；

(2)付款方式，包括银行提供信用方式(如信用证)、银行不提供信用但可作为代理方式(如直接付款和托收)；

(3)支付时间，包括预付款、即期付款、延期付款；

(4)支付地点，包括付款人指定银行所在地。

11）保险

保险是企业向保险公司投保，并交纳保险费，货物在运输过程受到损失时，保险公司向企业提供经济上的补偿。该条款的主要内容包括确定保险类别及其保险金额，指明投保人并支付保险费。根据国际惯例，凡是按 CIF(成本、保险费加运费)和 CIP(运费及保险费)条件成交的出口货物一般由供应商投保，按 FOB(船上交货)、CFR(成本加运费)、FCA(货交承运人指定地)、CPT(至目的地的运费)条件成交的进口物资由采购方办理保险。

12）仲裁条款

仲裁条款是指买卖双方自愿将其争议事项提交第三方进行裁决。仲裁协议是仲裁条款的具体体现，它包括的主要内容有仲裁机构、适用的仲裁程序、仲裁地点和解决效力等。

13）不可抗力

不可抗力是指在合同执行过程中发生的、不能预见的、人为难以控制的意外事故，如战争、洪水、台风、地震等，这些意外事故会致使合同执行过程被迫中断。遭遇不可抗力的一方可因此免除合同责任。该条款包括的主要内容有不可抗力的含义、适用范围、法律后果和双方的权利义务等。

2. 选择内容

合同正文可以选择的部分包括：

(1)保值条款；

(2)价格调整条款；

(3)误差范围条款；

(4)法律适用条款。

(三)尾部

合同的尾部主要包括：

(1)合同的份数；

(2)附件与合同的关系；

(3)合同的生效日期和终止日期；

(4)双方的签字盖章；

(5)合同的签订时间。

买卖双方在合同中明确说明合同适用何国、何地法律的条款。对大批量、大金额、重要设备及项目的采购合同，要求全面、详细地描述每一条款；对于金额不大、批量较多的小五金、土特产等，且买卖双方已签订供货、分销和代理等长期协议，则每次采购交易使用简单订单合同，索赔、仲裁和不可抗力的条款已经被包含在长期认证合同中。

对企业的频繁采购，与供应商签订合同分为两个部分：认证合同、订单合同。认证合同解决买卖双方之间长期需要遵守的协议条款，由认证人员在认证环节完成，是对企业采购环境的一个需求；订单合同就每次物料采购的需求数量、交货日期和其他特殊要求等条款进行表述。

二、采购合同中的法律关系

(一)采购商的权利和义务

1. 采购商的权利

(1)采购商有权申请依法保护采购合法权益。

(2)采购商有权自行选择供应商,任何单位和个人不得以任何方式要求采购人向其指定的供应商进行采购。

(3)采购商有权规定采购项目的特定条件，根据采购项目的特殊要求，规定供应商应当具备一般条件之外的特定条件。

(4)采购商有权审查供应商的资格，可以要求供应商提供有关资质证明文件和业绩情况，并根据供应商的必备法定条件和采购项目的特定要求，对供应商的资格进行审查。

(5)采购商有权认可供应商采取分包方式履行采购合同，中标、成交供应商依法采取分包方式履行合同，应经采购人同意，并就采购项目和分包项目向采购人负责。

(6)采购商有权控告、检举采购违法行为，针对采购活动中的违法行为向有关部门和机关进行控告和检举。

2. 采购商的义务

(1)维护国家利益和社会公共利益及促进经济社会发展，自觉规范采购行为，提高采购资金的使用效益，维护国家利益和社会公共利益。

(2)依法遵循采购原则。

(3)维护采购市场秩序和确保供应商公平竞争。不得对供应商实行差别待遇或歧视待遇，不得排斥其他供应商参与竞争，不得与采购当事人相互串通损害国家、社会和其他当事人的合法权益，不得接受采购相关当事人的贿赂和其他利益。

(4)按照法定程序进行采购，无论采取何种采购方式，都应遵循法定程序。

(5)支付价款。价款是采购商获取货物所有权的代价。依采购合同的约定向供应商支付价款，必须按采购合同约定的数额、时间、地点支付价款。

(6)采购合同无约定或约定不明的，应依法律规定、参照交易惯例确定。

(7)受领货物时，对于供应商交付货物及其有关权利和凭证，采购人有及时受领义务。

(8)对货物检查通知的义务。采购人受领货物后，应当在当事人约定或法定期限内，依通常程序尽快检查货物。若发现应由供应商负担保责任的瑕疵时，应妥善保管货物并将瑕疵立即通知供应商。

3. 采购商的法律责任

1)一般违法行为

一般违法行为包括：应当采用公开招标却擅自采用其他采购方式；擅自提高采购标

准，以不合理的条件对供应商实行差别、歧视待遇；在招标过程中与投标人协商谈判，中标、成交通知书发出后不与中标、成交供应商签订采购合同；拒绝有关部门依法实施监督检查。采购商出现上述违法行为的，由有关监督管理部门责令采购人限期改正，给予警告并可处罚款。对直接主管和其他直接责任人，由其上级主管部门或有关机关给予处分并予通报。

2）严重违法行为

严重违法行为包括：采购商与供应商或采购代理机构恶意串通；在采购过程中接受贿赂或获取其他不正当利益；在有关部门依法实施的监督检查中提供虚假情况。如果上述行为构成犯罪的，依法追究刑事责任；尚不构成犯罪的处以罚款，有违法所得的予以没收，属于国家机关工作人员的给予行政处分。

采购商的某一违法行为如果影响或可能影响中标、成交结果，并因采购合同履行给供应商造成损失，采购商应承担相应的赔偿责任。如果给他人造成损失，应按照有关民事法律规定承担民事责任。

不按规定集中采购和未依法公布采购标准与结果的违法行为，分别承担改正、被停拨预算资金及负责人处分相关责任。

集中采购的项目不委托集中采购的，由政府采购监督管理部门责令改正；拒不改正的，停止按采购预算支付资金，由其上级部门或有关机关依法给予其直接主管和其他直接责任人员处分。采购商未依法公布采购项目的标准和结果的，责令改正，对直接主管人员依法给予处分。

对隐匿、销毁、伪造、变造采购文件的违法行为，承担经济处罚和责任人处分直至刑事责任。

采购商违法隐匿、销毁或伪造、变造采购文件的，由政府采购管理部门处以 2 万元以上 10 万元以下的罚款，对其主管和其他责任人员依法给予处分；构成犯罪的，依法追究刑事责任。

对阻挠和限制供应商进入采购市场的违法行为，采购商承担改正和责任人处分责任。

采购单位或个人阻挠和限制供应商进入本地区或本行业政府采购市场的，责令限期改正；拒不改正的，由其上级主管部门或有关机关给予责任人处分。

（二）供应商的权利和义务

1. 供应商的权利

(1)平等取得采购供应商资格的权利。就我国目前的情况来看，任何具有合法经营资格的商家，只要符合采购供应商资格要求，就可以成为采购的供应商。

(2)平等地获得采购信息。

(3)自主、平等地参加采购的竞争。

(4)自主、平等地签订政府采购合同。

(5)经采购人同意，供应商可以依法采取分包方式履行采购合同。

(6)供应商有权要求采购商保守自身的商业机密。在采购谈判中，采购人对不同的供应商进行谈判，供应商需要接受采购商的资格审查、需要对一些内容作特殊说明，可能有一些内容涉及供应商的秘密，如果是采购商必须了解的内容，供应商有义务按照规定提供，但作为采购方，应该尊重供应商的正当要求，保守供应商的商业机密，采购商对于供应商的谈判内容、谈判条件等，同样负有保密的义务和责任。

(7) 如果供应商因故要变更或中止、终止采购合同，必须与供应商进行协商，供应商有权要求保护自身正当利益，要求采购商给予合理的赔偿。

2. 供应商的义务

采购供应商在参与采购活动中，必须承担法律规定的义务和责任。供应商的义务主要体现在以下各个方面。

(1) 供应商必须遵循政府采购的各项法律法规。

(2) 按规定接受采购供应商资格审查，在资格审查中客观真实地反映自身情况。

(3) 在采购活动中，按照采购人的要求提供内容真实的信息。

(4) 按规定的程序与采购商签订合同。

(5) 向采购商交付货物并转移货物的所有权。这是供应商最基本的义务。在司法实践中，交付与所有权转移的关系，因具体情况而异，并不完全一致。供应商履行交付义务，必须在双方约定的地点、期限，按照采购合同约定的数量和品质标准交付。其中一项不符合要求，采购商就要承担违约责任。

(6) 对货物的瑕疵担保义务。所谓供应商的瑕疵担保义务，包括货物的瑕疵担保和权利瑕疵担保两方面的内容。供应商对货物的瑕疵担保义务，就是说供应商应该保证他所交付的货物不存在可能使其价值或者使用价值降低的缺陷或其他不符合采购合同约定的品质问题。而对权利的瑕疵担保义务，是指供应商应该保证他所出卖的货物不侵犯任何第三方的合法权益。

3. 供应商的法律责任

(1) 提供虚假资格材料。在供应商资格审查中，虚报自身的技术、经济实力，提供虚假财务报告，误导资格审查人员。

(2) 为达到不正当目的相互恶意串通。包括供应商与采购商串通，供应商之间相互串通，以不正当的手段排挤其他供应商。

(3) 向采购人员行贿，以获取不正当利益。这种行为，最容易导致采购的低质量与低效率等严重问题。采取不正当手段妨碍、排挤其他供应商投标、中标。有些供应商为了达到不正当目的，或者利用“领导权威”，或者利用“地缘优势”，干扰其他供应商投标。

(4) 中标后无故放弃采购合同。有些供应商虽然参加投标，并且最后中标，但中标以后，可能会因一些特殊原因，例如，担心此种条件签订采购合同会亏损，或者担心履行采购合同有困难，以及中标后与中标前自身情况发生了变化，因而拒绝签订采购合同。

(5) 擅自中止、终止合同。供应商在签订合同以后，由于主观或客观上的原因不认真履行合同，或者中途中止，或者彻底终止。

(6) 擅自降低标的功能指标或改变功能结构。供应商在提供工程、货物、服务时，擅自降低原来规定的功能标准，改变功能结构，使采购原有的功能要求得不到保证。此种情况更多地发生在工程和较为复杂的货物采购方面。

(7) 运用法定标准以下的材料。运用法定标准以下的材料，是采购领域最经常发生的问题之一。一种是运用合同规定标准以下的材料，而另一种更坏的情况是，运用假冒伪劣材料，导致采购质量严重下降，甚至可能导致国家和人民的财产出现重大损失。

(8) 故意供给不足。故意供给不足，就是通常所说的“短斤少两”。供应商为了获得更多的利润，很容易在供给分量上做手脚，运用不同的方法减少供应。

(9) 擅自进行合同转让、转包、分包。供应商将获得的合同项目进行转让、转包、分包，是普遍存在的现象，特别是有些供应商，其参与投标竞标的目的，并不是为了自己去完成，而是通过转让合同，或者分包、转包，以此作为获利的手段。但是，同时，在现实的经济活动中，合同转让、分包很容易导致中间环节过多、采购质量下降等严重问题。

(10)拒绝有关部门监督检查。对于采购活动中，供应商方面可能出现的违纪违规的问题，应该按照处罚要求和标准进行处罚，并重点加强管理和防范。目前我国对于供应商的违规现象的处罚措施主要包括取消投标资格、扣除保证金、罚款、没收非法所得、经济赔偿、纳入供应商“黑名单”、禁止参加政府采购活动、吊销营业执照；构成犯罪的，依法追究刑事责任等。

第四节　采购合同管理及其方法

一、采购合同管理签订

商品采购合同，是需求方向供货厂商采购物资，按双方达成的协议签订的具有法律效力的书面文件。它确认供需双方之间的购销关系和权力、义务。合同依法订立后，双方必须严格执行。因此，采购人员在签订采购合同前，必须审查供应商的合同资格、资信及履约能力，按照《合同法》的要求，逐条订立购货合同的各项必备条款。

(一)采购合同的资格审查

1. 审查供应商的合同资格

为了避免和减少采购合同执行过程中的纠纷，在正式签订合同之前，采购人员首先应审查供应商作为合同主体的资格。所谓合同资格，是指订立合同的当事人及其经办人，必须具有法定的订立合同的权利。审查供应商的合同资格，目的在于确知对方是否具有合法的签约能力，它直接关系到所签订的合同是否具有法律效力。

1)法人资格审查

法人资格审查主要是审查供应商是否属于经国家规定的审批程序成立的法人组织。法人是指拥有独立的必要财产、有一定的经营场所、依法成立并能独立承担民事责任的组织机构。判断一个组织是否具有法人资格，主要看其是否持有工商行政管理部门颁发的营业执照。经过工商行政管理部门登记的国有企业、集体企业、私营企业、各种经济联合体、实行独立核算的国家机关、事业单位和社会团体，都可以具有法人资格，成为合法的签约对象。

在审查供应商法人资格时应注意：没有取得法人资格的社会组织、已被吊销营业执照取消法人资格的企业或组织，无权签订购货合同。要特别警惕一些根本没有依法办理工商登记手续或未经批准的所谓“公司”，它们或私刻公章，冒充法人，或假借他人名义订立合同，旨在骗取购货方的货款或订金。同时，要注意识别那些没有设备、技术、资金和组织机构的“四无”企业，它们往往在申请营业执照时弄虚作假，以假验资、假机构骗取营业执照，虽签订供货合同并收取货款或订金，但根本不具备供货能力。

2)法人能力审查

法人能力审查主要是审查供应商的经营活动是否超出营业执照批准的范围。超越其业务范围以外的经济合同属无效合同。法人能力审查还包括对签约的具体经办人的审查。购货合同必须由法人的法定代表人或法定代表人授权的承办人签订。法人的法定代表人就是法人的主要负责人，如厂长、总经理等，他们对外代表法人签订合同。法人代表也可以授权业务人员，如推销员、采购员等承办人，以法人的名义订立购货合同。承办人必须有正式授权证明书，方可对外签订购货合同。法人的法定代表人在签订购货合同时，应出示本人的身份证明、法人的委托书、营业执照或副本。

2. 审查供应商的资信和履约能力

资信，即资金和信用。审查卖方当事人的资信情况，了解供应商对购货合同的履约能力，对于在购货合同中确定权利和义务条款，具有非常重要的作用。

1)资信审查

具有固定的生产经营场所、生产设备和与生产经营规模相适应的资金，特别是又有一定比例的自由资金，是一个法人对外签订购货合同起码的物质基础。在准备签订购货合同时，采购人员在向卖方当事人提供自己的资信情况说明的同时，要认真审查卖方的资信情况，从而建立互相信赖的关系。

2)履约能力的审查

履约能力是指当事人除资信以外的技术和生产能力、原材料与能源供应、工艺流程、加工能力、产品质量、信誉高低等方面的综合情况。总之，就是要了解对方有没有履行购货合同所必需的人力、物力、财力和信誉保证。

如果经审查发现卖方资金短缺、技术落后、加工能力不足、无履约供货能力，或信誉不佳，都不能与其签订购货合同。只有在对卖方履约能力充分了解的基础上签订购货合同，才能有可靠的供货保障。

审查卖方的资信和履约能力的主要方法有：通过卖方的开户银行，了解其债权、债务情况和资金情况；通过卖方的主管部门，了解其生产经营情况、资产情况、技术装备情况和产品质量情况；通过卖方的其他用户，了解其产品质量、供货情况和维修情况；通过卖方所在地的工商行政管理部门，了解其是否具有法人资格和注册资本、经营范围和核算形式；通过有关的消费者协会和法院、仲裁机构，了解卖方的产品是否经常遭到消费者投诉，是否曾经牵涉到诉讼。对于大批量的性能复杂、质量要求高的产品或巨额的机器设备的采购，在上述审查的基础上，还可以由采购人员、技术人员和财务人员组成考察小组，到卖方的经营加工场所实地考察，以确切了解卖方的资信和履约能力。

采购人员在日常工作中，应当注意搜集有关企业的履约情况和有关的商情，作为以后签订合同的参考依据。

(二)采购合同的谈判流程

采购谈判流程会因采购的来源、采购的方法以及采购的对象不同，在作业细节上有所差异，但基本流程大同小异。谈判的基本流程如图 8-1 所示。

图 8-1 谈判流程图

1. 询盘

询盘是指采购方为购买某项商品而向供应商询问该商品交易的各种条件。采购方询盘的目的是寻找卖主(供应商)，而不是同卖主正式洽谈交易条件；采购方询盘是对市场的初步试探，看看市场对自己的需求有何反应。

为了尽快地寻找卖主，询盘者(采购方)有时会将自己的交易条件稍加评述。询盘是正式进入谈判过程的先导。询盘可以是口头表达也可以是书面表达，没有固定的格式。

2. 发盘

发盘是指供应商因想出售某项商品而向采购方提出买卖该商品交易的各种条件，并表示愿意按照这些交易条件订立合同。

发盘在大多数情况下由供应商(卖方)发出，表示愿意按一定的条件将商品卖给买方；也可以由采购方(买方)发出，表示愿意按一定的条件购买供应商的商品。

3. 还盘

还盘是指受盘人(采购方)在收到供应商发盘后，对发盘内容不同意，或不完全同意，反过来向发盘人提出需要变更内容或建议的表示。这时原发盘人就成了受盘人，同时原发盘也相应地随之失效。而原受盘人就变成了新的发盘人。在原受盘人作出还盘时，实际上就是要求原发盘人答复是否同意买方提出的交易条件。

再还盘是指发盘人对受盘人发出的还盘提出新的意见，并再发给受盘人。在国际贸易中，一笔交易的达成，往往要经过多次的还盘和再还盘的过程(“拉锯”)。

4. 接受

接受是指交易的一方在接到另一方的发盘后，表示同意。一方的发盘或还盘一旦被对方接受，合同即告成立，交易双方随即履行合同，在发盘的有效期内，由合法的受盘人以声明等形式表示，并发送到发盘人。

5. 签约

签约即签订合同。买卖双方通过交易谈判，一方的还盘被另一方有效地接收后，交易即可达成。但是，在商品交易中，一般都要通过签订书面合同来正式确认。

合同经双方签字后，就成为约束双方的法律性文件，双方都必须严格地遵守和执行合同规定的各项条款，任何一方未经对方同意，违背合同规定，都要承担法律责任。因此，合同的签订工作是采购谈判非常重要的环节。

如果这一环节的工作发生失误或差错，就会给以后的合同履行留下引起各种纠纷的把柄，甚至给交易带来重大的损失。只有对签约这一环节的工作采取认真、严肃的态度，才能使整个采购谈判达到预期的理想目的。

所以，合同的内容必须与双方谈妥的事项及其要求完全一致，特别是主要的交易条件必须规定得十分明确和肯定。合同所涉及的概念不应存有歧义，前后的叙述不能自相矛盾或出现任何差错。

(三)采购合同的签订方式

根据《合同法》的规定，采购合同的签订应当按照平等原则、自愿原则、公平原则、诚实信用原则、遵守法律及行政法规和尊重社会公德的原则进行。按照《合同法》的规定，签订采购合同采用要约、承诺两种方式。

1. 要约

要约是希望和他人订立采购合同的意思表示，要约应当符合下列两点规定。

(1)内容具体确定。

(2)遵守承诺。

以上两条规定表示受要约人一旦承诺，要约人即受该意思表示的约束。

2. 承诺

承诺是受要约人同意要约的意思表示。《合同法》规定：承诺应当以通知的方式作出，但根据交易习惯或者要约表明可以通过行为作出承诺的除外。同时规定：承诺的内容应当与要约的内容一致，受要约人对要约的内容作出实质性变更，为新要约。所谓对要约的内容作出实质性变更，是指对有关采购合同的标的、数量、价款、履行期限、地点、方式、违约责任和解决争议的方法等条款作出的变更。

因此，在订立采购合同的过程中，受要约人可以向要约人承诺，也可以向要约人作出新要约。当受要约人向要约人作出新要约时，原要约人就成为被要约人，面临是否对新要约人作出承诺的选择。

二、采购合同履行与担保

采购合同的履行，是指采购合同的当事人按照合同完成约定义务，如交付货物、提供服务、支付报酬或价款、保守秘密等。采购合同的履行其目的是促进合同的正常执行，满足企业的物料需求，保证合理的库存水平。在社会生活中，人们之所以要磋商和订立采购合同，以自己的某种具有价值的东西去与别人交换，无非是期望能获得更大的价值，创造更多的财富。而这一价值能否实现，完全依赖于双方订立的采购合同能否真正得以履行。如果仅仅是订立了合同而没有实际履行合同，那么不但争取签约的所有努力都会付之东流，而且还可能招致经济上和信誉上的严重损失。因此，履行合同是实现采购合同目的最重要和最关键的环节，直接关系到采购合同当事人的利益。在采购合同履行的管理方面，企业应当设置专门机构或专职人员，建立合同登记、汇报检查制度，以统一保管合同、统一监督和检查合同的执行情况，及时发现问题采取措施，处理违约、提出索赔、解决纠纷，保证合同的履行。同时，可以加强与合同双方的联系，密切关注双方的协作，以利于采购合同的实现。

(一)合同履行的原则

1. 全面履行原则

《合同法》第 60 条第 1 款规定：“当事人应当按照约定全面履行自己的义务。”这一规定，确立了全面履行原则。全面履行原则，又称适当履行原则或正确履行原则。它要求采购合同当事人按合同约定的标的及其质量、数量，合同约定的履行期限、履行地点，以及适当的履行方式，全面完成合同义务的履行原则。

2. 诚实信用原则

《合同法》第 60 条第 2 款规定：“当事人应当遵循诚实信用原则，根据合同的性质、目的和交易习惯履行通知、协助、保密等义务。”此规定可以理解为在采购合同履行问题上将诚实信用作为基本原则的确认。

3. 情势变更原则

情势变更原则，是指采购合同成立起至履行完毕前，合同存在的基础和环境因不可归属于当事人的原因发生变更，若继续履行合同将显示不公平，故允许变更采购合同或者解除采购合同。

（二）合同履行的监控

1．合同履行前的监控

签订了一份合同之后，还应考虑供应商是否乐于接受，是否及时执行等。在物料采购中，同一物料往往有几家供应商可供选择。每个供应商都有分配比例，由于时间变化，供应商可能要提出改变“认证合同条款”，包括价格、质量、货期等。碰到这种情况，采购人员应充分与供应商进行沟通、确认本次物料可供应的供应商，如果供应商按时履行合约，则说明供应商的选择正确。如果供应商确实难以接受采购订单，则不可强迫，可以另外选择其他供应商，必要时要求质量管理人员协助办理。

2．合约履行过程的监控

与供应商签订的合同具有法律效力，采购人员应全力监控，确实需要变更时，应征得供应商的同意。合约执行的监控主要把握如下事项。

(1) 监控供应商准备物料的详细过程，保证合约的正常执行。发现问题及时反馈，需要中途变更的要立即解决、不可贻误时间。

(2) 紧密响应生产需求形势。若因市场畅销生产需求紧急、要本批物料立即到货，应马上与供应商协商，必要时可帮助供应商解决困难，保证需求物料的准时供应。当市场需求出现滞销、企业经研究决定延缓或者取消合同供应时，采购人员也应尽快与供应商进行沟通，确认可承受的延缓时间，或者中止合同的执行，给供应商赔款。

(3) 控制好物料验收环节。物料到达合同规定的交货地点，对国内供应商一般是企业仓库，对境外交货是企业国际物流中转中心。境外交货的情况下，供应商在交货前会将到货情况表单传真给采购人员，采购人员必须按照采购合同对到货的物料、批量、单价及总金额等进行确认，并进行录入归档，开始办理付款手续。

3．合同履行后的跟踪

(1) 付款跟踪。采购人员应协助财务人员按合约规定的支付条款对供应商进行付款，并进行跟踪。合约执行完毕的条件之一便是供应商收到采购合同所约定的货款，如果供应商未收到货款，采购人员有责任督促付款人员按照流程规定加快操作，否则会影响企业的信誉。

(2) 物料问题跟踪。物料在使用过程中，可能会出现问题，偶发性的小问题可由采购人员或现场检查者联系供应商解决。重要的问题可由质检人员、认证人员解决。

（三）合同的担保条款

(1) 担保方应承诺本合同项下的所有产品及售后服务均为担保方生产或提供，且担保方已经知悉本合同所有条款的内容并愿意一并遵守。

(2) 担保方应承诺若供方因不遵守、不履行合同约定给需方造成损失而未能及时进行赔偿时，担保方在此不可撤销地同意对供方所承担的所有赔偿责任向需方提供连带责任保证。

三、采购合同变更、中止与解除

（一）采购合同的变更

采购合同的变更有广义、狭义之分。广义的采购合同变更是指采购合同主体和内容的变更，是采购合同债权或债务的转让，即由新的债权人或债务人替代原债权人或债务人，而合同内容并无变化；狭义的采购合同变更是指采购合同当事人权利义务的变化，是采购合同内容的变更。从我国《合同法》第五章的有关规定看，采购合同的变更仅指采购合同内容的变更，采购合同主体的变更称为合同的转让。

1. 采购合同变更的条件

(1)原已存在有效的采购合同关系。采购合同的变更，是改变原采购合同关系，无原采购合同关系便无变更的对象，所以，采购合同变更以原已存在采购合同关系为前提。同时，原采购合同关系若非合法有效，如采购合同无效、采购合同被撤销、追认权人拒绝追认效力未定的采购合同，也无采购合同变更的余地。

(2)采购合同内容发生变化。采购合同内容的变化包括：标的物数量的增减；标的物品质的改变；价款或者酬金的增减；履行期限的变更；履行地点的改变；履行方式的改变；结算方式的改变；所附条件的增添或去除；单纯债权变为选择债权；担保的设定或取消；违约金的变更；利息的变化。

(3)经当事人协商一致或依法律规定。《合同法》第 77 条第 1 款规定，“当事人协商一致，可以变更合同”。采购合同变更通常是当事人合议的结果。此外，采购合同也可以基于法律规定或法院裁决而变更，如《合同法》第 54 条规定，一方当事人可以请求人民法院或者仲裁机关对重大误解或显失公平的合同予以变更。

(4)法律、行政法规规定变更采购合同应当办理批准、登记等手续的，应遵守其规定。

2. 采购合同变更的效力

采购合同变更的实质在于使变更后的采购合同代替原采购合同。因此，采购合同变更后，当事人应按变更后的合同内容履行合同。

采购合同变更原则上对将来发生效力，未变更的权利义务继续有效，已经履行的债务不因采购合同的变更而失去合法性。采购合同的变更，影响当事人要求赔偿的权利。原则上，提出变更的一方当事人对对方当事人因合同变更所受的损失应负赔偿责任。

(二)采购合同的中止

采购合同中止履行是指债务人依法行使抗辩权拒绝债权人的履行请求，使合同权利、义务关系暂处于停止状态。在合同中止履行期间，权利、义务关系依然存在，在抗辩权消灭后，合同的权利、义务关系恢复原来的效力。

法律规定，在特殊情形下，应当先履行的一方，可以中止履行。随意中止合同的，应当承担违约责任。一方中止履行的，应当尽到及时通知对方的义务，并且如果对方提供了适当的担保，应当恢复履行合同。

必须有法律规定的情形才可以中止履行合同，随意中止履行的，应当承担违约责任。

《合同法》第 68 条规定，应当先履行债务的当事人，有确切证据证明对方有下列情形之一的，可以中止履行：

(1)经营状况严重恶化；

(2)转移财产、抽逃资金，以逃避债务；

(3)丧失商业信誉；

(4)有丧失或者可能丧失履行债务能力的其他情形。

当事人没有确切证据中止履行的，应当承担违约责任。中止履行的一方必须尽到及时通知的义务，提供担保的，应当恢复履行。

《合同法》第69条规定，当事人依照本法第六十八条的规定中止履行的，应当及时通知对方。对方提供适当担保时，应当恢复履行。中止履行后，对方在合理期限内未恢复履行能力并且未提供适当担保的，中止履行的一方可以解除合同。

（三）采购合同的解除

1. 采购合同解除的概念

采购合同解除，是指采购合同生效后，在一定条件下通过当事人的单方行为或者双方同意终止合同效力或者解除合同关系的行为。采购合同解除有以下法律特征。

(1)合同解除是对有效合同的解除。合同解除以有效成立的合同为标的，其目的在于解决有效成立的合同提前解除的问题。这是合同解除与合同无效、合同撤销及要约或承诺的撤回等制度的不同之处。

(2)采购合同的解除必须具有解除事由。采购合同一经有效成立，即具有法律约束力，双方当事人必须信守约定，不得擅自变更或解除，这是合同法的重要原则。只是在主客观情况发生变化，采购合同履行成为不必要或不可能的情况下，才允许解除采购合同。这不仅是合同解除制度的存在依据，也表明采购合同解除必须具备一定的条件，否则便构成违约。

(3)采购合同解除必须通过解除行为实现。具备采购合同解除的条件，采购合同并不必然解除。要使采购合同解除，一般还需要解除行为。解除行为有两种类型：一是当事人双方协商同意；二是享有解除权一方的单方意思表示。

(4)采购合同解除的效果是使采购合同关系消失。

2. 采购合同解除的分类

(1)单方解除与协议解除。单方解除是指依法享有解除权的一方当事人依单方意思表示解除合同关系；协议解除是指当事人双方通过协商同意将合同解除的行为。

(2)法定解除与约定解除。采购合同解除的条件由法律直接加以规定的，称为法定解除。约定解除，是当事人以合同形式约定为一方或双方设定解除权的解除，解除权可以赋予当事人一方，也可以赋予当事人双方。设定解除权，可以在订立采购合同时约定，也可以在合同成立后另订立设定解除权的合同。

3. 采购合同解除的法定条件

(1)因不可抗力致使不能实现合同目标。不可抗力致使采购合同目标不能实现，该采购合同失去意义，应归于解除。在此情况下，我国合同法允许当事人通过行使解除权的方式解除合同关系。

(2)在履行期限届满之前，当事人一方明确表示或者以自己的行为表明不履行主要债务。此即债务人拒绝履行，也称毁约，包括明示毁约和默示毁约。作为采购合同解除条件，一是确定债务人有过错，二是拒绝违法行为(无合法理由)，三是有履行能力。

(3)当事人一方延迟履行主要债务，经催告后在合理期限内仍未履行。也即供应方延迟履行。根据合同的性质和当事人的意思表示，履行期限在采购合同的内容中非属特别重要时，即使债务人在履行期届满后履行，也不致使采购合同目标落空。在此情况下，原则上不允许采购方立即解除合同，而应由采购方向供应方发出履行催告，给予一定的履行宽限期；供应方在该履行宽限期届满时仍未履行的，采购方有权解除采购合同。

(4)当事人一方延迟履行债务或者有其他违约行为致使不能实现采购合同目标。对某些采购合同而言，履行期限至关重要，如采购方不按期履行，采购合同目标即不能实现，于此情形，采购方有权解除采购合同。当其他违约行为致使合同目标不能实现时，也应如此。

四、采购合同违约责任与索赔

(一)采购合同的违约责任

违约责任是违反合同的民事责任的简称，是指采购合同当事人一方不履行采购合同义务或履行采购合同义务不符合采购合同约定所应承担的民事责任。《合同法》第107条规定，当事人一方不履行合同义务或者履行合同义务不符合约定的，应当承担继续履行、采取补救措施或者赔偿损失等违约责任。

(1)继续履行也称强制履行，是指违约方根据对方当事人的请求继续履行采购合同规定的义务的违约责任形式。

(2)采取补救措施作为一种独立的违约责任形式，是指矫正采购合同不适当履行(质量不合格)、使履行缺陷得以消除的具体措施。这种责任形式，与继续履行(解决不履行问题)和赔偿损失具有互补性。采取补救措施的具体方式是修理、更换、重做、退货、减少价款或报酬等。

(3)赔偿损失，在合同法上也称违约损害赔偿，是指违约方以支付金钱的方式弥补受害方因违约行为所减少的财产或者所丧失的利益的责任形式。赔偿损失的确定方式有两种：法定损害赔偿和约定损害赔偿。

(4)违约金是指当事人一方违反合同时应当向对方支付的一定数量的金钱或财物。依不同标准，违约金可分为：法定违约金和约定违约金，惩罚性违约金和补偿性(赔偿性)违约金。

(5)定金是指采购合同当事人为了确保采购合同的履行，根据双方约定，由一方按合同标的额的一定比例预先付给对方的金钱或其他替代物。《担保法》对此作了专门规定。《合同法》第115条也规定：当事人可以按照《担保法》约定一方向对方给付定金作为债权的担保。债务人履行债务后，定金应当抵作价款或者收回。给付定金的一方不履行约定债务的，无权要求返还定金；收受定金的一方不履行约定债务的，应当双倍返还定金。据此，在当事人约定了定金担保的情况下，如一方违约，定金法则即成为一种违约责任形式。

(二)采购合同违约索赔

发生合同争议后，首先分清责任属供方、需方，还是运输方。如需方在采购活动中因供方或运输方责任蒙受了经济损失，就可以通过与其协商交涉，进行索赔。索赔既是一项维护当事人权益和信誉的重要工作，又是一项涉及面广、业务技术性强的细致工作。因此，在提出索赔时，必须注意下列问题。

(1)索赔的期限。索赔的期限是指，争取索赔的当事人向违约一方提出索赔要求的违约期限。关于索赔期限，《合同法》有规定的必须依法执行，没有规定的，应根据不同商品的具体情况做出不同的规定。如果逾期提出索赔，对方可以不予理赔。一般地说，农产品、食品等索赔期限短一些，对于一般商品索赔期限长一些，机器设备的索赔期限则定得更长一些。

(2)索赔的依据。提出索赔时，必须出具因对方违约而造成需方损失的证据(保险索赔另外规定），当争议条款为商品的质量条款或数量条款时，该证明要与合同中检验条款相一致，同时出示检验的出证机构。如果索赔时证据不全、不足或不清，以及出证机构不符合规定，都可能遭到对方的拒赔。

(3)索赔额及赔偿办法。关于处理索赔的办法和索赔的金额，除了个别情况外，通常在合同中只做一般笼统的规定，而不做具体规定。因为违约的情况较为复杂，当事人在订立合同时往往难以预计。有关当事人双方应根据合同规定和违约事实，本着平等互利和实事求是的精神，合理确定损害赔偿的金额或其他处理的办法，如退货、换货、补货、整修、延期付款、延期交货等。

当商品因质量出现与合同规定不符造成采购方蒙受经济损失时，如果违约金能够补偿损失，则不再另行支付赔偿金；如违约金不足以抵补损失，还应根据所蒙受经济损失的情况，支付赔偿金以补偿其差额部分。

国际贸易中发生索赔时，根据联合国国际货物销售合同规定：一方当事人违反合同应付的损害赔偿额，应与另一方当事人因其违反合同而遭受的包括利润在内的损失额相等；如果合同被宣告无效，而在宣告无效后一段合理时间内，买方已以合理方式购买替代货物，或者卖方已以合理方式把货物转卖，则要求损害赔偿的一方可以取得合同价格和替代货物交易价格之间的差额。

思考题

一、填空题

1. ________是采购方与供应方双方谈判协商一致同意而签订的调整供需关系的协议，是双方解决纠纷的依据，也是法律上双方权利和义务的证据。

2. 按照是否存在当事人的约定可以将采购合同划分为________和________。

3. 一份完整的采购合同通常由______、______和______三部分组成。

4. 对合同品质控制的方法有________和________两种。

5. 采购谈判的基本流程有______、______、______、______、______。

二、选择题

1. 下面哪一项不属于采购合同的性质？（　　）。

A. 双务性　B. 合法性　C. 有偿性　D. 诺成性

2. 按照是否可以用有形方式表现所载内容可以将采购合同划分为（　　）。

A. 书面形式　B. 口头形式　C. 法定形式　D. 其他形式

3. 共同协商买卖双方权利义务的信件属于下面哪种采购合同形式？（　　）。

A. 法定形式　B. 约定形式　C. 书面形式　D. 口头形式

4. 应当先履行债务的当事人，有确切证据证明对方有下列哪些情形时，可以中止履行合同？（　　）。

A. 经营状况严重恶化　B. 转移财产、抽逃资金，以逃避债务

C. 丧失商业信誉　D. 有丧失或者可能丧失履行债务能力的其他情形

5. 我国《合同法》规定，采购合同的变更指的是（　　）。

A. 采购合同形式的变更　　　　B. 采购合同内容的变更
C. 采购合同主体的变更　　　　D. 采购合同类型的变更

三、判断题

1. 采购谈判是一项非常重要的工作，从前期准备、谈判过程到谈判结果都应当受到高度重视。（　　）

2. 谈判准备是谈判过程中获得主动优势的不可缺少的环节，公司的采购部门在进行采购谈判前都必须做好充分的准备。（　　）

3. 当商品因质量出现与合同规定不符造成采购方蒙受经济损失时，即使违约金能够补偿损失，也还需要另行支付赔偿金。（　　）

4. 如果企业的某一原材料只有固定的单一供应商，这是非常不利的。（　　）

5. 国际贸易中发生索赔时，根据联合国际货物销售合同规定：一方当事人违反合同应付的损害赔偿额，应与另一方当事人因其违反合同而遭受的包括利润在内的损失额相等。（　　）

四、简答题

1. 从哪些方面对采购合同的类型进行选择？
2. 采购合同的履行要遵循哪些原则？
3. 采购合同的谈判可以从哪些方面进行准备？
4. 采购合同变更的条件有哪些？
5. 采购合同解除必须遵循哪些条件？

【实践活动】

实践项目：采购合同的编制

任务要求：班级同学分小组完成，每组选取一家自己感兴趣的公司，进行公司采购实践调研活动，结合公司一次具体的采购活动内容，按照规范的采购合同内容及条款帮这家公司起草一份采购合同书，并且将小组草拟的合同书与公司签订的实际合同书进行对照，分析其差距，并撰写心得体会。

第九章

供应链采购价格与成本控制

【引导案例】

美心门的采购成本控制

近年来，美心公司与大多数高速发展的企业一样，开始面临增长瓶颈。掌门人夏明宪毅然采取以利润换市场的策略，大幅降低产品价格，然而，降价不久，风险不期而至，原材料钢材的价格突然飙升。继续低价销售——卖得越多，亏得越多；涨价销售——信誉扫地、再难立足。面对两难抉择，降低成本，尤其是原材料的采购成本就成了美心生死攸关的“救命稻草”。究竟有什么办法能够让青蛙变得苗条？在夏明宪的带动下，美心员工开始走出去，从习惯坐办公室到习惯上路，超越经验束缚，于不知不觉中形成了一套降低成本的管理模式。

1. 联合采购，分别加工

针对中小供应商，美心将这些配套企业联合起来，统一由美心出面采购原材料。由于采购规模的扩大，综合成本减少了20%，配套企业从美心领回原材料进行加工，生产出来的半成品直接提供给美心，然后凭验收单到美心的财务部领取加工费。同时随着原材料成本的降低，配套企业也更具竞争力，规模扩大，价格更低，形成良性循环。

2. 新品配套，合作共赢

对于新配套品种的生产，由于配套企业需要大量投资，导致新配套产品与其他配载产品相比价格大幅增加。美心就以品牌、设备、技术、管理等软硬件向生产方入股，形成合作，合作条件为：美心公司自己使用的产品，价格只能略高于生产成本。这样一来，合作方在新品的生产上减少了投入，降低了风险，同时，美心也降低了配套产品的采购成本，增加了收入，于是各方受益，皆大欢喜。

3. 循环取货，优化物流

此举措解决了原材料和配套产品的采购问题，美心还与配套企业携手合作，从物流方面进行优化。由于不同配套企业的送货缺乏统一的、标准化的管理，在信息交流、运输安全等方面都会带来各种各样的问题，必须花费双方很大的时间和人力资源成本。美心明白，配套企业物流成本的提高，将直接转嫁到配套产品的价格上，于是美心就聘请一家第三方物流供应商，由他们来设计配送路线，然后到不同的配套企业取货，再直接送到美心的生产车间。

美心通过与原材料供应商及配套企业的携手合作，使原材料厂商拥有了稳定的大客户，配套企业降低了生产风险，而自身则在大大降低成本的同时，扩大了产销量，形成了各方皆大欢喜的共赢局面。

【学习目标】

1. 掌握影响采购价格的因素及如何确定采购价格；
2. 理解采购成本的影响因素及采购成本构成；
3. 理解采购成本控制方法和供应链采购成本控制措施。

第一节　采购价格确定

采购价格的高低直接关系到企业最终产品或服务价格的高低，因此，在确保满足其他条件下，力争最低的采购价格是采购人员最重要的工作。

一、影响采购价格的因素

影响采购价格的因素有许多，见表 9-1。

表 9-1　影响采购价格的因素

因　素	具 体 说 明
供应商成本的高低	供应商成本的高低是影响采购价格的最根本、最直接的因素，供应商进行生产，其目的是获得一定利润，否则生产无法继续，因此，采购价格一般在供应商成本之上，两者之差即为供应商的利润，供应商的成本是采购价格的底线
规格与品质	价格的高低与采购物料的品质也有很大的关系，如果采购物料的品质一般或质量低下，供应商会主动降低价格，以求赶快脱手，有时甚至会贿赂采购人员
采购物料的供需关系	当企业需采购的物料紧俏时，则供应商处于主动地位，会趁机抬高价格；当企业所采购的物料供过于求时，则采购企业处于主动地位，可以获得最优的价格
生产季节与采购时机	当企业处于生产的旺季时，对原材料需求紧急，因此不得不承受更高的价格，避免这种情况的最好办法是提前做好生产计划工作，并根据生产计划制订出相应的采购计划，为生产旺季的到来提前做好准备
采购数量多少	采购数量多少是指如果采购数量大，就会享受供应商的数量折扣，从而降低采购的价格，因此，大批量、集中采购是降低采购价格的有效途径
交货条件	交货条件也是影响采购价格的非常重要的因素，交货条件主要包括运输方式、交货期的缓急等，如果货物由采购方来承运，则供应商就会降低价格，反之就会提高价格
付款条件	付款条件一般都规定有现金折扣、期限折扣，以刺激采购方能提前用现金付款

二、采购价格确定

采购价格是采购过程中的关键因素，确定采购价格通常要注意以下要点。

(一) 搜集采购价格信息

要确定采购价格，企业首先要收集足够的采购信息，信息搜集可分为三种方式，具体方式如下。

1. 上游法

上游法即了解拟采购的产品是由哪些零部件或材料组成的，换言之，查询制造成本及产量资料。

2. 下游法

下游法即了解拟采购的产品用在哪些地方，换言之，查询需求量及售价资料。

3. 水平法

水平法即了解拟采购的产品有哪些类似的产品，换言之，查询替代品或新供应商的资料。

至于信息的搜集渠道，主要有以下五种渠道：

(1)杂志、报纸、网络等媒体；

(2)信息网络或产业调查服务业；

(3)供应商、顾客及同行业；

(4)参观展览会或参加研讨会；

(5)加入协会或工会。

不过由于商情范围广阔，来源复杂，加之市场环境变化迅速，因此，采购人员必须筛选正确有用的信息以供公司高层决策。

最后，对搜集回来的信息，企业需要进行相关处理工作，具体处理措施见表 9-2。

表 9-2 处理搜集信息的具体措施

措施一	企业可将采购市场调查所得资料，加以整理、分析与检讨，在此基础上提出报告及建议
措施二	根据调查结果，编制材料调查报告及商业环境分析，对企业提出有关改进建议(例如，提供采购方针的参考，以求降低成本，增加利润)
措施三	根据科学的调查结果，研究更好的采购方法

(二)制定采购底价

1. 制定采购底价的益处

底价是采购物料时打算支付的最高价格。制定底价以作为决定采购价格的依据，可以获得以下益处。

1)控制预算

采购项目所制定的底价，虽需依据行情资料，不能超过预算。由于采购项目通常在底价以下决定，预算自能得到控制。

2)防止围标

如果采购项目不制定底价，只以报价最低者即委以交货或承包工程，报高价的结果，其损失将无法计算；而报低价的结果，将使物料或工程品质降低，延期交货也难以避免。

3)提高采购作业效率

有了底价，采购人员在询价时才有所依据，只要是在底价以下的最低报价，即为得标厂商，采购人员即可依照有关手续签约订购；若无底价作为规范，则采购人员必须不断议价，避免让供应商得利，因此也就迁延了订约交货的时效。

2. 采购底价的制定方式

底价的制定，不能单凭主观印象和以往的底价或中标记录，其制定方法具体如下。

1)自行制定

资料来源有报载行情、市场调查资料、同业公会牌价、过去采购记录和临时向有关供应商询价。

2)请专业人员估计

有些专业化、技术性程度很高的物料、机器或规模浩繁的工程，其底价的制定并非仅根据前述的价格资料即可，还必须请专业人员从事底价估算工作。

(三)询价

在询价的过程中，为使供应商不致发生报价上的错误，通常采购人员应附上辅助性的文件，例如，工程发包的规范书、物料分期运送的数量明细表等，询价的基本要求具体见表 9-3。

表 9-3　询价的基本要求

要　求　一	弄清品名与料号
要　求　二	询价项目的数量
要　求　三	产品规格书
要　求　四	对产品品质的需求
要　求　五	说明报价基础要求
要　求　六	提出和了解付款条件
要　求　七	明确运送地点与交货方式
要　求　八	提出售后服务要求
要　求　九	签署保密协议
要　求　十	告知供应商有关人员姓名及联系电话

(四)采购产品成本分析

采购产品成本分析是对采购的商品在市场上缺乏有效竞争时所采用的一种方法，这种分析使价格更切合实际。它强调的是在采购工作完成之前，对需采购的商品进行分析，判断应该产生什么样的成本以及成本是多少，这样有利于与供应商的谈判。

1. 成本分析的适用情形

采购人员进行成本分析时，通常遇到下列情形最为常见。

(1)底价制定困难。

(2)无法确定供应商的报价是否合理。

(3)采购金额巨大，成本分析有助于将来的议价工作。

(4)运用标准化的成本分析表，可以提高议价的效率。

2. 增进成本分析能力的途径

(1)利用采购人员自己的工作经验。

(2)向厂商学习(了解他们的制程)。

(3)建立简单的制度，如成本计算公式等。

(4)养成分析成本、比价和议价的观念。

3. 成本分析工作点

成本分析就是查证前述各项资料的虚实，这包含了两项工作。

(1)查核工作：必要时，可查核供应商的账簿和记录，以验证所提供的成本资料的真实性。

(2)技术分析：指对供应商提供的成本资料，就技术观点所做的评估，包括制造技术、品质保证、工厂布置，生产效率以及材料损耗等，此时采购部门需要技术人员的协助。

4. 成本分析工作内容

成本分析是指就供应商所提供的成本估计，逐项进行审查和评估，以求证成本的合理性与适当性。成本分析中应包括下列项目。

(1)工程或制造的方法。

(2)所需的特殊工具、设备。

(3)直接及间接材料成本。

⑷直接及间接人工成本。

⑸制造费用或外包费用。

⑹营销费及税金、利润。

总之，成本分析应包括所有各项成本项目，并且审查各细目数字是否合理，以及制造费用的分摊是否适当。最好的成本分析方式是编制一份详细的成本估计，将其与供应商所提供的成本资料逐项查对，不要完全以供应商所提供的资料为依据，以致议价效果不明显。

5. 成本分析具体分析方法

方法一：进行成本分析需要进行成本项目分析和大量的成本计算，这时，采购部门就要有相应的评估人员或成本分析师来从事这项工作。这些人员的工作就像供应商评估自己的销售价格一样，能够对产品的所有成本进行分析，能够判断成本的合理性。

方法二：在供应商按照成本清单进行报价后，可以逐个检查供应商成本细目和采购商成本分析之间的差异来达到相互印证。

㈤供应商报价分析

就采购人员而言，底价只提供了将来议价的参考价值，也就是获得一个合理的价格依据，它解决“量”的问题，至于“质”的问题，也就是各供应商报价单的内容，采购人员必须先加以分析、审查、比较，才能达到公平竞争的基础，即所谓“拿香蕉与香蕉比”。

1. 价格分析的方法

在考虑报价单的时候，经常要对价格进行分析。价格分析可以采用以下几种方法判断价格的合理性，具体如下。

方法一：与其他供应商的价格相比。

方法二：与以前支付的价格相比。

方法三：与目前采用的价格相比。

方法四：与替代品的价格相比。

2. 价格分析的效益

⑴事先发现报价内容有无错误，避免造成将来交货的纷争。确保供应商所附带的任何条件均为买方可以接受的。

⑵将不同的报价基础加以统一，以利将来的议价及比价工作，而不会发生“拿香蕉和梨子比”的错误。

⑶培养采购人员的成本分析能力，避免按照“总价”来谈判价格的缺失。

3. 审查、比较报价的方式

⑴先把各项直接材料耗用数量、直接人工时数标准化。

⑵再计算所有报价厂商各项材料的单价、工资率。

⑶求出各厂商的制造成本(变动费用部分)。

⑷计算各厂商的固定费用，包括管理费、税金、利润。

⑸求出报价最低的报价厂商。

㈥采购议价方法

采购中可以运用的议价方法非常多，不同情形使用的议价方法也会不同。可以分为针对价格因素的议价方法、针对非价格因素的议价法以及其他议价方法。这里介绍常见的采购议价方法。

1. 针对价格因素的议价方法

1) 直接议价方法

即使面临通货膨胀，物价上涨的时候，直接议价仍能达到降低价格的功能。可以采用下列四种方法来进行协商。

方法一：当供应商提高售价时，往往不愿花太多时间在重复议价的交涉上，因此若为其原有的顾客，则可以利用此点，要求沿用原来价格购买。

方法二：在议价过程中，采购人员可直接表明预设的底价，如此可促使供应商提出较接近该底价的价格，进而要求对方降价。

方法三：不干拉倒。此方法是一个较激进的议价方式，此方法虽有造成火爆场面的可能，但在特定情况下仍不失为一个好的议价方法。

方法四：供应商提高售价常常归因原料上涨、工资提高、利润太薄等原因。采购人员在议价协商时，应对任何不合理的加价提出质疑，如此可把握要求供应商降价的机会。

具体做法见表 9-4。

表 9-4　常见的采购议价方法

差额均摊	为了促成双方的交易，最好的方式就是采取“中庸”之道，即将双方议价的差额，各承担一半，结果双方都是赢家
直捣黄龙	有些单一来源的总代理商，对采购人员的议价要求置之不理。此时，若能摆脱总代理商，寻求原制造商的报价将是良策
哀兵姿态	在企业处于劣势情况下，采购人员应以“哀兵”姿态争取供应商的同情与支持
压迫降价	在买方占优势的情况下，以胁迫的方式要求供应商降低价格，并不征询供应商的意见

2) 间接议价方法

在议价的过程中，好的开端是成功的一半。所以不需一直采用直接议价方式，有时也可以采用迂回战术，即以间接方式进行议价。采购人员可用下列三种方法来进行协商。

方法一：议价时不要急于进入主题。在开始商谈时，最好先谈一些不相关的话题，借此熟悉对方周围事物，并使双方放松心情，慢慢再引入主题。

方法二：运用“低姿态”。在议价协商时，对供应商所提的价格，尽量表示困难，多说：“唉!”“没办法”等字眼，以低姿态博取对方同情。

方法三：尽量避免书信或电话议价，而要求面对面接触。面对面的商谈、沟通效果较佳，往往可借肢体语言、表情来说服对方，进而要求对方妥协，予以降价。

2. 针对非价格因素的议价方法

除了上述针对价格所提出的议价方法外，采购人员也可利用其他非价格的因素来进行议价。

方法一：在协商议价中要求供应商分担售后服务及其他费用。当供应商决定提高售价，而不愿有所变动时，采购人员不应放弃谈判，而可改变议价方针，针对其他非价格部分要求获得补偿。

方法二：善用“妥协”方法。在供应商价格居高不下时、采购人员若坚持继续协商，往往不能达到效果，此时可采取妥协方法，在少部分不重要的细节，可作让步，再从妥协中要求对方回馈。

方法三：利用专注的倾听和温和的态度，博得对方好感。采购人员在协商过程中，应仔细地倾听对方说明，在争取企业权益时，可利用所获对方资料，或法规章程，合理地进行谈判。

3. 其他议价方法

通常询价之后可能有多家供应商报价，如企业可以借其他供应商对谈判对象施加压力，具体内容见表 9-5。

表 9-5 借其他供应商施加压力的内容

内容一	这种方法并非从报价最低者开始，而是先找比价结果排行第二低者来议价，探知其降价幅度后，再找第三低者来议价，经过这两次议价，“底价”就可浮现出来
内容二	如果这一“底价”比原来报价最低者还低，表示第三、第二低者成交意愿相当高，则可再找原来报价最低者来议价，以前述第三、第二者降价后的“底价”，要求最低者降至“底价”以下来成交
内容三	如果原来报价最低者不愿降价则可交予第二或第三低者按议价后的最低价格成交
内容四	如果原来最低价者刚好降至第二或第三低者的最低价格，则以交给原来报价最低者为原则

（七）采购价格计算

采购价格的计算方式，通常有以下五种。

1. 科学的计算方式

科学的计算方式是指对构成价格的各种因素进行科学的分析，必要时采取改进措施。这种方法，以合理的材料成本、人工成本及作业方法为基础，计算出采购价格。

1）计算公式

采购价格的计算公式如下所示：

$$P = M \times \mathrm{a} + t(b+c)d + F \tag{9-1}$$

式中：P 为采购价格；M 为材料的需要量（表示标准材料的尺寸、形状、标准规格）；a 为材料单价；t 为标准时间（主要标准时间+准备时间）；b 为单位时间的工资率；c 为单位时间的费用率；d 为修正系数（如为了特急品而加班、连夜赶工及试生产等）；F 为采购对象的预期利润。

2）适用范围

该方式适用于外包加工品。

3）注意事项

依据科学的计算方法计算，其依据十分明显，故与卖方交涉之际，具有充分的说服力。但是，若卖方无法接受时，则应根据各项目的资料，逐一检查双方的差距，并相互修正错误，以达成协议。这种方法需要设定各项作业的标准时间，同时也需算出工资率及费用率，因此采购人员应收集有关标准时间的数据资料以及有关工资率及费用率调查资料，按各业别、规格予以分类，并加以统计。此外，对于修正系数及预期利润，也应预先决定。

2. 经验的计算方式

有经验的采购人员，可凭自己的判断来算出合理的价格。所谓经验的计算方式，就是一种直觉的计算方式。

3. 比较前例的计算方式

这一方式是利用曾被认为适当的同类产品的价格，加以比较检讨，并采取必要的修正措施，以决定价格的方式。此种方式，可依据以往累积的数据资料，使价格更加精准，但也可能深受以前价格的影响。该方式适用于购买类似产品。

4. 估计的计算方式

依据图纸设计书等，估计者可凭经验及现有信息，估计材料费及加工时间，并乘上单位时间的工资率后，再加上费用率，就可确定价格。

这一种方式，完全依赖估计者的技巧，并在进行评价时，应不断地修正其差距，以获得适当的价格。

5. 成本加利润的计算公式

采购价格＝成本＋合理利润

1)成本(其中“本地制造产品”“进口产品”指产值，单位是元。)

成本＝本地制造产品÷物料成本＋进口成本÷物料成本＋工程设计成本＋安装成本＋其他成本。

本地制造产品÷物料成本＝直接原料成本＋直接人工成本＋间接制造成本＋管理成本

进口产品÷物料成本＝进口产品÷物料在国外港口船上交货价格×汇率＋保险费及运杂费＋关税。

工程设计成本＝设计人工成本＋设计材料成本＋间接费用。

安装成本＝安装人工成本＋安装材料成本＋工具损耗成本＋间接费用。

其他成本＝财务成本＋其他不属于以上各项成本。

2)合理利润

合理利润＝本地制造产品÷物料成本×合理利润率＋进口产品÷物料成本×合理利润率＋工程设计成本×合理利润率＋安装成本×合理利润率＋其他成本×合理利润率

各项合理利润率须视其资金来源的不同而各异，由成本分析人员参考国内外相关行业的投资报酬率、风险率、市场利率以及财政部核定的相关行业的利润率，并考虑预付款及成本内已含的财务成本等因素分别审慎研订。该方式适用于供应商的产品设计不同或独家供应时。

(八)采购价格磋商

1. 尽可能与对方负责人进行价格磋商

价格的磋商尽管有级别的要求，但为了有效地完成价格的磋商，缩短价格谈判的过程，除非供应商有级别对等的要求，否则采购人员应尽可能与对方负责人直接进行价格磋商。

2. 完善谈判技巧

在减价磋商中，难免会遇到一些诡辩与抱怨的人，他们在磋商时，常提出似是而非的言论，如产品的利润空间已经很小了，工人要求加薪、减少工作时间以及物价上涨等，目的是强调价格不能再降低了。因此采购人员要根据实际计算的成本来加以一一协商，使对方无计可施，而达到降价的目的。因此，采购人员要尽可能掌握市场上的最低采购价格，当买卖双方对产品的估价出入较大时，要尽快查明原因并想办法缩小此差异。

3. 了解产品的成本构成及影响因素

采购人员在进行采购物品减价磋商前，要知道要采购的物料的销售价格是如何决定的，其成本结构如何，只有了解其成本结构的详细内容后，才有可能达到减价的目的。

采购人员必须了解产品价格的构成因素：

(1)由市场供求关系决定；

(2)价格会因计算方法不同而有所差别；

(3)交货日期、付款方式及采购量也会影响价格；

(4)季节性的变化也会影响价格；
(5)因供应商成本的因素而决定；
(6)受国家政策的影响；
(7)受物价波动的影响；

4. 了解供应商的情况

就买卖双方的合作关系，还要考虑下列因素：

(1)企业规模大小的比较；
(2)供应商对采购商的依赖程度，即采购商在供应商营业额中所占比例；
(3)供应商在行业内及市场上的信誉度评价；
(4)供应商的技术水准及市场份额；
(5)供应商销售情况；
(6)供应商经办人的经验及实力。

知晓以上因素，才可能知己知彼，知道自己与对方所占的位置，而采取相应的对策，才能百战百胜。

5. 合适的人与合适的对象

进行价格磋商的人要有生产技术、成本、法律等方面的知识，才能胜任减价的磋商，否则，即使采购人员具有强烈的责任感，但能力有限，也是无济于事的。所以有时需要有专门知识的人员随同前往交涉，如专业工程师、会计师等。

有了前往进行价格磋商的合适人选后，还需要找对磋商的对象。一般来说，销售商的销售人员不一定了解决定价格的因素，不具备技术及管理方面的知识，但我们要尊重对方人员，和他们交朋友，从与他们交谈中获取对方有价格决定权的人员的重要信息，然后有针对性地与这个人去打交道，如此才能圆满完成任务。

6. 有利的时间与地点

进行价格磋商的地点可以是买卖双方的办公室、会客室或两方以外的地点，如饭店、咖啡店等。采购人员在选择地点时，应注意降价物品的种类、对方企业的能力、信誉度、待人接物规范性等。通常在小房间或安静的地方进行价格交涉的效果比大房间要佳，因为在大房间商谈容易受外界干扰，感觉比较疏远，气氛较差，不易缩短交涉双方距离。也有因为需要建立起彼此间长期的感情，而采用一同进行活动的，如打高尔夫球、乒乓球或进行健身运动等。

至于时间的选定要因人而异。由于人容易被环境、时间的改变影响情绪，所以聪明的交涉者要能察言观色，事先加以留意而见机行事。

第二节 采购成本分析

一、采购成本影响因素

(一)采购价格

在商品的采购过程中采购价格是采购成本中最显性的部分，在很多情况下，它是采购成本构成中最大的组成部分。因此，采购价格是采购成本中非常重要的因素，而采购价格又受很多因素的影响，主要包括供应商成本、产品规格和品质、交货条件、采购品的供需关系和生产季节与采购时机等。

1. 供应商成本

这是影响采购价格最根本、最直接的因素，供应商进行生产的目的是获得一定利润，否则生产无法持续。因此，采购价格在供应商成本之上，两者之差即为供应商的利润，供应商的成本是采购价格的底线，一些采购人员认为，采购价格的高低全凭双方谈判产生，可尽管经过谈判后供应商大幅度降价的情况时常出现，但这只是供应商报价中水分太多的原因。

2. 采购产品规格与品质

采购企业对采购产品的规格要求越复杂，采购价格就越高，一个好的产品规格，不仅能使这个产品易于销售，便于生产，而且还易于提供售后服务，便于购买到经济的原材料或部件，反过来又能使其具有足够的吸引力，能够促使供应商进行生产和供应。所有这一切要求介入的各方在产品规格上做一定程度的妥协。价格的高低与采购产品的品质也有很大的关系，如果采购产品的品质一般或质量低下，供应商会主动降低价格，以求赶快脱手。

3. 交货条件

交货条件也是影响采购价格的非常重要的因素。交货条件主要包括运输方式、交货期的缓急等，如果货物由采购方来承运，则供应商就会降低价格；反之，则会提高价格。有时为了争取提前获得所需货物，采购方会适当提高价格。

4. 采购品的供需关系

当企业所采购的物品为紧俏商品时，供应商就处于被动地位，就可以趁机抬高价格；企业所采购的商品供过于求时，采购企业则处于主动地位，可以获得最优的价格。

5. 生产季节和采购时机

当企业处于生产旺季时，对原材料需求紧急。因此，不得不给程度更高的价格。避免这种情况的最好办法是提前做好生产计划，并根据生产计划制订出相应的采购计划，为旺季的到来提前做好准备。

(二)采购批量和批次

物料采购的单价与采购的数目成反比，即采购的数目越大，采购的价格越低。企业间联合采购，可合并同类物料的采购数目，通过同一采购使采购单价大幅度降低，使各企业的采购成本相应降低。因此，采购批量和采购批次是影响采购成本的主要因素 。

(三)价格折扣

供应商提供的价格会影响到企业的购买行为，进而影响到企业的采购成本。例如，当供应商推出价格折扣将其中一部分收益传递给买方时，企业受到鼓动而进行大批量的购买。折扣是工业企业产品销售常用的一种促销方式，了解折扣有助于采购商在谈判过程中降低采购价格。价格折扣按提供折扣的原因分为以下五种类型。

1. 付款折扣

现金付款通常比月结付款的采购价格要低，以坚挺货币付款具有价格优势。

2. 数量折扣

数量小的订单单位产品单位成本高，因为其生产准备时间与大数量订单并无根本区别，此外，有些行业生产本身具有最小批量要求，如印刷、电子元件的生产等。以印刷为例，每当印刷品的数量增加 1 倍，其单位产品的印刷成本可降低多达 50%。

3．地理折扣

跨国生产的供应商在销售时，卖向不同地区会有不同的地区差价，对于地理位置有利的客户予以折扣优惠。此外，如果供应商的生产地或销售点接近顾客时，往往也可以因交货运输费用低的原因获得较优惠的价格。

4．季节折扣

许多消费品包括工业消费品，都具有季节性，相应的原材料和零部件的供应价格也随着季节的变化向上下波动，在消费淡季时，下订单给供应商往往能拿到较低的价格。

5．推广折扣

许多供应商为了推销产品，往往采取各种推广手段以实现在一定的时期内降价促销。策略地利用推广折扣也是降低采购成本的一种手法。

（四）采购方式

不同的采购方式会对采购成本产生影响。采购方式有集中采购、分散采购、联合采购、电子采购和招标采购等。

（五）与供应商的协作关系

当今的产业结构包含着相当程度的专业化，而且随着产业技术发展速度的不断加快，产品寿命也相应地缩短，随着产品寿命不断缩短，在第一时间得到正确的产品信息就变得越来越重要。在及时得到供应市场的有关信息上，采购人员发挥着至关重要的作用。随着专业化程度的不断加深，更多的公司会利用供方市场的信息，通过创新开发出新产品来。尽管卖方在让潜在用户了解新的发展方向上发挥着重要的作用，但买方也在寻求创新，买方甚至会推动这种开发，不仅在传统市场中如此，在非传统市场中更是如此。

二、采购成本构成分析

采购成本是指将企业生产或经营所需要的原材料（或商品）从供应者仓库（或货场）运回企业仓库，实现一次采购而进行的各项活动的全部费用。如采购物的成本、采购人员的工资、差旅费、办公费、邮资、电报电话费、运输损耗、入库前的挑选整理等支出。采购成本的实际构成包括取得成本、所有权成本、所有权后成本，其具体构成如图 9-1 所示。其中所有权成本和所有权后成本合称为整体采购成本。

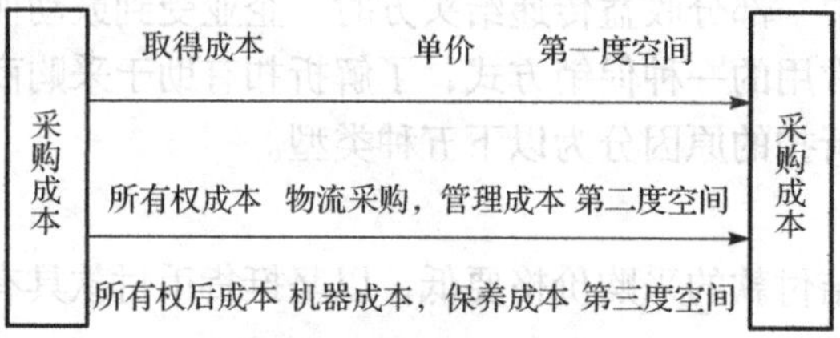

图 9-1　采购成本的构成

(一)取得成本

取得成本即商品价格，是采购成本的重要组成部分，但不是全部。它是供应商对自己产品提出的销售价格。商品价格由三个因素决定。

1. 产品成本

产品成本是影响商品价格的内在因素，受生产要素成本，如原材料、劳动力价格、产品技术要求、产品质量要求、生产技术水平等的影响。

2. 市场因素

市场因素是影响商品价格的内在因素，包括经济、社会、政治及技术发展水平，具体有宏观经济条件、供应市场的竞争情况、技术发展水平及法规制约等。

3. 消费者认同价值

决定供应商市场定价除了产品本身以外，还包括客户对商品的适用性、可靠性、耐用性、售后服务、运输等方面相对价值的认同程度。

(二)整体采购成本

整体采购成本又称战略采购成本，是除取得成本之外考虑到原材料或零部件在本企业产品的全部寿命周期过程中所发生的成本，它是所有权成本、所有权后成本的总体概括。

整体采购成本包括采购物品在市场调研、自制或采购决策、产品开发中供应商的参与、供应商交货、库存、生产、出货测试、售后服务等整体供应链中各环节所产生的费用。作为采购人员其最终目的是降低整体采购成本。

按功能划分，整体采购成本发生在以下的过程中：开发、采购、企划、质量和售后服务。

1. 开发过程中因供应商介入或选择可能发生的成本

这类成本具体包括原材料或零部件影响产品的规格与技术水平而增加的成本；对供应商技术水平的审核产生的费用；原材料或零部件的认可过程产生的费用；原材料或零部件的开发周期影响本公司产品的开发周期而带来的损失或费用；原材料或零部件及其工装(如模具)等不合格影响本公司产品开发而带来的损失和费用等。

2. 采购过程中可能发生的成本

这类成本具体包括原材料或零部件采购费用或单价；市场调研与供应商考察、审核费用；下单、跟单等行政费用；文件处理费用；付款条件所导致的汇率、利息等费用；原材料运输、保险费用等。

3. 企划(包括生产)过程可能因采购而发生的成本

这类成本具体包括收货、发货(至生产使用点)费用；安全库存仓储费、库存信息；不合格来料滞仓、退货、包装、运输带来的费用；交货不及时对仓库管理等工作的影响造成的损失；生产过程中的原材料或零部件库存费用；企业与生产过程中的原材料或零部件的行政费用等。

4. 质量过程中可能发生的采购成本

这类成本具体包括供应商质量体系审核及质量水平确认产生的费用；检验成本；因原材料或零部件不合格使得本公司产品不合格而导致的损失；不合格产品本身的返工或退货成本；处理不合格来料的行政费用等。

5. 售后服务过程中因原材料或零部件而发生的成本

这类成本具体包括零部件失效产生的维修成本；零部件服务维修不及时造成的损失；因零部件问题严重而影响本公司的产品销售造成的损失；因零部件问题而导致产品理赔等产生的费用。

第三节 采购成本控制

一、采购成本控制原则

作为采购人员，其最终目的是要以最低的成本及时采购到质量合格的原材料或商品，满足企业生产经营所需，因此降低成本成为其在采购过程中所必须思考的主要问题，遵循什么样的原则，对降低成本十分重要。

1. 原材料(商品)质量最优原则

成本最优往往被许多企业误解为价格最低，所以很多企业为降低成本购进低质的原材料(商品)，不仅影响后续生产和经营活动，还耽误了企业及时对客户的供给，损害企业的商誉。

2. 总体成本最低原则

采购决策影响着后续的原料运输、调配、维护、调换乃至长期产品的更新换代，因此，必须有总体成本考虑的远见，必须对整个采购流程中所涉及的关键成本环节和其他相关的长期潜在成本进行评估。

3. 合作共赢关系原则

采购目的不是一味地追求压价和低价，而是基于外部资源的充分利用建立稳定可靠的供应源，此时采购成本控制相对放弃局部利益和短期利益，而是追求整体利益和长远利益，注重与供应商建立长期稳定的合作共赢关系，从而达到供应链总成本最低的战略目标。许多成功企业甚至不计成本地给供应商提供技术、资金方面的支持援助或者帮助供应商提高产能、改善信息化水平、优化采购物流体系等。

4. 保持企业核心竞争优势的原则

采购成本管理的目的不仅仅在于降低成本，更重要的是为了建立和保护企业的核心竞争优势。也就是说，如果某项成本的降低削弱了企业的战略地位，则可以弃之不用，但是，如果某项成本的增加有助于增加企业的竞争力，则这种成本是值得增加的。

二、采购成本控制思路

(一)从采购计划中控制成本

采购计划环节是采购工作的第一步，所以至关重要。一般来讲，企业的经营从购入原料、材料，到生产加工成产成品，再通过销售过程获得利润，其中如何获得足够数量而又不浪费资金的原料、物料是采购计划的重点所在。因此，采购计划也可以是关于采购数量的计划，是维持正常的产销活动，是在某一特定时期内确定在何时购入多少数量的何种材料的估计作业。采购计划为控制采购成本确定最佳的进货批量。

(二)建立科学的采购管理系统

为控制企业的采购成本，企业应针对采购管理现状及未来发展，参照国内外先进管理模式，建立先进的物料采购系统，以理顺现有采购过程中各个要素的关系，在保证物流、资金流和信息流畅通的前提下，有效控制采购过程，使物资采购系统更有效率和效益，从而更好地控制采购成本，企业可建立如图 9-2 所示的采购管理系统来控制采购成本。

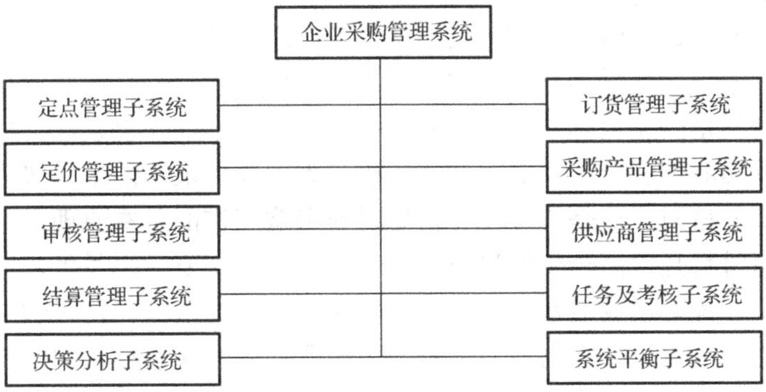

图 9-2　采购管理系统成本控制

企业既可以通过采购管理系统来控制部门内的工作，又可以通过各种相关的信息记载来管理和考评业务人员的工作绩效，它可以给物料采购工作带来明显的改善和收益，使得产品成本、业务处理成本较少，业务周期缩短；使采购管理更加科学，减少管理层次，使机构更加扁平化，有利于高层管理者对业务人员的工作质量、工作能力及工作效率的了解，使人力资源也得到最大程度的开发，增加工作过程的透明度，有利于跨部门工作的连续性、一致性，大大提高工作效率和采购效率。同时，合并在一起的较大采购量也能使供应商最大限度地提高效率和实现规模经济效益，从而让采、供双方实现“双赢”。

(三)进行采购成本的定性和定量分析

采购在企业生产过程中占有非常重要的地位，购进的原材料一般要占产品总成本的大部分，这就意味着在采购方面所做的点滴成本费用节约能对利润产生很大影响，因此，采购成本的分析对降低采购成本有着重要的意义。

谈判是买卖双方为了各自目标，达成彼此认同的协议过程，这也是采购人员应具备的最基本能力，价格与成本分析是专业采购的基本工具，了解成本结构的基本要素，对采购者是非常重要的，如果采购不了解所买物品的成本结构，就不能算是了解所买的物品是否为公平合理的价格，同时也会失去许多降低采购成本的机会。

1．采购成本的定性分析

采购成本的定性分析一般包括材料消耗分析、库存占用资金分析和采购成本的功能价值分析。

1）材料消耗分析

采购材料所支出的款项平均占销售收入的 60%。而用于支付工资的劳务费用仅占销售收入的 15%～20%。对于资源短缺的日本，其材料支出在销售收入所占的比重比美国和欧洲各国多 5%左右，从节约材料消耗入手，收效最大，最易于实现降低成本、增加盈利的目标。

2)库存占用资金分析

存货占用的资金规模很大，如果降低存货，可以减少利息支出，若加之仓储作业和运输搬运等费用的节约，则节省的采购费用就更多。由此可见，材料管理对于促进企业在生产过程的顺利进行，节约资金占用，降低产品成本，提高企业盈利能力，起着举足轻重的作用，所以，人们把降低原材料消耗，节约物资采购费用称为利润的“第一源泉”。

3)采购成本的功能价值分析

在采购价值分析中，价值是采购人员的材料或产品的功能与其采购成本或产品的寿命周期成本相对比的比值，是衡量用料采购效益大小的评价尺度。

正确选购原材料是企业合理使用原材料，降低产品成本的先决条件。根据材料在生产中的使用要求，进行功能价值分析和成本效益分析，力求花费最小的采购费用购买物美价廉，适合生产使用需要的材料。这是价值分析指导材料采购工作的基本原理。

合理地采购原材料是价值分析的目的之一。任何功能都要为之付出费用，不切实际地追求多功能，高质量，势必造成浪费。因此，应以性价比作为衡量物资采购成功与否的标志，降低材料的使用费用是价值分析的另一个目的，购置费用容易引起人们的重视，而使用费用往往被忽视，例如，有的材料购置费用低而使用费用及寿命周期费用却较高，价值分析则要求整个寿命周期费用降到最低，即在通过淘汰、消化、合并、标准化、代用等途径，能以最少的费用取得所需要的必要功能，即功能成本最优化。

2. 采购成本的定量分析

1)价格与成本分析

价格与成本分析是专业采购的基本工具。它主要是借助于采购成本盈亏平衡分析(Event Point Analysis)方法，对供应商定价的基本依据和成本结构进行分析，以此进行采购决策。根据量本利分析的基本原理，销售收入、产量和单价三者之间的关系为：

$$销售收入(S)=产量(Q)\times 单价(P)$$

根据成本的形态分析可知，生产成本由固定成本和变动成本两部分构成，即：

$$生产成本(C)=固定成本(F)+产量(Q)\times 单位产品变动成本(C)$$

当盈亏平衡时，即销售收入等于生产成本或单价等于单位产品成本，公式表达为：

$$S_0=Q_0\times P=F+Q_0\times C \tag{9-2}$$

式中：S_0为保本点(即盈亏平衡点)销售收入；Q_0为保本点产量。从而，保本产量Q_0和保本销售收入S_0的计算公式分别为：

$$Q_0=\frac{F}{P-C} \tag{9-3}$$

$$S_0=\frac{F}{1-C/P} \tag{9-4}$$

其中，单价与单位产品变动成本之差是指单位产品销售收入扣除变动成本后的剩余，称为单位边际贡献，而“$1-C/P$”表示单位产品销售收入可帮助企业收回固定费用以实现企业利润的系数，称为边际贡献率。

供应商在制定产品的价格时都会考虑到其边际贡献率是否大于零，也就是说产品的单价应该大于单位产品成本(即单位产品固定成本与单位产品变动成本之和)。作为采购人员要了解供应商的成本结构，就要了解固定成本及变动成本的内容。如果采购人员不了解所购买物品的成本结构，就不能掌握所购买物品的价格是否公平合理，同时也失去了许多降低采购成本的机会。

2)采购成本的因素分析

一般情况下，可以用连环替代法对影响采购成本的各因素进行定量分析。连环替代法是指将分析指标分解为各个可以计量的因素，并根据各个因素之间的依存关系，顺次用各因素的比较值(通常为实际值)，替代基准值(通常为标准值或计划值)，据以测定各因素对分析指标的影响。

连环替代法的计算步骤是：将基准值代入反映指标及影响因素关系的算式，基准值即为比较标准的数据，如计划值、上期值等。依次以一个因素的实际值替代基准值，计算出每次替代后指标数值，直到所有的因素都以实际值替代为止。把相邻两次计算的结果相比较，测算每一个替代因素的影响方向和程度。各因素的影响程度之和与指标的实际值与基准值的差额相等。另外，选择合适的采购方式，也有助于采购成本的下降和采购费用的降低。

(四)优化采购供应体系

采购成本控制着眼于供应商和供应市场，优化企业采购供应体系。

1. 优化整体供应商结构和供应配套体系

这包括通过供应商市场调研等寻找更好的新供应商；通过市场竞争招标采购；与其他单位合作实行集中采购；减少现有原材料和零部件的规格品种进行大量采购；与供应商建立伙伴型合作关系等取得成本控制。

2. 通过对现有供应商的改进来控制采购成本

促使供应商实施即时供应，改进供应商的产品质量降低质量成本，组织供应商参与本企业产品开发及工艺开发降低产品与工艺成本，与供应商实行专向共同改进项目以节省费用(如采用周转包装材料降低包装费用、采用专用运输器具缩短装卸运输时间和成本、采用电子邮件传递文件减少行政费用)并提高工作效率、降低采购成本等。

三、采购成本控制意义

(一)通过控制采购成本提高利润

在制造业中，企业的采购资金通常占最终产品销售额的 40%～60%，因此，在获得采购物流方面所做的点滴成本对利润所产生的效果，要大于企业其他成本(如销售领域内成本)相同数量的节约给利润带来的影响。因此，对采购成本的控制是企业提高利润的重要途径。

【例 9-1】 某公司总销售额为 1 亿元人民币，利润为 500 万元。其中，采购成本占销售额的 60%，工资和管理费用分别占销售额的 10%和 25%。为了使利润从目前的 500 万元提高到 1 000 万元，即利润增加 1 倍，每个项目都做出相应的变动，具体见表 9-6。

表 9-6　利润增加 1 倍要求相关项目的变动幅度情况表　(单位：百万元)

	现　状	销售额 +17%	价格 +5%	工资 –50%	管理费用 –20%	采购成本 –8%
销售额	100	117	105	100	100	100
采购成本	60	70	60	60	60	55
工资	10	12	10	5	10	10
管理费用	25	25	25	25	20	25
利润	5	10	10	10	10	10

从表 9-6 可以看出，除了价格和采购成本外，其余各项都必须经大幅度变动才能使利润增加 1 倍。而市场的激烈竞争会使价格的上涨很难实现，甚至会出现由于价格上涨导致销售量下降，利润减少的现象。但是在采购成本方面，虽然无法控制购入原材料成本的主要部分，但是往往可以通过内部管理的手段来大幅度降低整体采购成本，提高利润。倒如，加强与供应商的协作控制成本，实行统一的采购管理，选择合理的采购模式等。这些方面的成本下降百分比不需要很多就可以实现绝对成本的大幅度下降，利润的大幅度提高，这实际上也体现了杠杆原理的作用。

(二)通过控制采购成本，加快资金周转速度，提高资产回报率

资产回报率同样也能说明采购的重要性。除了提高利润外，采购价格的降低还会降低企业资产的基数，同样会使资产回报率增长的幅度大于成本下降的幅度。

【例 9-2】 假设某公司的年销售额为 1 000 万元，总支出为 950 万元，企业拥有 500 万元的资产，其中 200 万元为库存，购入材料的成本占销售额的 50%，如果采购价格下降 55%，那么资产回报率的变化如图 9-3 所示。

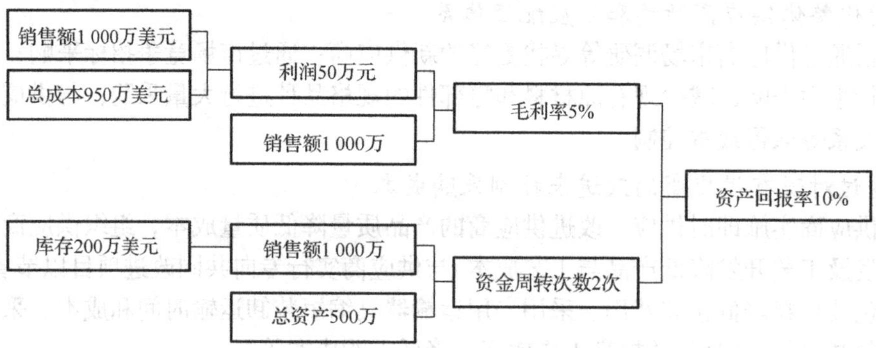

图 9-3　采购价格下降 5%的资产回报率

由于杠杆机制的作用，价格的小幅度下降就会使利润增长 50%。采购价格下降使库存资金占用减少到原来的 95%，库存的资金占用成本减少，也由此减少了公司总资产的基数，使资产周转速度从原来的 2.00 提高到 2.04，一方面是毛利率的增加，另一方面是资本周转时间缩短，最终使资产回报率从原来的 10%增长到 15.3%，提高了 5.3%。

四、采购成本控制方法

(一)通过采购要素分析控制采购成本

1. 分析采购物料的功能

正确设计产品组成，合理使用原材料，是企业采购材料，降低产品成本的先决条件，进行价值分析，目的在于简化产品设计便于制造、使用替代性材料，以最低的费用获得所需要的必要物资，采购物资不仅是购买一种实物，更重要的是购买这种实物所包含的必要功能，只要功能大于成本，价值才能大，这是价值分析理论的核心。

2. 分析采购物料的价格

任何功能都要以付出费用为代价，不切实际地追求多功能、高质量，势必造成浪费，以

满足需要的功能，采购到合理价格的物资，以性价比作为衡量物资采购成功与否的标志，是采购过程进行价值分析的又一目的。如在产品非磨损部位将铁制材料改为塑料制品，更新改造固定资产，采购二手的辅助机器而非全新设备等方法。

3. 分析运杂费

在达到采购目的，不影响其他工作的情况下，运用价值分析方法消除不必要的运杂费可以降低采购成本。如采用较佳付款条件的运输企业，选择费用较低的货运承揽者，或考虑改变运输模式(如将空运改为海运)，同样达到降低成本的目的。

4. 分析采购物流的使用费用

一般情况下购置费用容易引起人们的重视，而使用过程发生的费用往往被忽视。例如，有的物资购置费用低，但使用中修理费用高，燃油、耗电多等，导致寿命周期使用费用较高，这是价值分析的另一个目的。

(二)通过分析供应商成本控制采购成本

1. 供应商定价方法分析

供应商的价格底线是采购人员谈判的价格底线，只有了解供应商的定价方法，供应企业的成本构成等因素，采购人员才能做到知己知彼，把采购价格压到最低。供应商的定价方法可细分为成本加成定价法、目标利润定价法、采购商理解价值定价法、竞争定价法及投标定价法。

1)成本加成定价法

成本加成定价法是供应商最常用的定价法，它以成本为依据在产品单位成本的基础上加上一定比例的利润。该方法的特点是成本与价格直接挂钩，但它忽视市场竞争的影响，也不考虑采购商(或客户)的需要。由于其简单、直接又能保证供应商获取一定比例的利润，因而许多供应商都倾向于使用这种定价方法。

2)目标利润定价法

目标利润定价法是一种以利润为依据制定卖价的方法。其基本思路是：供应商依据固定成本、可变成本及预计的卖价，通过盈亏平衡分析(盈亏平衡分析，又叫量本利分析或保本分析，它是通过分析生产成本、销售利润和生产量之间的关系来了解盈亏变化，并据此确定产品的开发及生产经营方案)算出保本产量或销售量，根据目标利润算出保本销售量以外的销售量，然后分析在此预计的卖价下能否达到利润目标，否则，调整价格重新计算，直到在制定的价格下可实现的销售量能满足利润目标为止。

3)采购商理解价值定价法

采购商理解价值定价法是一种以市场的承受力及采购商对产品价值的理解程度作为定价的基本要求，常用于消费品尤其是名牌产品也有时适用于工业产品，如设备备件等。

4)竞争定价法

竞争定价法最常用于寡头垄断市场，具有明显规模经济性的行业，如较成熟的市场经济国家的钢铁、铝、水泥、石油化工及汽车、家用电器等。其中，少数占有很大市场份额的企业是市场价格的主导，而其余的小企业只能随市场价格跟风。寡头垄断企业之间存在很强的相互依存性及激烈的竞争，某企业产品价格的制定必须考虑到竞争对手的反应。

5)投标定价法

投标定价法是由公开招标，参与投标的企业事先根据招标广告的内容密封报价参与竞争。

这种公开招标竞争定价的方法最常用于拍卖行、政府采购，也用于工业企业，如建筑包工、大型设备制造，以及非生产用原材料（如办公用品、家具、服务等）的大宗采购。

2. 供应商价格组成分析

在大型企业里，其所需的原材料，有的多达万种以上，要对每种材料做好供应商价格组成分析是不可能的，根据存货的 ABC 分析方法，一般对数量上仅占 10%而其价值却占总采购成本 70%的 A 类存货进行分析。采购人员要想知道供应商的实际成本结构并不容易，通常采购人员可从供应商的供应价格影响因素及定价方法着手，对供应商的成本组成进行分析。常用的方法有以下几种：

根据利润表分析供应商的价格组成，采购人员要收集相关信息，可以从企业的财务利润表入手，得到供应企业的成本组成，其计算方法为：

营业利润=（营业收入−营业成本）−（销售费用+管理费用+财务费用）

以其推导出营业收入，作为供应商的价格组成。

根据盈亏平衡分析确定供应商的价格组成分析时将生产成本分为固定成本、变动成本。企业的产品销售收入扣除变动成本后的剩余，称为边际贡献或边际毛利；产品单位销售收入扣除单位变动成本后的剩余，称为单位边际贡献。当供应商有边际贡献后，再来分摊固定费用，即：

利润=营业收入−变动成本−固定成本

=（单价−单位变动成本）×销售量−固定成本

因此，供应商在制定产品价格时，产品的单价应该大于成本（即单位固定成本摊销与单位产品变动成本之和）。但是，在新产品上市或销售淡季，供应商会考虑用边际贡献来分摊固定成本，这时就可以把价格压到单位总成本之下（不含单位固定成本），只要使供应商获得边际贡献即可成交。一般来说，成本构成中固定成本比例越高，价格的弹性就越大，随市场季节变化及原材料的供应而变化的波动也就越剧烈，因而这些产品在采购时可采用加大订购数量及在销售淡季订购等方法来降低采购成本，而对于变动成本比例较高的产品则要下大力气改善供应商，形成供应链的管理模式，促进其管理水平的提高并降低管理费用。也就是说，作为采购人员要了解供应商的成本结构，就要了解其固定成本及变动成本的内容。

根据学习曲线分析供应商的价格组成，学习曲线是分析采购成本，实施采购降价的一个重要工具和手段。其基本概念是随着产品的累计产量增加，单位产品的成本会以一定的比例下降。这种单位产品成本的降低与规模效益并无关系，它是一种学习效益。这种学习效益是指某产品在投产的初期由于经验不足，产品的质量保证、生产维护等需要较多的精力投入以致带来较高的成本，随着累计产量的增加，管理渐趋成熟，所需要的人力、财力和物力逐渐减少，工人越来越熟练，质量越来越稳定，前期的工程、工艺技术调整和变更越来越少，突发事件及故障不断减少，物流不断畅通，原材料及半成品等库存控制日趋合理，前期生产期间的各种改进措施逐步见效，因而成本不断降低，这就意味着生产某产品的老企业压价的空间大，因此，需要采购人员调查供应商生产产品的时间和产量等相关情况。

充分考虑价格折扣分析供应商的价格。折扣是企业产品销售中常用的一种促销方式。了解折扣有助于采购人员在谈判过程中降低采购价格，概括起来大体有付款的现金折扣、购买的数量折扣、采购地的地理折扣、供应的季节折扣、产品的推广折扣等几种类型。有策略地利用折扣是降低采购成本的一种手法。

(三)利用标准化控制采购成本

在产品设计阶段，使用行业标准流程与技术、工业标准零件，既可以加大原料取得的便利性，又可以减少自制所需的技术投入，同时也可降低生产所需的成本。原料、产品、服务的标准化在产品、服务设计阶段就充分考虑未来采购、制造、储运等环节的运作成本，提高其标准化程度，减少差异性带来的后续成本。

(四)利用管理会计方法控制采购成本

1. 目标成本法

目标成本是预计目标售价减去目标利润得出的。产品的目标成本确定后，与公司目前的相关产品成本或本行业先进水平相比较，确定成本差距。设计小组通常运用质量功能分析、价值工程、流程再造等方法来寻求满足要求的产品与工序设计方案，把这一差距缩小。质量功能分解旨在识别顾客需求，并比较分析其与设计小组计划满足的需求差距，以支持价值工程的设计过程，以此达到降低成本的目的。

2. 定额管理法

与采购过程有关的定额，包括生产消耗定额、物资储存定额、采购费用定额等。工作中常常通过制定先进合理的物资消耗定额，采用标准化、通用化和系列化确定最经济合理的物资消耗标准，在保证质量的前提下，尽量采用以廉代贵，综合利用原材料，提高材料利用的经济性、效益性。在充分采用准时制的情况下，制定与经济订购批量相适应的储存定额；采购过程中，采用多种采购方式，就近组织物资供应，选用恰当的运输方式等方法制定采购费用定额。降低企业采购成本，定额管理是行之有效的一种方法。

(五)利用供应链管理法控制采购成本

供应链管理的核心是企业间组织的融合，最终达到以企业战略为核心，实现所有企业组织、战略和业务流程的全面结合。采购过程是供应链上的重要结合点，是联结供应商与用户企业的桥梁，用供应链思想来管理采购成本可大幅度降低采购成本。常常通过优化采购体系或对现有供应商的改进优化企业供应链，达到降低采购成本的目的。

(六)运用采购谈判技巧和战术降低采购成本

灵活运用采购谈判技巧降低价格，是采购最常用的一种方法。通常要掌握采购谈判作业要领，做好采购谈判规划，主要从预测、学习、分析与策略等方面入手，注意谈判中的发问和倾听技巧，巧妙利用谈判的时机，充分利用成本结构分析，以便在谈判过程中取得合理的价格。

(七)利用库存控制采购成本

对于经常性、需求量大的原材料、零配件，需要在采购和库存之间作平衡分析，这种分析常采用经济批量和经济订货点来确定，经济订货批量模型有助于企业在采购时树立成本效益观念，重视资金的时间价值，合理安排采购计划，减少不必要的资金占用。

任何可以节省费用的手段都应该是采购过程中值得考虑的对象，但必须是合情、合理，更要合法的，有利于与供应商的伙伴互动关系。至于上述几种方法应该优先使用哪种，哪种方法较好，则有赖于采购人员依照不同状况进行专业判断后确定。

第四节 供应链采购成本控制策略

一、传统的采购成本控制方法及其局限性

1. 传统的采购成本控制方法

传统的采购成本控制主要针对物料采购价格、运费和仓储费用、数量批次进行控制。采用的主要方法如下。

(1)对于物料采购价格：在采购过程中通过与供应商的谈判、协商，利用自己在买方市场的主动性，迫使供应商妥协、退让，以达到降低采购价格的目的。

(2)对于采购物料运费：选择运输方式、运输路线以及超负荷运输来降低成本。

(3)对于仓储费用：用控制批量的方法降低资金占用和仓储成本，即经济订货批量模型等控制来实现。

(4)对于物料质量控制：通过入库质量检验来降低采购或运输过程中的废品、次品出现概率。

2. 传统的采购成本控制方法的局限性

(1)传统方法主要对一些成本显性、易于识别的采购项目而言，制定相应控制对策也比较容易。

(2)传统方法对采购成本控制是不完备的，很少从计划、组织和供应链整体方面进行系统的管理。

(3)对采购物料的质量成本控制，考虑到具体物料质量的较多，考虑产品系列质量和工作质量较少。

(4)对于采购行为直接对接的企业内部物流成本仅局限于考虑仓储、运输方面，对于内部物流与供应链上的销售物流的对接考虑较少。

3. 向供应链上采购成本控制转变

传统采购成本控制方法向供应链采购成本控制转变表现在以下几方面。

(1)注重对采购方式与管理机制的创新，增强系统运行的有效性，在供需总体效益最优的前提下，有效地降低供应链成本。

(2)跳出采购成本内部控制的思维局限性。

(3)对采购物料的质量成本控制从质量系统要求出发，控制物料质量和采购工作质量。

(4)注重与重要供应商的战略合作伙伴关系。

二、供应链采购成本控制措施

1. 建立与完善采购制度，做好采购成本控制的基础工作

采购活动涉及面广，并且主要是和外界打交道，因此，如果企业不制定严格的采购制度和程序，不仅采购活动无章可依，还会给采购人员提供暗箱操作的温床。建立严格、完善的采购制度，不仅能规范企业的采购活动、提高效率、杜绝部门之间扯皮，还能预防采购人员的不良行为。采购制度应规定物料采购的申请、授权人的批准权限、物料采购的流程、相关部门(特别是财务部门)的责任和关系、各种材料采购的规定和方式、报价和价格审批等。比

如，可在采购制度中规定采购的物品要向供应商询价、列表比较、议价，然后选择供应商，并把所选的供应商及其报价填在请购单上；还可规定超过一定金额的采购须附上三个以上的书面报价等，以供财务部门或内部审计部门稽核。

2. 建立供应链信息传递框架，加强与供应商的沟通

供应链的协调运行建立在各个节点企业高质量的信息传递与共享的基础之上，有效的供应链管理离不开信息技术系统提供可靠的支持。改变原有的企业信息系统结构，建立面向供应链管理的新型企业信息系统，这是实施供应链管理的基础设施。同时，完善的信息管理系统是企业有效控制供应链管理环境下采购成本的前提，它有助于企业获得最新的市场信息，与上下游客户建立良好的合作关系，运用信息技术改善采购流程，节约采购成本。

3. 实施物料分类采购和供应商分级管理体系

目前，对采购物料按其对产品质量的影响程度和使用资金额度的比重，分为重要物料和一般物料。对大宗、价值较高的重要物料实行集中采购，通过招标、集体决策，获得规模效益，降低采购和物流成本，同时易于稳定与供应商的关系。对小批量、价值低、市场资源有保证的一般物料实行分散采购，作为集中采购的有效补充，能够减少库存占用和资金占用。

对重要物料的供应商进行重点管理和控制，包括建立供应商档案，每年进行供应商业绩评价；通过招标、竞标，寻找到有实力的供应商，进一步开发物料供应市场。同时，要对重要物料供应商建立并管理供应商关系。将供应商分成不同的种类如战略型、优先型及商业型等进行管理。对价值比例高、产品质量要求高，同时又只能依靠个别供应商的战略物资采购，与供应商建立战略型关系。通过签订长远合作合同，不仅能保证供货的质量、及时的交货期，还可得到其付款及价格方面的优惠政策。在战略性合作伙伴的合作过程中，企业应与合作伙伴在产品开发、生产、质量控制、经营管理各方面进行有效的合作，尤其对供应商伙伴进行技术、管理等方面的有益扶持，非常有助于伙伴关系的持续发展，进而保证双方的长期利益。对价值比例较高，但容易从不同的供应商处购得的物资，根据以往的产品质量、送货及时程度、技术规模、信誉等的业绩考核情况，选择出优秀供应商，建立优先型关系。

4. 协助供应商降低成本、提高质量，进一步提高采购成本效益

企业依靠自己信息、技术优势，通过供应链内部的协调，帮助供应商降低采购、制造成本，提升产品质量，充分挖掘第一利润源，提升供应链核心竞争力，实现共同发展，而不是以牺牲供应商利益来实现短期自身利益的最大化。

5. 通过联合采购，获取规模效益，降低采购成本

联合采购是通过与多个企业共同联手，增加单次采购的商品总量，从而可获得大额的折扣优惠。联合采购可以将中小商家联合起来，集小订单成大订单，增强集体的谈判实力，而且可以直接越过中间商，获取更多的价格优势。

思 考 题

一、填空题

1. ________的高低直接关系到企业最终产品或服务价格的高低。

2. 采购信息的搜集渠道，主要有______、______、______、______、______五种渠道。

3. 采购人员进行成本分析时，通常遇到底价制定困难、________、采购金额巨大，成本分析有助于将来的议价工作、运用标准化的成本分析表，可以提高议价的效率等这些常见情形。

4. 即使面临通货膨胀，物价上涨的时候，________仍能达到降低价格的功能。

5. 采购价格的计算方式有：科学的计算方式、经验的计算方式、________、估计的计算方式、成本加利润的计算公式。

6. ________是指将企业生产或经营所需要的原材料(或商品)从供应者仓库(或货场)运回企业仓库，实现一次采购而进行的各项活动的全部费用。

7. ________是影响采购价格最根本、最直接的因素。

二、判断题

1. 有些专业化、技术性程度很高的物料、机器或规模浩繁的工程，其底价的制定并非仅根据前述的价格资料即可，还必须请专业人员从事底价估算工作。 (　　)

2. 就采购人员而言，底价既解决“量”的问题，也解决“质”的问题。 (　　)

3. 因为价格的磋商有级别的要求，所以采购人员只能与对方负责人直接进行价格磋商。 (　　)

4. 在获得物流方面所做的成本节约对利润所产生的效果，要小于企业其他成本(如销售领域内成本)相同数量的节约给利润带来的影响。 (　　)

5. 采购成本控制不仅要着眼于供应商和供应市场，而且要依靠压缩采购人员的待遇。 (　　)

三、选择题

1. 下列哪一项不是采购信息搜集的方法？(　　)。

A. 上游法　　B. 中游法　　C. 下游法　　D. 水平法

2. 下列哪一项不是制定采购底价的益处？(　　)。

A. 控制预算　　B. 防止围标　　C. 提高采购作业效率　　D. 防止腐败

3. 下列哪一项不是价格分析可以采用的方法？(　　)。

A. 与其他供应商的价格相比
B. 与以前支付的价格相比
C. 与将来可能支付的价格相比
D. 与目前采用的价格相比

4. 针对价格因素的议价方法，下列哪项说法正确？(　　)。

A. 直奔主题　　B. 运用“高姿态”
C. 书信或电话议价也是一种好的方法　　D. 面对面的商谈、沟通效果较佳

5. 下列哪一项不是商品价格的决定因素？(　　)。

A. 产品成本　　B. 市场因素
C. 消费者认同价值　　D. 销售者的认同价值

四、简答题

1. 影响采购价格的因素有哪些？

2. 常见的采购议价方法有哪些？

3. 采购成本由哪几部分构成？
4. 控制采购成本的意义是什么？
5. 影响采购成本的因素是什么？
6. 降低采购成本的有效方法有哪些？

【实践活动】

实践项目：公司采购成本诊断

任务要求：找一家自己感兴趣的公司，进行企业内部调研，了解公司某年度采购成本支出情况和采购成本控制方法，结合所学知识，诊断公司采购成本控制中存在的问题，并能够帮助公司制定采购成本控制策略。

第十章

供应链采购质量管理

【引导案例】

丰田深陷召回门危机

2012年10月10日，丰田汽车公司向日本国土交通省提交报告称，由于电动车窗的开关存在缺陷，将召回小型车“威姿(VITZ)”等6款车型共约46万辆汽车。包括海外市场在内，全球召回数量将达743万辆，创迄今为止最多纪录。

此次召回的车辆包括了丰田在中国市场的所有主力车型。丰田宣称，大规模召回的原因是同一供应商供应给两家企业的零部件出现缺陷，广汽丰田和天津一汽丰田承诺将对召回范围内的车辆免费更换电动车窗主控开关缺陷的零部件，以消除安全隐患。

众多汽车产业专家则开始怀疑丰田的质量神话是否依旧坚挺。有关人士指出，丰田连续大规模召回与它的零件通用化战略、捆绑式管理模式有关；更有专家指出：丰田质量的下降与其产量快速膨胀、成本削减计划、忽视科学管理等有直接的关系；另有专家则认为：丰田的精益生产方式的科学性是不容置疑的，这种方式的好处在于其不断精益求精的精神，不断提高质量，不断压缩成本，不断提升效率，正是这样的精神，才让丰田有了今天的成就。召回问题不应该解释为丰田的精益生产方式出了问题，而是丰田的供应配套商在整个供应链的配套上出了问题。比较明显的是，这种问题基本都发生在美国市场，而美国市场恰恰是一种经历着经济危机的不正常的市场状态，这种不正常的因素导致供应商体系出现供应障碍，裁减工人、降低生产，工人情绪不稳定，都会对配套产品的供应质量造成影响。已经成为世界第一的丰田，由于其在美国市场的巨大的市场份额，面对着巨大的美国市场的危机，必然受到最大的冲击。一些新建工厂招募的工人可能还没有达到一种熟练的程度，在风雨飘摇的经济危机中，成长的速度也受到掣肘，配套供应出现问题可能在所难免。

【学习目标】

1. 掌握采购质量管理；
2. 理解供应链采购质量管理；
3. 掌握供应商采购质量控制及质量控制方案的建立；
4. 了解JIT采购中的质量管理。

第一节　供应链采购质量管理概述

一、采购质量管理概念

(一)采购质量管理概念

所谓采购质量管理，是指对采购质量的计划、组织、协调和控制，通过对供应商质量评估和认证，从而建立采购管理质量保证体系，保证企业的物资供应活动。

(二)采购质量管理必要性

采购是企业经营活动的第一道环节，也是企业实现货币转化为物资的过程。采购质量的高低，不仅关系到社会再生产过程是否顺利进行，而且影响着企业全面质量水平的提高。

1. 高质量的市场采购是保证企业实现再生产的重要条件

企业要实现再生产，必须是产品迅速地销售出去，实现产品到货币的转化，再以货币采购所需的物资来完成再生产任务。市场采购正是为企业尽快实现产品转化为货币，又为货币购进所需物资提供了条件，使企业再生产得以继续进行。因此，采购质量的好坏直接关系到社会再生产的进行。

2. 高质量的市场采购是搞好物资流通，安排好市场的基础

企业的经营目的是为了满足社会需要。而为生产服务，是实现市场采购目的的重要基础。没有采购就没有销售，也就不能满足社会需要。只有根据社会需要，及时、保质、保量、齐备地采购适销对路的物资，才能为销售创造条件，安排好市场，更好地满足生产建设和人民物质文化生活的需要。

3. 高质量的市场采购是企业取得经济效益的重要一环

市场采购不仅对安排市场，促进社会再生产方面有直接关系，对企业能否取得良好的经济效益也有直接影响。如果企业能根据社会需要，及时、足量地购进各种价廉物美的物资，就能打开销路，扩大销售，加速资金周转，降低流通费用，增加利润，取得良好的经济效果，为企业和国家增加资金积累。

(三)采购质量管理原则

1. 适当的地点

天时不如地利，企业往往容易在与距离较近的供应商的合作中取得主动权，企业在选择试点供应商时最好选择近距离供应商来实施。近距离供货不仅使得买卖双方沟通更为方便，处理事务更快捷，亦可降低采购物流成本。

2. 适当的质量

一个不重视品质的企业在今天激烈的市场竞争环境中根本无法立足，一个优秀的采购人员不仅要做一个精明的商人，同时也要在一定程度上扮演管理人员的角色，在日常的采购工作中要安排部分时间去推动供应商改善、稳定物品品质。

3. 适当的时间

企业已安排好生产计划，若原材料未能如期达到，往往会引起企业内部混乱，即产生停工待料，当产品不能按计划出货时，会引起客户强烈不满。若原材料提前太多时间买回来放在仓库里等着生产，又会造成库存过多，大量积压采购资金，这是企业很忌讳的事情，故采购人员要扮演协调者与监督者的角色，去促使供应商按预定时间交货。对某些企业来讲，交货时机很重要。

4. 适当的价格

价格永远是采购活动中的敏感焦点，企业在采购中最关心的要点之一就是采购能节省多少采购资金，因此采购人员不得不把相当多的时间与精力放在跟供应商的“砍价”上。

5. 适当的数量

批量采购虽有可能获得数量折扣，但会积压采购资金，太少又不能满足生产需要，故合理确定采购数量相当关键，一般按经济订购量采购，采购人员不仅要监督供应商准时交货，还要强调按订单数量交货。

（四）采购质量管理保证体系

采购质量管理保证体系是指企业以保证和提高采购质量，运用系统的原理和方法，设置统一协调的组织机构，把采购部门、采购环节的质量管理活动严密地组织起来，形成一个有明确任务、职责、权限、互助协作的质量管理有机体系。

建立起一个完善的、高效的采购质量管理保证体系，必须做到以下几点。

1. 要有明确的质量目标

质量目标是采购部门遵守和依从的行动指南。质量目标确定后，要层层下达，以保证实施。

2. 建立健全采购质量管理机构和责任制度

这就从组织和制度上为加强采购质量管理创造良好条件。设立质量检验机构，建立严格的质量责任制度，使采购质量管理工作事事有人管，人人有专职，办事有依据，考核有标准，使全体采购人员为保证和提高采购质量而认真工作。

3. 建立健全采购质量标准化体系

标准（即岗位标准、操作标准、流转程度等），是衡量采购工作质量的尺度，又是采购质量管理工作的依据，只有搞好标准化工作，建立健全质量标准化体系，才能保证和提高采购工作质量。

4. 加强质量教育，强化质量意识

要搞好采购质量管理，没有文化，没有科学知识是不行的。没有文化的采购队伍，是不可能搞好采购质量管理的。因此，要把质量教育作为采购质量管理的“第一道工序”来抓。

二、供应链采购质量管理概念

（一）供应链采购

供应链采购是一种供应链机制下的采购模式。需方和供方是合作伙伴，供应商是经过资格认证的，质量和信用是可信任的。只要需方用户把自己的需求信息向供应商及时传递，由供应商根据用户的需求信息，预测用户未来的需求量，并根据这个预测值需求量制定自己的生产计划和送货计划。

在供应链管理模式下，采购工作必须做到准时制，既供应商要按照买方所需物料的时间与数量进行供货。从而在适当的时间、地点，以适当的数量和质量提供买方所需的物料。其中，对供应商的选择和质量控制是关键。采购方式是订单驱动，用户需求订单驱动制造订单，制造订单驱动采购订单，采购订单再驱动供应商。这就使供产销过程一体化，采购管理由被动(库存驱动)变为主动(订单驱动)，真正做到了对用户需求的准时响应。从而使采购、库存成本得到大幅度的降低，提高了流动资金周转的速度。供应链采购特点如下。

(1)从采购性质看：供应链采购是一种基于需求的采购，一种供应商主动型采购，一种合作型采购。

(2)从采购环境看：供应链采购是一种友好合作的环境，而传统采购是一种利益互斥、对抗的环境。

(3)从信息传递来看：供应链采购一个重要的特点就是供应链企业之间实现了信息连通、信息共享。

(4)从库存情况看：供应链采购是由供应商管理库存。

(5)从送货情况看：供应链采购是由供应商负责送货，而且是连续小批量多频次地送货。

(6)从双方关系看：供应链采购活动中，买方企业和卖方企业是一种友好合作的战略伙伴关系。

(7)从货检情况看：供应链采购是一种基于高度信任的合作伙伴关系。合作供应商也是经过了严格的资格认证，产品或服务具有很高的质量管理水平和质量保证体系，因此，买方为节省人力、物力和时间，往往简化货检程序，甚至给供应商颁发免检证书。传统采购由于是一种对抗关系，所以常常以次充好、低进高卖，甚至伪劣假冒、短斤少两，买方进行货检的力度大，工作量大，成本高。

(二)供应链采购质量管理

供应链采购质量管理是在供应链供需双方企业内部质量管理的基础上，从宏观上考虑实现供需双方成员企业之间质量职能和质量活动的协同、整合与优化，对分布在整个供应链范围内的产品质量的产生与形成过程进行有效和全面的管理，提高市场和最终用户的满意度，增强供应链整体竞争力，最终实现供应链成员企业经营目标的管理过程。即是对分布在整个供应链范围内的产品质量的产生、形成和实现过程进行管理，从而实现供应链环境下产品质量控制与质量保证。包括供应链所提供有形产品的物理特性，还包括为顾客提供无形产品的服务质量。

供应链采购质量具有如下特点。

(1)供应链采购质量是由供应链上供需双方成员企业共同保证的，其质量取决于构成供应链的各成员企业的质量管理与控制水平。

(2)供应链采购质量管理的重点是“供应链活动中质量信息的集成”。供应链质量管理通过 Internet、ERP(Enterprise Resource Planing)、APS(Advanced Planning System)、EB(E-Business)等信息技术的协同与共享，对存在于整个供应链所有活动和过程中的质量信息进行分析，发现其薄弱环节并进行有效的控制与管理。因此，供应链各节点企业信息技术的协同与共享，是保证供应链成员企业实现质量信息协同的基础，是供应链质量管理有别于企业质量管理的特点之一。

(3)一旦供应链出现质量问题，将使整个供应链产生波动，调整过程非常复杂，调整难度较大，协调周期较长，协调成本较高。因此，供应链环境下产品质量和服务质量保证都比单一企业内的产品质量保证和服务质量保证困难得多。

(4)供应链采购质量管理具有明显的动态性。由于分散式供应链自身就是一个松散的动态联盟，需要随目标及服务方式等的变化而变化，它随时处在一个动态调整过程中，其质量管理也具有明显的动态性。

三、供应链采购质量管理方法

(一)制定联合质量计划

采购现代商品，不仅购买商品本身，而且还要购买供应商在产品设计、制造工艺、质量控制、技术帮助等方面的服务。要有效地购买供应商的这种服务，需要把供需双方的能力对等协调起来，协调的办法就是制定联合质量计划。联合质量计划中一般要包括经济、技术、管理等三个方面。

(二)向供应商派常驻代表

为直接掌握供应商商品质量状况，可由采购方向供应商派出常驻代表，其主要职责是向供应商提出具体的商品质量要求，了解该供应商质量管理的有关情况，如质量管理机构的设置，质量体系文件的编制，质量体系的建立与实施，产品设计、生产、包装、检验等情况，特别是对出厂前的最终检验和试验要进行监督,对供应商出具的质量证明材料要核实并确认，起到在供应商内进行质量把关的作用。

(三)定期或不定期监督检查

采购方可根据实际情况派技术人员或专家对供应商进行定期或不定期的监督检查。通过监督检查，有利于全面把握供应商的综合能力，及时发现其薄弱环节并要求其改善，从而从体系上保证了供货质量。主要监督检查双方买卖合同的执行情况，重点监督检查拟购商品的质量情况。如在生产前主要是监督检查原材料和外购件的质量状况；在生产中主要是监督检查各工序半成品的质量状况；在生产后主要是监督检查产成品的检验、试验及包装情况。需要注意的是，对关键工序或特殊工序必须作为重点进行监督检查。

(四)及时掌握供应商生产状况的变化

由于企业内外部环境的变化，供应商的生产状况必然也会随之变化。采购方应及时掌握其变化的情况，对生产发生的一些重大变化，应要求供应商及时向采购方报告。如产品设计或结构上的重大变化、制造工艺上的重大变化、检验和试验设备及规程方面的重大变化等，供应商都应向采购方主动报告说明情况。采购方接到报告后，要认真分析情况，必要时应到供应商处直接了解，主要应弄清对产品质量的影响。在多数情况下供应商变更产品设计，采取新材料、新设备、新工艺是为了提高商品的质量和生产效率，对保证商品质量是有益的。但是也必须注意到，任何改变都有一个适应的过程，在变更的初始阶段容易造成商品质量的不稳定。这就需要通过加强最终检验和试验来把关。

(五)定期排序

对供应商的定期排序的主要目的是评估供应商的质量及综合能力，以及为是否保留、更换供应商提供决策依据。

（六）帮助供应商导入新的质量体系和管理方法

为有效地控制采购商品的质量，采购方应对供应商导入自己多年总结出的先进质量管理手段和技术方法，主动地帮助、指导供应商在短时间内极大地提升质量管理水平和技术水平，增强质量保证能力。采购方对供应商给予一定的帮助对供应商是有利的，对采购方自己也是有利的。对供应商的帮助是多方面的，主要目的不是扩大生产能力而是提高商品质量。以提高质量为中心，可帮助供应商组织有关人员的技术培训，进行设备的技术改造，实现检验和试验的标准化、规范化。贯彻 ISO9000 族标准，争取质量体系认证等。对供应商的帮助重点是加强商品质量的薄弱环节，解决影响商品质量的关键问题。

第二节　供应商采购质量控制

供应链背景下的供应商采购质量控制是为了通过监视供应链上供应商产品和服务质量的形成过程，消除供应商产品和各环节、各节点采购质量环上所有阶段，引起不合格或不满意效果的因素，以达到相关质量要求，获取经济效益，而对供应商采用的各种采购质量作业技术策略与活动协调。供应商采购质量控制的目的是使供应商采购质量水平在一定意义下保持一定的稳定性，以有利于过程管理以及分析和把握整体绩效。

供应商采购质量控制的核心是单一供应商采购质量控制策略和活动的协调，主要对单一供应商采购质量控制点及过程的质量（故障）进行控制与协调。供应商采购质量控制点是指采购质量活动过程中需要进行重点控制的供应商对象或实体。即在采购现场的一定时间及条件下，对需要重点控制的供应商采购质量特性、关键部位、薄弱环节，以及主导因素等采取特殊的管理措施和方法，实行强化管理，使工序处于良好控制状态，保证达到规定的采购质量要求。供应商采购质量控制点具有动态特性，供应商采购质量控制活动关注的核心是各供应商采购质量策略选择的动态互动。

供应商采购过程质量控制就是对供应商采购过程中由于人（Man）、机器（Machine）、材料（Material）、方法（Method）、测量（Measure）及环境（Environment）等多种因素作用，而造成的采购产品实际达到的质量特性值与规定的质量特性值之间发生的偏离，控制在限定的范围内。这种偏离被称为质量变异或质量波动。质量变异是客观存在的，存在于任何过程中，应尽量减少过程中的变异使其控制在限定的范围内。

质量变异可分为正常变异和异常变异两大类。正常变异又称随机变异，是由偶然因素引起的变异。过程中始终存在一些原因不易识别的偶然因素，且其中每一种因素对变异的影响都很小，其影响的总和是可度量的，可假定为过程所固有，也就是说，正常变异可以预测但不可消除。异常变异又称系统变异，它是由系统因素或称异常因素引起的，这些因素数目不多，虽然对产品质量不经常起作用，但一旦出现了这类因素，就会使质量特性发生显著变化。相对而言，这类因素易于查明和消除。出现这类因素，表明生产过程已处于失控状态，但是，它们对质量的影响在一定时间和范围内呈现出周期性或倾向性的规律，所以比较容易确定，也比较容易克服和消除。这类因素是质量控制的主要对象。正常变异是不可避免的，但是，如果不加以控制，任其发展，正常变异就有可能化为异常变异。所以在质量控制时，不仅要消除异常质量变异，也要将正常变异控制在适度的水平。

一、采购质量控制方案的建立

(一)产品设计和开发阶段对采购质量控制方案的制订

产品开发设计阶段，根据不同产品的不同要求，在产品开发设计建议书中提出先行试验项目和课题，有针对性地采用新原理、新结构、新材料、新工艺，进行先行试验，为了确保试验的效果和以后批量生产的需要，这一阶段的一项重要工作就是对供应商进行初步控制，确保在新产品设计的各个阶段以及批量生产时，都能够有适合新产品或新服务需要的供应商。

1. 设计和开发策划采购质量控制

目前，越来越多的供应链企业让供应商及早参与到产品设计和开发中来，以充分利用供应商的技术优势和专门经验。一般的做法有两种：

(1)邀请供应商参与产品的早期设计与开发，鼓励供应商提出降低成本、改善性能、提高产品质量和可靠性、改善可加工性的意见。让供应商参与设计和开发的过程，采购企业表现了诚意，供应商则可以充分了解产品的质量要求，为了共同的利益，供应商从价值链的起点就开始控制质量，对产品的最终质量有利。

(2)对供应商进行培训，明确设计和开发产品的目标质量，与供应商共同探讨质量控制过程，达成一致的产品质量控制、质量检验和最终放行的标准。

当然，邀请供应商参与新产品的早期开发的做法会涉及供应链企业的技术机密问题，因为在产品的设计和开发阶段，新产品信息和技术的机密外泄有可能会使竞争对手抢得先机，特别是在供应商同时为供应链企业的竞争对手供货的情况下，一定要十分注意保护供应链企业的技术和商业秘密，防止泄密事件的发生，以免发生对供应商和供应链企业自身的伤害。

2. 试制阶段对采购质量控制

在设计和开发阶段主要是对供应商资源的策划、优选和沟通，而在试制阶段则要求供应商提供样件，这就产生了对外购件质量检验，不合格品控制等过程。根据试制阶段的特点，下面讨论这个阶段对供应商的控制。

1)与供应商共享技术和资源

首先与选定的供应商签订试制合同，目的是使初选供应商在规定的时间内提供符合要求的样件。合同中应包括技术标准、产品接受准则、保密要求等内容。签订试制合同后，供应链企业应该向供应商提供更加详细的技术文件，供应商对一些技术要求可能需要一个学习、理解和掌握的过程。对一些特殊的资源，如检验设备、加工设备、技术人员等，供应链企业可以帮助供应商尽快具备这些资源，形成生产能力，满足试制的要求。

2)对供应商提供的样件的质量检验

在试制阶段，由于供应商提供的产品或服务数量有限，仅仅是为了保证产品试制的需要，这个阶段的供应商一定会自然成为供应链企业大批量生产阶段的供应商，因而没有必要对供应商进行全面的控制。对供应商提供的样件一般也采用全数检验，但是有时候也可能需要进行抽样检验，如供应商提供的是流程性材料、破坏性检验、服务或数量比较大的产品。

3)对供应商质量保证能力的初步评价

经过试制阶段对供应商提供产品进行综合分析，可以得出对供应商评价的初步结论。供应链企业对供应商的评价内容一般包括质量、价格、供货的及时性、信誉等，参加评价的人员包括生产人员、设计人员、工艺人员、质量管理人员、检验人员和计划人员等。

4）产品质量问题的解决

这个阶段还不存在批量检验的问题，返工、返修和让步接受的数量都不会很大，主要还是解决改进方面的问题，包括产品质量的改进、供应商选择的改进。由于产品处于样品试制阶段，可能有些样件的质量达不到设计要求，这时供应链企业可以帮助供应商分析过程，选择改进的切入点，改进样件的质量。

在不影响最终产品质量的前提下，供应链企业与供应商之间的技术妥协有时也许是不可避免的。有些技术问题短期内无法解决，回避这些问题对供应链企业的最终产品没有影响或者影响不大。这时，双方的技术人员可以进行重新设计或设计更改，形成折中方案，在双方都能接受的条件下对设计输出进行必要的修改。

（二）批量生产阶段对采购质量的控制方案

供应链企业在批量生产过程中，对采购质量控制主要包括监控供应商采购质量保证能力、质量检验的管理以及不合格品的处置等方面。监控供应商的测量系统、审核采购质量管理体系、进货质量检验、推动采购质量改进，以及来自供应商的不合格品的处置和质量问题的解决等活动。

1. 对供应商采购质量保证能力的监控

批量生产阶段，供应商提供的产品或服务的质量直接决定了供应链企业向顾客提供的产品或服务的质量特性，供应链企业在供应商合作的过程中，应监控采购质量保证能力的变化，为了使监控有效，供应链企业应就此与供应商达成一致，并遵循协商一致的标准和程序进行。监控的目的一般有两个，一是防止采购质量保证能力出现下降的情况，确保最终产品或服务的质量；二是与供应商共同发现改进的机会，寻找改进的切入点，在更高层次上创造价值。

由于在批量生产阶段供应商大批量连续供货，采购产品的质量、价格、供货的及时性等对供应链企业保证其产品的质量和实现其经营方针、目标都有十分重要的作用，因此这个阶段的供应商评价应尽量采用定量分析的方法。常用的方法有过程能力分析、测量系统分析和质量管理体系评价等。

1）供应商过程能力分析

在批量生产阶段，为了保证批量生产的产品满足顾客的需求和期望，供应商生产过程的稳定性就十分重要，过程能力就是决定供应商是否有能力稳定地连续提供符合质量要求的产品的一个决定性因素。因为当供应商的过程能力不足时，供应商提供合格产品只是一个良好的愿望，即便是加大检验力度，也只能是在短期内有效，很难持续。所以，对过程能力不足，短期改进无望的供应商，应该停止合作。

2）供应商测量系统分析

供应链企业对采购质量控制，都离不开数据和对数据的分析，缺少足够的数据，仅仅靠经验和直觉对供应商进行选择和评价，其风险是不言而喻的。对供应商的评价和控制所使用的数据大多是由测量提供的，如果测量数据失真或误差很大，都会导致采购行为的缺陷或失败。因此，在批量生产阶段，为了确保采购的质量，应该对供应商的测量系统进行监控。

一个可使用的、良好的测量系统必须具备以下三个基本要求。

(1)足够的分辨力

测量系统的分辨力是指测量系统检出并如实指示被测特性中极小变化的能力。每个测量系统都有自己的分辨力，在分辨力范围内，该测量系统能识别被测物之间的差别，但在分辨力之外，该测量系统则不能分辨出被测物的差别。没有一个测量系统能够识别一切被测特性。对采购供应链企业来说，应要求供应商的测量系统具有识别采购产品最小质量特性的能力，当不具备这种能力时，对供应商提供的产品或产品信息的可靠性提出疑问，并进一步评价其提供合格产品的能力。

(2)测量系统在规定的时间内要保持统计稳定性

评价测量系统是否保持可以通过控制图来判断。因为测量本身可以看成一个过程，因此用来判断过程稳定性的各种过程控制图都可以用来评价测量系统的稳定性。

(3)测量系统要具有线形

测量系统的线性是指在其量程范围内，偏移应该是基准值的线性函数。一个测量系统不具有线性，那它不是一个合格的测量系统，若一个测量系统在设计时具有线性，但在使用时发现为非线性，这时就要查找原因，及时纠正或校准。

3)供应商质量管理体系分析

采购供应链企业要对采购质量管理体系的实施进行日常的监视和测量，及时跟踪其质量的波动，防止供应商产生的质量问题波及供应链企业。对于供应商质量管理体系的监视和测量一般可以采取以下的方法。

(1)关注供应商的内部质量管理体系审核

采购质量管理体系是保证其产品持续符合要求的基础，因此，采购供应链企业应该关注供应商质量管理体系的有效性。除了对供应商质量管理体系进行第二次审核外，协助供应商保持质量管理体系的有效性也是供应链企业确保采购产品持续合格的重要手段。

供应商的内部质量管理体系审核是对其质量管理体系的符合性、适宜性和有效性进行的例行检查，作为采购供应链企业应密切关注供应商质量体系内部审核的策划、实施以及审核后纠正和预防措施的落实。首先采购供应链企业应该获得供应商质量管理体系文件的有效版本，认真分析文件，对采购质量职能分工、供应链企业结构、质量方针、质量目标等有个清楚的了解；然后根据平时供货情况，采购供应链企业应对供应商质量管理体系的运行状况、存在的问题和改进的方向有一个比较清楚的认识，在供应商进行内审策划时，对于审核的重点、审核员的素质、时间的安排等，采购供应链企业都可以提出自己的建议；最后对审核中出现的不合格要按照纠正措施的要求认真分析原因，消除不合格品及其产生的原因，防止不合格的再次发生。

(2)关注供应商的数据分析和持续改进

数据分析是质量管理体系持续改进的前提，只有正确地进行数据分析，才能及时发现质量管理体系的波动，才能及时有效地采取纠正和预防措施，保证质量管理体系和产品符合规定的要求。采购供应链企业在与供应商的接触过程中要了解其数据分析的应用情况，必要时还可以指导其正确地使用统计方法。

2. 质量检验的管理

对于采购质量控制来讲，质量检验的管理主要是进货检验和库存质量控制。

1)进货检验

供应链企业为了确保采购产品的质量，需要对采购产品实施检验或其他必要的活动，以确保采购的产品满足规定的采购要求。

(1)进货检验站的设置

进货检验通常有两种形式：一种是在采购供应链企业处进行检验。这是较普遍的形式。采购产品进厂后由进货检验站根据规定检验，合格品接收入库或直接送达生产线，不合格品退回供应商或另作处理。另一种是在供应商处进行检验，这对某些重型产品或运输条件比较高的产品是合适的，一旦检查发现不合格，供应商可以就地进行处置，采购供应链企业也可以就地与供应商协商处理。

(2)检验和控制

批量生产时供应商提供的产品一般属于连续批量的产品，在经过对供应商的评价、小批试制阶段的改进等措施后，供应商的产品质量应该是比较稳定的。但是，有时也会有异常因素的入侵，产生突发性的变异，所以采购供应链企业要防止这种突发性变异的产品投入使用，对供应商交付的产品要进行检验和控制。

采购企业要编制进货检验和验证的指导文件，内容包括：① 明确进货检验人员的职责；② 规定送检手续，确定检验或实验的方法；③ 规定产品接受准则和有权放行的人员；④ 对于不合格品的处置办法和特殊情况的处理办法；⑤ 规定记录要求。

当货物到达时，检查部门根据实际情况对样品或整体进行规定的技术检查，并准备一份检查报告，说明结果。如果产品不符合要求，通常还需要完成一份更为详细的报告来叙述拒绝的原因。通常来说，拒收的产品对于采购供应链企业来说是没有价值的，所以供应链企业应该立即同供应商进行协商处理这些产品。

(3)采购产品的标识和管理

采购产品的检验和试验状态应以适当的方式加以标识，以确保通过采购产品验证的合格产品能够入库或投入使用。通常供应链企业应根据产品的具体情况规定合适的标识方法，以便能够识别产品是否经过检验和试验、能够识别检验后的结果是否合格。特别是对于不合格的产品，应有醒目又容易识别的标识，并且最好进行隔离存放，以免误用。

对标识要进行管理，防止标识损坏、丢失、混用等现象的发生。如产品的一部分投入生产使用，并且因此而破坏了原来的标识，应该及时重新进行标识。

2)库存质量控制

库存质量控制是指进入供应链企业仓库的采购产品的质量控制，仓库管理人员的业务素质和责任是有效实现采购产品质量控制的一个组成部分，库存质量控制主要靠仓库管理人员来控制。

(1)到货控制

采购产品到货，要按照采购人员提供的采购文件进行验收，验收的内容有运单、数量、包装等，检查产品是否有损坏情况，验证随货提供的合格证明或其他质量证明文件等。保管人员要检查产品的标识，必要时，要根据供应链企业的规定对采购产品重新进行标识。

仓库管理人员要对到货产品进行登记，登记的内容有产品的名称、供应商、运单号、随货证件、数量、到货日期、规格型号以及在数量上、质量上不合格的情况。

(2)入库前的检查

仓库管理人员应及时对进厂产品进行检查，检查内容有：① 查看随货合格证明和其他质量文件；② 按运单检查数量；③ 检查包装和产品的外观质量；④ 查看产品的规格型号是否与要求一致；⑤ 查看质量检验部门提供的检验记录或检验报告。

进货检验完成后，质量检验人员应按照公司文件的要求向仓库管理人员提供检验记录或检验报告，仓库管理人员凭检验记录或检验报告办理入库手续，检验不合格的产品不得入库，并按照规定及时通知供应商进行处置。

(3)入库手续

仓库管理人员接到检查人员提出的合格率和合格报告后，应及时办理入库手续。采购产品可能并不实现真正意义上的“入库”，而直接进入生产线，按照传统的定义，这种情况仍然称为产品“入库”。“入库”手续也由于技术和管理的进步而不断变化，特别是计算机的广泛使用，更是加速了这种变化。通常的入库步骤为：① 通知采购人员产品入库的情况，并通知财务人员；② 产品从待检区移入仓库或直接送生产线，必要时需要对产品重新进行标识，并按规格型号分类存放，有的产品需要进行拆包、清洗、涂油、重新包装等，完成这些过程之后，产品进入保管状态；③ 在记录上登记进货日期和检查报告的编号等其他仓库记录。

3. 不合格品的处置

不合格品的处置对于供应链企业来说很重要，所以供应链企业首先应制定专门程序，并形成文件，一旦采购产品的进货检验中发现不合格品，工作人员能够按照程序文件规定的职责、过程和方法有条不紊地实施控制。

1)不合格品的确定

不合格品的确定就是根据文件(一般是检验文件)的要求，检查产品是否符合要求，对不符合要求的产品判定为不合格的过程。一般来说，对于较明显的不合格，采购供应链企业和供应商之间的分歧不会很大，但对“擦边球”或供应商故意做了手脚的产品，有时判别起来就需要检验人员特别注意。采购供应链企业的检验人员在履行检验职能的过程中，对于可疑的产品，必须认真加以鉴别。

2)标识、沟通与记录

在进货检验时，一旦发现不合格品应即时进行标识，必要时进行隔离处理，并做好记录。对于非正常的不合格现象，应按照文件规定的程序及时通知供应商，协商解决的办法。

3)处置

对于采购产品的不合格品，一般由供应商进行处置，通常的办法有返工、返修、报废和让步接受等。

二、采购质量控制方案制定方法

供应商采购质量控制方案制定方法主要分为两大类。第一类为定性方法，比如，直观判断法，第二类为定量方法，比如，线性权重模型。

1. 直观判断法

直观判断法主要根据征询和调查所得的资料并结合个人的分析判断，对采购质量控制方案进行分析、评价的一种方法。其主要是倾听和采纳有经验的采购人员意见，或者直接由采购人员凭经验做出判断。

2. 线性权重模型

首先确定采购质量控制方案所依据的标准，给每个标准确定一个合适的权重，然后将采购质量控制方案在各标准上的得分乘以该标准的权重，进行综合处理得到一个总分，最后根据每个采购质量控制方案的得分进行比较和选择。

第三节 JIT 采购中供应商采购质量管理

供应链环境下的采购模式和传统的采购模式的不同之处，在于采用订单驱动的方式。订单驱动使供应与需求双方都围绕订单运作，也就实现了准时化、同步化运作。要实现同步化运作，采购方式就必须是并行的，当采购部门产生一个订单时，供应商即开始着手物品的准备工作。与此同时，采购部门编制详细采购计划，制造部门也进行生产的准备过程，当采购部门把详细的采购单提供给供应商时，供应商就能很快地将物资在较短的时间内交给用户。当用户需求发生改变时，制造订单有驱动采购订单发生改变，这样一种快速的改变过程，如果没有准时的采购方法即 JIT 采购法，供应链企业很难适应这种多变的市场需求，因此，即时制采购增加了供应链的柔性和敏捷性，体现了供应链管理的协调性、同步性和集成性，供应链管理需要即时制采购来保证供应链整体的同步化运作。

一、JIT 采购对采购质量管理的影响

准时采购(JIT 采购)的基本思想是：在恰当的时间、恰当的地点，以恰当的数量、恰当的质量提供恰当的物品。准时采购对供应链管理的意义准时采购增加了供应链的柔性和敏捷性，体现了供应链管理的协调性、同步性和集成性，供应链管理需要准时采购来保证供应链的整体同步化运作。

1. 准时化采购与传统采购的区别

准时化采购与传统采购具有很大的区别。

(1) 对供应商数量的选择不同。传统的采购模式一般是多头采购，供应商的数目相对较多；准时采购采用较少的供应商，甚至单源供应。

(2) 对供应商的选择标准不同。在传统的采购模式中，供应商是通过价格竞争而选择的；但在准时化采购模式中，选择供应商需要进行综合评估，在评价供应商时，价格不是最主要的因素，质量才是最重要的标准。

(3) 对交货准时性的要求不同。准时采购的一个重要特点是要求交货准时，交货准时取决于供应商的生产与运输条件。

(4) 对信息交流的需求不同。准时采购要求供应与需求双方信息高度共享，保证供应与需求信息的准确性和实时性。

(5) 制定采购批量的策略不同。小批量采购是准时采购的一个基本特征。

2. 准时采购的优点

(1) 大幅度减少原材料和外购件的库存。

(2) 提高采购物资的质量。准时采购把质量责任返回给供应商，从根源上保障采购质量。

(3) 降低原材料和外购件的采购价格。由于供应商和制造商的密切合作以及长期订货，再

加上消除了采购过程中的一些浪费(如订货手续、装卸环节、检验手续等)，就使得购买的原材料和外购件的价格得以降低。

传统制造业正在向 JIT 模式转变，质量管理也受到巨大的影响。传统的大批量生产的经营模式下，企业和顾客主要关注的是产品的可靠性，以及质量水平与成本的权衡。产品的成本越低，质量越高，顾客也就越满意。但是在 JIT 环境下，可靠性已经成为产品不可或缺的基本条件，不同企业产品的质量水平差距不是很大，仅凭可靠性已经很难令顾客满意了。作为一种新型的经营战略，JIT 非常重视为应对新的竞争环境所应当具有的质量管理能力，其中一些基本的 JIT 质量管理要素见表 10-1。

表 10-1　JIT 质量管理要素

快速反应	采取相应的质量措施，保证企业能够对市场需求的变化做出迅速、准确的反应
供应商与顾客支持	与供应商建立长期的协作伙伴关系，共同为顾客提供令顾客满意的产品和服务，深入顾客经营过程，增加顾客的增值能力
工作环境的改善与强化	领导的责任在于创造适合的团队，体现员工价值，激发员工创造力，在企业范围内创造开放的、并行的、相互协作的工作环境
质量改进与创新	坚持持续改进的原则，用于创新，不断使企业的质量管理水平得到飞跃
企业的全面集成	全面集成成员企业的核心能力和质量管理能力，增强企业产品和服务的竞争优势

在 JIT 模式下，企业应充分利用各种管理理论，将质量管理与 JIT 模式相结合，建立面向 JIT 模式的质量管理体系。JIT 模式下的质量管理体系与传统的质量管理系统在管理理念、体系结构、运作机制、作用范围、实现目标等方面具有很大的不同。它必须突破传统模式下的流程式的管理方式，针对虚拟企业的合作特点，将传统的企业质量管理变为质量合作，要求跨地区的合作成员间产生的质量活动符合公认的标准，以便在合作的过程中始终贯彻统一的质量管理标准。要实现上述的质量管理要求，首先在企业内部要进行一系列的基础性准备工作，包括质量观念的转变、质量管理组织重构等，具体如下。

(一) JIT 模式下的质量文化

质量文化是供应链企业在长期的经营活动中形成并共同遵循的核心质量价值观，是供应链企业处理供应链企业内部员工、供应链企业与社会、供应链企业与顾客之间涉及质量问题的行为规范总合，也是实现最高质量目标的质量观念。质量文化是供应链企业文化的核心组成部分，可以逐步地从无形的文化外化为供应链企业的质量方针、质量目标和管理制度等。建立优秀的供应链企业质量文化可以使供应链企业和员工树立科学的质量价值观，把质量放在优先地位，保证供应链企业质量方针和目标的实现。JIT 环境下，顾客的个体化需求，质量管理从以前的以产品为中心向以顾客为中心转变。供应链企业间的协同合作关系也导致了质量管理观念和具体措施发生变化。传统的质量管理控制以变异的流程式控制为主，知识经济时代则注重服务、个性化生产，强调多元经济，不同供应链企业的协同集成化生产。质量管理面对的将是单件、小批量和分散网络化的研发生产过程，供应链企业要认识到这种变化及时转变质量观念，培养适应新竞争模式的质量文化。

(二) JIT 模式下供应链企业的质量形成过程

为了提高供应链企业应对市场机会的 JIT 性和有效性，供应链企业必须对传统的质量实现过程进行结构的优化和再设计。首先，应当分析产品质量形成过程，研究确定全过程的每个阶段的质量职能；然后，根据目前竞争环境的需要，识别质量形成过程中有待改进的环节进行改进。在传统的流程式生产过程中，质量的形成过程往往受各种因素的干扰，以及包含由于认识角度的不同形成的各种认识差异，最终产品的质量很难真正满足顾客需求。

（三）质量与速度的统一

一种常见的传统质量观念是“欲速则不达”，即认为缩短每个工序的执行时间，加快工作进度，往往会导致过程出错的概率增大，进而造成质量下降或是返工成本的增加。但是在 JIT 模式中，速度往往会成为决定供应链企业成败的关键因素，快速响应顾客需求并进入市场往往意味着能够获取丰厚的利润，行动迟缓则意味着利润降低甚至失去盈利的机会。如果速度和质量是对立的关系，那么这种没有质量保证的“JIT”是没有任何意义的，JIT 实现的前提是必须保证产品的质量，因此，JIT 必须将速度与质量统一起来。

（四）JIT 模式下的质量组织变革

适应 JIT 模式的质量管理组织应该是高度柔性和学习能力强的单元化组织，例如，以项目质量小组为基本单元单位。这类质量小组不是固定的组织建构，而是根据不同的项目要求尽心组建，随着项目的更替进行调整和重组。质量小组的任务是围绕项目特点和要求，负责项目生命周期内的质量控制。小组内的人员可以来自不同的职能部门，进而增强供应链企业的内部协作性，优化供应链企业的质量管理体制。不同的项目质量小组可以组成扁平化网络组织结构，共同构建供应链企业 JIT、高效的质量管理体系。这样的组织形式减少了管理层级，可以及时与虚拟供应链企业内的其他质量部门进行沟通，共享质量信息，增强供应链企业整个质量体系的 JIT 特点。供应链企业的质量管理组织不仅要具有自适应性，还应具有基于虚拟供应链企业的多供应链企业间的动态协调性，与其他供应链企业的质量管理组织建立互补、高效的联结，构建更大范围的质量控制体系；科学利用分散的管理和信息资源，发挥更优的质量管理效能。

二、JIT 模式中的采购质量管理

采购质量包括采购产品过程中所涉及的任何一个方面。这个定义要求采购企业认真制定所购产品的设计和制造规格，这包括：定义产品应符合的指标，明确检测要求，确定产品的可靠性和可维护性，满足交付和包装的要求，解决相关责任和环保方面的问题等。采购质量管理就是上述采购质量指挥和控制组织的协调的活动。

JIT 模式中的采购质量管理是满足 JIT 模式的采购质量管理，一般需具备以下条件。

1. 采购人员需要建立有效的 JIT 信息源

信息获得的方法有很多，如期刊上采购指南、工业刊物、采购目录、广告等。这些信息可以告诉采购人员市场上有什么样的产品，或者供应商现在最急于出售的产品是什么。此外，通过与推销员的面谈也可以额外获得一些有效的 JIT 信息，例如，竞争对手的信息，其他相关供应商的信息以及一些独立机构对市场所作的分析研究等。

2. 进行 JIT 现场检验

JIT 现场检验能够使采购人员确定供应商提供产品的能力，同时表明企业正在认真地考虑与供应商合作的可能性。通过 JIT 现场检验，供应商会感到采购企业希望他能够提供满足企业需求的产品。

3. 建立保证客观地评估供应商的JIT程序

采购人员应及时客观地评估供应商，任何评估系统的目的都是按照对采购企业来说重要的标准，考察所有的供应商。采购人员将从中及时准确地选择最好的三到四个供应商进行更深入的评估，这样的目的是及时准确地确定每个候选者的强项和弱点，使企业确定哪个供应商最有希望提供需要的产品。

4. 及时选择最好的候选者提供产品

在选择过程中，价格并不是唯一考虑的因素，其他因素如技术能力、交付表现、信誉、财务前景以及生产能力等也是非常重要的。并且只要是能搜集到的信息都必须重新检查，必须得到所有证明人的相关的意见。这样做的目的就是得到一个能够在指定时间，以合理的价格提供规定质量的供应商。

思考题

一、填空题

1. 企业通常采用的采购质量管理方法有：__________、__________、__________、__________、__________、__________。

2. 供应商测量系统必须具备的三个基本要求是：__________、__________、__________。

3. 准时采购(JIT 采购)的基本思想是：____________________。

二、判断题

1. 供应商的技术能力突出，可以参与企业的技术改进。 ( )

2. 直观判断法主要根据征询和调查所得的资料并结合个人的分析判断，对采购质量控制方案进行分析、评价的一种方法。 ( )

3. JIT 环境下，顾客的个体化需求，质量管理从以顾客为中心向以产品为中心转变。 ( )

三、选择题

1. 企业采购管理的基本目标包括( )。

A. 适量保证供应　B. 保证原材料质量　C. 费用最省

D. 管理协调供应商　E. 管理供应链

2. 由采购单位选出供应条件较为有利的几个供应商，同他们分别进行协商，再确定合适的供应商。这种供应商选择方法称作( )。

A. 直观判断法　B. 评分法　C. 采购成本比较法　D. 协商选择法

3. JIT 概念起源于( )。

A. 通用电气公司　B. 日本丰田公司　C. 西门子公司　D. 戴尔公司

四、简答题

1. 什么是采购质量管理？采购质量管理的的保证体系是什么？

2. 供应链采购质量管理具有哪些特点？
3. 准时化采购与传统采购有哪些区别？
4. 准时采购的优点是什么？

【实践活动】

实践项目：案例分析

任务要求：通过网络查阅，收集丰田公司召回门事件案例素材，分析造成丰田公司产品质量问题的深层次原因以及其启示，撰写案例分析报告，并进行小组内部讨论和意见交流。

第十一章

供应链采购库存控制

【引导案例】

沃尔玛供应链库存管理的成功之道

经过四十余年的发展，沃尔玛已成为世界知名的连锁零售商。沃尔玛取得成功的原因之一在于他们努力践行着那句口号“天天平价，始终如一”。为实现这一口号，沃尔玛严格控制供应链每一环节，从而可以低价格出售商品，争取到尽可能多的消费者。早在 20 世纪 80 年代初，沃尔玛便采用电子化的快速供应这一现代化供应链管理模式，并且不断将更新的技术融入其中。这一模式使沃尔玛将销售信息、库存信息、成本信息等与合作伙伴交流分享。可以说，这是供应链管理由企业内部向企业间合作的一个飞跃。

沃尔玛具体做法是：通过 EDI(电子数据交换)系统把 POS(销售时点信息管理)数据传给供应方，供应方可以及时了解沃尔玛的销售状况，把握商品需求动向，及时调整生产计划和材料采购计划。供应方利用 EDI 系统在发货前向沃尔玛传送 ASN(预先发货清单)，这样沃尔玛可以做好进货准备，同时省去货物数据的输入作业，使商品检验作业更有效率。

沃尔玛在接收货物时，用扫描仪读取货物的条码信息，与进货清单核对，判断到货和发货清单是否一致，利用电子支付系统向供应方支付货款，并把 ASN 和 POS 数据比较，迅速知道商品库存的信息。沃尔玛把商品进货和库存管理职能移交给供应方，供应方对 POS 信息和 ASN 信息进行分析，把握商品销售和沃尔玛的库存动向。在此基础上，供应方决定什么时间、把什么商品、以什么方式发送，发货信息预先以 ASN 形式传送给沃尔玛，以多频度小数量进行 CRP(连续库存补充)。

如此运作，供应方不仅能减少本企业的库存，还能减少沃尔玛的库存，实现整个供应链的库存水平最小化。对于沃尔玛来说，省去了商品进货业务，节约了成本，能够集中精力于销售活动，并且能够事先得知供应方的商品促销计划和商品生产计划，能够以较低价格进货。

目前，沃尔玛对其供应链管理系统还融入了无线射频识别技术 RFID。采用这一技术旨在监督和跟踪控制每一个产品，控制物流环节中的产品缺失与质量监督。从强制性采用 RFID 这一技术可以看出，沃尔玛对于供应商要求之严格。我们从沃尔玛官方网站就可以看出其对于供应商的要求严格之程度：供应商对当地法律的遵守情况；供应商对其雇工制定的劳动时间、是否存在种族歧视；供应商的工作环境尤其是环保要求；与沃尔玛合作的商业机密保密情况等均做了明确严格的要求。不仅如此，沃尔玛每年还为其供应商进行相应的培训，并且将培训的结果公之于众。从 20 世纪 80 年代物流管理理念的创新，到当今作为 RFID 的主力倡导者，可以说，沃尔玛不是将物流管理一味地作为成本中心加以缩减，而是将其不断改造更新成为企业的核心竞争力，最终成为企业的重要利润来源。结合案例分析沃尔玛供应链管理的成功之处。

【学习目标】

1. 了解库存控制概念；
2. 掌握采购库存控制基本方法；
3. 供应链采购库存控制方法技术。

第一节　采购库存控制概述

一、采购库存控制基本概念

(一)库存基本概念

库存是指企业在生产经营过程中为销售或耗用而暂时储备在仓库中的材料物资和商品。企业生产经营活动持续不断地进行，而物质的生产和消耗在空间和时间上往往是分离的，正是由于这种分离，决定了物质要经过运输和储存阶段，这样就形成了一定数量的库存。在企业生产经营中，尽管库存是出于种种经济考虑而存在，但是库存也是一种无奈的结果，它是由于人们无法精确预知未来的需求，才不得已而采用的应付外界变化的手段。在流动资产中，存货的流动性最差，库存过高会造成企业的投资成本增加，影响企业的经济效益指标；库存过低或短缺则影响销售收入或使生产脱节，两者都影响企业的正常运转。

采购物资库存总成本构成包括取得成本、储存成本和缺货成本等几部分。

1. 取得成本

如前所述，取得成本即商品的价格。换句话说，取得成本是指为取得某种存货而支出的成本，通常用TC_a来表示。它又分为订货成本和购置成本。

订货成本是指取得订单的成本，如办公费、差旅费、邮资、电报电话费等支出，订货成本中有一部分与订货次数无关，如常设采购机构的基本开支等，称为订货的固定成本，用F_1表示；另一部分与订货次数有关，如差旅费、邮资等，称为订货的变动成本，每次订货的变动成本用K表示。订货次数等于存货年需要量D与每次进货批量Q之商。订货成本的计算公式为：

$$订货成本=\frac{D}{Q}\times K+F_1 \tag{11-1}$$

购置成本是指存货本身的价值，经常用数量与单价的乘积来确定。年需要量用D表示，单价用U表示，于是购置成本为$D\times U$。

订货成本与购置成本之和就等于存货的取得成本，其计算公式为：

$$取得成本=订货成本+购置成本=订货固定成本+订货变动成本+购置成本$$

即：

$$TC_a=F_1+\frac{D}{Q}\times K+D\times U \tag{11-2}$$

2. 存货持有成本

存货持有成本是指为保持存货而发生的成本，包括存货占用资金应计的利息(若企业用现有现金购买存货，便失去了现金存放银行或投资于证券应取得的利息，这就是“放弃利息”；若企业借款购买存货，便要支付利息费用，这就是付出利息。

持有成本也分为固定成本和变动成本两部分，固定成本与存货数量的多少无关，如仓库折旧，仓库职工的固定工资等，常用 F_2 表示。变动成本与存货数量有关，如存货资金的应计利息、存货的破损和变质损失、存货的保险费用等，其单位成本用 K_c 表示。用公式表达的存货持有成本为：

存货持有成本＝存货固定成本＋存货变动成本

即：

$$\mathrm{TC_c} = F_2 + \frac{Q}{2} \times K_c \quad (11\text{-}3)$$

3. 缺货成本

缺货成本是指由于存货供应中断而造成的损失，包括材料供应中断造成的停工损失、产成品库存缺货造成的拖欠发货损失及需要主观估计的商誉损失。如果生产企业以紧急采购代用材料来解决库存材料中断之急，那么缺货成本表现为紧急额外购入成本，缺货成本用 TC_S 表示。

4. 储备存货的总成本

如果 TC 表示储备存货的总成本，其计算公式为：

存货成本＝存货固定成本＋存货变动成本

即：

$$\mathrm{TC} = \mathrm{TC}_a + \mathrm{TC}_c + \mathrm{TC}_s = F_1 + \frac{D}{Q} \times K + D \times U + F_2 + \frac{Q}{2} \times K_c + \mathrm{TC}_s \quad (11\text{-}4)$$

如果存货量大，可以防止因缺货造成的损失，减少缺货成本，但相应会增加储存成本；反之，如果存货量小，就可以减少储存成本，但相应会增加订货成本和缺货成本。所以要使成本达到最小，就要确定经济采购批量。

(二)库存控制基本概念

库存控制(Inventory Control)，是对制造业或服务业生产、经营全过程的各种物品、产成品以及其他资源进行管理和控制，使其储备保持在经济合理的水平上。库存控制是使用控制库存的方法，得到更高盈利的商业手段。库存控制是仓储管理的一个重要组成部门。它是在满足顾客服务要求的前提下通过对企业的库存水平进行控制，力求尽可能降低库存水平、提高物流系统的效率，以提高企业的市场竞争力。

在需要确定的前提下，增大每次的采购批量有利于减少采购成本和缺货成本，但是会导致库存量增加，引起库存持有成本上升，合理地库存控制，使库存的总成本最低，是库存控制管理的主要目标。

库存从某种角度上来说，可以说是企业物料管理的核心。库存控制的目的是在满足顾客服务要求的前提下，通过企业的库存水平进行控制，力求尽可能降低库存水平，提高物流系统的效率，以增强企业的竞争力。库存控制具有调节和缓冲供需之间矛盾，使生产均衡进行的正面作用。归纳起来，库存及其控制具有以下几个方面的作用。

(1)缩短供货周期，提高服务水平。当企业维持一定水平的成品库存时，顾客的订货可以立即提取，从而使企业的供货周期大幅度缩短，服务水平显著提高。

(2)缓解供需矛盾，维持生产均衡。在当代激烈竞争的社会中，企业面临的外部市场需求越来越不稳定，在这种情况下，外部市场需求的波动与企业内部按均衡性组织生产的客观要求之间的矛盾加剧。此时，满足顾客需求和维持生产均衡的双重目标，客观上要求企业要维持一定的成品库存。

(3)防止运营中断，确保运营过程的连续性。企业运营过程一般会涉及多个环节，如果不维持一定的在制品库存，一旦某个环节因故障而停工，则其下游环节的运营也会因缺少相应的物料输入而停止。可见，维持一定的在制品库存是确保企业运营过程连续性的前提。

(4)防止短缺，确保正常供应。维持一定量的库存可以防止短缺和脱销，也可以应付各种需求或供应的变化，起到应急和缓冲的作用。

(5)降低成本，获取规模效益。通常通过设立库存，可以实现采购、运输和制造方面的规模经济。

总之，库存控制均要在保证企业生产、经营需求的前提下，使库存量经常保持在合理的水平上；掌握库存量动态，适时、适量提出订货，避免超储或缺货；减少库存空间占用，降低库存总费用；控制库存资金占用，加速资金周转等作用。

(三)采购管理与库存控制的关系

降低库存控制成本是采购管理中的关键一环，而整体库存成本的控制又离不开采购管理的配合，可以说，采购管理与库存控制有着密不可分的关系。

首先，采购管理是库存管控的重要手段。

库存管控的手段很多，例如，控制进货批量、控制进货时间、减小安全库存量等。但是控制库存的根本有效的途径绝不仅限于这些“治标”的方法，而是应该从供应链管理的大局着眼，抓准库存的成因，从流程上进行控制，这种全面的库存控制概念离不开采购管理的配合。

(1)采购库存控制策略的制定，必须考虑与采购策略的配合以及采购管理水平，不论是安全库存水平的设定、订货批量的设定还是物料需求的计算和发出、厂商出货量和批量的控制，都必须考虑现有采购管理水平和采购策略的配合度。

(2)从整体供应链管理的角度出发，采购管理是库存管控的重要手段。从供应链角度出发，库存的管控离不开供应链上下游的配合。在这个意义上，库存管控目标的实现，离不开合理的采购策略的配合，采购库存控制策略的展开执行，需要有效的采购管理建立的合理的采购管控流程的支持和良好的供应商合作伙伴关系的配合。

其次，采购管理应该以库存控制目标为导向。

采购的最基本职能是满足需求，而在企业实际运营中，物料需求必定是以客户订单需求展开，在考虑采购库存控制指标的基础上确定的。因此采购管理，从根本上是以库存控制目标为导向的。另外，在先进的企业管理中，采购管理除担负最基本的满足需求的职能外，更要以降低成本为重要目的，而库存成本则是企业运营成本中的重中之重。从这个意义上讲，采购管理也必须要以采购库存控制目标为导向。

最后，采购管理与库存控制虽然有所区别，但都是以供应链管理的整体目标为最终目的的。他们的共同目标都是提高企业管理运作效率，降低企业运营成本。他们都是供应链管理中的关键环节，两者相互依存，不可分割。

二、采购库存控制基本方法

采购库存控制(Purchasing Inventory Control)，是对制造业或服务业采购全过程的各种物品、产成品以及其他资源库存进行管理和控制，使其储备保持在经济合理的水平上。

一般认为采购库存控制始于工业革命，先后经历了泰勒·吉尔布雷斯夫妇所领导的科学管理及工作研究；1915 年哈里斯发展库存管理的数学模型所带来的决策模型时期；20 世纪 70 年代由计算机带来的 MRP 系统；80、90 年代的 MRPII，丰田汽车公司大野耐一创立的 JIT 系统；90 年代以来信息系统的应用以企业资源为主轴的 ERP 系统；21 世纪倡导的供应链管理。

采购库存控制的理论推陈出新以适应社会的发展，具体到操作层面上，可以将采购库存控制划分为两个时代：基本的库存控制方法和供应链库存控制方法。在具体操作上，基本采购库存控制方法有：定量采购、定期采购等。供应链采购库存控制方法有：ABC 库存分类法、零库存控制法、供应商管理库存(Vendor Managed Inventory， VMI)、及时系统(Just In Time, JIT)、联合管理库存(Joint Managed Inventory， JMI)和协同规划、预测与补货(CPFR)等。本节主要介绍基本库存控制方法。

(一)定量采购法

定量采购法是指根据固定的再订货点和经济订货批量组织存货采购和进行日常控制的存货管理方法。指当库存量下降到预定的最低库存数量(订货点)时，按规定数量(一般以经济批量 EOQ 为标准)进行采购补充的一种采购成本控制方式。

经济订货批量(EOQ)是指使存货总成本 TC 达到最低点的订购批量。经济订货批量的确定模型有多种形式，本节主要介绍三种模型。

1. 经济订货批量基本模型

需要设立的假设条件是：企业能够及时补充存货，即需要订货时便可立即取得存货，能集中到货，而不是陆续入库，不允许缺货，无缺货成本，即为零，这是因为良好 TC_s 的存货管理本来就不应该出现缺货成本，需求量稳定并且能预测，即 D 为已知常量，存货单价不变，不考虑现金折扣，即 U 为已知常量，企业现金充足，不会因为现金短缺而影响进货；所需存货市场供应充足，不会因买不到需要的存货而影响其他。

设立上述假设后，储备存货总成本的公式可以简化为：

$$\mathrm{TC}=F_1+\frac{D}{Q}\times K+D\times U+F_2+\frac{Q}{2}\times K_c \tag{11-5}$$

当 F_1、K、D、U、F_2、K_c 为常数量时，TC 的大小取决于 Q，为了求出最小值，对其进行求导演算，可得出下列公式：

$$Q^*=\sqrt{\frac{2KD}{K_c}} \tag{11-6}$$

这一公式称为经济订货量模型，求出的每次经济订货批量，可使存货总成本达到最小值。这个基本模型可以演变为其他形式。

每年的最佳订货次数计算公式：

$$N^* = \frac{D}{Q} = \frac{D}{\sqrt{\frac{2KD}{K_c}}} = \sqrt{\frac{DK_c}{2K}} \tag{11-7}$$

与批量有关的存货总成本计算公式为：

$$TC(Q^*) = \frac{KD}{\sqrt{\frac{2KD}{K_c}}} + \frac{\sqrt{\frac{2KD}{K_c}}}{2} \times K_c = \sqrt{2KDK_c} \tag{11-8}$$

最佳订货周期计算公式为：

$$t^* = \frac{360}{N^*} = \frac{360}{\sqrt{\frac{DK_c}{2K}}} \tag{11-9}$$

经济订货量占用资金计算公式为：

$$I^* = \frac{Q^*}{2} \times U = \frac{\sqrt{\frac{2KD}{K_c}}}{2} \times U = \sqrt{\frac{KD}{2K_c}} \times U \tag{11-10}$$

经济订货量的基本模型是在前述各假设条件下建立的，但现实生活中能够满足这些假设条件的情况十分罕见。为使模型更接近于实际情况，具有较高的可用性，需逐一放宽假设，同时改进模型。

2. 持续到货的经济订货数量模型

一般情况下，企业的存货不能做到随用随补充，因此不能等库存用光再去订货，而需要在没有用完前提前订货。在提前订货的情况下，企业再次发出订货单时的库存量称为再订货点，用 R 来表示，其数量等于交货时间 L 和每日平均需要量 d 的乘积，即：

$$R = L \times d \tag{11-11}$$

在建立基本模型时，假设存货一次性全部入库，故存货增加则存量变化表现为一条垂直的直线。事实上，各批存货可能陆续入库，使存量陆续增加。尤其是产成品入库和在制产品的转移，几乎总是陆续供应和陆续耗用的，在这种情况下，需要对基本模型作一些修改。

设每批订货量为 Q，由于每日送货量为 P，故该批货全部送达所需日数为 Q/P 称之为送货期，因零件每日耗用量为 d，故送货期内的全都耗用量为 $(Q/P) \times d$ 由于零件边送边用，所以每批货送完时的最高库存量为：

$$E = Q - (Q/P) \times d \tag{11-12}$$

平均库存存量则为：

$$\overline{E} = [Q - (Q/P) \times d] \div 2 \tag{11-13}$$

与存货批量有关的总成本为：

$$TC = \frac{D}{Q} \times K + \frac{1}{2} \times \left(Q - \frac{Q}{P} \times d\right) \times K_c = \frac{D}{Q} \times K + \frac{Q}{2} \times \left(1 - \frac{d}{P}\right) \times K_c \tag{11-14}$$

在储存变动成本与订货变动成本相等时，TC 有最小值，故存货陆续供应和使用的经济订货量公式为：

$$\frac{D}{Q}\times K=\frac{Q}{2}\times\left(1-\frac{d}{P}\right)\times K_c \tag{11-15}$$

$$Q^*=\sqrt{\left(\frac{P}{P-d}\right)\frac{2KD}{K_c}} \tag{11-16}$$

将这一公式代入上述 TC 计算公式，可得出存货陆续供应和使用的经济订货量总成本公式：

$$\mathrm{TC}(Q^*)=\sqrt{2KDK_c\left(1-\frac{d}{p}\right)} \tag{11-17}$$

3．有保险储备的订货数量

前述讨论是在假定存货的供需稳定且确知的情况下进行的，即每日需求量不变，交货时间也固定不变。但实际上，每日需求可能变化，交货时间也可能变化。按照某一订货批量（如经济订货量）和再订货点发出订单后，如果需求增大或者送货时间延迟，就会发生缺货或供货中断，为防止由此造成的损失，就需要多储存一些存货以备应急之用，称为保险储备（安全存量）。这些存货在正常情况下不动用，只有当存货过量使用或送货延迟时才动用，有保险储备下的再订货点的计算公式为：

再订货点＝交货时间×平均日需求＋保险储备

即：

$$R=L\times d+B \tag{11-18}$$

式中：R 为再订货点；L 为交货时间；d 为平均日需求；B 为保险储备。

建立保险储备固然可以使企业避免缺货或供应中断造成的损失，但存货平均储备量加大却会使储备成本升高。研究保险储备的目的，就是要找出合理的保险储备量，使缺货或供应中断损失和储备成本之和实现最小化。方法是可先计算出各不同保险储备量的总成本。然后再对总成本进行比较，选出其中总成本最低的方案作为最令人满意的方案。

假设与保险储备相关的总成本为 $\mathrm{TC}(S,B)$，缺货成本为 C_s，保险储备成本 C_B，则：

$$\mathrm{TC}(S,B)=C_s+C_B \tag{11-19}$$

设单位缺货成本为 K_u，一次订货缺货量 S，年订货次数为 N，保险储备量为 B，单位存货成本为 K_c，则：

$$C_s=K_u\times S\times N \tag{11-20}$$

$$C_B=B\times K_c \tag{11-21}$$

$$\mathrm{TC}(S,B)=K_u\times S\times N+B\times K_c \tag{11-22}$$

现实中，缺货量 S 具有不确定性，其概率可根据历史经验估计得出，保险储备量 B 可选择而定。

（二）定期采购法

定期采购是指按预先确定的订货间隔期间进行采购补充库存的一种方式。企业根据过去的经验或经营目标预先确定一个订货间隔期间。每经过一个订货间隔期间就进行订货，每次订货数量都不同。在定期采购时，库存只在特定的时间进行盘点，例如，每周一次或每月一次。

采购量=平均每日需要量×(订购时间+采购间隔期)+保险储备–实际库存量

订购周期是指从提出订购、进货、检验直到入库的整个周期所需要的时间。

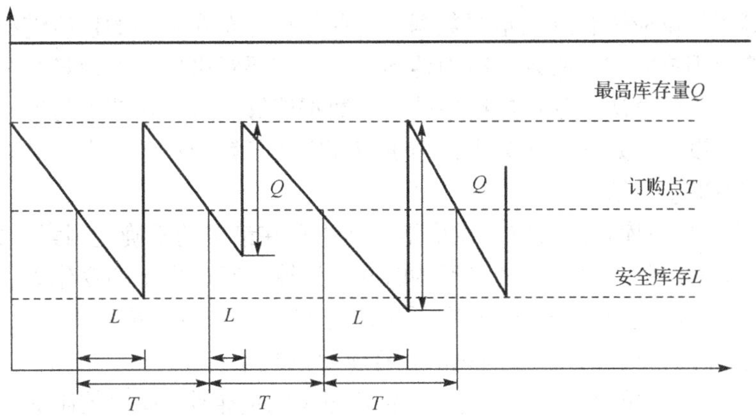

图 11-1　定期采购法示意图

三、供应链环境下的采购库存控制

(一)传统采购库存控制弊端

虽然采购库存控制是企业运作管理理论与实践中最成熟的领域之一，但是过去的采购库存控制只是针对单个企业而言，这些理论与方法难以适应供应链管理环境的要求。现阶段，在企业的采购库存控制实践中，传统库存控制方法日益暴露出其固有的几大缺陷。

(1)企业的采购库存控制过于粗放、简单，较少采用先进的采购库存控制技术和方法，因而企业的库存费用一直居高不下。

(2)众多企业在采购库存控制方面各自为政，各节点企业为了应付需求的突发性变化和保护自己的利益，往往扩大库存水平，由此增加了供应链的总体库存成本，进而增加了供应链的运作成本，降低了供应链整体竞争优势。这在企业之间的竞争日益转变为供应链之间的竞争的情况下，无疑不利于供应链企业在竞争中取得主导优势地位。

(3)没有供应链的整体观念供应链中，各个节点和部门都是各自独立的单元，都有各自独立的目标与使命。有些目标和供应链的整体目标是不相干的，更有可能是冲突的。这种供应链各企业各行其道的行为将导致供应链整体效率的低下。一般的供应链系统都没有针对全局供应链的绩效评价指标，这是普遍存在的问题。

(4)对用户服务的理解与定义不恰当。供应链管理的绩效好坏应该由用户来评价，或者用对用户的反应能力来评价。但是，对用户的服务的理解与定义各不相同，导致对用户服务水平的差异。许多企业采用订货满足率来评估用户服务水平，但是订货满足率本身并不能保证运作问题，这种评价指标不能帮助制造商发现哪家供应商的交货是迟了或早了。同时，传统的订货满足率评价指标也不能评价订货的延迟水平。其他的服务指标也常常被忽视了，如总订货周转时间、平均延迟时间、提前或延迟交货时间等。

(5)不准确的交货状态数据。当顾客下订单时，总是想知道什么时候能交货。在等待交货过程中，特别是当交货被延迟以后，也可能会对订单交货状态进行修改。我们并不否定一次性交货的重要性，但我们必须看到，许多企业并没有及时而准确地把推迟的订单交货的修改数据提供给用户，其结果当然是用户的不满和企业形象及经济效益受损。

(6)低效率的信息传递系统。在供应链中，各个供应链节点企业之间的需求预测、库存状态、生产计划等都是供应链管理的重要数据，这些数据分布在不同的供应链组织之间，要做到快速有效地响应用户需求，必须实时地传递，为此需要对供应链的信息系统模型做相应的改变。通过系统集成的办法，使供应链中的库存数据能够实时、快速地传递。但是目前许多企业的信息系统并没有很好地集成起来，当供应商需要了解用户的需求信息时，常常得到的是延迟的信息或不准确的信息。

(7)忽视不确定性对库存的影响。供应链运作中存在诸多的不确定因素，如订货提前期、货物运输状况、原材料的质量、生产过程的时间、运输时间、需求的变化等。很多公司并没有认真研究和跟踪供应链中不确定性的来源和影响，错误估计供应链中物料的流动时间(提前期)，造成有的物品库存增加，而有的物品库存不足的现象。

(8)库存控制策略简单化。无论是生产性企业还是物流企业，库存控制的目的都是为了保证供应链运行的连续性和应付不确定需求。了解和跟踪不确定性因素是第一步，第二步是要利用跟踪到的信息去制定相应的库存控制策略。这是一个动态的过程。库存控制策略应能反映商品供应和需求上的不确定性及其变化。许多公司对所有的物品采用统一的库存控制策略，物品的分类没有反映供应与需求中的不确定性。在传统的库存控制策略中，多数是面向单一企业的，其库存控制没有体现供应链管理的思想。因此，如何建立有效的库存控制方法并能体现供应链管理的思想，是供应链采购库存控制的重要内容。

(9)缺乏合作与协调性。供应链是一个整体，需要协调各方活动，才能取得最佳的运作效果。协调的目的是使信息可以无缝地、流畅地在供应链中传递，从而使整个供应链能够根据用户的要求步调一致，形成更为合理的供需关系，适应复杂多变的市场。在多厂商特别是全球化的供应链中，由于组织的协调涉及更多的利益群体，导致相互之间的信息透明度不高。在这样的情况下，企业不得不维持一个较高的安全库存，来应付供应链中的不确定性。同时，组织之间存在的障碍有可能使库存控制变得更为困难。要进行有效的合作与协调，组织之间需要一种有效的激励机制。信任风险的存在，也加深了问题的严重性。相互之间缺乏有效的监督机制和激励机制是供应链企业之间合作性不稳固的原因。

(10)产品的过程设计没有考虑供应链上库存的影响。现代产品设计与先进制造技术的出现，使产品的生产效率和成本效益大幅度提高，但是供应链库存的复杂性常常被忽视了。结果所有节省下来的成本都被供应链上的分销与库存成本给抵销了。同样，在引进新产品时，如果不进行供应链的规划，也会产生如运输时间过长、库存成本高等原因而无法获得成功。在供应链环境下，采购库存控制在整个供应链中的功能又有了新的表现。从供应链整体来看，过去的传统交易习惯导致的不必要库存给企业增加了成本，而这些成本最终将反映在销售给客户的产品价格上，从而减少顾客的满意度。因而在供应链范围进行采购库存控制不仅可以降低库存水平，从而减少资金积压和库存维持成本，而且还可以提高客户的满意度。

(二)供应链环境下的采购库存控制

供应链管理通过与供应商的紧密合作与信息共享，有效减少了原来供应链上的牛鞭效应，大大降低了库存，甚至消除了以往建立的缓冲库存，从而达到双赢的效果。但是我们可以发现在此过程中，通过 VMI、JIT、JMI 等现代采购库存控制方法，供应商管理的库存大大增加了。也有人认为核心企业通过供应链管理将库存的风险转嫁给了供应商。

供应链管理中的采购库存控制，不同于传统意义上狭隘的仓储管理，供应链中的采购库存控制是指以整个供应链管理的目标为导向，以减低库存成本和提高整个供应链的应对市场变化的弹性为目的，通过对整个供应链上的库存进行管控，使各个环节的库存在满足需求的前提下达到最小，从而减少供应链中的总体资源闲置和资金积压，最终达到最大限度地减少供应链库存成本的目的。采购库存控制作为供应链管理的重要内容，其在供应链管理中的重要作用如下。

(1)采购库存控制是供应链顺畅运行的基本保证。采购库存控制包括对原材料、半成品、成品的采购库存管控，他们存在于供应链采购的各个环节中，企业为了保证供应链各个环节的顺畅衔接，必须在采购各个库存环节保持一定的库存量，以应对实际运营中的不确定因素。

(2)采购库存控制是供应链保持满足客户需求变化弹性的保障。有效的采购库存控制，不仅会保证供应链运作的连贯性，更可以保持供应链应对客户需求变化的弹性，它像海绵一样，在客户需求突然增加或减少时，放出存量或吸纳多余，以保证供应链运营的弹性。

(3)采购库存控制成本是供应链成本的主要来源。如前所述，由于采购库存在供应链采购的各个环节中普遍存在，因此采购库存控制成本在供应链采购管理成本中占比很高。采购库存控制若能在满足供应链各方面需求的基础上减低成本，对于供应链整体管理成本的降低和效率的提高将是一个巨大的贡献。

总之，基于供应链的采购库存控制，要求企业从传统的只注重自身的采购库存控制转向注重整个供应链的采购库存控制，尽量减少需求放大现象，建立供应链上企业的战略联盟关系，实现信息共享和协同作业，通过整个供应链服务水平的提升和采购库存成本的降低，实现供应链上企业的共赢，进而实现供应链上各节点企业的客户响应水平的提升和运营成本的降低，在供应链环境下，库存不再是资源的闲置或暂时性的储备，而是企业之间或部门之间没有实现无缝连接的结果。因此，采购库存控制和管理的真正本质不是针对物料的物流管理，而是针对企业采购业务过程的工作流管理。

第二节　供应链采购库存方法技术

一、采购 ABC 库存分类控制法

(一)基本概念

ABC 分析法由意大利经济学家 Villefredo Pareto 首创。1879 年，Pareto 提出了著名的“二八”定律：社会财富的 80%是掌握在 20%的人手中，而余下的 80%的人只占有 20%的财富。这种“关键的少数和次要的多数”的理论，被广为应用到社会学和经济学中，并被称之为 Pareto 方法。该分析方法的核心思想是在决定一个事物的众多因素中分清主次。识别出少数的但对事物起决定作用的关键因素和多数的但对事物影响较少的次要因素。后来 Pareto 方法被不断应用于管理的各个方面。

1951年，管理学家戴克将其应用于采购库存控制，命名为ABC法。1951年，美国通用电气公司(GE)的H.F.Deckie在对公司的库存产品进行分类时发现，数量仅占10%的物料，其价值约占全体的70%，相反地，数量占70%的物料，其价值仅占全体的10%。于是他根据销量、现金流量、前置时间或缺货成本，依其重要程度将采购库存分成ABC三大类：(1)A类为重要产品；(2)B类为次重要产品；(3)C类为不重要的产品。从而提出了依据价值大小而做不同程度管理的基本原则。

也就是说，ABC库存分类管理法是指将库存物品按品种和占用资金的多少，分为特别重要的库存(A类)、一般重要的库存(B类)和不重要的库存(C类)三个等级，然后针对不同等级分别进行管理与控制，这样的分类管理法可以实现的作用有：压缩库存总量，释放占压资金，库存合理化与节约管理投入等。

ABC库存分类管理法的优点是明显的，这种方法把"重要的少数"与"不重要的多数"区别开来，使企业将工作重点放在管理重要的少数库存品上，既加强了管理，又节约了成本。但是，这种管理方法忽视了C类和B类库存品对企业的影响，某些C类和B类库存品的缺乏，会对企业生产造成严重影响，甚至会导致整个装配线的停工待料。

A类材料是指10%左右的具有很高价值的材料，它们在采购库存总价值中所占比例在70%左右；B类材料是指20%左右的具有中等价值的材料，它们在采购库存总价值中所占比例在20%左右；C类材料是指70%左右的具有较低价值的材料，它们在采购库存总价值中所占比例在10%左右。

(二)采购库存ABC管理措施

采购库存ABC管理，针对ABC三类不同的材料，一般采取下面的不同管理措施：

A类材料品种少但占用库存资金比例高，是日常管理的重点。控制A类材料的主要措施如下。

(1)精确计算每次采购量和再次采购量，严格按照预定的数量、时间组织采购。适当减少每次采购量和安全库存量，尽量增加采购次数，尽量使实际库存处于较低水平，以节约存储成本。

(2)对库存材料实行定期检查和实地盘点，及时掌握实际库存量、未来需求量和采购点等情况，以保证日常控制工作的正常进行。

(3)密切注意市场变动，认真进行市场预测和经济分析，尽可能使采购量符合实际需求，以避免积压或缺货。

B类材料的数量和资金占用比例均处于中间状态，对其库存的控制不必像对A类材料那样严格，但也不宜过于宽松，一般可以按大类确定采购数量和储备金额，并注意生产经营中的重要程度和采购难易度。

C类材料的品种数量多但占用资金比例少，故对其库存控制可以粗略一些，可采用定量订货控制，集中采购，并适当扩大储备金额、安全库存量和每次采购量，相应减少订货次数。

(三)ABC库存分类管理法的实施步骤

ABC库存分类管理法的实施，需要企业各部门的协调与配合，并且建立在库存物资各种数据完整准确的基础之上。其主要操作步骤如下。

(1)收集数据。在对库存品进行分类之前，首先要收集有关库存品的年需求量、单价以及重要程度信息。这些信息可以从企业的车间、采购部、财务部、仓库管理部门获得。

(2)处理数据。利用收集到的年需求量、单价，计算出各种库存品的年耗用金额。

(3)编制 ABC 分析表。把各种库存品按照年耗用金额从大到小的顺序排列，并计算累计百分比。

(4)确定分类。按照 ABC 分类法的基本原理，对库存品进行分类。一般说来，各种库存品所占实际比例，由企业根据需要确定，并没有统一的数值。

(5)绘制 ABC 分析图。把库存品的分类情况在曲线图上表示出来。

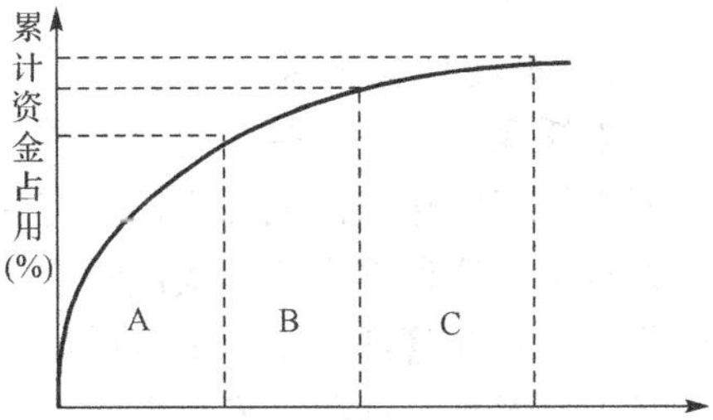

图 11-2 ABC 曲线分析图

二、采购零库存控制系统

(一)零库存概念

“零库存”是一种特殊的库存概念，其对工业企业和商业企业来讲是个重要分类概念。零库存的含义是以仓库储存形式的某种或某些物品的储存数量很低的一个概念，甚至可以为“零”，即不保持库存。对于某些可将库存转移给其他企业的企业而言，零库存可以相对做到，但基于整个供应链而言，零库存不可能存在。

零库存(zero inventory)可追溯到 20 世纪的六七十年代，当时的日本丰田汽车实行准时制(Just In Time, JIT)生产，在管理手段上采用了看板管理，以单元化生产等技术实行拉式生产(Pull Manufacturing)，以实现在生产过程中基本没有积压的原材料和半成品。这种前者按后者需求生产的制造流程不但大大地降低了生产过程中库存和资金的积压，而且在实现JIT的过程中，也相应地提高了相当于生产活动的管理效率。而生产零库存在操作层面上的意义，则是指物料(包括原材料、半成品和产成品)在采购、生产、销售等一个或几个经营环节中，不以仓库储存的形式存在，而均是处于周转的状态。也就是说零库存的关键不在于适当不适当，这和是否拥有库存没有关系，问题的关键在于是产品的存储还是周转的状态。

(二)零库存管理目的

为了消除产品制造周期中可能存在的“停工待料”或“有料待工”等浪费现象。JIT 要求做到在供、产、销三个环节上都没有库存储备量，即达到零存货。要达到零存货，就要求企业必须选择好稳定、可靠的供应商将所需的原材料、外购件等适时送达生产现场交企业使用；各生产程序之间也不保存半成品，前道生产程序应根据下道生产程序的加工要求保质保量地生产，并适时送达后一道生产程序；在销售环节上也要做到没有产成品存货，要广开销售渠道，建立完备的销售体系，做到在最后一个生产程序保质保量地加工出产成品后，就能够及时将产品销售出去。

企业实现零存货的益处主要表现在以下两个方面：首先，零存货消除了原材料的库存现象，大大节省了原材料的保管、储存、领发手续和对原材料存货的确认和计价等方面的开支；其次，企业由于实现了零存货，产品成本不受期初存货成本结转的影响，这不仅可以大大简化产品成本的计算工作，而且由于当期产品成本中没有掺杂上期成本高低的因素，从而有助于正确评价企业当期生产经营工作的质量和经营业绩。

（三）零库存形式

1. 委托保管方式

委托保管方式：接受用户的委托，由受托方代存代管所有权属于用户的物资，从而使用户不再保有库存，甚至可不再保有保险储备库存，从而实现零库存。受托方收取一定数量的代管费用。这种零库存形式优势在于：受委托方利用其专业的优势，可以实现较高水平和较低费用的库存管理，用户不再设库，同时减去了仓库及库存管理的大量事务，集中力量于生产经营。但是，这种零库存方式主要是靠库存转移实现的，并不能使库存总量降低。

2. 协作分包方式

协作分包方式：即美国的“SUB-CON”方式和日本的“下请”方式。主要是制造企业的一种产业结构形式，这种结构形式可以以若干企业的柔性生产准时供应，使主企业的供应库存为零，同时主企业的集中销售库存使若干分包劳务及销售企业的销售库存为零。

在许多发达国家，制造企业都是以一家规模很大的主企业和数以千百计的小型分包企业组成一个金字塔形结构。主企业主要负责装配和产品开拓市场的指导，分包企业各自分包劳务、分包零部件制造、分包供应和分包销售。例如，分包零部件制造的企业，可采取各种生产形式和库存调节形式，以保证按主企业的生产速度，按指定时间送货到主企业，从而使主企业不再设一级库存，达到推销人或商店销售，可通过配额、随供等形式，以主企业集中的产品库存满足各分包者的销售，使分包者实现零库存。

3. 轮动方式

轮动方式：轮动方式也称同步方式，是在对系统进行周密设计前提下，使各环节速率完全协调，从而根本取消甚至是工位之间暂时停滞的一种零库存、零储备形式。这种方式是在传送带式生产基础上，进行更大规模延伸形成的一种使生产与材料供应同步进行，通过传送系统供应从而实现零库存的形式。

4. 准时供应系统

在生产工位之间或在供应与生产之间完全做到轮动，这不仅是一件难度很大的系统工程，而且，需要很大的投资，同时，有一些产业也不适合采用轮动方式。因而，广泛采用比轮动方式更灵活、较易实现的准时方式。准时方式不是采用类似传送带的轮动系统，而是依靠有效的衔接和计划达到工位之间、供应与生产之间的协调，从而实现零库存。如果说轮动方式主要靠“硬件”的话，那么准时供应系统则在很大程度上依靠“软件”。

5. 看板方式

看板方式是准时方式中一种简单有效的方式，也称“传票卡制度”或“卡片”制度，是日本丰田公司首先采用的。在企业的各工序之间，或在企业之间，或在生产企业与供应者之间，采用固定格式的卡片为凭证，由下一环节根据自己的节奏，逆生产流程方向，向上一环节指定供应，从而协调关系，做到准时同步。采用看板方式，有可能使供应库存实现零库存。

6. 水龙头方式

水龙头方式，是一种像拧开自来水管的水龙头就可以取水而无须自己保有库存的零库存形式。这是日本索尼公司首先采用的。这种方式经过一定时间的演进，已发展成即时供应制度，用户可以随时提出购入要求，采取需要多少就购入多少的方式，供货者以自己的库存和有效供应系统承担即时供应的责任，从而使用户实现零库存。适用于这种供应形式实现零库存的物资主要是工具及标准件。

7. 无库存储备

国家战略储备的物资，往往是重要物资，战略储备在关键时刻可以发挥巨大作用，所以几乎所有国家都要有各种名义的战略储备。由于战备储备的重要，一般这种储备都保存在条件良好的仓库中，以防止其损失，延长其保存年限。因而，实现零库存几乎是不可想象的事。无库存的储备，是仍然保持储备，但不采取库存形式，以此达到零库存。有些国家将不易损失的铝这种战备物资作为隔音墙、路障等储备起来，以备万一，在仓库中不再保有库存就是一例。

8. 配送方式

这是综合运用上述若干方式采取配送制度保证供应从而使用户实现零库存。

三、供应商管理库存(VMI)

(一)VMI 概念及来源

供应链管理(Supply Chain Management，SCM)是一种集成的管理方式，它从全局的角度对供应链上的物流、信息流，以及资金流进行控制和调度。而采购库存控制则是供应链管理的重要组成部分之一，由于企业组织与管理模式的变化，与传统的采购库存控制相比有许多新特点和要求。随着市场竞争的不断加剧，供应链管理环境下传统库存控制模式的弊病显得更为突出：各节点企业为了应付需求的突发性变化和保护自己的利益，往往扩大库存水平以备不时之需，从而大大增加了供应链的总体库存成本，结果增加了供应链的运作成本，降低了其整体竞争优势。这在企业之间的竞争日益转变为供应链之间的竞争的情况下，无疑不利于供应链上的企业在竞争中取得主导优势地位。因此，企业有必要改革传统的库存控制方法，寻求新的库存控制模式来降低库存成本，而供应商管理库存(Vendor Managed Inventory，VMI)模式能够很好地解决这一管理难题。

VMI 是为制造商或供货商提供客户服务策略的信息系统。根据 EDI、ERM 系统透过互联网提供的信息，供货商可以迅速了解销售点的存货，然后通过预先设定的程式计算得知需要补充的货物种类和数量，以此把销售点的存货维持在适当的水平，最终达到降低物流中心库存成本，提高客户服务质量的目的。这种库存管理策略打破了传统的各自为政的库存管理模式。体现了供应链的集成化管理思想，适应市场变化的要求，是一种新的、有代表性的库存管理思想。

VMI 管理模式是从 QR(快速响应，Quick Response)和 ECR(有效客户响应，Efficient Customer Response)基础上发展而来，其核心思想是供应商通过共享用户企业的当前库存和实际耗用数据，按照实际的消耗模型、消耗趋势和补货策略进行有实际根据的补货。由此，交易双方都变革了传统的独立预测模式，尽最大可能地减少由于独立预测的不确定性导致的商流、物流和信息流的浪费，降低了供应链的总成本。

在我国出台的《中华人民共和国国家标准物流术语》中的定义是，供应商等上游企业基于其下游客户的生产经营、库存信息，对下游客户的库存进行管理与控制，即 VMI 将管理零售商销售点的库存的权限交给供应商。也就是说供应商在买方提供的需求信息的基础上为买方管理库存的一种优化供应链水平的方法。它是在电子数据交换的基础上，实现供应商和批发商的信息交换，它是一种在用户和供应商之间的合作性策略，以对双方来说都是最低的成本优化产品的可获得性，从而使缺货的机会大大减小，较好地改变了用户的满意度和销售状况。更具体说，供应商通过及时地获得零售企业的商品销售、库存数据等信息，从而帮助供应商更准确地预测和分析零售商的商品需求，并使供应商及时地调整和部署进货、库存、调拨活动，实现对零售商库存的主动监控、管理和补货，从而为零售商提供更为优质、高效地服务，减少商品缺货和断档现象，实现对消费者需求的高效响应。由于供需双方信息共享，使供应商能够直接了解买方所掌握的市场需求情况，避免了信息扭曲和失真的状况，防止了“牛鞭效应”的产生。与传统库存管理方法相比，VMI 有以下不同。

表 11-1　VMI 与传统库存管理方法的区别

项　　目	传统库存管理方法	VMI
买方补货决策	买方单独决策，供应商执行	供应商为买方决策
信息	不共享	共享
双方合作关系	不紧密	紧密
供应链库存成本	高	低
互利性	很难达到共赢	共赢
互动性	低	高
协议性	弱	强

（二）VMI 能给企业带来的直接利益

1. 降低买方库存

实施了 VMI，最显而易见的好处是降低了买方库存，从而减少了买方的库存成本。原因是在实施 VMI 后供应商负担了补货的工作，也因此承担了将货物及时送达买方的责任，这样，买方对安全库存的需求就大大降低了。供应商在承担更多责任的同时也拥有了更大的权利，它能够控制订货的前置期，也能够更频繁地了解买方的库存信息，这也大大降低了买方对安全库存的需要。这些因素综合作用的结果就是使买方的库存水平大幅度降低。

2. 降低供应商库存

实施供应商管理的另一个好处是降低供应商的库存，这似乎难以理解传统作法下，供应商为了保证买方对需求原料的可得性需求，会通过增加库存量来保证顾客服务水平。在 VMI 的情况下，供应商降低库存量是通过与买方的信息共享与更频繁的补货实现的。由于信息的沟通，供应商能对异常的市场需求情况如市场搞促销活动等早作准备，避免了传统情况下供应商靠增加库存量来应付异常的市场需求情况。

3. 频繁的补货使需求的预测更平稳

需求波动是大多数供应商所面临的主要问题，它不仅影响了顾客服务水平提高，也影响了企业的收入。对于同一需求波动曲线，较短时间间隔内需求波动比较长时间间隔内需求波动要小得多。供应商在面对较平稳的需求时，就能维持较低的库存水平。从长期看，需求的平稳化是供应商库存水平降低的主要动力。但通过平稳需求实现降低库存的前提是，供应商有相当一大部分的产品是实行 VMI 的。实践证明，许多供应商在实行 VMI 后库存水平没有降低的原因在于，实施 VMI 的产品只占所有产品的一小部分。在降低双方的一些管理费用方面，实施 VMI 对实施双方的好处是很明显的，买方不但节省了采购时间，还节省了相应的人力、物力、财力。另外，由于更好、更频繁的信息沟通，双方用在错误订单、协调订单与发货分歧等方面的费用将大大减少。在增加销售额方面，实施了 VMI 后，双方都大大提高了各自的销售额。缺货情况的减少和库存成本的降低是买方销售增加的主要原因。而对供应商来说，由于通过信息的共享可以得到买方的库存数据、市场情况和更多的业内信息，使其可以适当地在不同的产品间分配投资，从而提高销售额和投资回报率。

VMI 在为双方实现可观的直接利益的同时，还带来了巨大的潜在利益。通过实施 VMI、实现信息共享，实际上供需双方建立起了一种长期稳定的供应链合作伙伴关系。这种合作关系，虽然在短期很难给双方带来明显的利益，但从长期看，这种伙伴关系会给双方带来巨大的潜在收益。

首先，这种合作关系会使双方的目标趋于一致。如果供应链上下游企业之间没有稳定的合作关系，同时市场上的需求剧烈波动或无法预测时，双方企业通常只会采取对自身有利的行动，即使这样的决策是以另一方的损失为代价，当然这样的决策往往也会威胁决策方的长期利益。然而，双方有稳定的合作关系时，双方会采取互惠互利的行动。例如，供应商为了长远利益会在短期承担一定损失以使买方实现销售目标。这种供应商自我牺牲的行为在没有稳定的合作关系时是不可能发生的，因此，长期稳定的合作关系下目标的趋同，对双方都有很大的潜在收益。

其次，建立长期稳定的合作关系可以提高双方的竞争力。例如，丰田帮助其供应商建立以准时生产、看板管理、全面质量管理为核心的丰田式生产管理，并花费大量资金为其供应商培训相关人员，不仅提高了供应商的运营效率，也使丰田自身的运营效率得到了提高。这在没有建立合作关系前是不可想象的。

最后，建立长期稳定的合作关系可以提高双方企业的效率。这种效率的提高来源于双方企业的熟悉。因为两个个体的认知曲线是一条时间同效率成正比的曲线，双方认知时间越长，效率就越高，耗费资源就越少。例如，经过长期合作，买方的总工程师就知道出了问题后应该与供应商的哪位工程师协调解决，因此，节省了到处打听寻找相关人员的时间与精力。当然，实行 VMI 对企业也会有不利的影响，由于采购的职能转移给供应商，使供应商的某些管理费用有所提高，甚至会抵销库存成本和管理费用订货次数的增加，为数量折扣的使用设定了一定的障碍，买方会丧失一定的控制权和灵活度，长期的合作关系也可能使双方失去创新的动力。另外，再实施 VMI 的最初阶段会由于人员不熟和系统的调整而影响工作效率或造成差错。但总而言之，只要经过精细缜密的安排，实施 VMI 能优化双方企业的运营，提高竞争力。

四、联合库存管理（JMI）

（一）JMI 的概念和基本思想

JMI 模式是一种基于协调中心的库存管理模式，更多地体现了供应链节点企业之间的协作关系，能够有效解决供应链中的“牛鞭效应”，提高供应链同步化程度。这种模式强调供应链节点企业同时参与、共同制定库存计划，从而使供应链管理过程中的每个库存管理者都能从相互的协调性来考虑问题，保证供应链相邻两节点之间的库存管理实体对需求预测水平的高度一致，从而消除需求变异放大。任何相邻节点需求的确定都是供需双方协调的结果，库存管理不再是各自为政的独立运营过程，而是供需的连接纽带和协调中心。

JMI 的基本思想：联合库存是一种基于协调中心的库存管理办法，是解决供应链系统中由于各节点企业的相互独立库存运作模式导致的需求放大现象，提高供应链同步化程度的一种有效的库存控制方法。不同于 VMI 集成化运作的决策代理模式，联合库存是一种风险分担的库存管理模式，地区分销中心就体现了一种简单的JMI思想，简单来说，JMI就是基于协调中心的JMI系统模式。

JMI思想最先体现于地区分销中心，传统的分销模式是分销商根据市场需求直接向制造商订货，而货物到达分销商则需要一定的时间，部分顾客因为不愿意等待这段缺货时间，为了避免因为缺货而带来的损失，分销商不得不进行库存备货，造成分销商难以承受的巨大库存成本。

如在美国，通用汽车销售500万辆轿车和卡车，平均推销商要维持60天的库存，其库存费用占汽车价值的22%。而采用地区分销模式后，大量的库存由地区分销中心储备，各个分销商只需要少量的库存，从而减轻了分销商的库存压力。地区分销中心的实质是将分销商的一部分库存转移过来进行管理，从而起到了JMI的功能，基于此我们对现有供应链进行扩展和重构，就形成以协调为指导中心的JMI模式，如图11-3所示。

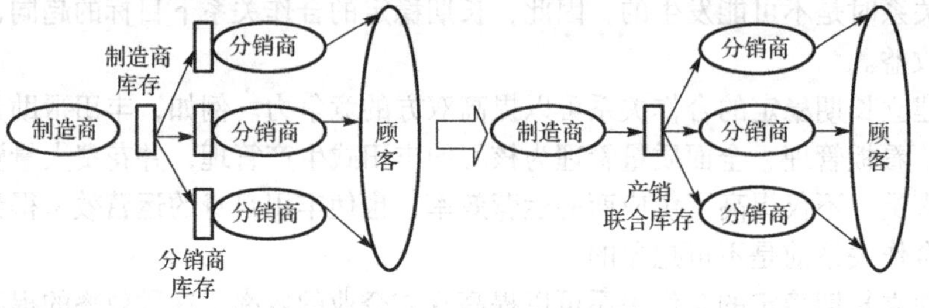

图11-3　联合库存下的供应链模式图

从纯粹的供应链整合理论来看，在把产品从制造商运送到零售商的过程环节越少越好。可以看出从物理上把制造商库存和分销商库存产销联合库存，对其进行统一协同规划、预测与补货管理，将大大减少库存量。JMI节点企业同时参与，共同制定库存计划，使供应链上的每个库存管理之间能够从协调性考虑，使供应链相邻的两个节点之间的库存管理保持一致，消除了需求变异放大现象，从而充分利用了供应链资源。

(二)供应链环境下JMI实施策略

在供应链环境下，JMI实施策略如下。

1. 建立一个有效的协调管理机制

建立供需协调管理机制，明确各自的目标责任，建立合作沟通的渠道，可以为供应链JMI提供有效的机制。可从以下四个方面考虑建立供需协调的管理机制：

(1)建立供需双方共同合作目标；

(2)联合库存的协调控制机制，由JMI中心对需求、订货、供货等做出，并协调供需双方利益；

(3)建立一种信息沟通的平台系统；

(4)设立一种公平的利益分配和激励机制。

2. 建立纵向信息支持系统，在JMI中加强对信息的快速响应

信息系统通过供应链节点企业EDI平台或电子商务来建立，将条码技术、POS系统、订单自动处理系统等集成起来。在信息系统中，要做到信息共享以及信息获得具有透明性和及时性。这样可以在以下方面降低成本：

(1)管理供货系统，保证订货与交货的间隔时间；

(2)消除供需交接工作中的延误。

充分利用 MRPII 和 DRP 系统。在 JMI 中应分别在原材料 JMI 中心采用制造资源计划系统(MRPII)，在产销 JMI 中心采用物资资源配送计划(DRP)系统，在供应链系统中将这两种资源计划系统很好地结合起来，提高供应链资源的集成度，加强供应链中各环节的协调平衡与协作关系。

充分发挥第三方物流系统的作用。第三方物流系统是供应链集成的一种技术手段。它为用户提供各种服务，如产品运输、订单选购、库存水平等，在供应商和用户之间起到了联系的桥梁作用。在 JMI 中，供方和需方都直接与第三方物流系统和 JMI 中心相连，如图 11-4 所示。供应与需求双方都取消了各自独立的库存，增加了供应链的敏捷性和协调性。

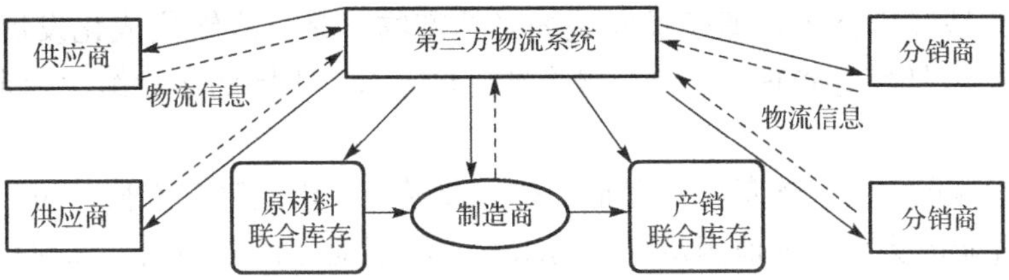

图 11-4 第三方物流与 JMI

供应链 JMI 有两种模式：各个供应商的零部件都直接存入核心企业的原材料库中，就是变各个供应商的分散库存为核心企业的集中库存。集中库存要求供应商的运作方式是：按核心企业的订单或订货看板组织生产，产品完成时，立即实行小批量多频次的配送方式直接送到核心企业的仓库中补充库存。在这种模式下，库存管理的重点在于核心企业根据生产的需要，保持合理的库存量，既能满足需要，又要使库存总成本最小。

供应商和核心企业都不设立库存，核心企业实行无库存的生产方式，此时供应商直接向核心企业的生产线上进行连续小批量多频次的补充货物，并与之实行同步生产、同步供货，从而实现“在需要的时候把所需要品种和数量的原材料送到需要的地点”的操作模式。这种准时化供货模式，由于完全取消了库存，所以效率最高、成本最低。但是对供应商和核心企业的运作标准化、配合程度、协作精神要求也高，操作过程要求也严格，而且二者的空间距离不能太远。

基于协调中心的 JMI 同传统的库存管理模式相比，具有以下优点：减少了供应链中的需求扭曲现象，降低了库存不确定性，提高了供应链的稳定性。为实现供应链的同步化运作提供了条件和保障。供应商和分销商通过信息共享对库存进行联合管理，以库存信息为联系的中介平台，有利于发现供应链管理中存在的缺点和问题。为实现零库存管理、准时采购和精细供应链管理提供了运作平台和技术理论基础。供应商和分销商共同管理库存，协商库存内控制策略，进一步体现了供应链管理整体资源共享和风险分担的原则和特点。

同时，基于协调中心的 JMI 同传统的库存管理模式相比也有其不足之处，即当零售商分布的地域广阔时造成的运输问题阻碍联合库存控制系统的整合。在联合库存控制系统中，整合的困难在于地域广阔所造成的运输问题。在短时间内，运输手段的提高，运输时间的减少，运输费用的减低，技术的实现都将是极其缓慢的，因此在建立联合库存控制时，需引入第三方物流系统。第三方物流系统(TPL)是一种实现物流供应链集成的有效方法和策略，它通过协调企业之间的物流运输和提供后勤服务，把企业的物流业务外包给专门的物流管理部门来承担，特别是一些特殊的物流运输业务网。

五、协同式供应链库存管理(CPFR)

(一)协同式供应链库存管理(CPFR)的概念

协同式供应链库存管理(Collaborative Planning Forecasting & Replenishment，CPFR)是20世纪90年代末出现的一种协同式的供应链库存管理技术，建立在联合管理库存和供应商管理库存的最佳分级实践基础上，同时摒弃了两者的缺点，体现了供应商与零售商之间的协调与合作关系。(CPFR)协同式供应链库存管理的产生是供应链在市场竞争中需要不断降低供应链成本的内在要求，是现代企业管理模式发展的必然产物，是供应链集成化发展的要求。对于(CPFR)协同式供应链库存管理，目前尚没有统一的定义，不同的学者给出的定义不同，主要有如下几种。

(1)(CPFR)协同式供应链库存管理是一种商业模式，供应链合作伙伴可以充分发挥其在计划制定上的智能优势来更好地满足顾客需求，它将供应链计划的制订和执行与最佳营销策略紧密联系起来，以便大幅降低库存水平以及运输与物流的费用。

(2)(CPFR)协同式供应链库存管理是一种革命性商业运作流程，供应链合作伙伴以互联网为前提，利用相关信息技术和商业运作标准，联合对产品进行计划、预测和补货。认为是两个合作伙伴在同意接受协同合作计划与预测的基础上规范两个伙伴间的一种处理流程，它监控供应链全程并确认异常状况，最后采取可行方案解决异常状况。

(3)(CPFR)协同式供应链库存管理是为了适应经济一体化，进一步加强供应链上下游企业的合作，利用现代信息技术引导企业超前谋划，从而使企业工作更有计划性更具经济性而研究开发出的一种新的供应链管理技术模型。

(4)(CPFR)协同式供应链库存管理最主要的优势在于通过实现买卖双方最终的协同预测来提高整个价值链的效率，它还能及时准确预测由各项促销措施或异常变化导致的销售高峰和波动，从而使分销商和供应商都做好充分的准备，赢得主动。强调从全局的系统的观点出发，制定统一方案，设立统一管理目标，以库存管理为核心，兼顾其他方面的管理。

我们认为，协同式供应链库存管理模式是一种协同式的供应链库存管理技术，建立在JMI和VMI的最佳分级实践基础上，同时抛弃了二者缺乏供应链集成等主要缺点，能同时降低分销商的存货量，增加供应商的销售量。CPFR 采取了多赢的原则，始终从全局的观点出发，制定统一的管理目标以及实施方案，以库存管理为核心，兼顾供应链上其他方面的管理。因此，CPFR 更有利于实现伙伴间更广泛深入的合作，帮助制定面向客户的合作框架、基于销售报告的生产计划，进而消除供应链过程约束等。

如图11-5所示中左边为买方活动，右边为卖方活动，中间为某一方或双方的共同活动。具体阐述如下。

1. 协同规划

包括第一、二步。其中：第一步的主要内容为明确定义合作目标与相关绩效衡量指标、协同合作的范围、共享的资料及合作计划可动用的资源；第二步的主要内容为制定买卖双方交流营运计划，制定合作产品的营运计划，共同定义品项角色、品项销售目标、达成目标的战术、拟定品项订单的最小值(出货的最小订单量)、品项出货的前置时间、订单的冻结期间、安全存量。

2. 协同预测

包括第三至第八步。其中：第三步是利用最终消费者的消费信息，创建一个支持共同业务计划的销售预测；第四步识别销售预测中可能出现的例外品项；第五步处理例外品项，如当例外发生时应采取一定的措施以降低对库存的冲击；第六步合并 POS 数据、因果关系信息和库存策略，产生一个支持共享销售预测和共同业务计划的订单预测；第七步识别分布在订单预测约束之外的项目，例外准则在第四步已建立；第八步通过查询共享数据、电话、交谈、会议等，调查研究订单预测例外，并提交订单预测改变结果。

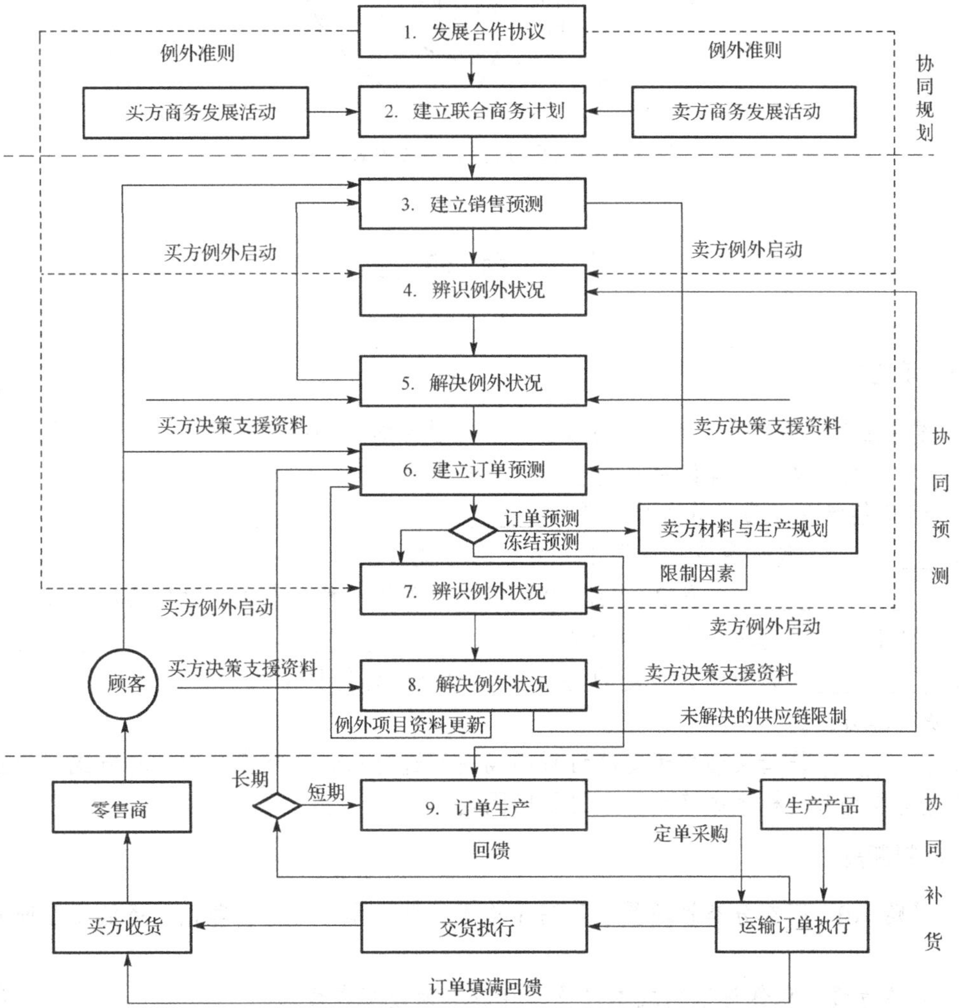

图 11-5　CPFR 基本步骤图

3. 协同补货

指的是第九步，将订单预测转换为已承诺的订单，订单产生可由制造厂或分销商根据能力、系统和资源来完成。

协会认为上述九步骤模型过于复杂，因此在其基础上进行了改良，除了继续延续原有的规划、预测和补货流程，还加入了循环和不断改善的概念，如图 11-6 所示。

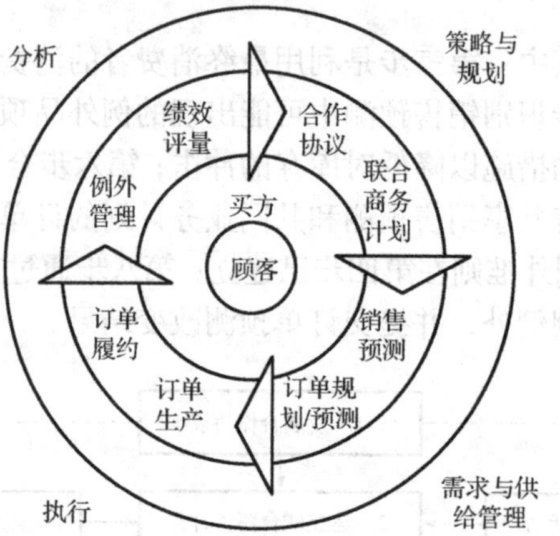

图 11-6　VICS 协会(2004)CPFR 模型图

思考题

一、填空题

1. 库存控制，是对制造业或服务业生产、经营全过程的各种物品、______以及其他资源进行管理和控制，使其储备保持在______的水平上。

2. VMI 能给企业带来的直接利益有______、______、_______。

3. __________是一种基于协调中心的库存管理办法。

4. _________________是 20 世纪 90 年代末出现的一种协同式的供应链库存管理技术。

5. CPFR 的九个基本步骤可以分成_________、___________、____________三个阶段。

6. ___________是指根据固定的再订货点和经济订货批量组织存货采购和进行日常控制的存货管理方法。

7. _________是指按预先确定的订货间隔期间进行采购补充库存的一种方式。企业根据过去的经验或经营目标预先确定一个订货间隔期间。

二、判断题

1. 采购 ABC 库存分类管理具有压缩了总库存量、库存结构合理化、降低了管理成本等效果。（　）

2. 采购管理是以保证采购成本以及库存成本为最基本目标。（　）

3. 零库存对任何企业都是最好的一种库存方法。（　）

4. VMI 法减轻了供应商的库存压力。（　）

5. 联合库存比较适合资金雄厚的企业，不适合资金短缺的企业。（　）

三、简答题

1. 简述 JMI 的基本思想。

2. 简述零库存的主要形式。
3. 库存及其控制的作用有哪些？
4. 在供应链环境下 JMI 的实施策略有哪些？
5. 简述采购管理与库存控制的关系。

四．论述题

1. 传统库存控制方法的缺陷主要有哪些？
2. 采购库存控制在供应链管理中的重要作用有哪些？

【实践活动】

实践项目：掌握 ABC 分类管理办法、熟练操作 Excel 软件

任务要求：结合所学知识，对下面表格所提供的某库存清单，按品种累计与金额累计对所有货物进行 ABC 分类，并绘制 ABC 分析图。

商品编号	商品名称	种类数	金额(元)
1	塑料制品	8	9 500
2	螺钉	6	200
3	轻纺产品	18	1 200
4	劳保用品	5	900
5	橡胶用品	12	1 550
6	电工材料	13	1 600
7	化工产品	11	11 000
8	汽车配件	9	69 500
9	文具	4	1 800
10	工具器具	8	2 100

第十二章

供应链采购风险管理

【引导案例】

三个采购风险防范的公司案例

采购存在人为风险、经济风险、自然风险三大风险。例如，供应商供货不及时或货物不符合订单要求、采购人员工作失误、供应商之间存在不诚实甚至违法行为，等等。针对这些风险，不同企业采取不同措施予以规避来减少损失。下面是三个成功企业具有代表性的采购风险防范案例。

汉明电子：利用专业网站，派遣专员

汉明电子全球采购及营销总经理指出，利用专业化信息网站，有助于采购人员更快捷、更准确地获取信息，为筛选供应商、产品提供依据。针对重要供应商，可派遣专职人员驻厂，或经常对其进行质量检查。他强调，采购应减少对个别供应商大户的过分依赖，例如，采用备选方案及备选供应商，可分散采购风险。

石药集团：利用采购管理平台

石药集团则选择必联网为其搭建了一个专业的、符合其特殊组织架构的采购管理平台。通过必联招投标与采购项目管理平台，石药集团降低了采购风险：首先，采购、供货数据实现透明化、过程可控化，集团全盘在线监控管理；其次，准确的订单、供货管理，增强供方协同；再次，采购策略指导下的供应商统一管理，提高透明度。另外，通过必联网为其搭建的采购平台，子公司的价格共享执行订单，实现了统一战略采购，同时，快速的价格获取、及时了解市场行情，有效提高了工作效率。

冀中能源："三色"预警机制防控采购风险

为实现物资采购供应业务过程的事前预防、过程控制，冀中能源张矿集团物资贸易分公司利用电子物供信息网络技术，构建蓝、黄、红"三色"权力运行风险预警机制，将该风险预警机制运用到物资计划、采购、到货验收等业务工作中，即以蓝、黄、红三种颜色代表不同风险级别，并对问题及时提醒、发出警告，从而降低风险。

【学习目标】

1. 理解采购风险的概念类型；
2. 掌握采购风险规避措施；
3. 了解不同环节、不同类型采购风险防范措施。

第一节 采购风险及其分类

一、采购风险

(一)采购风险概念

在不断变化的市场环境中，企业生产经营必然会面对众多的不确定因素，这些不可预料的事件直接影响着企业的生产经营，并且可能给企业造成重大的损失。企业经营风险就是在生产和购销过程中，由于经营管理不善、市场预测失误、价格波动、消费需求变化等因素引起的经济损失，也包括由于通货膨胀、汇率变化导致的损失。

由于采购是企业供应链的源头，因此对于企业来说，采购活动是一项很重要的行为。采购过程中任何一个环节出现偏差，都会影响到采购预期目标的实现，这就使采购活动面临风险。

采购风险通常是指采购过程可能出现的一些意外情况，使采购实际结果与预期目标相偏离的程度和可能性。包括人为风险、经济风险和自然风险，具体说来，如采购预测不准导致物料难以满足生产要求或超出预算、供应商群体产能下降导致供应不及时、货物不符合订单要求、呆滞物料增加、采购人员工作失误或和供应商之间存在不诚实甚至违法行为，都将会给采购带来风险。这些情况都会影响采购预期目标的实现。

(二)采购风险产生因素

采购过程是企业与外部环境的接口，它的风险来自于原材料市场，主要包括两个方面：供应商交货时间波动和原材料价格波动。

1. 供应商交货时间波动

现代企业，特别是采用了 JIT、敏捷制造等先进生产理念的企业，是严格按照预先制订的计划进行生产，它的目标是将库存保持在维持生产最合理的水平，将从订货到交货的间隔期降到最短。如果供应商不能按时交货，就会导致一系列恶果。例如，停工待料使企业的生产效率降低；企业不能按计划生产，必须加班以保证交货日期而增加的劳动费用；不能按时给客户交货，导致企业信用丧失，后续订单减少等。因此，供应商准确的交货时间对于保证企业正常生产是十分重要的。采用供应链管理，加强与供应商之间合作，建立牢固的合作关系，可以降低因供应商交货时间引起的风险。

2. 原材料价格的波动

近年来，一方面新技术的不断应用使某些原材料或设备的价格下跌迅速，在采购这些原材料和设备时，就存在很大的风险；另一方面，由于世界经济日益一体化，任何企业生产都不可能脱离国际市场，而国际市场上商品的价格受政治动荡、战争、金融危机等诸多因素的影响，价格波动十分剧烈。

企业类型不同，产生风险的主要因素也不同。对于原材料价格波动不大的企业，它的风险主要来自供应商能否准时交货，例如，制造业；而对某些以贵金属、原油、芯片等为原料的企业，其主要风险来自原材料价格的剧烈波动，石化企业就是一个典型例子。

二、采购风险的类型

采购风险，主要可以分为以下几种类别。

(一)增支风险

由于在采购过程中各种增加支出因素的存在，比如，由于停工待料导致工人工资增加，调整机器的费用，采购部门运营费用增加，以及由于库存太多引起的仓储费用增加等，使完成一项采购活动所需的最终采购支出比预期的采购支出有所增加。所以，采购面临着增支风险。

(二)供应商延迟交货的风险

由于供应商在生产要素的组织管理以及在运输上存在不足或失误，使其实际的交货日期迟于采购合约所要求的日期，从而使采购机构不能及时采购到委托单位所需的货物、工程或服务，给采购带来延期交货的风险。

(三)采购质量不符合要求的风险

企业采购到的货物、工程或服务的质量过分低劣，不符合采购实体的要求。采购供应商(或承包商)由于自身生产能力的局限或是为了一味地追求自身利益的最大化而不择手段，偷工减料、以次充好、弄虚作假，所提供的货物、工程或服务的质量达不到采购合约的要求给采购带来风险。

(四)采购中的道德风险

采购人员(或采购实体)和供应商之间可能存在舞弊行为。采购人员为了个人私利，可能会与某一供应商合谋，利用自己手中的权力，使该供应商在竞标过程中处于优势地位，破坏采购所奉行的公开、公正和公平准则，给采购带来极大的道德风险。

(五)合同风险

合同风险是指企业采购人员在签订、履行合同过程中，由于合同条款考虑不当，或供应商违反合同条款，给企业造成的经济损失。签订合同是企业采购活动中的重要环节。如果采购人员不了解合同法的有关条款，就有可能签订不完善的合同，从而被对方钻空子，使企业蒙受损失。从我国企业的现状来看，能够充分了解合同法的采购人员不多，不签订采购合同的情况也存在，其潜在的风险不可忽视。

(六)预付款风险

预付款风险是指企业根据购货合同的规定预先付给供货方的款项，因各种不确定因素有可能给企业带来的损失。有时企业为了得到市场上紧俏的商品或企业急需的商品，或者出于其他原因，企业会采取预先支付货款的方式购进商品。

然而，这种方式潜在风险较大：

(1)一旦供货方未严格按照合同规定的时间供货，当市场行情下跌时，购进的货物就有可能卖不出去，形成积压；

(2)一旦质量有问题，产、供、销三方就会相互扯皮，影响企业信誉，且款项又被供方控制，处于被动局面；

(3) 一旦采购人员与供货方有关经办人相互勾结，通过蒙蔽企业等手段，千方百计将款项倒出去，就会给企业带来巨大损失。

这种情况成为企业尤其要重视的风险。

(七) 存货风险

存货风险指企业存货因价格变动、商品过时、自然损耗等因素而使存货价值减少的可能性。存货具有实效性和发生潜在亏损的可能性。如果采购人员对市场变化风险估计不足，没有很好地控制采购、清理库存，就有可能造成存货积压。随着时间推移，存货贬值和降价的可能性就越大，企业潜在亏损就越大。

第二节 采购风险规避策略

一、采购风险规避策略概述

采购风险的存在，直接影响到采购预期目标的实现。因此，防范采购风险就成为采购活动中重要的一环。一般地采购风险的规避策略主要从以下几个方面入手。

(一) 明确采购的目的

采购部门在认识上首先要明确采购的材料必须是企业所需要的，必须是生产市场所要求的产品的基本理念。这就要求采购机构在采购过程中不应追求采购价格最低化，不应把节约资金作为采购的首要目标和唯一目标，而应对所要采购的材料或服务的价格、质量和效用进行通盘考虑。在为企业节约资金的同时，还应保证采购质量。有效采购的真谛应是：以更少的采购支出获取更高的采购效率、更好的采购质量和更大的采购效用。

(二) 规范采购行为和活动

尽快建立起我国的采购制度和出台《企业采购法》，从制度上和法律上来规范采购行为和活动，从而达到有效防范和控制采购风险的目的。

1. 建立供应商资格审查制度

在订立采购合同之前，必须对所有参加投标的供应商进行资格审查，包括资格预审、资格复审和资格后审，以便在采购活动的初期把由供应商方面的不确定性所带来的采购风险控制在最小。

1) 资格预审

资格预审的内容和重点主要是投标人的基本情况、经验和过去完成类似合同的情况、财务资信状况、人员及设备能力情况等。资格预审的目的是为了在采购过程的早期，剔除资格条件不符合履行合同的供应商。它不但可以减少招标人的费用、节约采购资金，而且可以摸清各投标人履行合约的能力，做到防采购风险于未然。

2) 资格复审

资格复审是为了使采购方能够确定供应商在资格预审时提交的资格材料是否仍然有效和准确。通过资格复审，可以发现供应商的各种不轨行为，如做假账、违约或作弊、供应合谋等。这样，采购机构可以及时终止或取消供应商的投标资格，避免今后供应商在中标后没有能力或资源来有效履行合约义务，给采购方带来损失。

3)资格后审

资格后审是在确定中标商后，对中标商是否有能力履行合约义务进行的进一步审查，其目的仍然是为了有效地控制采购风险。

2. 建立保证金制度

从历史上看，法律要求采购机构将供应商的招标保证金作为投标竞争和授予合同程序的一部分。对建筑和工程项目而言，投标保证金的使用将持续到合同完全履行；对设备和服务而言，则不一定使用保证金制度。

采购中使用的主要保证金类型有:

(1)投标保证金，可以使采购机构防止投标商在开标后撤回其投标；

(2)支付保证金，经常用于工程建筑中，要求承包商保证向供应商及时支付；

(3)履约保证金，其目的是保护采购机构，防止供应商不能履行合同给企业带来的损失。

(三)建立采购人员监督管理制度

1. 建立和完善采购信息公开制度和程序公开制度

有关采购的制度要公之于众，便于供应商及时了解；采购合同的条件要提前公布给有意向的供应商，便于供应商根据自己的情况及时做出是否参与的商业判断，并为参与竞争做好充分准备；拆标也要公开；采购活动要做好记录，以备公司管理层审查。

2. 制定《采购道德规范》规范采购行为

由于特殊利益的存在，企业采购部门某些采购人员出于一己私利，经常会在其拥有的权责范围内利用职务之便与供应商合谋，或高价买入，或购买质量低劣的产品或材料，严重损害公司的利益。

企业采购人员应树立高度的责任感和主人翁精神，把企业利益放在首位，及时了解市场供需情况，谨慎选择生产厂和客户，不断积累经验，提高辨别风险和自我保护的能力，并通过责、权、利结合将采购人员的效益同资金回款紧密挂钩。同时，建立经营业务人员的风险抵押金。

为了指导采购人员正确决策，采购部门或专业协会应该制定《采购道德行为规范》，以对各种采购行为的是非标准、动机和结果是否适当做出规定。由于我国尚没有一部企业采购法来规范和指导各采购机构的采购行为，制定《采购道德行为规范》的必要性和重要性就更加凸显出来。

借鉴国外成功经验，《采购道德行为规范》应充分体现如下三条原则。

(1)公正原则。这意味着采购人员不能偏袒徇私，应平等对待所有的供应商，并基于价格和业绩优势评价供应商，不在其他评价标准上给以歧视。

(2)诚实原则。采购人员应该告诉所有供应商真实情况，不误导供应商并从中渔利。

(3)忠诚原则。采购人员应首先对其公司忠诚，并将采购业务同个人生活区分开来。他们必须保持利益上的独立，不得卷入利益冲突。

3. 积极组建采购专业协会

由于采购自身的复杂性和重要性，对采购人员的职业素质要求很高。采购人员需要具备的职业素质包括:

(1)要懂采购的相关政策和采购的具体程序；

(2)熟悉市场环境和企业内部资源环境；

(3)不仅要懂经济知识，还要具备工程技术等各方面的专业知识；

(4)不仅要懂采购技巧，还要善于解决采购过程中出现的各种问题等。

为了不断提高采购人员的职业素质，采购人员应积极组织和参加各种专业采购协会。以美国为例，采购人员组织和参加的采购专业协会就有美国全国政府采购研究所、全国州采购官员协会、全国采购研究所、全国教育采购员协会、全国采购管理协会、美国医院物料管理协会、全国财产管理协会、后勤工程师协会等。

4. 推行采购人员资格认证制度

对采购人员进行资格认证，保证采购人员的基本素质是对采购人员进行管理的一项重要内容，也是促进采购人员的专业发展的一项重要内容。仍以美国为例，美国的一些采购专业组织提供的采购官员资格认证称号有专业公共采购员、注册公共采购员、注册采购管理员、注册专业合同管理员、注册助理合同管理员以及注册专业后勤师等。鉴于此，我国也应积极发展各种采购专业协会并建立起对采购人员的资格认证制度，以加强对采购人员的管理和提高他们的职业素质，从而有效地防范和控制采购人员的能力风险。

5. 建立健全内部控制制度

内部控制制度是强化企业内部管理的一种自律行为，是企业为完成既定目标进行风险控制的有效措施。针对企业存在的以上风险，建立相应的“预付款管理措施”“存货管理措施”“合同管理措施”等等，严格按操作规程办理业务，落到实处，并定期对其采购活动进行追踪、检查、考核，做到有法可依，有章可循，正确采购，规范管理，强化执法力度。

(四)建立采购质疑、申诉机制

供应商质疑和申诉是采购活动中经常会遇到的问题，如果这些问题得不到及时妥善的解决，必然会对采购活动的正常进行带来消极的影响。因为那些觉得受到不公正待遇的供应商将会在今后的采购活动中持不合作态度甚至进行报复，这不利于采购的货源培植，也不利于与供应商建立长期的良好合作关系，这样的结果是采购这个具有最大程度竞争和公正的领域所不愿看到的。从这个意义上说，建立采购质疑、申诉机制是维护采购市场的必要保障。

解决这一问题的方法之一就是在企业内设立供应商服务机构。现在流行的客户关系管理中的客户并不仅仅指最终消费者，还包括供应商和中间商等。企业内设立了为供应商提供申诉和抱怨的机构或设施，如果供应商对企业的采购人员甚至整个采购部门有质疑，认为采购人员或采购机构在采购工程中有违法违规，损害供应商的行为，可以直接向采购部门提出质疑。如果对该采购机构的答复不满意或是该采购机构没有在规定的期限内给予答复，供应商可以向企业采购管理部门申诉。只有这样，才能真正解决现实生活中普遍存在的供应商“有苦没处诉，有冤没处申”的问题，改善采购中的供求关系和买卖关系，从而有效地防范和控制采购风险。

(五)选择合适的采购方式

企业在具体的采购活动中，要注意选择合适的采购方式，对那些复杂或高成本的采购项目，要进行市场调研等工作。目前，国际上通行的采购方式很多，有招标采购、询价采购、单一来源采购、谈判采购等。每一种采购方式都有其自身的特点、优缺点和适用范围。如果在选择采购方式时不根据采购项目的要求和特点灵活选取，必然会增大采购风险，增加不必要的人力、物力和财力消耗。

同时，通过广泛的市场调研和市场分析，可以掌握有关采购内容的国内外最新行情，了解采购产品的来源、价格、货物和设备的性能参数以及可靠性等，并提出切实可行的采购清单和计划，为下一步确定采购方式和供应商资格提供可靠的依据。

总之，任何事物都有风险，采购风险归根结底，也是可以通过一定手段和有效措施加以防范和规避的。主要的手段有：作好年度采购预算及策略规划；慎重选择供应商，重视供应商的筛选和评级；严格审查订货合同，尽量完善合同条款；拓宽信息渠道，保持信息流畅顺利；完善风险控制体系，充分运用供应链管理优化供应和需求；加强过程跟踪和控制，发现问题及时采取措施处理，以减低采购风险。

二、不同类型采购风险规避策略

企业最为直接和有效地防范风险的方法就是针对不同风险采取不同措施。比如，针对预付款风险，企业可以采取的措施就是对供货方的产品质量、价格、财务状况、偿债能力等进行 ABC 分类管理。对产品质量好、信誉好、规模大的供货方可以实行预付款，并加强预付款购货的追踪管理，防止欺诈行为。针对存货风险企业可以采取的措施就是以销定购，适时控制，盘活库存，及时清理和报批；针对合同风险，企业可以采取的措施就是组织业务人员认真学习《合同法》，在采购活动过程中除"即时清洁"外，必须签订合同，明确双方的权力、义务及违约责任，定期进行合同追踪调查，加强监控力度。

（一）采购提前期风险规避的策略

采购提前期的规避就是针对物流提前期和信息提前期进行的时间缩短，但二者并不是独立进行的，往往是交织在一起而采取综合的时间压缩措施。可采取的主要措施如下。

1. 改善业务流程

物流提前期和信息提前期与业务流程密切相关，改善业务流程可以大大压缩采购提前期。如利用"交叉理货"和"定时货运班车"的物流流程，取代传统"运输"+"仓储"+"配送"的物流流程，实现在较低的库存水平下满足小批量快捷准时的货物供应需求，从而大大压缩物流时间。在改善业务流程时，可以利用网络结构图来进行。以改善订货处理过程的方法为例，可以采取如下步骤：调查公司当前的订货处理流程，编制流程图；调查现有订货处理流程各节点的时间耗用；编制订货配送过程的网络结构图；利用流程改善原则改善订货处理过程。改善流程常常遵循的一些原则包括并行处理、分批处理、交叉处理、删除不增值工序、减少等待、在瓶颈处添加额外资源等。该方法不仅简单易学，而且对于缩短订货处理周期时间效果显著。例如，某公司利用该方法压缩订货处理时间，使订货提前期比原来缩短了 16.5 小时，缩短 35.1%。

2. 采用延迟化策略

1）生产延迟

生产延迟的基本原理是准时化，即在获得客户确切的需求和购买意向之前，不过早地做准备工作或购买零部件，严格按订单生产合格产品。但在现实的生产中，生产批量的经济性又是不容忽视的。因此，如果需求比较稳定，产品品种有限，那么，丰田式的准时化生产已经解决了这个问题，其基本思想是只在需要的时候，按需要的数量，生产所需要的产品，也就是追求一种无库存，或库存达到最小的生产系统。更一般的生产延迟手段是，尽量使产品保持在半成品状态，或进行模块化生产，当得到订单后，立即完成后面的工序。这样做的好处是，以较大的批量生产标准化的零部件，获取生产规模的经济性，最后的工序按订单完成可以满足需求的多样性和缩短交货期。

2) 物流延迟

物流延迟是指在物流网络的几个主要的中央仓库中，根据预测结果存储必要的物品，尤其是价格高的物品，一旦接到用户的订单，从中央仓库处启动物流程序，委托第三方物流公司把物品运送到客户所在地的仓库或直接快运给客户。这样做的好处是，不需要在每个消费地点冒预测的风险建立过多的库存，在中央仓库层次上又可以获得规模经济优势，以较少的总体库存投资提高服务水平。由于将物流业务外包，因此可以使公司更集中于自身核心业务的发展，充分利用第三方物流公司的物流网络，提高服务质量，降低风险。这种策略特别适合关键的高价值的物品，在整个物流网络中只在少数的中央仓库保持必要的最低量的库存以确保所有潜在的需求，一旦发生需求，订单通过电子网络传到中央仓库，然后委托第三方物流公司快速送到客户手中，从而大大压缩物流提前期。

3. 运用各种供应链管理模式优化采购

随着供应链管理理论的发展与实践的深入，以及信息技术的广泛应用，具有整合性和全局色彩的各种供应链管理模式应运而生，如快速反应(Quickly Response，QR)和合作计划、预测与补给(Collaborative Planning，Forecasting and Replenishment，CPFR)等。通过实施 QR，建立起按供应链上下游企业之间垂直型的合作机制，可以大大压缩整个供应链的运作时间(从原材料、产品至销售)，一般可以压缩 30%～50%的时间。而通过实施 CPFR，能够实现合作伙伴之间的功能密切合作，显著改善预测准确度，使合作伙伴都能做好充分的准备，赢得主动，争取时间。美国的 Kurt Salmon 公司通过调查、研究和分析认为，通过实施 CPFR 可以达到新产品开发的前导时间减少 2/3，由此，通过了解各种供应链管理模式也可以在规避采购提前期上有很大的启发。

4. 利用并行工程技术

采购整体响应周期从系统论的角度来看，是由各阶段节点企业构成的一个非线性系统，受采购环节上每个企业的响应周期、企业间的协调以及采购的同步运作机制三个因素的影响。因而，实现和谐的同步运作能带来采购多阶段响应周期的有效降低，从而达到压缩提前期的目的。为此，采购各阶段节点企业可以利用先进的并行工程技术，把项目分解成若干个模块，再依据各企业的技术优势来承担相应的研制与开发或生产服务工作。模块研制开发运行在"任务—时间—空间"的位置上是三维并行和同步的，改变了传统按时间先后顺序串行研制开发方式，从而大大缩短研制开发或生产服务时间，压缩采购提前期。

5. 充分利用信息技术

到目前为止，总周期时间的减少重点集中在大量消减物流提前期方面，这是必要的，但不是充分的条件，还有第二个必要条件需要满足，这就是信息提前期必须同样减少。客观上，通过信息技术，信息可即刻从采购一端流向另一端，没有什么提前期，但实际上却由于主观上的原因常常出现信息滞后，从而产生提前期。这种信息提前期可能导致信息的过时失效，而过时失效的信息不仅对任何成员没有多大价值，而且还会进一步扭曲采购方面的需求，使库存增加，产生不必要的损失。因此，压缩信息提前期的有效方法之一就是充分利用电子销售点系统、电子数据交换系统和条码、射频识别系统等信息技术将市场销售数据、订单、货物等信息实时提供给采购过程中的每一个成员，确保采购过程中信息的真实性、及时性和有用性，实现采购环节各成员间的实时信息共享。

需要指出，在信息提前期压缩过程中，会遇到很多观念上和制度上的障碍。虽然人们清楚无论从理论上还是从实践上，压缩提前期会给采购中各成员带来强大的竞争优势，但执行起来并不彻底，甚至半途而废。在美国，只有7%的零售采购有效运作。这种状况的主要原因当中“20%属于技术问题，80%属于人的问题”。因而，要压缩信息提前期，除了广泛利用信息技术外，还要营造快速响应需求的氛围，努力消除人为因素的阻碍。

(二)原材料价格风险的规避策略

1. 期权合约策略

通过期货市场进行套期保值已成为企业规避价格风险不可或缺的重要手段。套期保值是指把期货市场当作转移价格风险的场所，利用期货合约作为将来在现货市场上买卖商品的临时替代物，对其现在买进准备以后售出商品或对将来需要买进商品的价格进行保险的交易活动。其真正目的就是锁定企业的生产成本。套期保值就是利用期货、现货市场的价格关系分别在两个市场做方向相反的交易，即在买进或卖出实货的同时，在期货市场上卖出或买进同等数量的期货，经过一段时间，当价格变动使现货买卖上出现盈亏时，可由期货交易上的亏盈得到抵销或弥补。在“现”与“期”之间、近期和远期之间建立一种对冲机制，从而使价格风险降到最低程度。

做好套期保值前的市场分析工作对于套期保值交易的成功与否十分重要，这是做好套期保值操作的前提条件。对于消费企业(即买入该种材料的企业)应选择在该种材料价格上升趋势中积极从事套期保值稳定成本，而在价格下跌行情中少做或尽量不做套保交易的做法。

2. 单一市场的采购策略

单一市场采购策略指利用单一的现货市场或采购合约来购买商品，或者使用金融市场工具来对冲采购风险。而采购合约包括普通长期合约、时间柔性合约、期权合约等不同类型的合约。

3. 混合采购策略

混合采购策略(Mixed Strategy，Combined Strategy)是指同时使用两种或两种以上的采购方式来应对采购风险，比如，现货采购和远期合约采购、现货采购和期权合约采购等。

在铁矿石、铜、石油等大宗商品市场，往往存在两种定价机制：一种是商品现货市场交易的定价方式；另一种是买方与卖方之间的长期协议定价方式。商品现货价格反映了当前市场上商品的供求状况，而远期价格(长期协议价)反映了未来的供求基本面。现货市场在资源分配中起了重要的作用，因为现货市场给制造商提供了灵活性，制造商在原料库存不足时，能够从现货市场上采购原料满足生产需求。另一方面，现货市场存在风险，大宗商品现货价格迅速地反映商品的供求情况，供应和需求的变动会导致现货价格经常波动。

4. 多周期的采购策略

当制造商面临多个周期的需求时，前一周期的采购量会影响到后一周期期初的库存水平，前后周期的决策之间存在相关性。因此，决策者要从全局的角度来确定一个最优的采购策略。近来一些学者考虑了制造商的多期采购问题，目标是最小化补货成本。零售商有两种采购方式：一是固定价格的长期合约，另一种是现货市场采购。模型中假设零售商事先能观察到现货价格，研究表明库存策略能用来确定最优的采购策略。

5. 支付风险的防范措施

国际采购与国内采购在付款方式上存在很大的差异。对采购商来说，为了确保货款和采购物资的安全，应选择比较有利的支付方式。例如，采购方资信优良，并且与供应商建立了长期的合作关系，这时可以选择汇付或托收方式、货到付款、赊销等，这样有利于采购方的资金融通，同时减低风险。当然为了做到万无一失，采购方也可以采用信用证结算方式。因为信用证是象征性交货，属于单据交易，而且双方权利和责任划分明确，不容易造成纠纷，对采购商和供应商双方都有利。除此之外，有实力、信用好的采购商可以通过比较低的抵押和费用向银行申请开立信用证，通过信用证条款可以约束供应商按约履行交货义务，使供应商获得银行付款保障，必要时也可以获得银行提供的进口融资。

6. 汇率波动风险的防范措施

由于国际货币市场及各国普遍使用浮动的汇率制度，各个国家的货币之间汇率相互自由浮动。以外汇市场的供需状况作为确定汇率的基础，同时，各国政府通常对汇率不加以干涉，受其他经济和政治的影响，汇率变动较大，有时还会剧烈波动。在实际贸易中，进出口双方为了规避汇率带来的风险，买卖双方都可以进行套期保值。市场上主要有 6 种方式：不进行套期保值头寸、远期市场套期、货币市场套期、期权市场套期、对冲和三角套利。用得比较多的主要是远期市场套期、货币市场套期和期权市场套期。

（三）采购合同风险的规避策略

1. 合同订立过程中的风险防范

对方当事人的资格审查是防范合同风险的第一道防线。许多合同风险可以通过该环节而化解。对方当事人可以委托代理人订立合同。解决合同争议的方法包括提起诉讼和申请仲裁。正确选择对己方有利的方法能够起到降低成本，提高效率的良好作用。所以，合同中有关解决争议的方法的条款是最为重要的合同条款，企业对此不可掉以轻心。

选择提起诉讼的方法作为解决争议的方法是最为常见的方法。而仲裁具有自愿性、灵活性、保密性、快捷性、经济性、独立性等特点，充分体现了当事人意思自治原则，对合同当事人也具有较大吸引力，不少采购合同选择以仲裁的方式解决争议。

采购合同中应明确约定有关质量、数量、价款、履行地点、履行期限、履行方式、履行费用、违约责任、所有权转移、风险负担等问题。否则，可能因约定不明确而产生争议，给合同当事人带来损失。特别对违约责任、所有权转移、风险负担等容易忽略的问题，应在合同中明确指出，以免给当事人带来损失。

2. 合同履行中的风险防范

合同履行中的风险主要包括债务人未能全面、适当地履行合同义务，发生事情变更，债务人的财产不当减少或不增加。当债务人未能全面、适当地履行合同义务，作为债权人的企业应通过行使同时履行抗辩权、先履行抗辩权或不按抗辩权来维护自身的合法权益。合同依法成立后，因不可归责于双方当事人的原因发生了不可预见的情势变更，致使合同的基础丧失或动摇，若继续维护合同原有效力则显失公平，这时允许变更或解除合同。此种风险是不能避免的，只能通过变更或解除合同尽量将损失减小到最低程度。当债务人的财产不当减少或不增加时，作为债权人的企业应通过行使撤销权和代位权来维护自身的合法权益。

3. 合同的担保

为了尽量减少因合同风险而带来的损失，企业应通过要求债务人提供担保来保障自己的合法债权。担保的方法有以下两种。

(1)人的担保，指由第三人向债权人担保，在债务人不履行债务时，由第三人负责履行债务的全部或部分的一种担保方式，又称保证担保。

(2)物的担保，即以债务人或第三人的特定财产作为履行债务的担保，不论债务人是否负担其他债务，也不论债务人是否将此担保物让与他人，债权人对担保物享有优先受偿权，包括抵押、质押、留置三种方式。保证系债权的范围，而物的担保属于物权，又称担保物权。

这两种担保形式各有所长。就担保债权的确定性而言，担保物权优于保证，因为保证是以第三人的财产为担保，其财产状况可能发生变化，有可能无法保证债务履行，而担保物权可以就特定物的价值直接清偿债务，具有较高的可靠性。但是，物的担保手续复杂，要件繁多，对于无财产可提供担保的当事人，保证就成了唯一担保形式。定金担保也是常见的保证形式。定金指合同当事人一方，以保证合同履行为目的，于合同成立时或未履行前，在合同规定的范围内给付对方一定数额的款项，债务人履行债务后，定金应当抵作价款或者收回。给付定金的一方不履行债务的，无权要求返还定金；接受定金的一方不履行债务的，应当双倍返还定金。

三、不同环节采购风险规避策略

一般的采购流程主要包括请购、采购、货物和服务的验收、审核、付款五个环节，在每个采购环节中都存在人为或非人为的风险节点，每一个风险节点的控制不当都可能给企业造成不必要的损失。以下从采购的各个环节来介绍采购过程中企业应采取怎样的措施来规避风险，优化采购流程，提高企业资金利用率。

(一)请购环节风险规避方法

(1)企业应建立采购申请制度和相关责任人制度，依据购置商品或服务的类型，确定对口管理部门，授予相应的请购权，并明确相关部门或人员的职责权限及相应的请购程序。请购申请人在提出请购申请时应根据生产需要制定科学、规范、明确的物料需求计划，生产部门、库存管理部门、预算部门应该相互协调和监督，杜绝或避免不必要采购。有条件的企业可以建立相关的审计部门对请购以及整个采购过程的规范性、合理性、科学性进行监督，并落实责任到相关部门及相关人员。

(2)企业应当加强采购业务的预算管理。对于预算内采购项目，具有请购权的部门应当严格按照预算执行进度办理请购手续；对于超预算和预算外采购项目，审批人应根据其合理性进行审批或由请购部门对需求部门提出的申请进行审核后再行办理请购手续。

(3)制定紧急采购流程，减少事后请购。将事后请购比率作为评价采购申请部门的一项评价指标。

(4)规定同一事项不得分开申请，对多个申请作为一个合同进行采购处理同时在付款审核时对发票联号情况进行控制。

(二)采购环节风险规避措施

(1)制定一套严密的供应商选择标准，可以借鉴家乐福、沃尔玛等大超市选择供应商的方式。他们在选择供应商的时候，从供应商的信用情况、品质保证、价格、费用、时间及服务情况等方面综合考虑，再根据产品的不同选定最关注的指标重点考察。

(2) 对采购、财务等部门通过填写利益冲突问卷、廉洁培训、诚信正直承诺等形式进行道德风险防范，并对员工违背诚信正直职业道德的情况给予严格处理。

(3) 对采购报价轮次、比价方法、价格批准权限进行严格规定，如未按规定进行比价应提交书面说明并由更高级别的采购经理进行审批。

(4) 大宗采购业务应根据实际情况确定是否分为两个或多个标的，这样可以分散风险。

(5) 发出采购订单时间的确定可以采用经济批量法和存货最低点法，也可根据历史经验来确定，尽量做到既不耽误生产和日常需要也不造成存货的大量积压。

(6) 要由专业人员编制采购合同，采购业务和合同审核、监督人员都要细致审核，同时要注意合同特别条款的提出和设定，不遗漏实质性条件要求，做到订货条件、报价及其技术规格、型号特性相符合，从而避免对供货范围存有异议的风险。

(三) 验收环节风险规避措施

(1) 规定验收流程，要求验收部门按照相应流程提供由工程师等相应专业技术人员出具的验收报告，验收报告应由高级别或独立的第三方审核批准。

(2) 规定验收部门必须独立于采购、请购及会计部门，一般验收人员由物料使用部门担任，有条件的部门可以由专业的工程技术人员组成专门的验收部门对物料进行验收。

(3) ERP 系统可以有效地避免重复验收和重复付款情况的发生。企业可以通过开发 ERP 系统的应付账模块及成本模块来提高验收的速度和准确度。如不通过系统，可以根据经批准的验收报告来付款。如供应商发票尚未开具而货物或服务已接收，也应根据接收情况估价入账。

(4) 对于工程或服务类合同经常会规定质保金条款，约定保留一定的工程尾款，一定期限内无质量问题再支付尾款。对于尾款之外的款项，应当由使用部门按照合同要求验收并出具验收报告后安排支付。如为固定资产，在主体验收合格后，还应该按照合同金额进行预提，对质保金单独设立应付账款明细科目。质保期到，验收部门出具报告，通知财务支付质保金(如质保期内无质量问题)或不支付(如有质量问题)。为避免质保金风险，财务部门应对每笔质保金进行跟踪，到期提醒使用部门提交报告。如确定不需支付质保金，还应调整固定资产的原值，相应重新计算折旧。

(四) 审核环节风险规避措施

(1) 制定对账人员与记账人员职责分离制度，负责对账的人员不应同时涉及编制会计分录或者资金付款，应注意对收货、采购订单和发票的核对、未决事项的跟踪进行职责分工。

(2) 及时审阅、调查和解决超期的、对应关系不恰当的发票、采购订单和收货记录。要适时地对长期的未达收货确认单、采购订单或发票进行调查。每月进行应付账款账龄分析，对超过正常付款期限未支付的款项进行调查。还应及时和供应商对账查找未达账项原因。

(3) 建立发票签收流程，通过系统控制对于每个订单只能进行一次操作。如为手工处理，对于已经处理的发票应该做标记，防止重复录入发票。

(五) 付款环节风险及规避措施

(1) 对货物和服务的所有付款，都必须附有收货单、服务提供确认单或付款批准单原件。在付款前，审核发票、货物的验收和采购订单，确保付款已获得批准、货物已收到、价格和数量准确无误、在限额内支出以及使用的会计科目正确无误。这样就可以有效地防止重复付款及付款金额错误。

(2)在存在现金折扣的情况下，付款时间的选择非常重要。一般供应商为了督促企业尽快付款，会提出如现金折扣方法，表示企业须在30天内付款，如果企业选择10天之内付款将享受2%的现金折扣，超过10天将丧失现金折扣。

(3)做国际采购时付款方式的选择显得异常重要。在国际贸易中主要的支付手段有三种：汇付、托收和信用证。

思 考 题

一、填空题

1. 采购风险，具体地说，主要分为______、______、______、______、______、______、______七种类别。

2. 规范采购行为和活动的方法有______、______。

3. 采购风险的规避主要应从______、______、______、______、______、______几个方面入手。

二、判断题

1. 一般的采购流程主要包括请购、采购、货物和服务的验收、审核、付款五个环节，在每个采购环节中都只存在人为的风险节点。 ( )

2. 资格复审是为了使采购方能够确定供应商在资格预审时提交的资格材料是否仍然有效和准确。 ( )

3. 采购提前期的规避就是针对物流提前期和信息提前期进行的时间缩短，二者并不是独立进行的。 ( )

三、选择题

1. 规范采购行为和活动中的建立供应商资格审查制度，以下( )不是资格预审的作用。

A. 减少招标人的费用　　B. 增加采购风险

C. 摸清各投标人履行合约的能力　　D. 节约采购资金

2. 采购人员需要具备的职业素质包括有( )。

A. 熟悉市场环境和企业内部资源环境　　B. 懂采购的相关政策和采购的具体程序

C. 具备工程技术等各方面的专业知识　　D. 善于解决采购过程中出现的各种问题

四、简答题

1. 采购合同风险的规避策略有哪些？

2. 采购风险的类型有哪些？

【实践活动】

实践项目：了解采购过程中可能面临的风险及其规避措施

任务要求：以小组讨论与意见交流形式分享自己亲身经历的一次风险最大的采购活动，分析风险类型及其产生原因、减少损失采取的措施，以及最大的启示。

第十三章

供应链采购绩效评估

【引导案例】

某礼品公司是一家专门生产贺卡和其他礼仪产品的公司。其下属机构一直是各自独立运作，缺乏统一采购的功能。在公司总经理的领导下，公司制定了采购管理的远景目标和改变采购能力的规划，并深化采购管理绩效改革，开发并实施采购绩效评估。

新的采购机制注意平衡全球战略和本地化战略的实施，提高了配合优秀供应商和执行战略采购合同的质量，确定聘雇的绩效类型、制定 KPI 指标等，以及通过招聘、培训和提供恰当的工具等改善采购人员的工作绩效，提高了采购部的整体绩效水平。3 年后，该公司节省了 3 200 万元的采购费用。

讨论：该礼品公司通过采购职能整合、开发和实施采购绩效评估等措施，节省了大量的采购费用。试想，该公司是如何构建采购绩效评估体系？采取了哪些采购绩效改进措施？

【学习目标】

1. 掌握采购绩效评估的概念、基本原则与目的，了解采购绩效评估的原因；
2. 理解采购绩效评估程序与方法；
3. 掌握采购绩效评估体系及采购绩效改进措施。

第一节　采购绩效评估概述

在高度竞争的环境中，只有高效率的公司才能生存和发展。衡量经营绩效为公司评价进步和改进落后提供了可靠的依据。采购作为公司一项重要的工作，采购成本构成了公司成本的重要组成部分。当采购工作完成后，进行必要的绩效评估就成为必要的工作。

一、采购绩效评估概念

采购作为企业生产运作的重要环节，它的绩效对企业整体目标的实现起着很重要的作用。采购在制定了采购战略、方针、目标及实现了相应目标的行动计划之后，在计划实施时，还应有相应的绩效指标，用于对采购过程进行计划与控制，并在一定的阶段对计划进行总结，在此基础上再提出下一阶段的行动计划，如此循环往复不断改进。1962 年美国的海斯(Hayes)

和雷纳德(Renard)就提出，管理人员对采购业务的不同期望，会对所采购的评价技术与方法产生重要的影响。

目前比较流行的观点是：

(1)把采购看成一种业务职能时，采购绩效评估是从特征上进行定量的管理性分析；

(2)把采购看成一项策略时，采购绩效评估是一种定性的、批判性的方法。

评估即评价估量，就其本义而言，是评论估量货物的价格，现在泛指衡量人物、事物的作用和价值。绩效即功绩、功效，也指完成某件事的效益和业绩。采购绩效就是指采购效益和采购业绩。采购绩效是指采购产出与相应的投入之间的对比关系，它是对采购效率进行的全面整体的评价。采购绩效评估是指通过建立科学、合理的评估指标体系，全面反映和评估采购政策功能目标和经济有效性目标实现程序的过程。

二、采购绩效评估原因

当完成一项工作后，如果不对之进行有效的相应的评估，就不会找到现在工作的不足，也不会为将来的工作提供借鉴。因此，做任何工作都要根据一定的标准进行评估。同样，认真评估采购绩效有很多好处，如下列好处。

(1)采购绩效评估将工作的注意力集中在优先考虑的领域，如降低采购成本等采购目标更有可能实现。

(2)如果有关部门需要的话，采购绩效评估的结果还可以为相关部门做出正确决策提供数据。

(3)通过分析有问题的区域，有助于与其他的职能部门发展良好的关系。对于采购来说，其实并不仅仅是采购部门的工作，还关系到公司的营销部门、财务部门、生产部门等，对采购绩效进行评估，在某种程度上监督了采购部门人员的工作，使之更好地与其他部门合作。

(4)采购绩效评估使员工和企业管理层重视人员培训的需要。对新员工的培训以及老员工对新知识的培训已经成为越来越重要的工作。现在的社会需要的是标准化的服务和产品。另外，面对纷繁复杂的供应商，采购人员必须具备相应的知识来处理不同的问题，而这些仅靠个人天生的资质是远远不够的，必须要经过严格标准的培训。

(5)通过定时的绩效评估，人员或计算机支持等额外的资源的可能需求也可以列入文件。

(6)通过绩效评估，可以提供最高管理部门对采购进展保持了解所需要的信息。企业的工作方方面面，纷繁复杂，作为企业的最高管理部门，没有时间和精力对采购工作进行面面俱到的考核和监督，如果不做绩效评估，又无法衡量员工的工作绩效。那么，在这种情况下，如何在管理者面前呈现一份简洁明了、一目了然的绩效评估报告？那就是通过绩效评估，得出一个结论。这将极大地提高管理部门的工作效率，并为管理层做出决策提供依据。

(7)有利于处理好采购和其他部门的关系。通过对采购绩效进行评估，除了看出采购部门与其他部门的合作关系，还可以看出整个企业的组织效率。所以，通过绩效评估，管理层可以认识到改进组织结构所需要的变革，促使企业提高效率。

(8)人员的奖惩是企业激励员工的有效措施。对于采购人工作的评估，也可以包括在采购绩效评估里面。通过评估，识别并奖励那些绩效突出的采购人员，同时惩罚那些绩效不好的采购人员，在员工内部形成激励竞争机制，增强组织的动力。

越来越多的企业管理者认识到一个采购部门在整个企业中发挥的巨大作用，尤其是一个配备了有能力的雇员和恰当组织的采购部门。定期合理地评价采购部门的绩效可以节省费用，直接增加企业利润。因为企业的采购部门通常都是通过在企业内部和其他部门的相互配合以及与外部参与，有很多的机会为公司的产品或服务创造或增加价值。一个企业将注意力集中到价值上就意味着从强调成本节约和效率已经转变到注重创造价值。企业是有组织有计划的，体现在采购部门就是为采购工作设立具体目标，这些目标反映的载体就是企业所制定的绩效衡量系统或奖励机制，当然，这其中个人的努力与坚持也受到目标的影响。

总之，采购部门的绩效衡量为管理层决策提供了依据和指导，并且，这种以行动和结果为基础的反馈也能提高采购绩效。

三、采购绩效评估的基本原则与目的

(一) 采购绩效评估基本原则

采购绩效评估必须遵循以下基本原则。

(1) 持续性。评估必须持续进行，要定期地检讨目标达成的程度，当采购人员知道会进行评估绩效，自然能够致力于绩效之提升。

(2) 整体性。评估必须从实现企业整体目标的角度出发来进行绩效评估。

(3) 开放性。采购作业的绩效，会受到各种外来因素的影响。评估时不但要衡量绩效，也要检讨各种外来因素所产生的影响。

(4) 评估尺度。评估时，可以使用过去的绩效为尺度作为评估的基础，也可以通过与其他企业的采购绩效比较的方式来进行评估。

(二) 采购绩效评估目的

采购绩效评估通常可以达到下列目的。

(1) 确保采购目标之实现。各企业的采购目标互有不同。例如，政府采购的采购单位偏重“防弊”，采购作业以“如期”“如质”“如量”为目标；而民营企业的采购单位则注重“兴利”，采购工作除了维持正常的产销活动外，非常注重产销成本的降低。因此，各企业可以针对采购单位所应追求的主要目标加以评估，并督促它的实现。

(2) 提供改进绩效之依据。绩效评估制度，可以提供客观的标准，来衡量采购目标是否达成，也可以确定采购部门目前的工作表现如何。正确的绩效评估，有助于指出采购作业的缺失所在，而据以拟订改善措施，而收到“检讨过去、策励将来”之效。

(3) 作为个人或部门奖惩之参考。良好的绩效评估方法，能将采购部门的绩效，独立于其他部门而凸显出来，并反映采购人员的个人表现，作为各种人事考核的参考资料。依据客观的绩效评估，达成公正的奖惩，可以激励采购人员不断前进，发挥团队合作精神，使整个部门发挥合作效能。

(4) 协助甄选人员与训练。根据绩效评估结果，可针对现有采购人员的工作能力缺陷，拟订改进计划，例如，安排人员参加专业性的教育训练；若发现整个部门缺乏某种特殊人才，则可另行由公司内部甄选或向外界招募，例如，成本分析员或机械制图人员等。

(5) 促进部门关系。采购部门的绩效，受其他部门能否配合的影响非常大。故采购部门的职责是否明确，表单、流程是否简单、合理，付款条件及交货方式是否符合公司的管理制度，各部门之目标是否一致等，均可透过绩效评估而予以判定，并可以改善部门间的合作关系，增进企业整体的运作效率。

(6)提高人员的士气。有效且公平的绩效评估制度，将使采购人员的努力成果能获得适当回馈与认定。采购人员透过绩效评估，将与业务人员或财务人员一样，对公司的利润贡献有客观的衡量尺度，成为受到肯定的工作伙伴，对其士气之提升大有帮助。

第二节 采购绩效评估程序与方法

一、采购绩效评估程序

(一)采购绩效评估人员

1. 采购部门主管

由于采购主管对管辖的采购人员很熟悉，而且采购人员所有工作任务的指派或工作绩效的评估都在他们的直接监督之下。所以，由采购主管负责评估，可以注意采购人员的个别表现，并达到监督与训练的效果。

2. 会计部门或财务部门

采购金额占公司总支出的比例很高，采购成本的节约，对于公司净利利润的贡献很大，尤其在经济不景气时，对资金周转的影响也很大。会计部门或财务部门不但掌握公司产销成本数据，对资金的取得与付出也做出全盘管制，因此也可以对采购部门的工作绩效，参与评估。

3. 工程部门或生产管制部门

如果采购项目的品质和数量对企业的最终产出影响重大，这种情况下可以由工程或生产管制人员评估采购部门工作绩效。

4. 供应商

有些公司通过正式或非正式渠道，向供应商咨询他们对于采购部门或采购人员的意见，以间接了解采购作业的绩效和采购人员的素质。

5. 外界专家或管理顾问

为避免公司各部门之间的本位主义或门户之见，企业也可以特别聘请外界的采购专家或管理顾问，针对全盘的采购制度、组织、人员及工作绩效，做出客观的分析和建议。

(二)采购绩效评估方式

采购人员工作绩效的评估方式，可以分为定期和不等期两种评估方式。

1. 定期评估

定期评估是配合公司年度人事考核制度进行的。一般而言，以“人”的表现，比如，工作态度、学习能力、协调精神、忠诚程度等为考核的主要内容，对采购人员的激励和工作绩效的提升作用不大。如果能以目标管理的方式，也就是从各种工作绩效指标中选择年度重要性比较高的项目中的几个定为绩效目标，年终按实际达到的程度加以考核，那么一定能够提升个人或部门的采购绩效，并且，这种方法因为摒除了“人”的抽象因素，以“事”的具体成就为考核重点，也就比较客观、公正。

2. 不定期评估

不定期绩效评估，是以专案的方式进行的。比如，公司要求某项特定产品的采购成本降低 10%，当设定期限一到，评估实际的成果是否高于或低于 10%，并就此成果给予采购人员适当的奖励。此种评估方法对采购人员的士气，有巨大的提升作用。此种不定期的绩效评估方式，特别适用于新产品开发计划、资本支出预算、成本降低专案等。

(三)采购绩效评估程序

评价采购部门的绩效通常有两种方法，这两种方法的评估程序略有不同，但是他们的目标是相同的。主要采购部门有责任确定其总目标并将此目标与公司的总体战略目标保持一致。但是，这个总目标仅仅是一个指导方针，而不是具体的指令，这就说明各个部门在遵循这个指导方针的前提下可以有很大的自主权。根据各个部门的具体情况和资源，有决策权的部门经理可以据此确定在一段时期内指导其行动的具体目标。如果这个目标可行，那么部门内的每个人的目标都可以作为工作的直接动力和以后评价其工作绩效的标准或基础。企业的部门经理确定和执行目标时越尽责，制定出来的目标越合理和符合实际，雇员获得动力和成就感所带来的满足感的机会就越大。

这两种评估方法的程序如下。

1. 由采购部门以外的人进行评估

(1)对比经营效果和计划预算持续评价，为部门和个人设立目标；

(2)由部门或公司之外的人员进行审计。

2. 由采购部门人员合作进行评估

这种方法主要由采购部门的采购主管和全体员工合作，内部或外部审计人员可以帮助其在以下方面做出客观的评价。

(1)工作负荷分配；

(2)采购部门同企业其他相关部门的关系问题；

(3)采购部门同供应商的关系，这一点可以通过供应商对公司和采购人员的态度看出来；

(4)坚持采购政策指南和手册中有关原则和程序的详细内容。

二、采购绩效评估标准和方法

(一)采购绩效评估的标准

有了绩效评估的指标之后，企业要考虑的就是制订什么样的绩效标准，作为实际绩效的比较基础。一般企业运用的标准如下。

1. 以往绩效

选择公司以往的采购绩效作为评估目前绩效的基础，是企业十分有效的做法。通过与以往采购绩效的比较，可以看出企业现在的采购绩效是提高了还是降低了。如果分开项目比较，例如，比较现在的采购材料成本和以前的材料成本，现在的经营成本与以前的经营成本，现在的采购时间和以前的采购时间等，还可以看出企业应该在哪些方面再接再厉，在哪些方面需要继续努力，在哪些方面需要做出改进。

但是，这种方法只适用于公司的采购部门，包括组织、目标和人员等均没有重大变动的情况下，否则就没有意义了。

2. 预算或标准绩效

如果企业过去没有做过类似的绩效评价，或者过去的绩效资料难以取得，或者企业的组织机构、组织职责、采购人员发生了较大的变动，那么，显然上面以“以往绩效”作为评估标准是行不通的。在这个时候我们可以采取预算或标准绩效作为评估的标准。

标准绩效的确定，一般可以采取以下几种方法。

(1)固定的标准。所谓的固定标准，就是一旦确定了标准，在一般情况下就不再变动了。这种方法简便易行，容易与过去指标进行对比，找出差距、进步或失误。但是，企业的情况是千变万化的，市场信息也是瞬息万变的，这种固定的标准恐怕难以适应这种变化的环境。

(2)理想的标准。所谓的理想标准，是指在完美的、具备一切条件的工作环境下，企业应有的绩效。这种方法易于激励员工的工作积极性，促使其最大限度地发挥工作潜力。但是，“完美的”工作环境一般的企业是很难具备的，对于员工来说这样的标准未免太为遥远，从而导致工作的挫折感。

(3)可达成的标准。所谓的可达成的标准，就是指在现有的条件环境下，企业可以达到的标准，通常依据当前的绩效加以适当的修改制订。这种方法是比较可行的，应该说是综合了以上两种方法的优点。这一标准使员工感到是可行的，它既不像固定标准那样一成不变，难以适应迅速变化的环境，也不像理想标准那样可望而不可即。

3. 同业平均绩效

以上所说的“以往绩效”是绩效的纵向的比较，现在所说的“同业平均绩效”是横向的比较。

如果同业的其他公司在采购组织、采购职责以及人员配备等方面都与公司有相似之处，那么公司就可以与同业的平均绩效水平进行比较，从中看出自己的采购工作成效上的优劣。当然，不同的公司都有各自的特性，即使同业中非常相似的公司也是这样。这就要求公司不能一概而论，要对比较的结果做深入的分析和对比，不能盲目做结论。

4. 目标绩效

这里所提出的目标绩效和预算或理想的绩效不同。前者是指在现有的情况和条件下，必须经过一番特别艰辛的努力才能达到的，否则就无法完成。后者是指在现有的情况下，“应该”可以达到的工作绩效。所以说，前者更注重实际的标准。

目标绩效通常代表公司的管理层对采购部门追求最佳绩效的期望值。这个标准的制定通常采取同业最佳绩效水平为标准。

(二)采购绩效评估的方法

采购绩效评估方法直接影响评估计划的成效和评估结果的正确与否。常用的评估方法如下。

(1)直接排序法。在直接排序法中，主管按照绩效表现从好到坏的顺序依次给员工排序，这种绩效表现既可以是整体绩效，也可以是某项特定工作的绩效。

(2)两两比较法。两两比较法指在某一绩效标准的基础上把一个员工都与其他员工相比较来判断谁“更好”，记录每一个员工和任何其他员工比较时认为“更好”的次数，根据次数的多少给员工排序。

(3)等级分配法。等级分配法能够克服上述两种方法的弊端。这种方法由评估小组或主管先拟定有关的评估项目，按评估项目对员工绩效作出粗略的排序。

（三）采购绩效评估制度的要求

（1）公开化。企业应以公正无私的立场，来制定采购绩效评估制度，绝不能使绩效评估制度成为采购部门本位主义的产物。

（2）必须切实符合企业的特性。必须带有企业个性色彩，切实符合企业特性。评估制度不是摆设，在制定前要对企业的业务运营进行深入调查，使采购绩效评估制度能和企业实际结合起来，从而发挥最大效用。

（3）评估的目的必须明确化。评估的目的是引导员工行为的指南，明确的目的能使员工加深对制度的理解，保障企业利益最大化。

第三节　采购绩效评估标准与绩效改进措施

一、衡量采购绩效评估标准

（一）采购绩效评估标准

20 世纪 80—90 年代的各种研究分析了用于衡量采购绩效的评价标准。重要的判断标准最初是关于成本、价格和供应商质量、交付绩效的。其实，衡量采购绩效的标准有很多，比如，全面质量管理、战略采购方和供应商的关系、货物总成本等。新的衡量工具需要衡量采购部门对公司竞争地位的作用，比如，减少从设计到产品的转化周期、供应商引进新的技术、采购周期等，企业可以根据自己具体的目标和当前的采购趋势将这些衡量标准进行排序，制定出符合自己实际情况的标准。

一般来说，采购人员在其工作职责上，必须完成适时、适量、适质、适价和适地等基本任务。因此，对采购人员的绩效评估就以“五适”为中心，并以量化的指标作为评估绩效的尺度。

1. 品质绩效

采购的品质绩效可以由验收记录和生产记录来判断。验收记录是供应商交货时，是公司所接受或拒收的采购项目数量或百分比；生产记录是在供应商交货后，在生产过程中发现质量不合格的项目数量或百分比。

（1）进料验收指标：

进料验收指标=合格（或拒收）数量/检验数量

（2）在制品验收指标：

在制品验收指标=可用（或拒收）数量/使用数量

如果以进料品质管制抽样检验的方式，那么在制品品质管制发现品质不良的比率，将比进料品质管制采用全数检验的方式高。拒收或拒用比率越高，表明采购人员的品质绩效越差。

2. 数量绩效

有时候，采购人员为争取数量折扣，以达到降低材料采购价格的目的，往往会大批进货。这样导致的后果常常是致使库存太多，增加库存成本，有时候甚至会发生呆料、废料的情况。针对以上情况，设计如下的绩效指标。

(1)储存费用指标：

储存费用指标=现有存货利息及保管费用－正常存货水准利息及保管费用

(2)呆料、废料处理损失指标：

呆料、废料处理损失指标=处理呆料、废料收入－处理呆料、废料损失

存货积压利息及保管费用越大，呆料、废料处理损失越高，表明采购人员的数量绩效越差。但是，这一指标有时候受公司的营业状况、物料管理绩效、生产技术变更或投机采购等因素的影响，并不一定都是采购人员的责任。

3. 时间绩效

时间绩效指标是用来评估采购人员处理订单的效率，以及对于供应商交货时间的控制。延迟交货，将影响企业生产经营活动的正常进行。但是，提前交货，也可能导致企业承担不必要的存货成本和提前付款的利息费用。

(1)紧急采购费用指标：

紧急采购费用指标=紧急运输方式的费用－正常运输方式的费用

(2)停工断料损失指标：

包括停工期间作业人员的薪金损失等。

事实上，除了以上两个指标所包括的直接费用和损失外，停工断料还造成许多间接的损失。比如，经常的停工待料，造成顾客订单流失、严重影响企业的信誉，减少企业的交易机会、由于停工延误市场需求变化导致的销售额减少、作业人员离职以及恢复正常作业的机器所做的必要的调整等；紧急采购会使得购入材料的价格偏高、品质欠佳，也会产生赶工时间必须支付额外的加班费用等。这些间接的费用和损失都没有包括在这项绩效评估指标内。

4. 价格绩效

价格绩效是企业最为重视和最为常见的评估采购绩效的指标。通过价格差额比较，可以衡量采购人员与供应商的讨价还价能力以及供需双方实力的变化情况。采购价格差额的指标通常有以下几种：

(1)实际价格与标准成本的差额；

(2)实际价格与过去移动平均价格的差额；

(3)使用时的价格和采购时的价格的差额；

(4)比较当期采购价格与基期采购价格的比率或当期物价指数与基期物价指数的比率。

5. 采购效率指标

以上的品质、数量、时间和价格绩效都是从采购人员的工作效果来衡量的，那么下面的采购效率指标可以从采购人员的工作效率来衡量。下面所列示的各项指标可以衡量在达成采购目标的过程中，各项活动的水准或效率。

(1)采购金额。

(2)采购金额占销货收入的百分比。

(3)定购单的件数。

(4)采购人员的数量。

(5)采购部门的费用。

(6)新供应商开发的数目，为使供应来源充足，对唯一来源的材料通过要求采购人员必须

在一定期限内增加供应商数量。这个评价指标，也可以通过唯一来源的材料占所有同类材料的比率来衡量。

(7)采购完成率。采购完成率可以通过本月累计完成件数和本月累计请购件数比较得出。其中完成件数由两种计算标准，一种是由采购人员签发请购单计算，另一种是在供应商交货验收完成后才计算。采购完成率是衡量采购人员努力工作的重要标准。但是，如果采购人员为提高采购的完成率，使议价流于形式或草率就得不偿失了。

(8)错误采购次数。错误采购次数是指采购人员没有按照有关的采购作业程序处理的采购。比如，错误的请购单位、没有预算的资本支出、没有经过请购单位主管核准的采购、没有经过采购单位主管核准的请购单等。这样的错误采购应该努力使之降为零。

(9)订单处理的时间。由采购活动水准上升或下降，我们可以清楚地了解采购人员工作的压力、动力和能力，而这一点对于改善或调整采购部门的组织与人员有很大的参考价值。

二、采购绩效评估体系的类型

一般来说，企业由四种绩效评估体系可供选择：效率导向体系、实效导向体系、复合目标体系、自然体系。

(一)效率导向绩效评估体系

效率导向体系强调成本和采购部门的经营效率，是评估采购绩效的传统方法。采购绩效的评估就是看采购材料的成本是否降低了，经营成本是否减少了，采购时间是否缩短了。采购材料的成本包括材料的价格、材料的库存成本、材料的运输报关等费用，材料的成本降低可以直接降低产品和服务的成本，为企业的利润做出贡献。经营成本包括办公费、邮寄费、差旅费、代理费、由于采购计划变更而导致的谈判、重新协商等管理成本。采购时间是指从接到采购要求到安排采购的这段时间。

用效率评估采购绩效的公司可以指定确切的量化的与效率相关的具体目标。比如，公司可以规定，采购部门要在一个月或一年内将某种特定材料的价格降低 1%，或者减少经营费用 1 万元，或者缩短采购周期，某种材料的采购周期由以前的 7 天改成 5 天等。这种评估方法简单明了，可以直观地看到采购部门的绩效。但是，正是因为量化的指标太绝对，从而忽视了其他一些影响到具体目标的定性的指标。

(二)实效导向绩效评估体系

实效导向评估体系评价采购部门对利润的贡献、与供应商的关系、产品、服务质量和顾客满意水平。在这一效率体系中，重点是降低采购材料的价格。同时，在这一效率体系中，可以直接或间接地评估采购部门对利润的贡献水平。采购企业的效益可以来自降低经营成本或材料成本，提高其他绩效，如提高材料质量以减少次品数量、使顾客满意等，缩短供货提前期，使消费者认为物超所值而提高销售额。实效体系认为净利润是公司的整体目标，而不是采购部门的目标。对比目标价格和实际支付价格或目标节约成本和实际节约成本，为评价绩效和提出改进建议或意见提供有用信息。

评估供应商关系需要看关系双方。衡量供应商绩效不仅包括传统的质量、价格、交货提前期和准时性、运输成本等方面，还包括通信和合作等更为本质的东西。在此过程中，由采购部门提供给供应商的服务质量也要通过相应的标准进行评估和测量。

此外，绩效评估的一项重要标准是顾客满意度，这项指标十分重要，也符合市场营销观念的演变。回顾企业管理理论的发展历史，我们能清晰地看到随着市场环境的演变，其过程经历了五个主要阶段：产值中心论、销售额中心论、利润中心论、客户中心论、客户满意中心论，如图 13-1 所示。

图 13-1　企业管理理念演变的五个阶段

从图 13-1 中可以看出，最初企业所处的市场环境为卖方市场，产品销售基本上不存在竞争，只要生产出产品就能卖出去，企业管理的目标是如何更快更好地生产出产品。后来，市场出现了竞争，企业生产出的产品如果卖不出去，就无法实现资本循环。为了实现从商品向货币的转换，取而代之的是“销售额中心论”。企业一方面提高产品的质量，另一方面强化促销，所追求的目标是产品的销售额。随着市场竞争的日趋激烈，企业发现在单纯追求高销售额的同时，由于生产成本和销售费用越来越高，利润反而下降，这绝不是经营者所期望的效果。因此，企业转而追求利润的绝对值，通过在生产和营销部门的各个环节上最大限度地削减生产成本和压缩销售费用，来实现利润最大化。但众所周知，成本是由各种资源构成的，相对而言它是一个常量，不可能无限制地去削减。当企业对利润的渴求无法或很难再从削减成本中获得时，他们自然而然地就将目光转向了客户。为此，企业开始从内部挖潜转向争取客户，进入了以客户为中心的管理。由于需求构成了市场，也构成了企业的获利潜力，而在市场上需求运动的最佳状态是满意，客户的满意就是企业效益的源泉。这样客户的满意程度就成为当今企业管理的中心和基本观念。

尽管实效导向绩效评估体系中纳入了这样一条评估标准，但在实际中这项标准却很难操作。如果采购人员做出的决定提高了最终产品质量，就有可能对消费者满意度产生积极影响，促使消费者更多地购买或向其他人推荐本企业的产品或服务，提高企业的销售额。当然我们也不能忽视另一方面，如果采购人员注重的是降低采购价格，那么最终采购的产品可能质量或可靠性有所降低，而这无疑会损害消费者的感情，降低消费者满意度。所以说，采购部门和供应商的这种关系很难量化。

（三）复合目标绩效评估体系

复合目标绩效评估体系是以上两种评估体系的结合，也就是说这种评估体系同时考虑了效率和实效的评估。这种多重的评估体系将定量的标准和定性的标准结合起来，有助于给决策层提供客观的依据。但是，这种评估体系也有缺陷，那就是它所结合的两个目标——效率和实效常常彼此冲突。比如，采购人员比较关注以最低的成本获得货物或所需的材料，那么，在效率这个目标上，采购成本得到的评价就会很高。但是这种价格采购也许会引起对利润贡献的消极评价，因为价格低就存在产品质量低劣、次品率升高的风险，这样做的结果就会导致消费者满意度降低，而这一目标显然是实效方面的。

存在这样的问题，并不代表这种方法不可行。对于企业或者采购部门来说，或者对于具体从事采购绩效评估的部门来说，关键就是认真、全面地构造一个多重目标绩效评估体系，避免效率和实效的冲突。

（四）自然绩效评估体系

自然绩效评估体系中不提供目标或标准，采购者仅被告知将会对其采购绩效进行评价。现在许多企业由于没有建立一套完整可行的评估标准，就采用这种方式进行经营。我们知道，如果没有具体的目标，也没有绩效评估和反馈，就不能对工作进行及时的总结，而采购人员也就不可能发挥其最大的潜力。

三、采购绩效改进的措施

（一）营造良好的组织氛围

做好采购管理规划和采购人员管理，建立良好的采购工作程序、控制采购价格与成本、加强供应商管理、掌控采购计划和购货合同执行。按质量合格率分级、制定改善供应商方案，在供应商中推行 ISO9000 认证。

（二）强化内部管理

制定采购管理手册。包括建立合格的采购团队，提供必需的资源；选聘合格人员担任采购人员并培训、设立挑战可行的工作指标；激励采购人员，掌握采购知识、提升采购技术能力、提高风险管理能力以及具有协作精神、具有供应链全局观和国际视野、具有良好的道德素养。

（三）应用现代信息技术

(1) 建立企业内部网：内网获取信息，免去了频繁召集会议的辛苦；外部电邮传送图纸或技术文件，供应商又快又准地获得清晰原件。

(2) 使用国际互联网：节约采购成本、缩短采购周期、增加采购流程透明度、增加有效供应商、促进企业现代化、知己知彼、百战百胜。

(3) 推行 MRP 系统：MRP 系统中的数据不仅全面，而且实时性好，许多采购人员所需的采购历史数据如采购量、历史价格、供应商信息等实时呈现。一种物资有几个合格供应商、供应商的基本情况（地址、联系方式）、采购前置时间、采购申请单、收货状态、库存量、供应商的货款支付状况等均可查询。

(4) 使用条形码：产品包装上使用条形码，包含了物料名称、物料编号、价格、制造商信息用读码器扫描直接输入计算机中，迅速准确，避免了手工输入工作量大容易出错。

(5) 与供应商进行电子数据交换（EDI）：与供应商建立紧密协作关系，把供应商作为企业的一个部门来管。双方间实施 EDI 的好处：传递信息多、采供信息交换快、数据准确、实现无纸化办公。

（四）与供应商建立合作伙伴关系

与供应商共同制订成本降低计划、签订长期采购协议、供应商参与到产品开发设计中去。

（五）建立优秀的采购绩效评审小组

成立采购绩效评审小组，聘请具有好的业务素质和好的职业道德、熟悉相应法律法规，掌握业务理论知识，胜任采购评审工作，熟悉产品并在其专业领域享有盛誉，接受审计监督的人员组成采购评审小组。

(六)正确选择采购方式

根据采购金额、采购制度等选择合适的采购方式。包括招标采购、竞争性谈判采购、询价采购、定点采购、集中采购、分散采购、现货采购、远期合同采购、直接采购、间接采购等。

思考题

一、填空题

1. 采购绩效评估基本原则有______、______、______、______四项。
2. 采购绩效评估有______、______、______、______、______、______六个目的。
3. 采购绩效评估的标准有______、______、______、______四项。

二、判断题

1. 绩效评估制度，可以提供客观的标准，来衡量采购目标是否达成，也可以确定采购部门目前的工作表现如何。 ( )
2. 评价采购部门的绩效通常有两种方法，这两种方法的评估程序和目标是相同的。 ( )

三、选择题

1. 可供企业选择绩效评估的体系有( )。

   A. 效率导向体系　　B. 实效导向体系
   C. 复合目标体系　　D. 自然体系

2. 采购绩效评估的方法有( )。

   A. 直接排序法　　B. 两两比较法
   C. 直接比较法　　D. 等级分配法

四、简答题

1. 简述采购绩效评估概念。
2. 采购绩效评估的基本原则及目的是什么?
3. 采购绩效评估程序包括哪些?
4. 采购绩效评估指标体系包括哪些?

【实践活动】

实践项目：掌握采购绩效评估方法及指标体系建立、采购绩效改进的措施

任务要求：班级同学10人为一组，在进行企业调研，充分了解上年度企业采购活动状况的基础上，建立采购绩效评估指标体系，对企业本年度的采购绩效活动进行评估，并且能够提出下年度采购绩效改进措施。

第三篇

专题篇

第十四章

政府采购

【引导案例】

2009年4月5日，H省政府采购中心受本省某研究所委托采购一批科研软件，采购预算为100万元，采购方式为公开招标，参加投标的供应商主要来自F省和S市。开评标结束后，来自S市的供应商C对来自本市的中标供应商A不满，遂向组织这次开评标的H省政府采购中心提出质疑，其质疑的事实主要内容如下：

(1)质疑A公司的投标资质不符招标要求，A公司的投标人系原C公司的员工，4年前脱离C公司，成立了属于自己的A公司。质疑A公司交纳社会保险费不足，C公司提供了一张由S市某某区社会保险管理中心开具的A公司交纳社会保险费的证明(经查：本项目招标文件只要求复印投标人缴纳社会保险费缴款凭证或社保证的复印件，同时由投标人提供一份本公司缴纳社保承诺书，A公司的投标书全部满足了招标文件要求)。

(2)质疑A供应商的技术文件有侵权嫌疑，原因是C公司认为A公司投标人在C公司工作期间对公司的核心技术了如指掌，因此，断言A公司存在技术上的侵权(经查：招标文件要求投标人提供所投产品的专利证书或著作权证，A公司的投标文件全部附带了所投产品并属于本公司的著作权证和专利证书)。

(3)质疑A公司的工作场地仅为10多平方米，缺乏履行合同的能力(经查：本项目招标文件没有对投标人的生产经营场地大小进行规定)。

讨论：在该政府采购活动中所质疑的问题涉及哪些方面的法律知识？你又是如何看待其中所质疑的问题的？

【学习目标】

1. 掌握政府采购的概念与特征，了解政府采购的发展，理解政府采购的基本功能与作用；

2. 了解政府采购是市场经济的客观要求，掌握政府采购市场的构建；

3. 掌握政府采购基本制度，包括政府采购组织模式、政府采购方式与程序、政府采购合同管理和政府采购救济机制。

第一节 政府采购概述

一、政府采购概念与特征

(一)政府采购的概念

政府采购(government procurement)在一些西方国家也被称为公共采购(public procurement)。政府采购制度已有200多年的发展历史，但在世界范围内，政府采购至今仍没有统一的概念。

现代政府采购概念来源于 1947 年关贸总协定(GATT)中有关国民待遇的例外规定条款。20 世纪 60 年代初，经济合作与发展组织(OECD)出台了《关于政府采购政策、程序和做法的文件草案》，将政府采购正式纳入国家组织文件之中。1979 年关贸组织将政府采购纳入贸易投资自由化谈判领域，并制定了《政府采购协议》(GPA)，其基本目标是通过建立一个有效的关于政府采购法律、规则、程序和措施方面的权利与义务的多边框架，实现世界贸易的扩大和更大程度的自由化。但 OECD 和世界贸易组织(WTO)并没有对政府采购作出概念性的解释，而是将其作为一个约定俗成的名词，只把政府采购的范围概括为：成员国的中央政府、次中央政府租赁、购买货物、服务、工程及公共设施的购买行为。

Jack T. Pitzer 曾作出如下描述："在美国，没有一个统一的词来准确表明政府购买商品、货物和工程。"尽管措辞并不相同，但各国对政府采购的界定是有其共性特征的。美国《2003 年联邦政府服务采购改革法案》将政府采购界定为：行政机关为了完成其职能，运用财政性资金，通过购买合同或租约的形式，进行购买的过程。国际透明组织将政府采购界定为：所有的在政府(政府部门、公有的企业和其他类型的机构)和公司(公有或私有)或个人之间订立的合同。

我国学术界一直对政府采购的界定存在争议，争议的问题主要表现为：其一，使用的资金问题；其二，使用资金额的限度问题；其三，采购的主体问题。正是由于对以上三个方面的不同认识，学者们有着不同的概念，其中最大的争议在于是否应当将所有的使用财政性资金的购买行为都列入政府采购之中。据此，可以将政府采购分为广义和狭义两个层面。一部分学者认为，应当将所有的使用财政性资金的购买行为都列入政府采购的范围，例如，孟春将政府采购定义为"各级国家机关和实行预算管理的政党组织、社会团体、事业单位，使用财政性资金在政府的统一管理和监督下获取货物、工程和服务的行为"；郑云瑞将政府采购表述为"政府采购是指政府为了开展日常政务活动或为社会公众服务的需要，使用财政性资金以法定的方式和程序从市场上购买货物、工程和服务的行为"；王亚星认为，"政府采购一般是指行政主体为了公共财产的供给从民间购入货物、工程和服务的行为"。以上定义的共同点在于：不论数额大小，只要是使用财政性资金的购买行为一律定位为政府采购。这实际上是广义的政府采购。广义的政府采购是指所有公共组织的全部购买行为。在此种定义下，政府采购的主体既包括国家权力机关、行政机关、司法机关，也包括社会团体、事业单位，甚至包括国有企业。而采购的内容既包括一些大额的动用财政拨款的行为，也包括一些小额的使用自筹资金的购买行为。

我国于 2003 年 1 月 1 日实施了《中华人民共和国政府采购法》(简称《政府采购法》)，明确界定了列入政府采购范围的财政性资金必须具备下列两个条件之一：一是必须是采购限额以上的采购行为。至于限额的大小，目前国家尚没有制定统一的标准。各地大多已经制定了当地的限额标准。二是必须是集中的采购行为，即狭义上的政府采购。在《政府采购法》中以法律的形式明确定义政府采购为：各级国家机关、事业单位和团体组织，使用财政性资金采购依法制定的集中采购目录以内的或者采购限额标准以上的货物、工程和服务的行为。该法界定的政府采购概念汇总见表 14-1。

我国《政府采购法》的立法宗旨是：为了规范政府采购行为，提高政府采购资金的使用效益，维护国家利益和公共利益，保护政府采购当事人的合法权益，促进廉政建设。可见，政府采购的内涵不仅包括经济因素，也包括政治管理、社会管理等因素。

表 14-1 政府采购概念框架

项 目	内容界定
采购目的	各级政府及其所属机构为了开展日常政务活动或为公众提供公共服务的需要及公共财产的供给
采购人	各级国家机关、事业单位和团体组织，包括各级国家权力机关、行政机关、审判机关、检察机关、政党组织、政协组织、工青妇组织以及文化、教育、科研、医疗、卫生、体育等事业单位
采购资金	财政性资金，包括预算内资金和预算外资金（这两类资金来源于税收和政府部门及所属事业单位依法收取的费用以及履行职责获得的其他收入）；政府借贷性资金
采购对象	货物：各种形态和种类的物品，包括原材料、燃料、设备、产品等 工程：指建设工程，包括建筑物和构筑物的新建、改建、扩建、装修、拆除、修缮等 服务：除货物和工程以外的其他政府采购对象，包括会议、印刷、物业管理、软件开发等
采购行为	是指以合同方式有偿取得货物、工程和服务的行为，包括购买、租赁、委托、雇佣等
限制条件	依法制定的集中采购目录以内的，或者采购限额标准以上的

综上所述，政府采购的定义为：政府公共部门为了开展日常政务活动，为社会公众提供公共服务及为实现国家政策管理的需要，使用财政性资金以法定的方式和程序，有偿取得货物、工程和服务的行为。

（二）政府采购的特征

1. 资金来源和采购主体的公共性

政府采购与私人采购最明显的区别就是采购资金来源不同。一般的私人采购资金来源于自有资金、借贷资金等，资金完全是个体所有或者个体负责；政府采购的资金是公共资金，属于财政支出中的购买性支出，来源于社会公众（纳税人），具有公共性。政府采购主体（采购人）为政府机关、事业单位、社会团体等公共部门，也具有公共性。根据委托代理理论，政府采购人是财政部门和社会公众的代理人，其职能是为社会提供公共服务，公共性是政府采购的本质属性。

2. 采购活动的政策性

政府采购资金来源和采购人的公共性决定了政府采购活动必须以实现社会职能和政治职能为目标，因此政府采购区别于私人采购和商业活动。政府采购为政府部门提供日常消费品，并承担规模大、周期长、回报低的项目，具有非营利性。政府采购规模巨大，对经济发展、调整产业结构、支持民族产业等都有重要的影响，是政府实现其政策导向功能的有效手段。

3. 采购过程和程序的规范性

政府采购作为一个具体行政行为，其行为的程序有非常严格的要求。政府采购制度建立的基础是现代市场经济的发展与完善，而在此基础上发展起来的政府采购制度是一场公共管理的革命。因此该制度从产生之日起就具有规范性。这种规范性体现在任何国家的政府采购过程中。从世界范围看，任何国家的政府采购都对采购的计划、预算、审批、方式、方法、过程和步骤作出了明确的规定，并通过法律的形式固定下来。而从政府采购的全过程看，公开、公平、公正、透明、廉洁等原则是各个国家政府采购过程普遍遵从的原则。政府采购程序的规范性是政府采购行为高效廉洁的保证。

4. 采购客体的广泛性

政府采购的客体（采购对象）包罗万象，具有广泛性和复杂性的特点。政府采购所涉及的范围总体可划分为货物、工程和服务三类，具体包括：①政府日常办公用品；②外交、国防所需物资；③工程建筑、房屋、水利、环境、交通设施；④劳务、技术、维修、培训服务。

5. 政府采购主体的法定性

不管是集中采购还是分散采购，都对采购主体资格有所要求，即都必须是一个法人单位，具有自己独立的财务系统；在集中采购的条件下，则要求采购主体统一纳入财政预算单位。具体来说，政府采购的主体必须是机关法人、社团法人或者事业单位法人。政府采购主体必须依法成立，资金来源于财政拨款，机构设置和人员编制要受制于相关法律法规的约束，并经相关部门的审批。

二、政府采购发展、功能和作用

(一)政府采购的发展

中国政府采购制度的演化主要经历了以下几个历程。

1. 试点初创阶段(1996年—1998年7月)

1996年，为了搭建公共财政框架并推进财政支出改革，国务院领导指示有关部门将建立我国政府采购制度提上议事日程。财政部在借鉴发达国家公共支出管理和政府采购制度的基础上，实行财政预算、国库拨款、支出管理政策等方面的改革，并承担起建设我国政府采购制度的任务。1995年上海市财政局借鉴世界银行及市场经济国家的通行做法，把竞争机制引入财政支出管理中，对伤害胸科医院的医疗设备按照政府采购的规则进行招标，取得了明显的经济效益和社会效益，成为我国政府采购制度的第一个试点城市，起到了示范先导作用。随后，全国各省、自治区、直辖市不同程度地开展了政府采购工作。1997年财政部正式向国务院法制办提出制定政府采购条例的请示，并初步完成了政府采购条例的草案稿。

2. 试点扩大阶段(1998年7月—2000年6月)

1998年，国务院实行机构改革，在批复财政部的“三定”方案中，赋予了“拟定和执行政府采购政策”的职能，通过了财政部为政府采购主管部门。财政部在预算司设立了专门机构，负责政府采购管理职能。政府采购管理部门和执行部门的确立，为推动和规范我国政府采购工作提供了组织保障。1998年深圳市制定了我国政府采购的第一个地方性法规《深圳经济特区政府采购条例》，随后各地方政府也先后制定了政府采购的管理办法。1999年4月17日，财政部颁布《政府采购管理暂行办法》，这是我国第一部关于政府采购方面的行政规章，开启了政府采购法制建设的新局面。1999年6月，国务院办公厅印发了《关于在国务院各部门机关实行政府采购的意见》的通知。2000年5月财政部会同监察部和审计署联合颁布了《关于2000年推行政府采购制度工作的意见》。这些举措的推出，极大地推动了政府采购试点工作过程，使全国的政府采购工作迅速展开。

3. 全面推行阶段(2000年6月—2002年12月)

2000年6月，财政部对内部机构进行改革，政府采购的管理职能由财政部预算司调整到新组建的国库司，国库司内设立了政府采购处，负责全国政府采购的管理事务。各地方政府也先后在财政部门建立了政府采购管理机构。同时，各地区也相继设立了集中采购机构(采购中心)，负责组织实施本级政府纳入集中采购目录范围的采购事务，加上各单位按规定进行的分散采购，我国集中采购与分散采购相结合的采购模式初步形成。财政部创办的“中国政府采购网”于2000年12月31日正式开通，2001年7月30日《中国政府采购》杂志正式创刊，标志着政府采购信息管理体系建设工作初步完成。2002年起，中央各单位正式编制政府采购预算并制订政府采购计划，对列入预算的采购项目必须按照采购计划的要求实行政府采购。2002 年 6 月 29 日，第九届全国人民代表大会常务委员会第二十八次会议通过了《中华人民共和国政府采购法》，该法自 2003 年 1 月 1 日起正式施行。这表明政府采购已经走上了法制化、规范化的轨道。

4. 深入法制阶段(2003 年 1 月至今)

《政府采购法》的实施标志着我国政府采购制度全面建立。该法为依法开展政府采购活动提供了制度保障。随后国家和相关部委对政府采购的监督、评审专家管理、信息公告管理、招投标管理、供应商投诉处理、项目价格评审管理、采购自主创新产品和环保节能产品等相关制度均出台了法规，使政府采购制度不断完善，充分发挥了政府采购调节经济、节约资金的功能。我国加入世界贸易组织时，承诺在加入之日起成为《政府采购协议》(GPA)观察员。2005 年 9 月，财政部成立了《政府采购协议》研究工作组，对我国加入 GPA 的相关问题进行专题研究和讨论，这推动了我国政府采购逐渐走向国际化。2010 年 1 月 11 日国务院法制办公布了《政府采购法实施条例(征求意见稿)》，使我国政府采购的法制化、规范化建设又上了一个新的台阶。政府采购制度的变革作为一种世界潮流，已经在全球范围内展开，我国政府采购制度的建立正是顺应了这个潮流，同时也适应了我国的经济发展和行政体制改革。

(二)政府采购的基本功能

政府采购作为政府主体，运用财政资金为满足社会公共需要而进行的采购活动，具有典型的公共性特征，是充分发挥政府经济职能、政治职能和社会职能的一种有效工具。下面将简要介绍政府采购在公共采购、自主创新和环境保护三个方面的功能。

1. 政府采购与公共采购

公共财政是政府在市场经济条件下提供公共品和公共服务的分配活动与分配关系。一般情况下也将公共财政的领域称为公共服务领域，即政府应为全社会提供高效、优质的公共品和公共服务。政府采购是国际上通行的公共财政支出的重要方式。

政府采购制度是构建我国公共财政框架的重要内容，同时，它又促进了公共财政支出体系的完善与发展，加速了公共财政相关环节的改革。具体表现在：一是政府采购制度有助于实现财政支出的宏观调控职能；二是政府采购制度可以适当节约财政资金；三是政府采购制度有助于提高财政支出的效益。

2. 政府采购与自主创新

实施扶持企业自主创新的政府采购政策，推进技术创新、产品创新和产业结构升级，是发达国家的普遍做法。政府采购促进企业自主创新的作用主要体现为：首先，在某种程度上既减少科技创新的产业化风险，又能鼓励现有科技成果加快产业化，支持企业向高新技术创新领域拓展，发挥重大的导向和推动作用；其次，坚持优先采购国内技术创新产品，鼓励国内企业在科技创新方面逐渐树立主导地位；最后，政府采购可选择一些亟待研究开发的高新技术项目，用招投标的方式，把有限的科研开发经费集中使用在关键环节上，带动一批企业参与重大技术创新。

对于政府采购来说，具体可以采取三项措施，以充分发挥促进企业自主创新的功能作用。一是建立《自主创新产品目录》制度；二是建立优先采购、政府首购、预先订购制度；三是建立强制性采购和固定比例采购制度。

3. 政府采购与环境保护

政府采购从公共利益出发，可以通过采购环保与节能产品、淘汰高能耗、高污染、低效率产品的方式，促进环保节能事业发展。政府采购通过政府的政策能力、采购形式的市场能力和采购监控能力，共同实现节能环保目标。政府采购不是单纯的采购，其性质决定政府必须通过一系列带有强制性的采购节能与环保产品的法规、政策达成更多的目标。政府采购在促进节能与环保方面的作用，不仅对政策和资金的直接影响，也能充分发挥政府在社会中的示范和引导效应。政府在节能与环保方面的优先采购政策和标准，一方面能够直接或间接地影响供应商的生产与销售行为，另一方面也会对社会其他不同主题的消费或投资行为产生示范和引导效应。实际上，政府采购的示范效应可能会大大高于政府采购政策与资金本身所发生的直接作用，形成一种正向的倍数影响效应。

（三）政府采购的主要作用

政府采购是政府施政行为的体现，因为政府的运行需要采购支持，政府的活动通过采购来体现。政府采购工作开展得好与坏，直接影响政府政策的落实情况，最终影响政府的信誉和形象。因此，政府采购的作用意义体现在以下几方面。

1. 保证采购的经济性和有效性

政府采购的经济有效性目标是指以最有利的价格采购到质量合乎要求的货物、工程或服务。经济性是指采购资金的节约和合理使用。有效性是指在使采购的货物、工程或服务具有良好的质量、合理的价格的同时，还要注意采购的效率，要在合同规定的合理时间内完成招标采购任务，以满足使用部门的需求。政府采购支出总量的变化对于刺激经济增长、保持供求平衡和宏观经济稳定具有重要意义。

2. 宏观调控手段

政府采购对于社会发展具有宏观调控作用和影响。政府采购活动将贯彻政府的各项方针政策，用直接和间接的方式推动社会发展政策的落实。政府采购实质上就是政府支出的安排和使用行为，将政府采购政策与其他政策相结合，并协调一致，发挥合力作用，能够实现政府的各项重大政策目标。例如，政府通过调整采购总规模，调节国民经济运行；政府采购通过调整采购结构，来调整产业结构，或保护民族工业、维护生产与消费者利益、环境保护、促进残疾人和妇女就业、扩大对外贸易等。

3. 保护环境

在现代社会，环境保护问题已成为各个政府在经济发展中密切关注的一个话题。各国政府纷纷制定大量的相关法规，保护赖以生存的生活环境。政府采购又是必要手段之一促使法规得以执行。因此，政府采购的标准逐渐从单纯关注经济利益转向关注经济、社会和环境利益的结合，这也是政府大力倡导节能减排、走可持续发展道路的生动反映。在很多欧美国家，很早已经实行了环保采购，例如，规定政府购车的排气量；对采购产品或拟建工程提出有利于环境保护的指标和要求；政府还对产品的环境属性信息建立了环保采购数据库。

4. 促进国际贸易

“通过建立一个有效的关于政府采购的法律、规则、程序和措施方面的权力与义务的多边框架，实现世界贸易的扩大和更大程度的自由化，改善协调世界贸易运行的环境。”（世界贸易组织《政府采购协议》）。政府通过加入国际性或区域经济组织政府采购协议，使国内的企业以较优惠的条件进口原材料，同时也为国内企业开辟新的市场，让国内企业到国际政府采购市场上参与竞争。也鼓励不同国籍的供应商和承包商参与本国政府采购，从而获得投标的比较价格优势。

5. 促进中小企业发展

一般来说，中小企业在行业中不占统治地位，营业额低于一定的标准，依靠特定产业生存发展，因此，中小企业在激烈的行业竞争中独立经营难度大且经营成本相对较高，如果一个大企业得到的政府合同超过一定数额，就必须尽力寻找小企业，把一定份额的合同转包给小企业。但是，政府合同可能对小企业不利，因为这些合同是长期的，同时还要求产品及服务的多样性和广泛的服务范围。

除上述作用之外，政府采购还有其他特定的经济社会作用，如塑造政府良好形象，稳定物价，增加就业机会，平衡区域差异，促进高新技术的转让、推广与优化，节省外汇，等等。

第二节 政府采购市场

一、政府采购是市场经济的客观要求

政府采购制度是市场经济条件下加强财政支出管理、规范政府机构采购行为、发挥对国民经济宏观调控作用的一项制度。

从国际上看，凡是市场经济比较发达的国家，政府采购的历史就比较悠久，法律和制度就比较完善。虽然在政府采购立法宗旨的表述上不尽相同，但基本精神和内容是一致的。主要有：加强对政府采购行为的规范化管理，提高政府采购活动的透明度，努力节约采购支出，提高效率；鼓励供应商参与采购活动，促进充分竞争；保证给予供应商公平和平等的待遇，政府采购要保护社会公共利益，做到诚实守信，提高公众对采购活动的信任度。

我国与世界其他各国一样，历来就存在政府采购行为。在计划经济体制下，政府采购是通过计划进行管理。改革开放后，对计划经济体制不断改革，社会主义市场经济体制逐步建立，但没有及时进行适应的政府采购制度改革，使得政府采购行为缺乏相应的约束，采购活动基本处于分散、自由状态，政策目标单一，采购资金使用效益不高，采购活动中行为不规范甚至行贿索贿等腐败现象时常发生。随着我国社会主义市场经济体制和财政体制改革的不断深入，迫切需要国家加强财政支出管理，规范政府采购行为，并在此基础上，建立和实行政府采购制度。

二、政府采购市场存在的问题

在入世时承诺入世后尽快启动加入 GPA 的谈判，加入《政府采购协议》、开放政府采购市场是我国入世后的必然选择。这是中国完整履行加入 WTO 义务的标志，当前，兑现承诺已成为我国政府采购领域的一个重要议题。GPA 的宗旨在于建立一个开放透明、公平竞争和讲究纪律的采购制度体系，一个竞争的、开放的政府采购将会使所有成员受益。但政府采购市场仍存在很多问题。

1. 缺乏完善的法制基础

我国的政府采购工作起步较晚，同发达国家相比，政府采购体制还存在着明显的不足：政府采购立法相对滞后。开放条件下政府采购活动的顺利进行，依赖于规范、完善的政府采购法律法规的约束，虽然我国已建立了完整、统一的政府采购法规，但离开放的政府采购市场的要求还有一定的距离，政府采购各个环节的法律基础还比较缺乏。比如，根据国际经验，一个项目完整、有效的采购过程必须辅之每个阶段以相配套的法律法规，从不同的侧重点对政府采购的各个环节做完备的规定。而我国《政府采购法》规定的只是政府采购基本原则、方式和程序，缺乏配套的法律解释、实施细则。目前，不少具体的采购实施条例及配套的规章制度是由省、直辖市、自治区根据自己的实际情况来制定的，由于实施条例并不可能对具体的制度做详尽的规定，这使各地在实际操作时存在较大的随意性。

2. 缺乏优势的产业基础

加入 WTO 为我国的产业发展提供了更为广阔的市场和更加巨大的空间，但同时也带来了冲击。政府采购制度作为一种非关税贸易壁垒，它对国民经济的运行起着巨大的调节作用，按国际的常规算法，各国每年的政府采购总额约占国民生产总值的 10%～15%，占财政支出的 30%左右。政府采购是我国加入 WTO 后为我国民族产业提供合法保护的最重要手段，它能够推动和扶植相关民族产业的发展，尤其是稚嫩产业和关系国计民生的基础产业的发展。在政府采购市场开放形势下，我国国内产业与国外同行业相比还有较大的差距，中国企业的整体竞争力还比较低，缺乏国际竞争经验。面对国际化采购，来自国家间监督的约束力将导致一国内部地方的保护措施无法实施，由于丧失国内庇护性政策的保护，长期处在保护之下的国内企业必定会在国际竞争中处于劣势，这可能也是目前广大发展中国家对加入 GPA 保持谨慎态度的原因。

3. 缺乏规范的市场环境

首先，我国的政府采购整体规模偏小。我国 2005 年的政府采购规模仅占 GDP 的 1.6%和财政支出的 8.6%左右，与国际一般水平相比还存在着不小的差距。

其次，单次采购规模偏小。目前，政府采购的地区分割和行业分割比较严重，地区之间缺乏必要的联系和整合。即使不少地区在同一时段内进行同样项目的采购，但由于缺乏整合，每个项目的采购批量小，相应的单位采购金额的成本大幅增加，并未能充分发挥集中采购的规模效益。

再次，采购结构不合理。从目前我国采购项目的构成来看，政府采购项目主要集中于货物类、工程类和服务类采购，这三大类采购在政府采购中所占的比例依次为 67%、23%和 10%。可以看到，具有较大乘数效应的工程采购在政府采购中比重不大，这严重影响了政府采购效益的发挥。另外，从采购的内容来说，我国政府采购的品目多数集中在汽车、计算机、复印机、空调、医疗设备等通用类产品上，覆盖不全面。

最后，管理比较混乱。由于存在着比较复杂的政府采购管理体制以及部门职能交叉、重叠和协调的问题，导致我国政府采购缺乏制度性的约束，随意性较大，管理比较混乱。如由于部门职能交叉或经济利益影响，作为与《政府采购协议》接轨重要内容之一的包含桥梁、电站等建设的工程采购一直未被纳入政府采购领域，这也妨碍了政府采购工作的健康发展。

4. 缺乏专业化的采购人员

开放的政府采购市场需要有与国际接轨的高素质的政府采购队伍，而我国目前尚未拥有一支系统、完整的专业化的政府采购队伍。虽然现有的政府采购从业人员能够完成目前的采购任务，但并不代表能适应今后政府采购工作的发展要求，若再缺乏经常性的专业培训，不少采购工作人员将难以适应新形势下政府采购工作的需求。例如，不熟悉现代政府采购业务和技巧，对市场企业的信誉和商品质量把握不准，不善于搜集信息、分析和运用市场信息等。另外，面对国际化采购的挑战，对国外采购惯例、国际市场规则、国外企业评判、国际信用衡量以及国际争端解决等问题，大多数采购人员目前仍缺乏认识。

三、政府采购市场的构建

随着政府采购规模的不断扩大，政府采购市场中的诸多活动中的许多困难和问题逐渐显现出来。为了能够更好地完善政府采购，鼓励更多的供应商参与竞争，需要建立一个良性的政府采购市场，提出以下几个方面的建议。

1. 消除市场内部障碍，构建统一的政府采购大市场

这是我国政府采购发展的必然趋势和重要目标，是繁荣我国政府采购事业、有效发挥政府采购“红利”的必经之路。

2. 为参与政府采购的供应商提供服务和咨询

扶持社会中介服务机构，通过中介服务机构协助企业制定参与政府采购的战略，找准市场定位，提供政府采购信息，指导企业制定详细的投标策略，积累投标经验，提供投标技术和能力。建立主动为中小企业提供咨询服务的工作机制，加强对中小企业参与政府采购的指导和服务工作，组织业务培训，并组织现场观摩，从采购政策、采购的基本运作和有关案例方面提供具体的帮助。

3. 加强和坚持政府采购信息公开

公开透明是治理腐败的一剂良药。《政府采购法》颁布实施以来，我国在信息公开方面取得了很大成效，各地绝大多数的招标公告和中标公告都能被及时公开，而且不少地方都推出了信息公开的管理办法，对招标公告、资格预审办法、信息更正公告、中标公告等都做到了及时发布。政府采购信息公开制度是我国政府信息公开工作的先行者，及大地提升了政府形象，推动了其他政府工作信息公开制度的建设。其意义不仅局限于政府采购领域，而是扩展到了整个行政体制改革和政府职能转变之中。

第三节　政府采购基本制度

一、政府采购组织模式

当今世界各国通行的政府采购组织模式总的来说，可分为以下三种。

1. 集中采购组织模式

由政府设立独立的采购执行机构，统一为政府采购货物、工程和服务的一种采购组织形式。实际运作中，有一个部门负责本级政府所有的采购，采购作业也由统一的机构承担。如香港政府除了土地、建筑物和个别低价商品外，其余都由政府物流服务署根据《公共采购条例》集中采购。

集中采购与分散采购相比，各有利弊，集中采购的有利之处在于：一是能够集中需求，形成批量采购，取得规模效益，减少重复采购，降低采购成本；二是有利于培养专业的采购队伍，确保采购质量；三是有利于监督管理，促进采购执行机构依法采购；四是有利于贯彻落实政府采购政策目标。弊端在于：较难适应采购机构的特殊要求，由于采购方式和程序的制约，往往导致采购周期较长，影响采购效率。

2. 分散采购组织模式

由各政府机构自行进行采购活动的一种采购组织模式。实际运作中，由各支出单位自行组织采购活动，采购作业分散在不同的机构中。新加坡是实行高度分散的采购制度，只有有限的物品如计算机、纸张等是通过集中采购的，其他物品都由各部门根据财政部(预算署)制定的《政府采购指南》自行采购。

分散采购的优点：能够满足采购单位对及时性和多样性的要求。缺点：无法产生规模效益，由于重复采购，造成采购成本高，不利于监督管理。

3. 半集中半分散采购组织模式

在政府采购组织实施形式中，既有集中采购也由分散采购，二者同时并存。即除部分产品或服务由专门部门采购外，其余由各支出单位自行采购的采购模式。从物流作业上看，有的商品集中在一个机构，其他商品物流分散在多家机构中进行。

《政府采购法》规定，纳入集中采购目录以内的政府采购项目必须委托集中采购机构采购，我国政府的集中采购有复杂的供应链。我国台湾地区的采购学专家叶彬认为，集中化采购代表着现代政府采购组织的一种趋势。各国的政府采购实践表明，适当的集中化采购能够促进政府采购各项目标的实现。

二、政府采购机构职能和作用

1. 集中采购机构的职能与作用

《政府采购法》颁布前，许多地方在财政部门内设立集中采购机构——政府采购中心，履行集中采购职能，《政府采购法》实施后，各地都依法设立集中采购机构，在中央设立中国国家机关政府采购中心，负责统一组织实施中央国家机关政府集中采购目录中项目的采购。《政府采购法》规定：各级人民政府的财政部门是负责政府采购监督管理的部门，政府采购监督管理部门不得设置集中采购机构。各地根据实际情况，将集中采购逐渐从采购部门分离，由政府独立设置，依法独立履行集中采购的职能。

集中采购机构的主要职责，《政府采购法》没有明确的规定。《上海市政府采购管理办法》规定，上海市政府采购中心履行以下职责：①组织实施集中采购；②接受采购人委托，代理采购；③建立与上海市政府采购相适应的信息系统；④上海市人民政府规定的其他职责。根据《政府采购法》的规定和各地政府的采购实践，集中采购机构的主要职责应包括：①组织对集中采购目录内的政府采购项目依法进行独立采购；②接受采购人员的委托，代理采购属于分散采购的政府采购项目；③建立符合业务要求的供应商信息库、商品信息库和专家库。

2. 分散采购机构的职能与作用

分散采购能适应不同地区市场环境变化，商品采购具有相当的弹性；对市场反应灵敏，补货及时，购销迅速；由于分部拥有采购权，可以提高一线部门的积极性，提高士气；由于采购权和销售权合一，分部拥有较大权力，因而便于分部考核，要求其对整个经营业绩负责。可以尽快地满足用户的需要，特别是一些特殊需要。

分散采购比较灵活，拥有快速的决策响应性，且采购人员对本部门的运营环境有很好的理解，能够对产品开发给予支持。

3. 半集中半分散采购机构的职能与作用

半集中半分散采购强调货物、工程和服务的采购权与使用权的适度分离，既有政府集中统一采购，又允许使用单位一定范围的自主采购，两种形式互为补充。半集中半分散采购机构可以结合集中采购和分散采购的优缺点，取长补短，充分利用集中采购和分散采购机构的职能与作用。

三、政府采购方式和程序

(一)政府采购的方式

政府采购方式就是指政府在采购所需的货物、工程和服务时应采取什么方式和形式来实现。《政府采购法》第二十六条列出政府采购采用以下方式：①公开招标；②邀请招标；③竞争性谈判；④单一来源采购；⑤询价；⑥国务院政府采购监督部门认定的其他采购方式。其中，公开招标应作为政府采购的主要采购方式。

1. 公开招标方式

根据《中华人民共和国招标投标法》第十条的定义，公开招标是指招标人以招标公告的方式邀请不特定的法人或者其他组织投标。招标人有权自行选择招标代理机构，委托其办理招标事宜。任何单位和个人不得以任何方式为招标人指定招标代理机构。招标人具有编制招标文件和组织评标能力的，可以自行办理招标事宜。任何单位和个人不得强制其委托招标代理机构办理招标事宜。招标代理机构是依法设立、从事招标代理业务，并提供相关服务的社会中介组织。招标公告应当载明招标人的名称和地址，招标项目的性质、数量、实施地点和时间以及获取招标文件的办法等事项。

广东省于2003年6月1日起实施《广东省实施〈中华人民共和国招标投标法〉办法》。2010年3月1日起实施《广东省实施〈中华人民共和国政府采购法〉办法》。在《广东省实施〈中华人民共和国政府采购法〉办法》第四条中规定，政府采购实行集中采购和分散采购相结合。实行集中采购的政府采购项目，由集中采购目录确定。集中采购目录以外，采购限额标准以上的采购项目，实行分散采购。集中采购目录和限额标准由省人民政府制定并公布。

货物服务采购项目达到公开招标数额标准的，必须采用公开招标方式。采购人采购货物或者服务应当采用公开招标方式的，其具体数额标准，属于中央预算的政府采购项目的，由国务院规定；属于地方预算的政府采购项目的，由省、自治区、直辖市人民政府规定；因特殊情况需要采用公开招标以外的采购方式的，应当在采购活动开始前获得本区的市、自治州以上人民政府采购监督管理部门的批准。

公开招标的发布方式要求招标人应当发布招标公告，邀请不特定的法人或其他组织投标。依法必须进行施工招标项目的招标公告，应当在国家指定的报刊和信息网络上发布。按法律规定必须进行招标的项目，任何单位和个人不得通过化整为零或者以其他任何方式规避招标。

2. 邀请招标方式

根据《中华人民共和国招标法》第十条的定义，邀请招标是指招标人以投标邀请书的方式邀请特定的法人或其他组织投标。《政府采购法》第二十九条注明：符合下列情形之一的货物或者服务，可以依照本法采用邀请招标方式采购：

(1)具有特殊性，只能从有限范围的供应商处采购的；

(2)采用公开招标方式的费用占政府采购项目总价值的比例过大的。

为了规范工程建设项目施工招标投标活动，国家计委、建设部、铁道部等七个部门审议通过了《工程建设项目施工招标投标办法》，自 2003 年 5 月 1 日起实施。该办法规定，有下列情形之一的，经批准可以进行邀请招标：

(1)项目技术复杂或有特殊要求，只有少量几家潜在投标人可供选择的；

(2)受自然地域环境限制的；

(3)涉及国家安全、国家秘密或抢险救灾，适宜招标但不宜公开招标的；

(4)拟公开招标的费用与项目的价值相比，不值得的；

(5)法律、法规规定不宜公开招标的。

国家重点建设项目的邀请招标，应当经国务院发展计划部门批准；地方重点建设项目的邀请招标，应当经各省、自治区、直辖市人民政府批准。

全部使用国有资金投资或国有资金投资占控股或者主导地位的，并需要审批的工程建设项目的邀请招标，应当经项目审批部门批准，当项目审批部门只审批立项的，由有关行政监督部门审批。

采用邀请招标方式的，招标人应当向 3 家以上具备承担施工招标项目的能力、资信良好的特定的法人或者其他组织发出投标邀请书。

3. 竞争性谈判方式

竞争性谈判方式是指要求采购人就有关采购事项，与不少于 3 家供应商进行谈判，最后按照预先规定的成交标准，确定成交供应商的方式。

《政府采购法》第三十条注明，符合下列情形之一的货物或者服务，可以依照本法采用竞争性谈判方式采购：

(1)招标后没有供应商投标，或者没有合格标的，或者重新招标未能成立的；

(2)技术复杂或者性质特殊，不能确定详细规格或者具体要求的；

(3)采用招标所需时间不能满足用户紧急需要的；

(4)不能事先计算出价格总额的。

4. 单一来源方式

单一来源方式是指没有竞争的，采购人向唯一供应商进行采购的方式。《政府采购法》第三十一条注明，符合下列情形之一的货物或者服务，可以依照本法采用单一来源方式采购：

(1)只能从唯一供应商处采购的；

(2)发生了不可预见的紧急情况下不能从其他供应商处采购的；

(3)必须保证原有采购项目一致性或者服务配套的要求，需要继续从原供应商处添购的，且添购资金总额不超过原合同采购金额 10%的。

5. 询价方式

询价方式指只考虑价格因素，要求采购人向 3 家以上供应商发出询价单，对一次性报出的价格进行比较，最后按照符合采购需求、质量和服务相同且报价最低的原则，确定成交供应商的方式。《政府采购法》第三十二条注明，采购的货物规格、标准统一、现货货源充足且价格变化幅度小的政府采购项目，可以依照本法采用询价方式采购。

(二)政府采购的程序

政府采购有一整套规范的程序，特定采购方式还有其不同之处。政府采购程序大致如下。

1. 编制采购预算

负有编制部门预算职责的部门在编制下一财政年度部门预算时，应当将该财政年度政府采购的项目及资金预算列出，报本级财政部门汇总。部门预算的审批，按预算管理权限和程序进行。

2. 确定采购方式，并进行采购

政府采购的方式可分为两大类：招标采购和非招标采购。非招标采购有竞争性谈判和询价谈判等方式。采购金额是确定招标采购与非招标采购的重要标准之一。

第一，招标采购的整个流程包括招标的准备阶段、招标的实施阶段和招标的成交阶段三个部分，整个程序中有许多严谨、细致的操作规范，每个招标人都必须按程序有步骤地参与其中。一个完整的招标采购流程基本可分为以下七个阶段。

1)策划

投标活动是一次涉及范围很大的大型活动。因此，开展一次招标活动需要进行认真周密的策划，招标策划主要应当做好以下工作：

(1)明确招标的内容和目标，对招标采购的必要性和可行性进行充分的研究和探讨；

(2)对招标的方案、操作步骤、时间进度等进行讨论，并形成初步策划方案；

(3)对招标书的标底进行初步估算；

(4)确定评标方法和评标小组；

(5)把以上讨论形成的方案交由企业管理层讨论，并做出决定，按管理层的意见形成最终方案。

招标策划有很多需要注意的事项，有些企业为了慎重起见，会特意聘请专业的咨询公司或招标代理机构代为制作。

2)招标

在招标方案得到公司的同意和支持后，流程就进入了实际操作阶段，而这一阶段的第一项工作是招标。招标阶段的工作主要有以下几个部分。

(1)制作标书。招标书是招标活动的核心文件，需要认真审慎地起草拟定招标书。

(2)对招标书的标底进行仔细研究敲定。有些条款需要召开专家会议，甚至向咨询公司咨询。

(3)招标书发送。采用适当的方式将招标书送达合乎资格的投标人手中。例如，对于公开招标，招标单位可以在媒体上发布招标公告对于选择性招标，招标单位可以用挂号信或特快专递直接送达投标人处。

3) 投标

投标人在收到招标书以后，若其愿意投标，则进入到投标程序。其中，投标书、投标报价需要投标人进行认真的研究、严密的论证。这些内容是要和许多供应商竞争评比的，既要具备一定的优势，又要合理并且能够保证利润。投标文件要在限定的时间内准备好，一般是一份正本、若干份副本，并且分别封装签章，信封分别注明“正本”“副本”字样，可以选择寄到招标单位。但在实际操作中，一般要求投标人在开标当天递交到开标现场。

4) 开标

开标应按照招标通告中规定的时间、地点公开进行，并由招标方主持，评标委员会成员、投标人或其委派的代表以及有关工作人员参加。开标商，应以公开的方式检查投标文件的密封情况，确认无误后拆封唱标，当众宣读供应商的名称、有无撤标或投标的修改情况、提交投标保证金的方式是否符合要求(在有保证金的前提下)、投标项目的主要内容、投标价格、交货期及其他有价值的内容；开标时，对于投标文件中含义不明确的地方，允许投标人做简要的解释，但所做的解释不能超过投标文件记载的范围，或实质性地改变投标文件的内容。招标方有权就投标文件中含混之处向投标人提出询问或澄清要求。投标人必须按照招标方通知的时间、地点派技术和商务人员进行答疑和澄清。而答疑和澄清同样不能超过投标文件记载的范围，或实质性地改变投标文件的内容。以电传、电报方式投标的，不予以开标。

开标要做好开标记录，其内容包括项目名称、招标号、投标人的名称及报价、有无提交投标保证金、营业执照复印件、法定代表人证明书及授权委托书等。

在有些情况下，可以暂缓开标或推迟开标时间，例如，招标文件发售后对原招标文件做了变更或补充；开标前发现有足以影响采购公正性的不正当行为甚至是违法行为；采购单位接到质疑或诉讼；出现突发事故；变更或取消采购计划，等等。

5) 评标

招标方收到投标书后，直到招标会召开为止，不得事先开封。只有当招标会开始，投标人到达会场，才可将投标书交由投标人检查，验封完毕，当面开封。

若招标文件规定，投标人可在开封后拿着自己的投标书向全体评标小组陈述自己的投标书，并接受全体评委的质询，甚至是参加投标辩论。陈述或辩论完毕，投标者退出会场。评委进行分析评比，最后根据投票或打分选出中标人。

评标由招标人依法组建的评标委员会负责。评标委员会由招标人的代表和有关技术、经济等方面的专家组成，成员人数应为 5 人以上的奇数，其中技术、经济等方面的专家不得少于成员总数的 2/3，所选专家应当从事相关领域工作满 8 年，并具有高级职称或者具有同等专业水平，由招标人从国务院有关部门或者省、自治区、直辖市人民政府有关部门提供的专家名册或者招标代理机构的专家库内的相关专业的专家名单中确定。普通招标项目可以采取随即抽取的方式选择，特殊招标项目可以由招标人直接确定。与投标人有利害关系的人不得进入相关项目的评标委员会，已经进入的应当予以更换。评标委员会的成员名单在中标结果确定前应当予以保密。招标人应当采取必要的措施，保证评标是在严格保密的情况下进行的，任何单位和个人不得非法干预、影响评标的过程和结果。评标委员会可以要求投标人对投标文件中含义不明确的内容做必要的澄清或说明，但是澄清或说明不得超出投标文件的范围或者改变投标文件的实质性内容。

评标委员会应当按照招标文件确定的评标标准和方法，对投标文件进行评审和比较。设有标底的，应当参考标底。评标委员会完成评标后，应当向招标人提出书面评标报告，并推荐合适的中标候选人。招标人根据评标委员会提出的书面评标报告和推荐的中标候选人确定中标人，招标人也可以授权评标委员会直接确定中标人。

评标委员会成员不得私下接触投标人，不得收受投标人的财务或者其他好处。评标委员会成员和参与评标的有关工作人员不得透露对投标文件的评审和比较、中标候选人的推荐情况及与评标有关的其他情况。在评标期间，一旦投标人有企图影响招标方的活动，将拒绝该投标人的投标，并使其承担相应的法律责任。

6）定标

在全体评标人员投票或打分选出中标人员以后，交给招标方，招标方对预中标方进行最终审查。最终审查是对预中标方产品的性能、技术状况、生产条件、产品质量、投标人资格、信誉以及招标方认为有必要了解的问题做进一步考察。其方式有两种：一是对预中标方进行询问；二是对预中标方进行实地考察。如果在审查结果中，预中标方不符合中标条件，则按次序考察下一个得票最多或分数最高者。通过最终审查后，由招标方通知中标方。同时，对于没有中标者也要明确通知(发落标通知)和表示感谢，并及时退还投标保证金。

7）签订合同

具体的合同签订方法有两种：一种是在发中标通知书的同时，将合同文本寄给中标单位，让其在规定的时间内签字寄回；另一种是中标单位收到中标通知书后，在规定的时间内，派人前来签订合同。如果是采用第二种方法，合同签订前，允许互相澄清一些非实质性的技术或经济问题，但不得要求投标人承担招标文件中没有规定的义务，也不得有标后压价的行为。合同签字，并在中标人按要求提交了履约保证金后，合同就正式生效，采购工作进入了合同实施阶段。需要注意的是，招标文件、中标人的投标文件及评标过程中有关澄清文件均应作为合同附件，而中标通知书也是合同的一个组成部分。

第二，非招标采购方面。当采用竞争性谈判方式和询价方式采购时，各自遵循一定的程序。

1）竞争性谈判

当采用竞争性谈判方式采购时，应当遵循下列程序。

(1)成立谈判小组。谈判小组由采购人的代表和有关专家共3人以上的单数组成，其中专家的人数不得少于成员总数的2/3。

(2)制定谈判文件。谈判文件应当明确谈判程序、谈判内容、合同草案的条款以及评定成交的标准等事项。

(3)确定邀请参加谈判的供应商名单。谈判小组从符合相应资格条件的供应商名单中确定不少于3家的供应商参加谈判，并向其提供谈判文件。

(4)谈判。谈判小组所有成员集中与单一供应商分别进行谈判。在谈判中，谈判的任何一方不得透露与谈判有关的其他供应商的技术资料、价格和其他文件。谈判文件有实质性变动的，谈判小组应当以书面形式通知所有参加谈判的供应商。

(5)确定成交供应商。谈判结束后，谈判小组应当要求所有参加谈判的供应商在规定时间内进行最后报价，采购人从谈判小组提出的成交候选人中根据符合采购需求、质量和服务相等且报价最低的原则确定成交供应商，并将结果通知所有参加谈判的未成交的供应商。

2）询价方式

当采取询价方式采购时，应当遵循下列程序。

(1)成立询价小组。询价小组由采购人的代表和有关专家共 3 人以上的单数组成，其中专家的人数不得少于成员总数的 2/3。询价小组应当对采购项目的价格构成和评定成交的标准等事项做出规定。

(2)确定被询价的供应商名单。询价小组根据采购需求，从符合相应资格条件的供应商名单中确定不少于 3 家的供应商，并向其发出询价通知书让其报价。

(3)询价。询价小组要求被询价的供应商一次报出不得更改的价格。

(4)确定成交供应商。采购人根据符合采购需求、质量和服务相等且报价最低的原则确定成交供应商，并将结果通知所有被询价的未成交的供应商。

3. 验收

采购人或者其委托的采购代理机构组织对供应商的履约进行验收。大型或者复杂的政府采购项目，应当邀请国家认可的质量检测机构参加验收工作。验收方成员应当在验收书上签字，并承担相应的法律责任。

4. 文件保存

采购人、采购代理机构对政府采购项目每项采购活动的采购文件应当妥善保存，不得伪造、变造、隐匿或者销毁。采购文件的保存期限为从采购结束之日起至少保存 5 年。

四、政府采购合同管理

《政府采购法》第四十三条明确规定，政府采购合同适用《中华人民共和国合同法》。但政府采购合同不同于一般的民事合同，政府采购合同适用于《中华人民共和国合同法》的内容包括：

(1)政府采购合同遵循合同法的一般原则：平等原则、自愿原则、公平原则和诚信原则；

(2)政府采购合同的订立和合同效力的认定，除政府采购法规定应当适用政府采购程序外，也应当依据要约和承诺的一般原则，政府采购合同的形式、合同效力认定适用于合同法的有关规定；

(3)政府采购合同的履行适用合同履行的一般规则，如同时履行抗辩权、先履行抗辩权和不抗辩等；

(4)政府采购合同的变更、解除、终止适用于合同法的一般规定。

政府采购过程是合同订立和履行的过程。政府采购是以法定的方式和程序确定中标或成交供应商，并与之订立政府采购合同。政府采购合同的当事人是政府采购人和供应商，供应商是指向采购人提供货物工程或服务的法人、其他组织或自然人。合同内容是确定采购人和供应商之间的在采购货物、工程或服务中的权利和义务。合同的客体是货物、工程或者服务。在合同履行过程中，政府采购人或者政府采购管理部门有权对供应商履行合同的情况进行监督和干预，包括对合同履行的检察权、调查权、变更解除权等。

在合同履行过程中，应当保证政府采购人行使以下权利。

1. 合同履行的监督权

在合同履行过程中，采购人或者政府采购部门对供应商履行合同义务享有一定监督干预权。监督干预权包括对合同履行的检察权、调查权、变更合同权、终止或解除合同权等。具体表现在：

(1)合同备案制度，合同备案目的是为了对政府采购监督管理，加强对政府采购活动的监督检查；

(2)当政府采购合同继续履行将损害国家利益或社会利益时，采购人有权变更或解除合同。政府采购人在行使合同的变更、解除权时，应当严格遵循法定的程序，给供应商造成损失的予以适当的补偿。

2. 对违法供应商的制裁权

政府采购监督管理部门有权对违法供应商依法予以制裁，如给予罚款或一定时间的政府采购市场准入禁止，对供应商情况的跟踪检查。

(1)合同的履行过程存在许多不确定的因素，如供应商违法行为、不可抗力和涉及的其他利益。

(2)质疑程序中应有“暂时的果断措施”，以及纠正违反《政府采购协定》的行为。

(3)透明度原则。每一参加方应以书面形式规定其质疑程序并使其可普遍获得，有关采购过程所有书面文件应保留 3 年；在提出意见或作出决定前应听取参加人的意见；参加人应可参加所有程序且所有程序可公开进行。

(4)有效原则。包括质疑案件审理中或完成后，受理质疑的机关应有权纠正采购机关的违法决定，以制止违反《政府采购协定》行为并保持商业机会。

五、政府采购救济机制

(一)政府采购救济机构

政府采购的救济机构，各国(地区)的做法不尽一致，有的国家将机构设在财政部门，如新加坡、韩国等；有的国家或地区设立独立的机构，如澳大利亚的联邦政府调查委员会、日本的政府采购调查委员会、中国香港的申诉管理委员会。尤其在美国，为保护政府采购当事人的利益，建立了健全的监督权力机制，因而值得借鉴。《政府采购法》规定救济机构是政府采购监督管理部门与行政诉讼部门。

(二)政府采购救济途径

《政府采购法》规定，救济的途径包括：询问、质疑、投诉、行政复议和行政诉讼。

1. 询问

询问是指供应商对采购活动有疑问，可直接向采购人提出。采购人如果委托采购代理机构进行采购活动，供应商也可以向采购代理机构提出询问。询问是针对采购活动中的疑问提出的。询问的范围广泛，包括政府采购活动的任何事项，对于提起询问的时间，法律上没有规定限制，在政府采购活动的任何时间均可提出。询问的方式法律上不作限制，既可以是口头也可以是书面形式。采购人对供应商询问的答复应当准确及时，但答复的内容不得涉及国家机密和商业秘密。

2. 质疑

质疑是指供应商任务采购文件、采购过程和中标成交结果使自己的权益受到损害而向采购人或采购代理机构提出要求。要求纠正等情形可能导致合同目的的落空，所以针对供应商违约行为要及时应对，并根据合同的约定，依法追究供应商的违约责任。为了能及时应对，采购人或采购机构应建立合同跟踪制度，实时对供应商的履约状况进行跟踪调查。

3. 投诉

质疑供应商对采购人、采购代理机构答复不满或者采购人、采购代理机构未在规定时间内答复的，可以在答复期满后 15 个工作日，向同级政府采购监督管理部门投诉，政府采购监督管理部门在收到投诉后 35 个工作日，对投诉事项作出处理决定，并以书面形式通知投诉人与投诉事项相关的当事人。在处理投诉期间，政府采购监督管理部门可以视其具体情况书面通知采购人暂停采购活动。法律赋予政府采购监督管理部门的暂停采购权的行使，也要视具体情况而定。一般情况下，采购的继续进行将会给供应商造成不可弥补的损失，或在损害国家利益或社会公共利益时，政府采购监督管理部门才可以行使暂停采购权，但暂停采购的时间最长不得超过 30 日。

4. 行政复议或行政诉讼

《政府采购法》规定，投诉供应商对政府采购监督管理部门的投诉处理决定不服或者政府监督管理部门逾期未作处理的，投诉供应商还可以依法申请行政复议或者直接向人民法院提起行政诉讼。这明确规定了政府采购行为的司法审查制度，符合 WTO 的要求。供应商申请行政复议或提起行政诉讼应当按照《中华人民共和国行政复议法》和《中华人民共和国行政诉讼法》进行。

（三）建立政府采购救济机制的程序和原则

政府采购的救济机制是为了维护供应商合法权益，确保政府采购顺利进行的一项法律保障制度。WTO 的《政府采购协定》和各国政府采购法都规定了政府采购的救济程序和原则。我国的《政府采购法》中规定政府采购救济机制可按照询问、质疑、投诉、供应商不服投诉处理决定的程序，并应遵循不歧视原则、及时原则、透明度原则和有效性原则，以便更好地保护采购主体的相关权益。

思考题

一、填空题

1. 政府采购的主体是________、________和________。
2. 我国政府采购的组织形式是 ______ 和 _______。
3. 政府采购的标的范围包括 ______、_______ 和 _______。
4. 政府采购的限额标准形式有________、_______ 。
5. _______是指采购人通过与符合相应资格条件不少于 3 家的供应商分别谈判，商定价格、条件和合同条款，最后从中确定成交供应商的采购方式。

二、判断题

1. 采用招标所需时间不能满足用户紧急需要的，可采用邀请招标。（　　）
2. 投标人报价超过采购预算，采购人不能支付，投标人需重新报价。（　　）
3. 政府采购应当采购本国货物、工程和服务。（　　）
4. 事业单位不能成为政府采购的采购人。（　　）
5. 任何单位和个人不得采用任何方式，阻挠和限制供应商自由进入本地区和本行业的政府采购市场。（　　）

三、单选题

1. 评标委员会成员人数应为（　　）人以上？

A. 2　　B. 3　　C. 4　　D. 5

2. 下列各项不属于政府采购方式的是（　　）。

A. 公开招标　　B. 邀请招标　　C. 国内竞争性招标　　D. 单一来源采购

3. 关于政府采购方式，下列说法不正确的是（　　）。

A. 供应商数量有限或采用公开招标方式的成本费用占政府采购项目总价值比例过大而不值得的政府采购项目，可采用邀请招标方式

B. 达到公开招标限额标准的政府采购项目采用公开招标方式

C. 采购的货物规格、标准统一，现货货源充足且价格变化幅度小的政府采购项目采用询价方式

D. 凡未达到政府采购限额标准的项目，均应采用公开招标采购方式

4. 关于政府采购形式中的分散采购，下列说法正确的是（　　）。

A. 指采购《政府集中采购目录及标准》以外，且政府采购限额以上的采购项目

B. 指采购《政府集中采购目录及标准》以外，且政府采购限额以下的采购项目

C. 可以由采购人自行采购，不可委托代理机构代理采购

D. 是政府采购的重要组织形式

5. 下列各项中不属于政府采购作用的是（　　）。

A. 宏观调控手段　　B. 减少社会贫困

C. 促进国际贸易　　D. 促进中小企业发展

四、简答题

1. 政府采购包含哪些功能？
2. 当今世界各国通行的政府采购组织模式有哪些？
3. 如何认识公开招标的程序及在政府采购中的作用？
4. 《政府采购法》规定的救济途径包括哪些？
5. 简述政府采购的主要作用。

【实践活动】

实践项目：政府采购

任务要求：阅读《中华人民共和国政府采购法》和《中华人民共和国政府采购法实施条例》，并且进行资料收集、实际部门访谈调查了解相关政府部门的采购方式、采购流程、现状及存在的问题，撰写调研报告和心得体会。

第十五章

全球采购

【引导案例】

海尔全球采购

与大型国有企业相比，一些已经克服了体制问题并全面融入国际市场竞争的企业，较容易接受全新的采购理念，这类型的企业中，海尔走在最前沿。海尔采取的采购策略是利用全球化网络集中购买。以规模优势降低采购成本，同时精简供应商队伍。据统计，海尔的全球供应商数量由原先的 2 336 家降至 840 家，其中国际化供应商的比例达到了 71%，目前世界前 500 强中有 44 家是海尔的供应商。

对于供应商关系的管理方面，海尔采用的是 SBD 模式：共同发展供应业务。海尔有很多产品的设计方案直接交给厂商来做，很多零部件是由供应商提供今后两个月市场的产品预测并将待开发的产品形成图纸，这样一来，供应商就真正成为了海尔的设计部和工厂，加快开发速度。许多供应商的厂房和海尔的仓库之间甚至不需要汽车运输，工厂的叉车直接开到海尔的仓库，大大节约运输成本。海尔本身则侧重于核心的买卖和结算业务。这与传统的企业与供应商关系的不同在于，它从供需双方简单的买卖关系，成功转型为战略合作伙伴关系，是一种共同发展的双赢策略。

1999 年海尔的采购成本为 5 个亿，由于业务的发展，到 2000 年，采购成本为 7 个亿，但通过对供应链管理优化整合，2002 年海尔的采购成本预计将控制在 4 个亿左右。可见，利益的获得是一切企业行为的原动力，成本降低、与供应商双赢关系的稳定发展带来的经济效益，促使众多企业以积极的态度引进和探索先进、合理的采购管理方式。

讨论：海尔在进行全球采购时，遇到了什么问题？

【学习目标】

1. 掌握全球采购概念、优劣势；
2. 了解全球采购发展趋势；
3. 掌握全球采购谈判技巧；
4. 理解全球采购的商品说明要求、贸易术语；
5. 掌握全球采购运输与保险的基本内容；
6. 了解全球采购中的检验、索赔、不可抗力与仲裁。

第一节　全球采购概述

一、全球采购概念

（一）全球采购概念

世界市场的形成是社会分工逐渐细化以及社会化大生产发展的必然结果，它打破了国与国之间的界限，使世界各国之间的经济联系日益密切。经济全球化的发展趋势，促使各国企业以及各国政府的采购工作逐步向全球化采购的方向发展。目前各国政府都在积极主动地参与国际交流和国际合作，在努力开拓国内、国外两个市场的同时，充分利用国内、国外两种资源，以加速本国经济与世界经济接轨，加入国际大流通。

所谓全球采购(Global Sourcing)就是指在全球范围内寻找、培育和发展供应商并与之建立某种业务联系的采购策略。这种策略可以说是在信息技术和运输方式快速发展的前提下，跨国公司在供应链管理思想的影响和指导下，将公司的整个供应链的源头延伸到资源丰富、成本低廉的国家和地区，以保证其产品总成本最低，从而提高企业竞争力。

（二）全球采购发展的原因

从当今经济全球化和国际物流的发展趋势来看，全球化采购的快速发展主要由以下几个方面的推动因素。

1. 跨国公司生产基地的全球化分布

跨国公司全球性地布局其生产网络，这种分布要求其在全球范围内寻找、购买各种原材料、零部件和半成品，并选择一个适应全球分销的物流中心以及关键供应物资的集散仓库，并推广其先进的物流技术与方法，以降低采购成本。

2. 生产企业与专业第三方物流公司的同步全球化

随着跨国公司生产布局的全球化发展的进程，将以前所形成的完善的第三方物流网络也带入到全球市场中。例如，有着日本背景的伊藤洋华堂在打入中国市场后，其在日本的物流配送伙伴伊藤忠株式会社也跟随而至，并承担了其在中国的配送活动。这种伙伴式的业务发展模式也是促使跨国公司进行全球化采购的推动因素之一。

3. 多式联运的发展和国际航线的形成，使得跨国公司的全球化采购战略成为可能

为了充分应对经济全球化的发展趋势和业务对象的全球化分布的发展，国际运输企业之间也开始形成了一种覆盖多种航线，相互之间以资源、经营的互补为纽带，面向长远利益的战略联盟。这不仅使得全球物流能够快速、便捷地进行，而且使得全球范围内的物流设施得到了充分的利用，有效地降低了国际物流相关成本。从而，使得跨国公司的全球化采购战略能够得以实施。

基于以上主要因素的推动作用和跨国公司在全球范围内追求利润的需要，采购的全球化、国际化不仅是大势所趋，而且随着信息技术、物流技术的发展，将会成为带动全球经济快速发展的一个新的利益增长点。而基于全球化战略下的统一采购，使得跨国公司等大的国际制造商通过其在世界各地的多家子公司的购买力量，将其触角伸向国际市场并得到更有经济实

力的订单。跨国公司的全球化统一采购战略是降低采购成本、提高采购质量、提升企业整体市场竞争能力的有效方式，同时，也可以避免传统的分散采购中存在的物料灰色价格和交易回扣等现象的发生。

二、全球采购优劣势

(一)全球化采购优势

1. 可以扩大供应商价格比较选择范围降低采购成本

通过全球化采购，在全球范围内对有兴趣交易的供应商进行比较，可以以较低价格获得更好的产品和服务。由于地理位置、自然环境以及经济差异，各个国家和地区的资源优势是不同的。通过全球化采购，可以充分利用各国的资源优势并加以合理的组合，使企业以合理的价格获得质量较高的商品，从而大大提高企业的经济效益。

2. 全球化采购可以充分利用汇率变动提高采购效益

在全球采购中，可以考虑利用外汇和汇率变动来降低采购成本。国际贸易合同从签订到实施有一定的时间间隔，而国际汇率又是在不断变化着的，因此在选择以何种货币作为支付工具时，应考虑在该时段内国际金融市场汇率的变动趋势，以便从中获得收益。例如，美元作为世界货币较东南亚欠发达国家的货币坚挺，可与供应商签订用当地货币定价、用美元结算的采购合同，以交付物资当天的汇率折算为美元付款。这样随着当地货币的不断贬值，等量的货物将支付较少的美元，而供应商可拿到外汇营业收入享受国家退税政策。近年来，在缅甸、孟加拉这种供应方式取得较为理想的效果。

3. 获得国内没有的产品和技术

采购方企业通过全球化采购可以引进国外特有供应商的产品和技术，弥补国内生产和技术可能满足不了的需求，其差额必须要用国外资源来补充，以便更快地将竞争力更高的产品投入市场。

4. 实现采购过程的公开化和程序化

通过全球化采购可以实现采购业务操作程序化，有利于进一步公开采购过程，实现实时监控，使采购更透明、更规范。企业在进行全球化采购时，必须按软件规定流程进行，大大减少了采购过程的随意性，通过全球化采购还可以促进采购管理定量化，科学化，实现信息化的大容量与快速传递，为决策提供更多、更准确、更及时的信息，使得决策依据更充分。

5. 拓宽外部资源管理范围

企业为了进一步赢得国际竞争优势，在全球范围内开发具有竞争力的物资供应源和采购保证基地是非常需要的，通过充分利用计算机网络和现代信息技术，供需双方建立起了一种长期、互利的合作关系，为企业采购提供了一个全天候超时空的采购环境，大大拓宽外部资源管理范围。

(二)全球采购劣势

1. 语言和文化差异

各国文化差异的存在，共同遵循的行为规则不同，特定人群的利益、习惯、价值观、交流方式和谈判风格不同，不同的文化、语言或专有名词都会造成沟通问题，同时还有因商业习惯和法律法规差异所带来的风险。

2. 货币问题

至少一方要使用外币进行计价、结算和支付。而整个交易会有一个期限，外币与本国货币的汇率会在这个期限内发生变化，因此存在汇兑风险。

3. 价格水平不同

商品价格以商品的国家价值为依据，随着国际市场上商品供求关系的变化而变化，具有更大的价格风险。

4. 贸易手续复杂

除了国内采购几乎所有的手续和程序外，国际采购还涉及进出口许可证的申请、货币兑换、保险、租船订舱、商品检验、通关、争议处理等复杂手续和相关事宜。

5. 运输成本问题

相比国内运输，国际采购意味着长距离的商品运输，必须考虑由此带来的时间成本和费用成本。

6. 前置时间较长

由于运输和通关耗费时间长，运输时程不确定性大，无法预估各种不同活动环节所需的时间，交货前置时间长，所以全球采购需要更多的沟通协调。

三、全球采购发展趋势

随着全球经济一体化进程的深度发展和全球市场一体化程度的提高，市场全球化已经变得以加速度递减方式继续增长时，各国政府、跨国公司、采购商团都把新的战略指向获取低成本的全球资源方面。全球化采购使跨国制造公司的采购战略发生了显著变化，具体内容表现在六个方面。

1. 集中采购趋势非常明显

许多跨国公司想方设法提高采购批量，以充分发挥其价格谈判的能力。实现这一目标通常有三个途径：

(1)集中一个公司不同事业部或不同地区的某些特定类型元器件的采购数量；

(2)通过一家供应商采购；

(3)尽可能使各产品的元器件标准化，以实现更高的采购批量。但这一做法受到新产品设计阶段元器件选择的限制。

2. 整合供应商以获得成本优势

现在，许多全球制造商将供应资源集中起来，只与少数几家供应商打交道。三年前 Palm 公司 80%的采购支出分散到 150 家供应商，去年已经聚集到 50 家。从这项战略中受益的还有旭电、伟创力等大型公司，它们从 OEM(Original Equipment Manufacturer，贴牌生产或原始设备制造商)那里获得大笔制造业务，对成本非常敏感。通常，为维持采购成本的优势，大型 EMS (Electronic Manufacturing Services，电子制造服务)公司对采购条件要求非常苛刻，他们提出的“总成本”模式反映了这一变化。如今，EMS 公司不再根据元器件报价选择供应商，而包括物流和废品率的总供应成本管理成为选择供应商的要素。此外，要求供应商不断改进和发展也是 EMS 提出的新要求。例如，旭电公司对供应商的要求除了低成本之外还包括可靠性、平均故障间隔时间、交货期执行情况、准时送货表现、计划灵活性和降低库存风险等。

3. 基于IT系统的采购流程

为与供应商互动，全球制造商迅速采用基于IT系统的采购流程，如在线询价和在线拍卖变得越来越普遍。在线采购给OEM和EMS公司带来的主要利益是：由于供应商彼此竞争，OEM/EMS公司能够快速识别和评估供应商，从而加速采购流程并获得巨大节约。

4. 在中国设立国际采购中心

作为有着丰富物产、广大地域、低廉的劳动力、不断攀升的国民经济以及比较稳定的政治局面的发展中国家，中国已经逐步成为世界瞩目的制造基地。随着在中国采购量的大幅增长，国际大型OEM公司跨越中间商直接进行采购。起初，在中国采购只是为了利用设在中国的工厂支持全球组织的元器件采购。然而，其结果并不令人满意，因为全球组织的要求和本地制造公司的考虑总存在不一致。那些为全球提供产品的大型中国制造商多少已经遇到这些问题。随着中国作为“全球工厂”地位的巩固，所有中国制造商，不论规模大小都必须快速对这些采购新趋势做出反应，积极融入跨国公司的采购程序与采购要求。

5. 发展中国家主动参与

发展中国家企业不再完全被动地作为被挑选的供应商，也开始作为采购者主动参与到全球采购中去。比如，中国的海尔集团早在1998年业务流程再造之后便开始组建自己的全球采购系统，目前世界500强中已有60家是海尔的供应商，全球化供应商的比例达到了82%。

6. 更加完善的各种标准

全球采购势必要求更加完善的各种标准，以及规范的全球通用标准。没有一致的标准和规范，将大大影响采购的一体化进程。无论是世界贸易组织，采购国政府还是供应国政府都在为解决这一问题而努力。目前全世界公认采购法则有四个：《联合国采购示范法》《WTO政府采购协议》《欧盟采购指令》《世界银行采购指南》。

第二节 全球采购谈判

一、全球采购谈判的含义

全球采购谈判是指企业在采购时与外国供应商所进行的贸易谈判。采购方想以自己比较理想的价格、产品质量和供应商服务条件来获取供应商的产品，而国外供应商则想以自己希望的价格和服务条件向购买方提供自己的产品；或者在采购过程中，由于业务操作失误发生的货损、货差，货物质量数量问题在赔偿问题上产生争议，都需要双方通过谈判来解决。

二、全球采购谈判的特点

（一）取得经济利益为目的

全球采购谈判在满足经济利益的前提下，才涉及其他非经济利益。虽然在谈判过程中，谈判者可以调动和运用各种因素，而各种非经济利益的因素也会影响到最终结果，但终极目标仍是经济利益。

（二）以价格谈判为核心

全球采购谈判涉及因素众多，谈判者需求和利益表现在诸多方面，但价格一定是谈判的核心内容。这是因为价格最直接地反映了谈判双方的利益。

（三）注重合同条款的严密性、准确性

国家采购谈判的结果是由双方协商一致的协议或合同来体现的。合同实质上反映了双方的权利和义务。

（四）全球采购谈判会受到两国或地区政府的干预和影响

谈判双方的商务关系是两国或地区经济关系的一部分，并且常常涉及双方的政治关系和外交关系。

（五）以国际经济法、国际商法等为准则

全球采购谈判是跨国界的商务谈判，一国的法规有其局限性。

（六）谈判更为复杂，难度更大

由于谈判各方社会文化背景和政治体制的不同，人们的价值观、思维方式、行为方式、语言及风俗习惯也各不相同，从而使得影响谈判的因素大大增加。

三、全球采购谈判的内容

（一）商品的品质

商品品质是谈判双方磋商的主要交易条件，它是决定商品的使用效能和市场价格的重要因素，因而是双方谈判的基础。

（二）商品的价格条件

商品的价格是双方谈判的核心，而在国家货物买卖中，商品的价格确定较为复杂，谈判双方要逐一明确，除了通常涉及的成本、费用和利润外，还涉及佣金和折扣的运用，涉及计价货币和贸易术语的选择。

（三）商品的数量条件

在磋商商品的数量条件时，谈判双方应明确计量单位和成交数量，在必要时订立数量的机动幅度条款。

（四）商品的包装条件

在国际货物买卖中，大部分货物都需要包装，谈判双方应就包装方式、包装材料、包装费用等问题进行洽谈。

（五）交货条件

商品的交货条件是指谈判双方就商品的装运时间、装卸地点和运输方式以及买卖双方的有关交接和运输中的责任达成协议。

(六)货款的支付条件

支付条件是国际货物买卖的主要交易条件，货款支付主要涉及的支付工具、付款时间、付款地点及支付方式等问题，买卖双方必须对此取得一致意见。

(七)货物保险条件

货物保险条件的确定需要买卖双方明确由谁向保险公司投保，投保何种险别，保险金额如何确定，以及依据何种保险条款办理保险等。

(八)商品的检验、索赔、不可抗力和仲裁条件

检验、索赔、不可抗力和仲裁条件有利于买卖双方预防和解决争议，保证合同的顺利履行，维护交易双方的权利，这是国际采购谈判中必然要商议的交易条件。

四、全球采购谈判的程序

全球采购谈判是国际货物买卖过程中不可缺少的一个很重要的环节，也是签订买卖合同的必经阶段和法定程序。它由一系列谈判环节组成，一般要经历询盘、发盘、还盘和接受四个环节，其中发盘和接受是达成交易、合同成立必不可少的两个基本环节和必经的法律步骤。

(一)询盘(Inquiry)

询盘是准备购买或出售商品的人向潜在的供货人或买主询问该商品的成交条件或交易可能性的业务行为，它不具有法律上的约束力。由于它多用来询问价格，又称为询价。

(二)发盘(Offer)

1. 定义

发盘，又称报盘、报价，在法律上称为要约。发盘是买卖双方中的一方向另一方提出购买或出售某种货物的各项交易条件，并且愿意按这些条件与其达成交易、签订合同的一种肯定的表示。有发盘人(Offeror)和受盘人(Offeree)两个当事人，在国际电子商务中称为发端人(Originator)和收件人(Addressee)。

2. 构成发盘的条件

1)向一个或一个以上的特定的受盘人提出

2)表明订约意旨

作为一个发盘，发盘人首先必须明确表明他所提出的建议一旦被接受，交易即告达成，合同即告成立，不得反悔或撤销。一项发盘必须明示或默示地表明在受盘人作出接受时发盘人承受约束的意旨，即承担按发盘条件与受盘人订立合同的责任。

3)内容必须十分确定

发盘内容要包括货物的名称、明示或默示地规定货物的数量或规定数量的方法、明示或默示地规定货物的价格或规定确定价格的方法。

4)注明有效期

必须标明发盘人对其发盘一旦被受盘人接受即受约束的意思。所谓承受约束，即承担按发盘的条件与受盘人订立合同的责任。表现为：第一，使用表示发盘的术语，如 Offer、Offerfirm、Bid、Order 等；第二，明确规定有效期限，表明发盘人在有效期内受发盘内容约束。

发盘人对有效期限通常有三种规定方法：

(1)规定接受的最后日期，如 Offer Subject Reply Here September Tenth；

(2)规定一段接受的期限，如 Offer Subject Reply Here In Three Days、Offer Valid Three Days；

(3)不做明确的规定或仅规定答复传递的方式，如 Cable Reply、Reply Immediately、Reply As Soon As Possible 等。

3. 发盘的生效

根据《联合国国际货物销售合同公约》(以下简称《公约》)第 15 条规定，发盘送达受盘人时生效。这关系到受盘人能否表示接受以及发盘人何时可以撤回发盘或修改其内容。所谓送达是指将发盘内容通知对方或送交对方本人，或其营业地或通信地址。

4. 发盘的撤回与撤销

《公约》规定，如果发盘人将撤销通知在受盘人发出接受通知前送达受盘人，已送达受盘人的发盘可以撤销。

发盘在没有生效前是可以修改或撤回的。《公约》第 15 条第 2 款规定，发盘撤回的条件是发盘人的撤回通知要在发盘送达受盘人之前或同时送达受盘人。《公约》第 16 条规定，在发盘已送达受盘人，即发盘已经生效，但受盘人尚未表示接手前这一段时间内，只要发盘人及时将撤销通知送达受盘人，仍可将其发盘撤销。如一旦受盘人发出接收通知，则发盘人无权撤销该发盘。

但是在下列情况下，发盘不得撤销，一是发盘规定了有效期或以其他方式表明为不可撤销的；二是如受盘人有理由信赖该发盘是不可撤销的，并已本着对该项发盘的信赖采取了行动。

5. 发盘的失效

发盘被发盘人依法撤回或撤销、拒绝(Rejection)、还盘(Counter-offer)等情况下，发盘失效。在发盘规定的有效期内未被接受，或虽未规定有效期，但在合理时间内未被接受，则发盘的效力也告终止。发盘人发盘之后，发生了不可抗力事件，如所在国政府对发盘中的商品或所需外汇发布禁令、标的物灭失等，发盘的效力即告终止。发盘人或受盘人在发盘被接手前丧失行为能力，如死亡或得精神病等，则该发盘的效力也可终止。

发盘一般采用下列术语和语句：

发盘	OFFER	发实盘	OFFER FIRM
报价	QUOTE	订货	ORDER；ORDERING
递实盘	BID FIRM；FIRM BID		

(三)还盘和再还盘(Counter-Offer)

1. 定义

还盘是受盘人对发盘条件提出变更或另外增加条件的表示(受盘人对发盘的条件不完全同意而提出添加、限制或其他更改的表示)。再还盘是对还盘的还盘。

2. 特征

(1)还盘是受盘人拒绝原发盘后所做出的一项新的发盘，是对原发盘的否定，但还盘中没有原来发盘的条件时视作同意即自动援引。

(2)在发盘、还盘和再还盘过程中，发盘人和受盘人位置颠倒，发盘的受盘人即是还盘的发盘人。实质上是一项新发盘。

(3)表示方法。进行还盘或再还盘时，可用“还盘(Counter-Offer)”术语，但一般仅以不同条件的内容通知对方，就意味着还盘。

(4)效力。一方的发盘经对方还盘以后即失去效力，除非得到原发盘人同意，受盘人不得在还盘后反悔，再接受原发盘。

(四)接受

1. 定义

接受是指受盘人接到对方的发盘或还盘后，同意对方提出的条件，愿意与对方达成交易，并及时以声明或行为表示出来。这在法律上称作承诺。接受既属于商业行为，也属于法律行为。接受产生的重要法律后果是交易达成，合同成立。

2. 构成接受的条件

(1)接受必须由特定的受盘人做出。只有发盘制定的受盘人表示的接受才有效。任何第三者针对该项发盘人做出的接受对发盘人均无约束力。

(2)接受的内容必须与发盘相符。如要达成交易，成立合同，受盘人必须无条件地、全部同意发盘的条件，也就是说，接受必须是绝对的、无保留的，必须与发盘人所发实盘的条件相符。因此，对发盘表示接受但附有添加、限制或其他更改的答复，即为拒绝该项发盘，称为有条件的接受，并构成还盘。

(3)接受必须在发盘的有效期内传达到发盘人。发盘中规定的有效期有着双重作用：一方面它约束发盘人，另一方面它也约束受盘人。只有在发盘有效期内作出的接受才具有法律效力。《公约》第 18 条规定，接受于到达发盘人时生效。

(4)接受必须表示出来。《公约》第 18 条第一款规定，“受盘人声明或做出其他行为表示同意一项发盘，即为接受，沉默或不行动本身不等于接受。”表示的方式大多采用口头或书面声明的方式。但也可以根据发盘的要求或双方当事人之间已经确立的习惯做法所做出的行动。

3. 接受的撤回

接受一经到达发盘人即不能撤销，因为接受一旦生效，合同即告成立。《公约》第 22 条规定，如果撤回的通知于接受原应生效时间之前或同时送达发盘人，接受得以撤回。

(五)签订合同

在国际采购中，当买卖双方就交易条件经过磋商达成一致协议后，合同即告订立，买卖双方就构成了合同关系。合同是具有约束力的法律性文件，任何一方违反合同的规定都将承担法律责任。双方在磋商过程中的往来函电，就是书面合同的证明。但在商品交易过程中，买卖双方还要签订书面合同或成交确认书，以进一步明确双方的权利和义务。

五、全球采购谈判的策略和技巧

全球采购谈判是实力与智慧的较量，是学识与口才的展现，是魅力与演技的舞台。它极富创造性，而其创造性正来源于谈判过程中谈判策略和技巧的运用。

(一)礼仪、礼节

谈判人员的礼仪、礼节直接影响对方洽谈的情绪及谈判成败，是谈判者的广告，是其素质的反映，也是谈判的技术手段。

1. 要注意自己的形象

采购人员去谈判是代表公司形象的，所以个人形象很重要，要整洁、大方，充满自信，有的时候可以从个人形象上给对方造成一定的心理压力，给自己谈判带来一定的优势。

2. 守时守约

这是谈判中极为重要的环节。如果谈判不守时，会让对方觉得今后执行合同会有更多的不确定因素；当然，也要注意不要太早到场，以免对方没有准备好而影响谈判效果。

（二）语言技术

谈判过程是谈判者的语言交流过程。语言是桥梁，体现在谈判叙述、提问、答复、说服等各项技巧方面。其特征为客观性、针对性、选择性、规范性。

1. 入题

谈判双方刚进入谈判场所会感到拘谨，为缓和气氛，可采用迂回入题的方法，谈天说地或谈论双方不避讳的通用话题。从介绍本方人员入题，或从介绍本企业的生产、经营入题等。可先谈细节，后谈原则，也可先谈一般事项，后谈细节。

2. 中盘

开宗明义后，便进入谈判阶段。可让对方先谈，然后再审慎地表达意见，以后发制人，寻找漏洞。对对方有建设性的或自认为聪明的意见和发言，不要采取否定的语气，以免激怒对方，要尽量以肯定的语气与对方谈话。同时要坦诚相见，以既赢得对方的信赖又不使自己陷入被动、丧失利益为度。要注意正确使用语言，准确易懂，专业术语要准确，语言要规范、通俗，简明扼要，具有条理性，不要口若悬河，不着边际，使人不得要领。如果要提供资料，首先要说明具体可以赚多少钱，不要模棱两可，含糊不清，要尽量避免使用含上下限的数值，以防止波动。另外，语言应当丰富、灵活、富有弹性。

（三）问答艺术

1. 提问时机

在对手发言完毕之后，提问应礼貌得体，避免操之过急。当对手发言冗长，纠缠细节，采购人员可在对手发言停顿、间歇时借机插话，以利总进程顺利发展。另外，在自己发言前后提问，也是保证进程、掌握主动的方法之一。在议程规定的辩论时间提问可采用封闭式、开放式、婉转式、澄清式、探索式、借助式、强迫式、协商式等方式。

2. 答复的技巧

不要彻底、确切答复对方的提问，要给本方留有余地，但又不能授人以柄。要降低提问者的追问兴致，获得充分思考时间，找借口拖延，并委婉拒答。

3. 说服的技巧

建立良好的人际关系，简化对方接受说服的程序，为避免对方中途变卦，简化确认程序等。掌握本方强势点，告诉对方目前及未来的发展及目标，让对方对本方有热忱、有兴趣。强调一致，淡化差异；强调合同有利于对方的条件；在相同交涉的条件下，要站在对方的立场去说明，强调互惠互利、互相合作的可能性、现实性，激发对方在自身利益认同的基础上接纳本方的意见。多了解对方，以对方习惯的能够接受的方式去说服对方。

(四)避免争论策略

1. 尽量做一个好的倾听者

谈判中，听往往比说更重要。它不仅表现了谈判者良好的素质和修养，也表现出对对方的尊重。而且可以从对方的言谈举止中，听出他们的优势和缺点，也可以了解他们谈判的立场。

2. “放长线钓大鱼”

当对方在谈判中要求本方在某一问题上做出让步时，本方可以尽量从小处着手满足对方，然后渐渐引导对方满足采购人员的要求。但采购人员要避免先让对方知道本方的需要，否则对手会利用此弱点要求采购人员先做出让步。因此采购人员不要先让步，或不能让步太多。

3. “以退为进”

谈判中，某个问题双方各执己见，互不相让，或有些事情可能超出采购人员的权限或知识范围，使洽谈无法顺利进行下去。此时不妨以退为进，休会一段时间，一方面可以使双方保持冷静，调整情绪；另一方面，可以借此时机请示领导或与同事研究，弄清情况后再答复或决定，从而保证谈判的效果。

(五)迫使对方让步的策略

1. 利用竞争

制造和利用竞争永远是谈判中逼迫对方让步的最有效的武器和策略。当谈判的一方存在竞争对手时，其谈判的实力就大为减弱。在谈判中，应该有意识地制造和保持对方的竞争局面。

2. 采取主动策略

善用咨询技术，“询问及征求要比论断及攻击更有效”，而且在大多数的时候，供应商在他们领域比采购方还专业，多询问，就可获得更多的市场信息。故采购人员应尽量将自己预先准备好的问题，以“开放式”的问话方式，让对方尽量暴露出其立场。然后再采取主动，乘胜追击，给对方足够的压力。对方若难以招架，自然会做出让步。

3. “最后通牒”策略

在谈判双方争执不下，对方不愿做出让步接收我方交易条件时，为了逼迫对方让步，本方可以向对方发出最后通牒。其通常做法是：给谈判规定最后的期限，如果对方在这个期限内不接受本方的交易条件，则本方就宣布谈判破裂而退出谈判。最后通牒只能在谈判的最后阶段或最后关头使用，而且必须坚定、明确、毫不含糊，不让对方存有幻想。

第三节 全球采购商品说明

在全球采购中，一切交易都是以商品为核心的。交易中的各种商品都有其具体的名称，并表现为一定的品质。每笔进出口商品交易，都要规定一定的数量，而交易的大多数商品，通常都需要有适当的包装。因此国际采购的双方在洽商交易和订立合同时，必须就交易商品的名称、品质、数量与包装这些主要交易条件商妥，并在买卖合同中做出具体规定。

一、商品的名称

（一）列明品名的意义

按照有关的法律和管理，对交易标的物的描述，是构成商品说明的一个主要组成部分，是买卖双方交接货物的一项基本依据。这关系到买卖双方的权利和义务。

（二）品名条款的内容

品名条款包括的内容，要明确标明商品的具体名称。

（三）规定品名条款的注意事项

(1)品名必须明确、具体，避免空泛、笼统的规定。

(2)针对商品实际作出实事求是的规定，必须是卖方能够供应且买方所需要的商品，凡做不到或不必要的描述词句都不应列入。

(3)尽可能使用国际上通用的名称，以免产生误解。

(4)注意选择合适的品名，以利减低关税，方便货物的进出口并可以节省运费。

二、商品的品质

商品的品质，是指商品的外观形态和内在质量的综合。外观形态，包括如造型、色泽、大小、长短、味觉、结构、透明度等；内在质量，包括如化学成分、物理机械性能和生物特征等技术指标。

（一）表示品质的方法

1. 用文字说明表示

(1)凭规格、等级或标准。一个重要术语：“良好平均品质”——Fair Average Quality，简写为F.A.Q.，是指一定时期内某地出口货物的平均品质水平。我国使用此标准，是以我国产区当年生产平均品质为依据而确定的，一般是对中等货或大路货而言。“F.A.Q.”使用于交易双方事先有协议或者对方是老客户。

(2)凭产地名称。适用于农副土特产品等商品。

(3)凭说明书和图样。适用于结构复杂型号繁杂等特征的商品，如机械、电器、仪表灯。

(4)凭牌号和商标。适用于在国际市场上信誉良好、品质稳定，并为买方所熟悉的商品。

2. 用样品(实物)表示

(1)看货买卖，一般只适用于一些具体独特性质的商品，如特殊工艺品、古玩、首饰、名人字画等。看货买卖通常在拍卖、寄售和展卖等时采用，不易实行，较少见。

(2)凭样品买卖，适用于工艺品、服装、土特产品等难以用文字说明的货物。

（二）合同中的品质条款

1. 规定品质条款时应注意的事项

(1)按照商品的特点选择适当的表示品质的方法；

(2)明确清楚；
(3)切合实际；
(4)产品要符合买方的要求；
(5)科学灵活，便于履行。
2. 品质条款的具体内容
(1)列明商品的品名；
(2)写出规格或等级；
(3)写出标准和牌名；
(4)凭样品销售时则列明样品的编号或寄送日期。

三、商品的数量

(一)计量单位(国际公制)

在国际采购中，通常采用的计量单位有重量、个数、长度、面积、体积和容积六类。

(二)重量的计算

通常所采用的计算方法有按毛重计算、按净重计算、按公量计算、按理论重量计算、按法定重量和实际净重计算。

(三)规定数量机动幅度

1. 规定数量机动幅度的原因在于商品特性、生产条件、运输工具的承载能力等不同。
2. 数量机动幅度适用于大宗农副产品、矿产品及某些工业制成品等。
3. 规定数量机动幅度的方法主要有：
(1)合同中未明确规定数量机动幅度，但在交易数量前加上"约""大约"等字样，由于双方对此的理解是不同的，易发生分歧，故一般不采用；
(2)合同中明确规定数量机动幅度，一般称为"溢短装条款"，此种方法使用较多。
4. 合同中的数量条款
1)数量条款的内容
(1)购买和销售的总量；
(2)计量单位；
(3)数量机动幅度——溢短装条款。
2)规定数量条款的注意事项
(1)正确掌握成交数量；
(2)内容书写明确具体；
(3)规定明确的数量机动幅度。

四、商品的包装

(一)包装的种类和作用

按包装在流通领域中所起的作用分为运输包装和销售包装。

1. 运输包装

运输包装，又称外包装、大包装，指在货物运输途中采用的包装。主要作用在于可以保护商品、方便运输、减少运费、便于储存、节省仓租。

(1)对运输包装的要求：适应商品的特性；适应各种不同的运输方式；考虑有关国家的法律规定和客户的要求；便于各环节有关人员进行操作；要在保证包装牢固的前提下节省费用。

(2)运输包装的方式可分为单件和集合两种。单件运输包装根据商品特点来选择包装材质，按包装造型、包装材料的不同可分为箱、包、桶、袋、捆、篓、筐、坛和罐等方式；集合运输包装的优势在于可以提高装卸效率、保护商品、节省费用，常见的有集装箱、集装包和集装袋等。

2. 销售包装

销售包装，又称内包装、小包装或直接包装。

(1)销售包装的主要作用在于保护商品、美化商品、宣传推广、便于销售和使用等。

(2)对销售包装的要求：便于陈列展售、便于识别商品、便于携带和使用、要有艺术吸引力。

(3)销售包装的方式主要包括易开包装、喷雾包装、复用包装、携带式包装、配套包装、挂式包装、堆叠式包装、礼品包装。

(二)包装标志

包装标志，即为了在运输过程中便于识别货物，在商品外包装上要刷制一定的包装标志。按用途的不同可分为运输标志和指示性、警告性标志两种。

1. 运输标志

运输标志，又称为“唛头”，即为防止错发错运、防止损坏货物与伤害人身的事故，以保证货物安全、准确地运交收货人，需在运输包装上书写、压印、刷制各种有关的标志，以识别和提醒人们操作时注意。一般由简单的几何图形和一些字母、数字及简单文字组成。

运输标志的主要内容由四个部分按顺序排列组成：收货人或买方的名称字首或简称；参照号；目的地；件数号。

2. 指示性、警告性标志

指示性标志，又称操作标志。根据商品的性能特性，在包装外部用简单醒目的图形或文字对一些容易破碎、残损、变质的商品做出指示标志，以引起有关人员在装卸、搬运、存放和保管过程中注意。

警告性标志，是为了在运输、保管和装卸危险货物的过程中使有关人员加强防护措施，以保护物资和人身的安全而加在外包装上的危险货物标志。

除上述包装标志外，外包装上一般还刷上有关包件的重量、尺码和商品生产国别或地区。

(三)合同中的包装条款

1. 包装条款的内容

合同中的包装条款一般包括包装材料、包装方式、包装标志和包装费用。

2. 注意的问题

(1)规定包装条款要具体明确；

(2)货物的外包装上的运输标志；

(3)订明包装费用的支付方；

(4)确定包装材料的提供。

第四节　全球采购价格

一、全球采购商品的作价方法和币种选择

(一)作价方法

贸易合同中的价格可以是明确规定的，也可以只规定作价的方法而不明确规定价格。国际采购中的作价方法，一般均采用固定作价。

1. 固定价格

固定价格，指在价格条款中明确规定的价格，任何一方不得随意变更。这种方法适用于交货期较短的交易，因为贸易双方均承担市场变化的风险。

2. 暂不固定价格

暂不固定价格，又称“活价”，贸易双方只规定作价的方法和期限，不规定具体价格而约定将来如何确定价格。

3. 浮动价格

浮动价格，又称滑动价格，在价格条款中规定一个基础价格，并同时明确调整价格的依据和方法。也可规定以某金融交易所的价格变化作为调整基础价格的依据。

4. 暂定价格

买卖双方在洽谈某些市价变化较大的货物的远期交易时，可先在合同中规定一个暂定价格，待日后交货前的一定时间，再由双方按照当时市价商定最后价格，有较大的不确定性。

(二)币种选择

1. 计价货币和支付货币

计价货币是合同中计算价格货币，支付货币是合同中双方约定的、可用来清偿按计价货币表示的货款的等值货币。

2. 币种选择

在国际采购业务中，选择何种货币计价和支付，首先应考虑使用可自由兑换并且汇率相对稳定的货币。在出口业务中，一般尽可能争取使用从成交到收汇这段时期内汇价较稳定且趋势上浮的货币，即所谓“硬币”。在进口业务中，则应争取使用从成交到收汇这段时期内汇价比较疲软且趋势下浮的货币，即所说的“软币”或“弱币”。

二、全球采购合同中的价格条款

全球采购合同中的价格条款，一般包括两大部分内容：商品单价和总价。

(一)单价

单价有四部分构成，即计价的数量单位、单位价格金额、计价货币及贸易术语。这四部分必须表达明确具体，并且在用中文书写时，顺序不能任意颠倒；而用英文书写时，可以将数量单位和计价货币对调。

(二)总值

总值，又称总价，是合同中货物的全部金额，是单价和数量的乘积，使用的货币应与单价一致。

计算总值时如果品质、数量在合同中有机动幅度，在机动幅度内一般按原有单价计价，在机动幅度外的合同中写明计价方法。总值必须用大小写同时表示，除阿拉伯数字填写外，还应用文字表示，要认真细致，计算正确。

第五节　运费与保险

在全球采购实践中，卖方将货物交付给买方，通常需通过国际间的长途运输，因此有必要就货物装运时间、装卸地点和运输方式以及买卖双方的有关交接和运输中的责任达成协议。而且货物经过长途运输、装卸和存储等环节，遇到各种风险而遭受损失的可能性较大，为了在货物遭受损失时能得到经济补偿，就需办理货物运输保险。

一、运输方式和运输单据

(一)运输方式

1. 海洋运输

海洋运输是国际货物运输中采用最广的一种运输方式，其运量在国际货物运输总量中占80%以上。海洋运输具有通过能力大、运量大、运费低等优点，但也存在航行速度慢、航期不准确、易受自然条件影响等缺点。

海洋运输按运输船舶经营方式的不同，可分为以下几种。

1)班轮运输

也称为定期船运输，适合小额成交的小批量杂货，如五金、纺织品、食品、工艺品、某些贵重物品等。具有以下几个特点。

(1)四固定：航线固定、沿途停靠港口固定、船期固定、运费率固定。

(2)三个规定：对所停靠的港口一般不论货物数量多少都可接受装运；由船方负责配载装卸，装卸费包括在运费中，船货双方也不计算滞期费和速遣费；船公司的责任是以船公司或代理人在货物装船后所签发的提单为依据。

(3)班轮承运货物的品种、数量比较灵活，货运质量较有保证，且一般采取在码头仓库交接货物，故为货主提供了较便利的条件。

2)租船运输

又称不定期船运输，是指包租整船或部分仓位进行运输。适用于成交量大、交货集中或对方港口无直达轮停靠的场合。如粮食、矿石、石油等的运输。租船运输可分为定程租船、定期租船、光船租船、航次期租四种类型。

3)其他运输方式

⑴铁路运输，具有运行速度快、运载量大、受气候影响小、准确性和连续性强、风险小等特点。

⑵航空运输，是一种现代化的运输方式，具有运送迅速、安全准时、节省包装、货物破损率小、保险和储存费用少、可以运往世界各地而不受地面条件限制等优点。

⑶邮政运输，又称邮包运输，是一种以邮政部门作为承运人的最简单的运输方式。

⑷集装箱运输，属于成组化运输，是以集装箱为运输单位进行运输的一种现代化的先进的运输方式。它的货物交接可以是以“港到港”，也可以是“门到门”方式，适用于各种运输方式的单独运输和不同方式的联合运输。

⑸国际多式联运，按照多式联运合同，以至少两种不同的运输方式，由多式联运经营人将货物从一国境内接受货物的地点运往另一国境内指定交付货物的地点的运输方式。

(二)装运条款

1. 交货时间

交货时间一般是规定一个期限，而不是某个具体日期，主要有三种规定方法：

⑴规定明确具体的交货时间；

⑵规定收到信用证后一定时间内装运；

⑶规定近期交货术语。

2. 装运港和目的港

一般来说，装运港都是在洽谈交易时由卖方提出，经买方同意后确定，而目的港则由买方提出，经卖方同意后确定。

3. 分批和转运

分批装运和转船运输，直接关系到买卖双方的权益。一般地，允许分批和转船对卖方来说比较主动。为了避免不必要的争论，争取早出口早收汇，防止交货时发生困难，除非买方坚持，原则上均应争取在销售合同中订入允许分批和转运。对于分批装运条款中明确规定分批数量，以及类似的限批、限时、限量的条款，接受时应慎重对待。

4. 装船通知

采用租船运输大宗进出口货物的情况下需要进行装船通知。装船通知的目的在于明确买卖双方的责任，促使买卖双方互相配合，共同做好船货衔接工作。

(三)运输单据

运输单据是承运人收到承运货物后发给出口商的证明文件，具体反映了同货物运输有关的各种关系人的责任和权益。运输单据是交接货物、处理索赔与理赔以及向银行结算货款或进行议付的重要单据。

根据运输方式的不同，运输单据主要包括海运提单、国际铁路运单、承运货物收据、航空运单、邮政收据以及国际多式联运单据等。

二、货物运输保险

货物运输保险是以运输途中的货物作为保险标的，保险人对由自然灾害和意外事故造成的货物损失负责赔偿责任的保险。投保人按投保金额、投保险别及保险费率，向保险公司支付保险费并取得保险单(保险合同)。保险公司负责对投保货物在运输过程中遭受投保险别责任范围内的损失时，按投保金额及损失程度赔偿给保险单证的持有人。

(一)风险的种类

1. 海上风险

海上风险，又称海难，是保险业上的专门术语。它不包括海上的一切风险，主要包括自然灾害和意外事故。

(1)自然灾害，指自然力量所造成的灾害，如暴风雨、雷电、海啸等人力不可抗拒的灾害。

(2)海上意外事故，指船舶搁浅、触礁、沉没、互撞或与流水等其他物体碰撞以及失火、爆炸等由于偶然的非意料中的原因而造成的事故或其他类似事故。

2. 外来风险

外来风险，指由于外来原因引起风险所造成的损失，包括一般外来风险和特殊外来风险。

(二)海上损失

海上损失可按损失的程度划分为全部损失和部分损失两类。

1. 全部损失

全部损失，简称全损，指运输中的整批货物或不可分割的一批货物的全损。按损失情况的不同可分为实际全损和推定全损。

2. 部分损失

部分损失，是指被保险货物的损失没有达到全部损失的程度。按性质可分为共同海损和单独海损。

(三)我国海运货物保险的险别

中国人民保险公司根据保险业务的实际需要并参照国际保险市场的习惯做法，制定了各种不同保险条款，总称“中国保险条款”。其中参考《海洋运输货物保险条款》，其险别分为基本险和附加险两大类。其中基本险能够单独投保，包括平安险、水渍险和一切险。

(四)英国伦敦保险协会海运货物保险条款

在国际保险市场上，英国伦敦保险协会所制定的协会货物保险条款，对世界各国有着广泛的影响。

包括六种险别：协会货物(A)险条款、协会货物(B)险条款、协会货物(C)险条款、协会战争险条款(货物)、协会罢工险条款(货物)、恶意损害险条款。

(五)我国陆空邮货物保险险别

1. 陆上运输货物保险险别

陆上运输货物保险险别，包括陆运险和陆运一切险、陆上运输冷藏货物险、陆上运输货物战争险。

2. 航空运输货物保险险别

航空运输货物保险险别，可分为航空运输险和航空运输一切险，另外还有一种附加险为航空运输货物战争险。

3. 邮政包裹运输保险险别

邮政包裹运输保险险别，包括邮包险和邮包一切险两种。

第六节 检验、索赔、不可抗力与仲裁

在全球采购中，买卖双方交易的商品一般都要进行检验，如果合同履行过程中任何一方有违约的行为，另一方都有权提出索赔。采购合同签订后，若发生不可抗力事件，可按合同中不可抗力条款的规定，免除合同当事人的责任。如采购双方对履约过程中产生的争议难以和解，可采取仲裁的方式解决。因此，采购双方订立合同时，要就检验、索赔、不可抗力和仲裁条款达成一致，以减少必要的麻烦。

一、检验

进出口商品检验检疫是国际采购活动中非常重要的组成部分。除双方另有约定外，对货物进行检验检疫是买方的一项基本权利。商品检验检疫业务包括商品质量数量的检验、包装鉴定和残损鉴定、进出口动植物产品检验检疫、质量认证制度和质量保证体系及产地签证检验等。

(一)商品检验

进出口商品检验检疫是指在国际贸易活动中，对买卖双方成交的商品，由商品检疫检验机构对商品的质量、数量、包装、安全、卫生及装运条件等进行检验，并对涉及人或动植物的传染病、病虫害、疫情等进行检疫的工作。通常简称为商检工作。

1. 商品检验工作的重要性

(1)防止传染病的传播，保障人民身体健康；

(2)防止动植物的传染病、寄生虫病和植物危险性病虫害传播，保障农林牧渔业生产和人民健康；

(3)保证进出口商品的质量，维护贸易各方的合法权益以及保护环境、维护国家利益等；

(4)维护买卖双方的正当权益，保障贸易活动的顺利进行；

(5)国际贸易活动中各有关部门对商检工作的需要。

2. 商品检验的时间和地点

(1)以离岸品种、重量为准(Shipping Quality Weight)，即货物应在装运港装船前进行品种和重量(数量)的检验和衡量；

(2)以到岸品种、重量为准(Landed Quality Weight)；

(3)以装运港的检验证明作为议付货款的依据，在货物到达目的港后允许买方有复验的权利；

(4)装运港检验重量、目的港检验品质(Shipping Weight and Landed Quality)。

3. 商品检验的机构

检验机构，是指接受委托进行商品检验与公证鉴定工作的专门机构。在国际货物买卖中，有关商品检验工作，一般是由专门性的部门或企业办理的。这些部门和企业一般存在着四种

类型：由国家设立的官方商检机构，由私人或行业工会、协会等开设的公证人或公证行，半官方的商检机构和垄断性的组织。

国际上比较著名的检验机构有：瑞士日内瓦通用鉴定公司(S.G.S.)、美国食品和药物管理局(FDA)、日本海事鉴定协会(NKKK)、日本海外货物检验株式会社(OMIC)、英国劳合氏公证行、美国保险人实验室(UL)、香港天祥公证化验行等民间或社团检验机构等。

我国检验检疫机构是中华人民共和国进出口商品检验局(SACI)，是负责对我国进出口商品检验的最高机构。各省、直辖市、自治区检验检疫局及其分支机构负责管理本地区的进出口商品检验检疫工作。

4. 检验证书

检验证书(Inspection Certificate)是检验机构对进出口商品进行检验、鉴定后签发的书面证明文件。检验证书的种类有品质检验证书、重量检验证书、数量检验证书、兽医检验证书、卫生检验证书、消毒检验证书、产地检验证书、价值检验证书、验残检验证书、船舶检验证书等。在实际业务中，检验证书的作用主要有：

(1)作为报关验放的有效证件；

(2)买卖双方结算货款的依据；

(3)计算运输、仓储等费用的依据；

(4)办理索赔的依据；

(5)计算关税的依据；

(6)作为证明情况、明确责任的证件；

(7)作为仲裁、诉讼举证的有效文件。

(二)检验检疫条款

1. 确定检验方式

从理论上讲，检验方式可分为自验、共验、出口商品预先检验、驻厂检验、产地检验、出口商品内地检验与口岸检验、出口商品的重新检验、复验等多种方式。

2. 确定检验内容

检验内容包括检验的项目、类别、所用的标准、检验的方法等方面。对同一种商品来讲，不同的标准或不同的检验方法将会检验出不同的结果。

3. 选择检验机构

不同的检验机构的服务态度、工作作风和质量、收费标准千差万别。公正性应是选择检验机构的首要条件。其次，要看检验机构检验物品的技术水平和其他方面的硬件实力。

4. 明确检验费用由谁承担

在出口业务中，检验费用一般由出口商自己承担。

(三)我国出境货物检验检疫工作

1. 我国出入境货物检验检疫的一般规定

我国实行“一次报检、一次抽(采)样、一次检验检疫、一次卫生除害处理、一次收费、一次发证放行”的工作模式和先报检后报关的工作程序。对实施检验检疫的货物，只有经检验合格，检验检疫机构签发检验检疫证书，在入境货物通关单和出境货物通关单上加盖“检验检疫专用章”，海关才予放行。

2. 我国出境货物检验检疫工作程序

出境货物检验检疫流程可概括为以下环节：报检(审单)—施检部门接单—现场查验或取样检验、检疫、鉴定、除害处理—出具检验检疫结果—检务审单—计费(收费)—出证。

二、索赔

1. 引起纠纷的原因

(1)由于合同条款规定不明确，买卖双方对条款解释的不同导致纠纷；

(2)卖方违约；

(3)买方违约；

(4)发生不可抗力事故，双方就是否解除合同产生纠纷；

(5)对合同是否成立发生纠纷。

2. 争议、索赔、理赔的概念

(1)争议(Disputes)，是指买卖的一方认为另一方未能全部或部分履行合同规定的责任与义务所引起的纠纷。

(2)索赔(Claim)，是在进出口业务中，因一方违反合同规定直接或间接给另一方造成损失，受损方向违约方提出赔偿请求，以弥补其所受损失。

(3)理赔(Settling)，是一方对另一方提出的索赔进行处理。

3. 合同中的索赔条款

1)异议、索赔条款(Discrepancy and Claim Clause)

异议、索赔条款是指一方违约时，另一方提出索赔的依据、期限以及赔偿损失的办法和金额等。

索赔依据主要规定索赔必须具备的证据以及出证的机构。索赔时必须按规定提出有效、齐全的证据，否则可能遭到拒赔。

索赔期限是指索赔方向违约方提出索赔要求的有效期限。索赔期限因不同商品而异，一般货物通常规定为货到目的地 30 天到 45 天。

2)罚金条款(Penalty Clause)

罚金条款是指合同中规定如由于乙方未履行合同或者未完全履行合同，应向另一方支付一定数量的约定金额作为赔偿。这一条款的规定，一般适用于卖方延期交货，或买方延期接货等情况。其特点是双方在合同中预先约定一个赔偿的金额，按一般惯例，罚金数额以不超过总金额的 5%为宜。

4. 索赔、理赔中应注意的问题

(1)索赔一方要在索赔期限内提出必须具备的各种有效证据，应及时向对方提出保留索赔权。

(2)有关双方应根据合同规定和违约事实，本着平等互利和实事求是的精神，合理确定损害赔偿的金额，或者其他处理的方式。

(3)从争议案情具体情况出发，灵活选择解决争议的途径，正确利用国际贸易惯例和有关法律，最好是采用友好协商办法解决。

5. 我国进出口业务争议的处理

1)进口对外索赔的处理

(1)查明造成损害的事实，分清责任，备妥必要的索赔单证；

(2)正确决定索赔的项目和金额；

(3)认真订好索赔方案；

(4)及时向国外提出索赔，在做好准备工作后，就要及时向国外发出附有各种证据的索赔函。

2)出口业务的理赔处理

(1)要认真细致地审核国外商人提出的单证和出单机构的合法性；

(2)注意搞好调查研究，弄清事实，分清责任；

(3)合理确定损失和赔偿办法。

三、不可抗力

1. 不可抗力的含义

不可抗力(Force Majeure)，是指合同签订后，不是由于任何一方当事人的过失，而是由于发生了人力不可抗拒的或事先无法预防的意外事故的原因，以致不能履行或不能如期履行合同。因此，不可抗力是一项免责条款。

不可抗力的意外事故，一是由于自然力量引起的，如水灾、火灾、风暴、海啸、地震等；二是由于社会力量引起的，如战争、罢工、政府禁令、经济危机等。

不可抗力事故引起的后果，一是免除不履行合同的责任，二是免除延迟履行合同的责任。

2. 合同中的不可抗力条款

由于对不可抗力无完全统一的解释，为了避免引起不必要的纠纷，防止一方当事人任意扩大或缩小对不可抗力事故范围的解释，或在不可抗力事故发生后履约问题上提出不合理的要求，订立不可抗力条款是非常必要的。其内容一般包括：不可抗力事故的范围、不可抗力事故的后果、出具事故证明的机构、发生事故后通知对方的期限。

3. 不可抗力条款的规定方法

(1)概括式规定，即在合同中不具体订明哪些现象是不可抗力事故，这种方法太笼统；

(2)列举式规定，即在不可抗力条款中明确规定出哪些是不可抗力事故；

(3)综合式规定，即采用概括和列举综合并用的方式，这种方法比较好用。

4. 援引不可抗力条款应注意事项

(1)任何一方遭到不可抗力时，都必须及时通知另一方，并在一定的时间内提供不可抗力事故证书；

(2)一方接到事故通知或证书后，不论同意与否都应及时答复另一方，不应长期拖延不予处理；

(3)是否可以按不可抗力事故处理，要进行严格审查、核对；

(4)不可抗力事故的后果，应实事求是地进行处理。

四、仲裁

1. 仲裁的定义

仲裁(Arbitration)是指买卖双方达成协议，在双方发生争议时，如通过协商不能解决，自愿将有关争议提交给双方所同意的第三者进行裁决，裁决的结果对双方都有约束力，双方必须依照执行。

2. 仲裁协议

1)仲裁协议的作用

(1)约束双方当事人只能以仲裁方式解决争议，不得向法院起诉；

(2)排除法院对有关案件的管辖权，如果一方违背仲裁协议，自行向法院起诉，另一方可根据仲裁协议要求法院不予受理，并将争议案件退交仲裁庭裁断；

(3)仲裁机构取得对争议案件的管辖权。

2)有效的仲裁协议必须载有的内容

(1)请示仲裁的意思表示、选定的仲裁委员会和约定仲裁事项(该仲裁事项依法应具有可仲裁性)；

(2)必须是书面的；

(3)当事人具有签订仲裁协议的行为能力；

(4)形式和内容合法。

3. 合同的仲裁条款

(1)仲裁地点。除非仲裁协议另有规定，一般都适用审判地法律。

(2)仲裁机构。国际商事仲裁机构很多，基本有两种形式：一是常设的，二是临时的。

(3)仲裁程序。包括仲裁的申请、仲裁员的指定、仲裁条件的审理、仲裁裁决的效力、仲裁费用的支付。

(4)仲裁费用。通常在仲裁条款中明确规定出仲裁费用由谁负担，一般规定由败诉方承担，也有的规定为由仲裁庭酌情决定。我国仲裁规则规定，败诉方所承担的费用不得超过胜诉方所得胜诉金额的10%。

(5)仲裁裁决的执行。仲裁裁决是终局的，对双方当事人均有约束力。任何一方当事人不得向法院起诉，也不得向其他任何机构提出变更仲裁的请求，如败诉一方不愿执行裁决，胜方只能向法院提出申请，要求予以强制执行。

思考题

一、填空题

1. 全球采购谈判由一系列谈判环节组成，一般要经历询盘、发盘、还盘和接受四个环节，其中 ______和 ______是达成交易、合同成立必不可少的两个基本环节和必经的法律步骤。

2. 在谈判双方争执不下，对方不愿做出让步接受我方交易条件时，为了逼迫对方让步，本方可以向对方发出______。

3. 良好平均品质，是指一定时期内某地出口货物的______。

4. 运输标志的主要内容由四个部分按顺序排列组成：_______、_________、________、________。

5. 在出口业务中，一般尽可能争取使用从成交到收汇这段时期内汇价较稳定且趋势上浮的货币，即所谓______。

二、判断题

1. 索赔一方要在索赔期限内提出必须具备的各种有效证据，应及时向对方提出保留索赔权。（ ）

2. 任何一方当事人不得向法院起诉，也不得向其他任何机构提出变更仲裁的请求，如败诉一方不愿执行裁决，胜方只能向法院提出申请，要求予以强制执行。（ ）

3. 租船运价受供求关系影响极大，属于非竞争性价格，一般比班轮运价低，因此有利于低值大宗货物运输。（ ）

4. 当货物在卸货港或交货地卸货后六个月由原承运人运回原装货港或发货地，对整箱货(原箱)的回程运费按原运费的80%计收，拼箱货则按原运费的90%计收。（ ）

5. 在签发不可转让多式联运单据时，应在单据的收货人一栏内载明收货人的名称，并注明“不可转让”字样。（ ）

三、选择题

1. 在进行采购谈判时，最佳时间是谈判过程的（ ）。

A. 前25分钟之内　　B. 前35分钟之内

C. 前45分钟之内　　D. 前1小时之内

2. 采购谈判的阐述艺术不包括（ ）。

A. 让对方先谈　　B. 直接切入主题

C. 正确使用语言　　D. 坦诚相见

3. 贸易合同中的价格可以是明确规定的，也可以只规定作价的方法而不明确规定价格。国际采购中的作价方法，一般均采用（ ）。

A. 固定价格　　B. 暂不固定价格

C. 浮动价格　　D. 暂定价格

4. 海运当事人包括（ ）。

A. 货主　　B. 承运人

C. 托运人　　D. 货运人

5. 海运货物保险被保险人义务条款包括（ ）。

A. 防止延迟的义务　　B. 扩展责任条款

C. 减少损失的义务　　D. 告之义务

四、简答题

1. 全球采购的发展趋势是什么？

2. 全球采购谈判的程序是怎样的？

3. 海洋运输货物保险条款中的基本险别有哪些？它们按承保责任范围由大到小的顺序是怎样的？

4. 采购中检验、索赔、不可抗力与仲裁的含义分别是什么？

【实践活动】

实践项目：全球采购

任务要求：以全球化采购的跨国公司为例（如沃尔玛、IBM、GE、通用汽车等公司），查阅相关资料，了解其实施全球采购的原因、状况、实施效果及其启示。

参考文献

[1] (英)马克·戴．采购管理手册[M]．北京：电子工业出版社，2004.

[2] 张新颖．采购务实[M]．北京：中国财政出版社，2003.

[3] 温德成．互利共赢的供应商质量控制[M]．北京：中国计量出版社，2003.

[4] (美)大卫·伯特，唐纳德·多布勒．世界级供应管理[M]．何明柯，张海燕，张京敏，译．北京：电子工业出版社，2003.

[5] (美)詹姆斯·L. 博萨特．供应商管理手册[M]．王剑，译．北京：中国城市出版社，2004.

[6] (加)利恩德斯·费伦．采购与供应管理[M]．张杰，等译．北京：机械工业出版社，2001.

[7] (美)科伊尔·巴蒂．企业物流管理[M]．文武，等译．北京：电子工业出版社，2003.

[8] 陈书明．供应商管理改革研究[D]．西安交通大学，2002.

[9] 王槐林．采购管理与库存控制[M]．北京：中国物资出版社，2008.3.

[10] 李琦业．货物采购与检验[M]．北京：中国物资出版社，2004.

[11] 郝渊晓．现代物流采购管理[M]．广州：中山大学出版社，2003.

[12] 骆建文．采购与供应链管理[M]．北京：机械工业出版社，2009.

[13] 刘荔娟．现代采购管理[M]．上海：上海财经大学出版社，2005.

[14] 赵道致，王振强．采购与供应管理[M]．北京：清华大学出版社，2009.

[15] 刘小川，王庆华．经济全球化的政府采购[M]．北京：经济管理出版社，2001.

[16] 王亚星．政府采购制度创新[M]．北京：中国时代经济出版社，2002.

[17] 刘小川，唐东会．中国政府采购政策研究[M]．北京：人民出版社，2009.

[18] 杜红平，刘华．国际采购实务[M]．北京：中国物资出版社，2003.

[19] 丁立言，张铎．国际物流学[M]．北京：清华大学出版社，2004.

[20] 李左东．国际贸易理论、政策与实务[M]．北京：高等教育出版社，2002.

[21] 张碧君，张向阳．采购管理[M]．上海：格致出版社，上海人民出版社， 2013.

[22] 傅莉萍，姜斌远．采购管理[M]．北京：北京大学出版社，2015.

[23] 温卫娟，郑秀恋．采购管理[M]．北京：清华大学出版社，2013.

[24] 吴洪刚．采购管理[M]．郑州：河南科学技术出版社，2009.

[25] 郑世勇．采购成本控制与供应商管理[M]．北京：高等教育出版社，2007.

[26] 王静．采购人员岗位培训手册[M]．陕西：陕西科学出版社，2009.

[27] 李辉．采购部门看图看板管理与问答[M]．北京：光明日报出版社，2005.

[28] 丁宁．采购与供应商管理[M]．北京：电子工业出版社，2010.

[29] 张晶．采购与供应链管理[M]．北京：高等教育出版社，2008.

[30] 宋华．供应商选择、参与对采购成本管理绩效的影响[D]．天津大学，2013.

[31] 王宗达．对项目采购成本控制的几点思考[D]．中国人民大学，2012.

[32] 徐麦军．供应链采购模式下的采购成本的研究[D]．西安建筑科技大学，2013．
[33] 陈海斌．采购成本控制策略研究[D]．吉林：吉林大学，2011．
[34] 马士华，林勇．供应链管理[M]．北京：高等教育出版社，2006．
[35] 徐杰，田源．采购与仓储管理[M]．北京：清华大学出版社，2004．
[36] 李严锋，罗霞．物流采购管理[M]．北京：科学出版社，2015．
[37] 卢园，邓春姊．物流采购管理[M]．北京：北京理工大学出版社，2012．
[38] 丁宁．采购与供应商管理[M]．北京：清华大学出版社，北京交通大学出版社，2012．
[39] 刘华．物流采购管理[M]．北京：清华大学出版社，2012．
[40] 徐明．采购与供应管理[M]．北京：高等教育出版社，2015．
[41] 李雅萍．采购物流[M]．北京：对外经济贸易大学出版社，2005．
[42] 刘荔娟．现代采购管理[M]．上海：上海财经大学出版社，2005．
[43] 王忠宗．采购与供应管理[M]．厦门：厦门大学出版社，2009．
[44] 霍红，张玉斌．采购管理实务[M]．北京：科学出版社，2010．
[45] 韩光军，孙月婷．采购管理[M]．北京：首都经济贸易出版社，2001．
[46] 杜红平，刘华．国际采购实务[M]．北京：中国物资出版社，2003．
[47] 李荷华．现代采购与供应管理[M]．上海：上海财经大学出版社，2010．
[48] 张伟伟．基于供应链环境下联合库存管理研究[J]．价值工程，2005(8)：30．
[49] 王圣东．时变需求下供货商与销售商联合生产库存模型[J]．合肥工业大学学报，2005,28(2)：201．

反侵权盗版声明

举报电话：（010）88254396；（010）88258888

传　　真：（010）88254397

E-mail：　dbqq@phei.com.cn

通信地址：北京市海淀区万寿路 173 信箱

　　　　　电子工业出版社总编办公室

邮　　编：100036